KB155751

현명한 투자자

개정4판

벤저민 그레이엄
직접 쓴 마지막 개정판

현명한 투자자

THE INTELLIGENT INVESTOR

벤저민 그레이엄 지음 | 이건 옮김 | 신진오 감수

개정4판

국일 증권경제연구소

추천사를 쓴다는 것 자체가 어불성설로 느껴진다. 영문학자가 셰익스피어 작품을, 신학자가 성경을 추천해 달라는 부탁을 받으면 이런 느낌이 아닐까? 《현명한 투자자》는 바로 그런 책이다. 1949년에 초판이 나와 가치투자의 개념을 정립했고 이후 많은 위대한 투자자들을 탄생시킨 출발점이 됐으니 증권분석과 더불어 투자 역사에서 차지하는 이 책의 위치는 다시 말해봐야 입만 아프다.

실제로 벤저민 그레이엄을 통해 나의 인생이 바뀌었다. 대학교 1학년이던 시절 홍수를 이루던 기술적 분석에 관한 책들 사이에서 《현명한 투자자》를 읽게 된 건 나의 가장 큰 행운이라고 할 수 있다. 투자에 관한 명확한 정의, 논리적으로 타당한 전략, 치밀한 논증은 나를 완전히 사로 잡았고, 결국 그의 제자인 워런 버핏으로 관심이 확장되어 가치투자에 대한 확신 단계까지 도달하게 됐다.

이후 나는 24년간 가치투자자로 살아왔다. 우리 회사 사무실 입구 벽에는 벤저민 그레이엄의 초상이 그려져 있다. 가치투자의 창시자를 향한 존경의 마음, 그간 만족할 만한 성과를 거두게 해준 감사함, 그리고 가치투자의 원칙을 견지하고자 하는 스스로의 각오를 표현한 것이다.

그레이엄이 1972년에 개정판을 쓸 때 자신의 펀드인 그레이엄-뉴먼 파트너십을 운용하면서 깨달은 내용을 보강한 결과 실전적 내용이 초판에 비해 많이 포함되었다. 또한 당시가 소위 니프티피프티로 거품 종목들이 맹위를 떨치던 시절이라 강세장에 대한 고찰이 추가되었다. 오늘날에도 주식시장은 공포와 탐욕을 오고 간다. 대공황과 성장주버블장을 모두 경험한 저자(이런 인물은 결코 흔치 않으며 그가 장수해서 가능했던 일이다)가 나눠주는 통찰과 지혜는 오늘날에도 여전히 통용되는 진리다.

《현명한 투자자》는 증권분석과 달리 애초에 일반 투자자를 위해 쓰여진 책이다. 어려운 대학 교과서가 아니란 얘기다. 그러나 내가 처음 접했던 《현명한 투자자》는 확실히 읽기가 쉽지 않았다. 그러나 믿고 보는 이건 역자의 깔끔한 번역으로 이제 《현명한 투자자》는 논리적 사고력만 있다면 용어 소화의 어려움 없이 술술 읽어 나갈 수 있는 책으로 다시 태어났다.

'가치투자는 싼 종목을 사서 기다리는 방법이다', '4차 산업혁명 시대에 밸류에 이션만 보는 방식은 통하지 않는다' 같은 편견은 잠시 내려놓고 진짜 벤저민 그레이엄이 말하고자 하는 바가 무엇인지 탐구하는 열린 마음의 시간을 가져 보길 권한다. 미스터마켓과 안전마진이 혁명적 창안이었고 현명한 투자자의 빼놓을 수 없는 정수지만, 이외에도 투자에 대한 답이 생각보다 다채롭게 담겨 있는 책이다.

벤저민 그레이엄이 전하는 지혜를 내 것으로 만들 수 있다면 다함이 없는 보물의 화수분을 발견한 것과 같을 것이라 확신한다.

– **최준철 VIP자산운용 대표**

벤저민 그레이엄은 현존하는 최고의 가치투자자라 할 수 있는 워런 버핏의 스승이다. 아마도 데이터에 근거한 체계적인 투자의 원조라 할 수 있을 것이다. 워런 버핏에 의해 유명해진 '안전 마진'이란 개념도 이 책의 저자인 그레이엄으로부터 유래한다.

벤저민 그레이엄은 투자의 구루이기도 하지만 자신을 보는 객관성이 인상적인 사람이다. 그가 쓴 어떤 책에선가 읽은 이야기다. 부자가 된 이후에도 가난한 어린 시절의 관성 때문에 자신도 모르게 택시로 이동하지 않고 전철을 타는 자신을 관찰한다. 경제 생활에 전혀 도움이 안되는 행위이고 남들에게 부끄럽기까지 한 행위라 생각한다. 그래서 곁에 누가 있으면 의식적으로 택시를 탄다. 이런 이야기를 담담하게 기술하고 있다. 솔직하고 객관적인 사람이다. 이런 그의 성향이 글에서도 묻어난다.

이 책《현명한 투자자》는 1949년 초판 발간 이후 개정판을 거듭하면서 초판으로부터 70여 년이 지난 지금까지 생명력을 유지하고 있다. 이 책은 여러가지 계량적 지표와 관련하여 주식과 시장의 역사를 분석하고 자신의 의견을 피력하고 있다. 긴 시간을 두고 개정판이 거듭된 덕분에 앞에서 자신이 내놓았던 의견과 이후 시장의 전개를 비교하는 내용도 드물지 않다. 그의 성향에 어울리게 자신의 의견을 합리화하거나 고집하지 않고 객관적이고 담담하게 기술한다. 투자자들이 가장 많이 관심을 갖는 계량적 지표들(예를 들면 이익, 배당, 시장변동성 등)의 역사적 유용성과 투자의 성향과 관련된 여러 분석과 관점을 제공한다.

내가 주식 데이터로 연구를 시작한 지 20년쯤 되었다. 주식 투자 관련 책도 쓰고 투자 분야의 책을 많이도 읽었지만 대체로 이 분야의 책들이 그리 수준이 만족스럽지 않다. 그런 중에 별처럼 빛나는 몇몇 책들이 있었다. 책의 내용과 원저자에게만 관심이 있었을 뿐 역자가 누구인지 별 신경을 쓰지 않았는데 2015년에 이건 선생의《장기투자 바이블》번역서의 추천사를 부탁 받고서야 내 책꽂이에 있는 읽을 만한 투자서의 상당수가 이건 번역이라는 사실을 발견했다.

이건 선생은 투자 분야에 관한 한 우리나라 최고의 번역가다. 해외 유학 후 메이저 금융 회사의 펀드매니저와 임원을 역임한 현장 출신이다. 탁월한 언어 능력과 투자에 대한 깊은 이해를 바탕으로 의역을 통한 간결한 문체를 구사한다. 외서는 역자의 이해도와 문장력에 따라 전달력이 엄청나게 차이가 난다. 이건 선생이 또 한 편의 중요한 역서를 내놓았다. 벤저민 그레이엄의《현명한 투자자》개정4판이다. 주식 투자자라면 무조건 한번은 읽어야 할 책이다.

– 문병로 서울대학교 컴퓨터공학부 교수, ㈜옵투스자산운용 대표

차례

서문

서문

이 책의 목적

이 책을 쓴 목적은 초보자도 건전한 투자 전략을 수립하고 실행할 수 있도록 안내하는 것이다. 따라서 증권분석 기법은 많이 다루지 않고, 주로 투자 원칙과 투자 태도를 다룬다. 그러나 종목 선정의 핵심 요소들을 확실히 파악할 수 있도록, 뉴욕증권거래소 상장종목에 대한 비교분석은 많이 할 것이다.

하지만 과거 금융시장에서 나타난 패턴은 수십 년까지 거슬러 올라가면서 자세히 다룰 것이다. 현명하게 투자하려면, 과거 다양한 상황에서 나타난 주식과 채권의 패턴을 잘 파악하고 있어야 한다. 이런 패턴 중 일부는 다시 나타날 수도 있기 때문이다. 다음 산타야나Santayana의 유명한 경고처럼 월스트리트에 잘 들어맞는 말도 없다. "과거를 기억하지 못하는 사람들은 과거의 잘못을 되풀이할 수밖에 없다."

이 책은 투기꾼이 아니라 투자자를 위한 책이므로, 먼저 투자와 투기의 개념부터 명확하게 구분하고자 한다. 그리고 미리 밝혀두지만, 이 책에서는 '백만장자가 되는 방법'을 알려주지 않는다. 월스트리트는 물론 어디에서도 쉽고 확실하게 부자가 되는 방법은 없다. 금융시장의 역사를 조금만 되돌아보아도 이 사실이 명확하게 드러나며, 다른 교훈까지 얻을 수 있다. 주가가 정점에 도달했던 1929년, 월스트리트는 물론 전국적으로 가장 유명했던 인물 존 라스콥John J. Raskob은 《레이디스 홈 저널Ladies' Home Journal》 기사 "Everybody Ought to Be Rich(모두 부자가 되어야 한다)"에서 자본주의의 장점을 찬양했다. 그는 우량주에 매월 15달러씩 20년 동안 투자하면(배당도 재투자), 투자원금 3,600달러가 8만 달러로 불어난다고 주장했다. 당시 GM의 임원이던 그의 말이 옳았다면, 이것이 바로 쉽게 부자가 되는 방법이었다. 그의 말은 과연 옳았을까? 라스콥이 말한 대로 1929~1948년 동안 다우존스 산업평균(Dow Jones Industrial Average: DJIA – 이하 다우지수) 30종목에 투자했다면, 1949년 초에는 약 8,500달러가 되었을 것이다. 그가 장담한 8만 달러에는 한참 못 미치는 금액이다. 이런 낙관적 전망과 장담은 함부로 믿을 것이 못 된다. 그래도 20년 연 복리 수익률이 8%가 넘는다는 사실은 주목할 만하다. 게다가 투자를 시작한 시점에는 다우지수가 300이었고, 종료한 시점에는 다우지수가 177이었다는 점을 고려하면 놀라운 실적이다. 이 실적을 보면, 시장이 좋든 나쁘든 매월 똑같은 금액을 우량주에 투자하는 이른바 '정액매수 적립식dollar-cost averaging' 투자가 유리함을 알 수 있다.

이 책은 주식을 수시로 사고 파는 트레이더에게는 적합하지 않다. 트레이더들 대부분은 주로 차트 등 기계적인 방법으로 매수 및 매도 시점을 선택한다. 이른바 '기술적 분석'에서는 주가가 상승했으니까 사야하고, 주가가 하락했으니까 팔아야 한다고 주장한다. 그러나 이런 주장은 건전한 사업 감각과 거리가 멀어서, 좋은 성과를 기대하기 어렵다. 50여 년 주식시장에 몸담으며 지켜보았지만, 이렇게 '시장을 뒤따라가는 방식'을 써서 지속적으로 돈 번 사람을 단 한 명도 보지 못했다. 주저 없이 단언하건대, 지금 유행하는 이 기법은 확실히 틀렸다. 이에 대해서는 나중에 유명한 다우 이론Dow theory을 논의할 때 명확하게 설명하겠다(증명은 아니다).

1949년 초판 발간 이후, 《현명한 투자자The Intelligent Investor》의 개정판은 약 5년 간격으로 발간되었다. 나는 최신판인 4판을 준비하면서, 1965년 3판 발간 이후 새로 전개된 사건들을 다수 반영했는데, 다음과 같은 내용이다.

1. 우량등급 채권 수익률이 전례 없는 수준으로 상승했다.
2. 1970년 5월까지 우량주의 주가가 약 35%나 하락했다. 이는 약 30년 만의 최대 하락률이다. (비우량주 중에는 이보다 훨씬 더 하락한 종목이 무수히 많다.)
3. 도매 물가와 소매 물가가 지속적으로 상승하고 있으며, 1970년 경기가 전반적으로 둔화하고 있는데도 인플레이션에 가속도가 붙었다.
4. 복합 기업conglomerate, 프랜차이즈 사업 등 새로운 형태의 기업들이 급성장하고 있다. (비공개주letter stock*), 스톡옵션 워런트(warrant: 신주인수권), 현혹적인 명칭, 외국 은행 이용 등 교묘한 수단도 다수 사용되고 있다.)
5. 미국 최대 철도회사가 파산했고, 건실했던 기업들의 장단기 부채가 과도하게 증가했으며, 일부 월스트리트 증권회사들의 지불능력조차 위험 수위에 도달했다.
6. 자산운용사와 은행신탁자금들 사이에서 실적 경쟁이 유행했으나, 성과는 심상치 않다.

* 비공개주letter stock는 증권거래위원회SEC에 매도용으로 등록되지 않은 주식이므로, 주식을 사려면 매수자가 투자 목적이라고 밝히는 서신을 보내야 한다.

나는 이런 현상들을 세심하게 고려하여 이전 판에서 내린 결론이나 강조 사항 일부를 수정했다. 건전한 투자의 기본 원칙은 10년, 20년이 흘러도 변하면 안 되지만, 금융 시스템과 시장 환경이 급변하면 기본 원칙을 적용하는 방식은 수정해야 한다.

이 책 4판의 초고가 완성되던 1971년 1월 무렵, 실제로 시장 환경이 급변했다. 당시 다우지수는 전반적인 낙관론에 힘입어 1970년 저점 632에서 강하게 반등하여, 1971년 고점 951을 향해 상승하고 있었다. 그러나 최종 원고가 완성된 1971년 11월, 시장은 새삼 장래에 대한 불안감에 휩싸여 797까지 다시 하락했다. 이렇게 급격한 주가 변동에도 불구하고, 건전한 투자 전략을 유지하려는 나의 자세는 흔들리지 않았으며, 이 책의 초판이 발간된 1949년 이후 크게 바뀌지 않았다.

나는 1969-1970년 하락장을 경험했으므로, 지난 20년 동안 휩쓸렸던 '착각'에서 벗어났어야 마땅하다. 일시적으로 손실을 보더라도 결국은 시장이 신고가를 경신하여 조만간 손실을 보전해줄 터이므로, 우량주라면 언제 어떤 가격에 사도 아무 문제가 없다는 '착각' 말이다. 이는 지나치게 좋아서 믿으면 안 되는 이야기였다. 이제는 투자자와 투기꾼들 모두 폭락과 장기 하락까지 대비해야 하므로, 마침내 주식시장이 '정상으로 돌아왔다.'

이류 주식과 삼류 주식, 특히 최근 공개된 기업들의 주식이 최근 주가 하락으로 입은 피해는 재난에 해당한다. 이 정도의 재난은 1961-1962년에도 발생했으므로, 새삼스러운 일은 아니다. 그러나 이번에는 일부 펀드매니저들까지 명백히 고평가된 심각한 투기 종목을 대규모로 보유했다. 다른 분야에서는 열정이 성공의 열쇠가 될지 몰라도, 투자에서는 열정이 거의 틀림없이 재난을 부른다. 이 말이 초보자에게만 필요한 경고는 아닌 듯하다.

먼저 우리가 다룰 주요 문제는 우량등급 채권 수익률의 급등이다. 1967

년 말 이후 우량등급 채권 수익률은 우량주 배당수익률의 2배 이상이었다. 1972년 초에는 우량등급 채권 수익률은 7.19%였지만, 우량주 배당수익률은 2.76%에 불과했다. (1964년 말 우량등급 채권 수익률은 4.40%, 우량주 배당수익률은 2.92%였다.) 그러나 이 책 초판이 나온 1949년에는 거의 정반대였다. 채권 수익률은 2.66%에 불과했고, 주식 배당수익률은 6.82%*였다. 1~3판에서는 방어적 투자자 포트폴리오의 주식 비중이 25% 이상이어야 하며, 주식과 채권 비중은 일반적으로 50대 50을 유지하는 편이 좋다고 일관되게 주장했다. 하지만 지금은 채권 수익률이 주식 배당수익률보다 훨씬 높으며, 향후 두 수익률이 더 합리적인 균형 상태를 회복할 전망이므로, 그때까지 채권을 100% 보유하는 전략도 고려해야 한다. 물론 이 판단에는 인플레이션이 지속될 것인지가 관건이다. 이에 대해서는 별도의 챕터에서 논의할 것이다.

지금까지 나는 투자자를 방어적 투자자와 공격적 투자자로 구분했다. 방어적 투자자의 첫 번째 목표는 심각한 실수나 손실을 피하는 것이다. 그리고 두 번째 목표는 수고, 골칫거리, 빈번한 의사결정의 부담에서 벗어나는 것이다. 반면 공격적 투자자는 기꺼이 시간과 노력을 투입하여 평균보다 더 건전하고 매력적인 종목을 선정하고자 한다. 지금까지 수십 년 동안 공격적 투자자는 이렇게 투입한 시간과 노력에 대한 보상으로, 방어적 투자자보다 높은 수익률을 기대할 수 있었다. 그러나 지금과 같은 환경에서도 공격적 투자자가 방어적 투자자보다 훨씬 높은 수익률을 얻을 수 있을지는 의문이다. 물론 내년이나 그 이후에는 환경이 얼마든지 바뀔 수 있다. 따라서 우리는 계속해서 공격적 투자에 관심을 기울일 것이다.

오래전부터 유행하는 견해에 의하면, 투자에 성공하려면 먼저 성장 가능

---

* 무디스 신용등급 AAA 채권의 수익률과 제조업종 주식의 배당수익률.

성이 가장 높은 산업을 선택하고 나서, 그 산업에서 가장 유망한 기업을 찾아내야 한다. 예를 들어 노련한 투자자들은 이미 오래전에 컴퓨터 산업의 성장 잠재력을 간파하고서 IBM을 찾아냈을 것이다. 그리고 비슷한 방식으로 여러 성장 산업과 성장 기업들을 찾아냈을 것이다. 그러나 이런 작업이 돌이켜 보면 쉬워 보여도, 실제로는 쉽지 않다. 이 책의 1949년 판에 실렸던 아래 글을 보면, 이 작업이 쉽지 않음을 실감하게 될 것이다.

예컨대 이런 투자자는 항공운수 산업의 장래를 매우 낙관하여, 이 정보가 아직 주가에 충분히 반영되지 않았다고 믿고 항공운수 주식을 매수할 수 있다. 이런 투자자에게는 이런 인기 투자 기법에 숨어 있는 함정을 조심하라는 이 책의 경고가, 다른 어떤 공격적 투자 기법보다도 유용할 것이다.

항공운수 산업에서는 이 함정이 매우 위험한 것으로 드러났다. 항공운수 산업의 매출이 장기적으로 엄청나게 성장하리라고 예측하기는 어렵지 않았다. 펀드매니저들은 이런 예측을 바탕으로 항공운수 주식을 앞 다투어 매수했다. 그러나 매출은 컴퓨터 산업보다도 더 빠르게 성장했는데도, 기술적 문제와 과도한 설비투자 탓에 수익성이 심한 기복을 보이면서 막대한 손실을 기록했다. 1970년, 수송량은 신기록을 세웠는데도 항공사들의 손실은 약 2억 달러에 이르렀다. (항공사들은 1945년과 1961년에도 적자를 기록했다.) 항공사 주식은 1969-1970년에도 시장 지수보다 더 하락했다. 실적을 보면, 높은 보수를 받는 펀드매니저들이 제시하는 단순한 산업에 대한 단기 전망조차 완전히 빗나가기 일쑤다.

한편 이런 방식으로 펀드매니저들이 투자한 IBM에서는 좋은 실적이 나오긴 했지만, IBM은 주가가 매우 높은데다가 향후 성장률을 확신할 수가 없어서, 펀드 편입 비중이 예컨대 기껏해야 3%에 불과했다. 따라서 어렵게 발굴해낸 탁월한 종목이 펀드 실적에 기여한 바는 그리 대단치 않았다. 게다가 IBM을 제외하면 펀드매니저들이 투자한 컴퓨터 회사들 다수는 실적이 좋지 않았다. 위 두 가지 사례에서 두 가지 교훈을 얻게 된다.

1. 성장 전망이 확실하다고 해서 투자 수익도 확실한 것은 아니다.
2. 전문가들조차 가장 유망한 산업에서 가장 유망한 기업을 선정해서 집중 투자할 방법은 없다.

나는 펀드매니저로 활동하면서 이런 기법을 사용하지 않았으므로, 구체적인 조언을 해줄 수도 없고 이런 기법을 권하지도 않는다.

그러면 이 책에서 추구하는 목적은 무엇일까? 독자들이 실패하기 쉬운 투자 방식에서 벗어나, 자신에게 잘 맞는 건전한 투자 전략을 수립하도록 안내하는 것이다. 우리는 투자 심리에 대해서 많이 논의할 것이다. 실제로 투자자를 위협하는 가장 위험한 적은 바로 자기 자신이기 때문이다. ("투자자여, 잘못은 우리 별-주식-이 아니라 우리 자신에게 있다오." - 셰익스피어의 말을 응용-옮긴이) 게다가 최근 수십 년 동안 방어적 투자자들은 주식을 사야 했으며, 그래서 좋든 싫든 주식시장으로부터 자극과 유혹을 받게 되었다. 나는 주장, 사례, 권고를 통해서 독자들이 투자에 대해 적절한 인식과 태도를 확립하도록 안내할 것이다. 적절한 투자 기질을 갖추는 편이 재무, 회계, 주식시장에 대해 풍부한 지식을 갖추는 것보다 더 중요하다. 지식이 다소 부족하더라도 투자 기질을 갖춘 '평범한 사람들'이 돈을 훨씬 더 벌고 유지한 사례가 많다.

또한 나는 독자들이 정량화하는 습관을 갖추도록 안내하고자 한다. 주식 중 99%는 어떤 가격에서는 매우 싸서 사야하고, 어떤 가격에서는 매우 비싸서 팔아야 하는 종목이기 때문이다. 내가 지불하는 가격과 내가 받는 가치를 비교하는 습관은 투자에 더없이 유용한 특성이다. 나는 여러 해 전 여성 잡지에 기고한 글에서, 향수가 아니라 식료품을 사듯이 주식을 사야 한다고 조언했다. 지난 몇 년 동안 정말로 끔찍한 손실은 가격을 따지지 않고 산 주식에서 발생했다.

1970년 6월에는 "가격이 적절한가?"에 대한 답을 9.4%라는 숫자에서 찾을 수 있었다. 9.4%는 새로 발행되는 우량등급 공익기업 채권 수익률이었다. 이제는 이런 채권의 수익률이 약 7.3%로 하락했지만, 그래도 이만한 답이 또 있는지 확인해보아야 한다. 물론 다른 답을 찾을 수도 있지만, 신중하게 생각해보아야 한다. 그리고 다시 말하지만, 예컨대 1973~1977년에는 시장 환경이 매우 달라질 수도 있으므로, 미리 대비하고 있어야 한다.

따라서 방어적 투자자와 공격적 투자자의 주식투자에 적합한 적극적 기법도 자세히 설명하고자 한다. 이상하게 들리겠지만, 주가가 유형자산가치보다 훨씬 높은 종목은 투자 대상에서 제외하기 바란다. 이렇게 진부한 조언을 하는 데에는 현실적인 이유도 있고 심리적인 이유도 있다. 성장주growth stock 중에는 순자산가치의 몇 곱절을 지불해도 아깝지 않은 좋은 주식도 많지만, 경험을 돌아보면 이런 주식을 산 사람들은 주식시장의 변덕과 기복에 마음을 졸이게 된다. 반면 순자산가치와 비슷한 가격에 공익기업(수도, 전기, 가스회사) 주식을 산 사람은, 주식시장이 변덕스럽게 오르내리더라도, 자신이 건전한 기업의 지분을 보유한 소유주라고 항상 생각할 수 있다. 따라서 화려하고 위험스러운 성장주를 사는 짜릿한 모험보다는 방어적 투자 전략을 선택할 때 더 좋은 실적을 거두기 쉽다.

투자에는 흔히 사람들이 인식하지 못하는 특성이 있다. '화려하진 않아도 확실한 실적'은 초보 투자자가 조금만 노력해도 얻을 수 있다. 그러나 더 좋은 실적을 얻으려면 훨씬 많은 지식과 지혜가 필요하다. 실적을 조금 더 개선하려고 지식과 지혜를 조금만 더 보태면, 실적은 오히려 틀림없이 나빠질 것이다.

대표적인 종목들을 사서 보유하기만 하면 누구나 시장 평균 실적을 달성할 수 있으므로, '평균 초과 실적'을 달성하기도 어렵지 않다고 생각하기 쉽다. 그러나 사실은 똑똑한 사람들 중에도 초과 실적을 추구하다가 실패하는 사람들이 놀라울 정도로 많다. 심지어 노련한 펀드매니저들 대부분의 실적도 시장 평균 실적에 못 미쳤다. 증권사들이 발표한 시장 예측 실적도 부진하기는 마찬가지다. 이들의 예측이 적중한 비율은 동전 던지기 확률에도 못 미쳤기 때문이다.

투자 과정에는 함정이 숨어 있다는 사실을 독자들은 항상 명심해야 한다. 강조하건대 포트폴리오 전략은 단순해야 좋다. 우량등급 채권과 다양한 우량주를 함께 보유하는 단순한 전략이라면, 전문가의 도움을 조금만 받으면 누구나 실행할 수 있다. 이렇게 안전하고 건전한 전략을 벗어나 위험을 무릅쓰려면, 반드시 적정 기질을 갖춰야 하며 수많은 난제를 각오해야 한다. 따라서 이런 모험을 감행하기 전에, 반드시 자신을 돌아보아야 한다. 특히 자신이 투자와 투기를 명확하게 구분하는지, 시장가격과 내재가치의 개념을 명확하게 이해하는지 스스로 물어보아야 한다.

안전마진 원칙에 바탕을 둔 건전한 투자 기법을 유지하면, 매력적인 실적을 얻을 수 있다. 그러나 방어적 투자가 주는 확실한 실적보다 더 높은 실적을 얻으려 한다면, 반드시 자신을 돌아보아야 한다.

끝으로 과거 이야기를 덧붙인다. 젊은 시절 내가 월스트리트에 진출하던 1914년 6월, 시장에서 반세기 앞을 어렴풋이나마 내다본 사람이 하나도 없었다. (주식시장은 전혀 짐작도 못했는데, 2개월 뒤 제1차 세계대전이 일어나 뉴욕증권거래소가 문을 닫았다.) 이제 1972년, 미국은 세계에서 가장 부유하고 강한 나라가 되었지만, 우리는 온갖 문제에 시달리면서 장래를 확신하기보다는 불안해하고 있다. 그러나 미국 주식시장에서 지난 57년을 돌아보면, 어느 정도 위안을 얻을 수 있다. 우리는 온갖 우여곡절을 겪으면서 예상 못한 커다란 피해도 보았지만, 건전한 투자 원칙을 지키면 대개 건전한 실적을 얻었다. 우리는 향후에도 계속 그럴 것이라고 가정하면서 투자해야 한다.

유의사항: 이 책에서는 주식과 채권 등 유가증권과 관련된 재무 전략만 다룬다. 따라서 저축, 정기예금, 저축대부조합 계좌, 생명보험, 연금, 부동산 담보대출, 소유지분 등은 논의하지 않는다. 본문 중 '지금'은 1971년 말이나 1972년 초를 가리킨다.

1장

투자와 투기

1장

투자와 투기

1장에서는 이 책에서 다룰 내용을 개략적으로 살펴본다. 먼저 비전문가인 개인 투자자에게 적합한 포트폴리오 전략 개념을 설명한다.

투자와 투기

'투자'란 무슨 의미인가? 이 책에서 '투자'는 '투기'의 정반대 의미로 사용된다. 1934년에 발간된 저서《증권분석Security Analysis》*에서 나는 투자와 투기를 다음과 같이 구분했다. "투자는 철저한 분석을 통해서 원금의 안전과 충분한 수익을 약속받는 행위이다. 이 요건을 충족하지 못하면 투기이다."

이후 38년 동안 나는 이 정의를 계속 고수하고 있지만, 그동안 '투자'

* Benjamin Graham, David L. Dodd, Sidney Cottle, and Charles Tatham, McGraw-Hill, 《증권분석 Security Analysis》, 4th ed., 1962.

라는 용어의 쓰임새가 근본적으로 달라졌다는 점에 주목해야 한다. 1929-1932년 주식시장이 대폭락하자, 사람들은 모든 주식이 원래 투기적이라고 여겼다. (한 권위자는 오로지 채권을 사는 행위만 투자라고 단호하게 말했다.*) 나는 투자로 인정하는 범위가 지나치게 넓다는 비난에 맞서서, 위 정의를 방어해야 했다.

그러나 이제는 그 반대 상황을 걱정하게 되었다. 요즘은 주식 거래자를 누구나 '투자자'라고 부르면서 투자라는 용어를 남발하고 있기 때문이다. 이 책의 3판에서는 1962년 6월《월스트리트 저널The Wall Street Journal》1면에 실린 다음 표제를 인용했었다.

시장을 비관한 소액투자자들, 소규모로 공매도 실행 중

바로 이 신문이 1970년 10월 사설에서는 주식을 사러 몰려드는 사람들을 '무모한 투자자들'이라고 부르면서 비난했다.

투자와 투기라는 용어가 오랜 기간 뒤죽박죽 사용되고 있음을 알 수 있다. 앞에서 내가 제시한 투자의 정의를 되새겨 보라. 그리고 장래에 훨씬 더 낮은 가격에 되살 수 있다고 확신하면서 보유하지도 않은 주식을 매도하는 미숙한 대중을 생각해보라. (1962년 기사가 나왔을 때 시장은 이미 폭락한 상태였으므로, 더 큰 반등을 앞 둔 시점이었다. 공매도를 실행하기에는 가장 나쁜 시점이었다.) 나중에 사용된 표현 '무모한 투자자들' 역시 '낭비하는 구두쇠'처럼 터무니없이 모순된 용어로 볼 수 있다.

신문에서 이런 사람들을 '투자자'로 부른 데에는 그럴만한 이유가 있다. 어떤 종목을 어떤 목적으로 어떤 가격에 사든, 현금으로 사든 신용으로 사든,

---

* Lawrence Chamberlain, Investment and Speculation (1931).

월스트리트에서는 증권을 사거나 파는 사람을 모두 투자자라고 제멋대로 불렀기 때문이다. 반면 1948년에는 설문조사 응답자의 90% 이상이 주식 매수에 반대한다고 말했다.* 그 이유로 응답자의 약 절반은 주식이 '위험해서 도박이기 때문'이라고 말했고, 나머지 절반은 '잘 모르기 때문'이라고 대답했다. 정말이지 역설적인 현상이다. 주가가 매우 낮을 때에는 사람들이 모든 주식을 매우 위험하다고 간주했고, 곧이어 사상 최대 상승장이 시작되었다. 반면 과거 경험에 비추어 매우 위험한 수준까지 주가가 상승했을 때, 사람들은 주식 매수자들을 가리지 않고 모두 '투자자'라고 불렀다.

지금까지 주식 투자와 투기를 구분하면 항상 유용했으므로, 이런 구분이 사라진다면 걱정스러운 일이다. 그동안 자주 말했지만, 월스트리트 증권회사들은 모든 고객이 투자와 투기를 다시 구분하도록 일깨워주는 편이 바람직하다. 그러지 않으면 언젠가 투기로 큰 손실을 본 고객들이 제대로 경고해주지 않았다고 항의할지도 모른다. 그러나 아이러니하게도 최근 일부 증권회사가 재정난에 시달리고 있는데, 대부분 회사 자금으로 투기성 주식을 매수했기 때문인 듯하다. 주식 투자에는 수익 기회와 손실 위험이 항상 공존한다는 사실을 독자들은 명확하게 이해하기 바란다.

진정으로 안전한 주식 투자 전략, 예컨대 끈질기게 기다려서 주가 폭락 위험이 사라진 시점에 주식을 사는 전략은 이제 불가능할지도 모른다. 따라서 주식을 보유하는 대부분 기간에 주식에 투기요소가 있다는 점을 확실히 인식해야 한다. 투자자는 이런 투기요소를 낮은 수준으로 억제해야 하며, 장기간 손실에 시달릴 수도 있으므로 금전적으로나 심리적으로나 대비하고 있어야 한다.

---

* 연준Federal Reserve Board이 실행한 조사.

주식에 내재하는 투기요소는 피하기 어렵지만, 사람들은 의도적으로 투기를 선택하기도 한다. 투기는 불법도 아니고 부도덕한 행위도 아니다. 게다가 다소의 투기는 필요불가피하다. 주식에는 손실 가능성과 이익 가능성이 공존하며, 이런 위험을 누군가가 떠안아야 하기 때문이다. 하지만 투기를 통해서 실제로 돈 버는 사람은 많지 않다.

투자 중에 현명한 투자가 있듯이, 투기 중에도 현명한 투기가 있다. 그러나 멍청한 투기 방법도 많다. 그중에서도 가장 멍청한 방법은 (1) 투자라고 착각하면서 하는 투기, (2) 지식과 능력이 부족한데도, 소일거리 수준이 아니라 본격적으로 벌이는 투기, (3) 감당하기 어려울 정도로 거액을 동원하는 투기이다.

보수적인 관점에서 보면, 비전문가의 신용거래(돈을 빌려 주식을 사는 행위)는 사실상 투기로 간주해야 한다. 따라서 증권회사는 이런 고객에게 그 위험을 알려주어야 한다. 그리고 이른바 인기 종목을 매수하는 사람은 모두 투기나 도박을 하는 셈이다. 투기는 항상 매혹적이며, 특히 이익을 내는 동안에는 대단히 재미있다. 운을 시험하고 싶다면, 원금 일부를 (금액은 적을수록 좋다) 떼어내서 투기용 계좌를 별도로 만들어라. 주가가 상승해서 이익이 증가해도, 투기용 계좌에 돈을 더 넣으면 절대 안 된다. (이때는 투기용 계좌에서 자금 인출을 고려해야 할 시점이다.) 같은 계좌에서 투기와 투자를 뒤섞어 실행해서는 절대 안 되며, 머릿속으로 투기와 투자를 뒤섞어 생각해서도 절대 안 된다.

방어적 투자자에게 예상되는 실적

•

앞에서 정의했듯이, 방어적 투자자는 주로 원금을 안전하게 지키면서 골칫거리를 피하려는 사람이다. 그러면 방어적 투자자는 어떤 투자 방법을 따라야 하며, '일반적인 정상 상황' (실제로 존재한다면)에서 예상되는 수익률은 어느 정도일까? 이 답을 찾으려면 먼저 7년 전 이에 대해 쓴 글을 찾아보고, 이후 기대 수익률 관련 변수들이 어떻게 바뀌었는지 살펴보고 나서, 지금(1972년 초) 상황에서는 어떻게 투자해야 하며 예상 수익률이 얼마인지 알아보자.

1. 7년 전에 쓴 글

나는 투자자에게 우량등급 채권과 우량주를 분산 보유하라고 권유했다. 채권의 비중은 25% 이상 75% 이하가 되어야 하고, 이에 따라 주식의 비중은 75% 이하 25% 이상이 되어야 한다. 가장 단순한 방법은 채권과 주식을 절반씩 보유하면서, 시장이 예컨대 5% 이상 움직여서 균형이 무너지면 비중을 다시 50대 50으로 회복시키는 방법이다. 아니면 '주가가 위험할 정도로 높다고 판단되면' 주식의 비중을 25%까지 낮추고, 반대로 '주가가 매우 낮아서 매력적이라고 판단되면' 주식 비중을 75%까지 높이는 전략도 있다.

1965년에는 우량등급 채권의 수익률은 약 4.5%, 우량등급 비과세 채권은 3.25%였다. 당시 다우지수는 892였으며, 우량주의 배당수익률은 약 3.2%에 불과했다. 이는 주의가 필요한 상황이었다. 나는 '정상적인 주가 수준'에서는 매수 시점의 배당수익률이 3.5%~4.5%가 되어야 한다고 말했다. 이후 주가도 같은 수준으로 상승하면, 배당수익률과 주가 상승률을 더해서 연 7.5% 정도의 수익률이 나온다. 채권과 주식의 비중이 50대 50이라면, 세전 수익률은 약 6%가 된다. 주식은 심각한 인플레이션에 의한 구매력 손실을 상당 부분 방어해준다.

이렇게 계산한 기대수익률은 1949~1964년에 주식시장에서 실현된 수익률보다 훨씬 낮다. 실제로 1949~1964년 상장주식의 수익률 평균은 10%가 훨씬 넘었으며, 사람들은 장래에도 틀림없이 이렇게 높은 수익률이 나올 것이라고 믿었다. 그동안 주가 상승률이 높았으므로 지금은 '주가가 지나치게 높은 상태'이고, 따라서 향후에는 수익률이 나빠질 수 있다고 진지하게 생각한 사람은 거의 없었다.*

2. 1964년 이후 시장흐름

1964년 이후에는 우량등급 채권의 수익률이 사상 최고 수준으로 상승하여 1970년에 정점을 기록하고, 이후 수익률이 상당 수준 다시 내려갔다. 1964년 4.5% 수준이었던 우량 회사채 수익률이 지금은 약 7.5% 이상이다. 1964년 말 3.2%였던 다우지수 종목들의 배당수익률은 1969~1970년 주식시장 하락기에 상당 폭 상승했지만, 다우지수가 900인 지금은 3.5% 미만이다. 이렇게 채권 수익률이 급등한 탓에, 예컨대 20년 만기 중기 채권의 시장가격은 최대 38%나 하락했다.

이런 시장흐름에는 역설적인 측면이 있다. 1964년 나는 주가가 지나치게 높아서 결국 폭락할 가능성이 있다고 자세히 논의했다. 그러나 우량등급 채권 가격의 폭락 가능성에 대해서는 구체적으로 논의하지 않았다. (내가 알기로는 논의한 사람이 아무도 없었다.) 나는 《현명한 투자자》 90페이지에서, 금리가 바뀌면 장기 채권의 가격은 매우 큰 폭으로 바뀐다고 경고했다. 이후 시장흐름을 돌아보면, 나의 경고는 충분치 않았다고 생각된다. 1964년 말 다우지수가 874일 때 지수에 투자했다면, 1971년 말에는 약간의 이익을 얻었을 것이다. 1970년 다우지수가 최저 수준이었던 631을 기준으로 평가해도, 그 손실은 장기 채권에서 발생한 손실보다 작았을 것이다. 반면 미국저축채권, 단기 회사채, 저축계좌 등 '현금성 자산'에만 투자했다면, 이 기간 원금 손실

---

* Benjamin Graham, 《현명한 투자자The Intelligent Investor》 (1965), 8.

을 전혀 보지 않았을 것이며, 우량주에 투자했을 때보다도 높은 수익을 얻었을 것이다. 따라서 이론상으로는 인플레이션 기간에 현금보다 주식이 유리하지만, 1964년에는 주식보다 '현금성 자산'이 더 유리했던 것으로 드러났다. 이렇게 우량등급 장기 채권의 시장가격이 하락한 것은 금융시장의 특수한 상황 탓이었는데, 금융시장은 평소에는 개인의 투자전략과 그다지 관계가 없는 난해한 분야이다.

이는 미래 증권 가격 예측이 절대 불가능함을 보여주는 무수한 사례 가운데 하나에 불과하다. 그동안 채권은 주식보다 가격 변동이 거의 예외 없이 훨씬 작았으므로, 투자자들은 장기 채권을 사더라도 시장가격 변동을 걱정할 필요가 없었다. 이 원칙이 적용되지 않은 예외는 소수에 불과했는데, 1964년 이후가 바로 그 예외였다. 채권 가격 변동에 대해서는 나중에 더 논의하기로 한다.

3. 현재 시점에서 예상하는 미래 수익률과 투자 전략

1971년 말이 다가오는 지금, 중기(中期) 우량등급 회사채의 세전 수익률은 8%이고, 우량등급 비과세 지방채의 수익률은 5.7%이다. 이보다 만기가 짧은 미국 국채 5년물은 수익률이 약 6%이다. 국채 5년물은 원리금 상환이 확실하고 만기도 비교적 짧으므로, 매수하더라도 가격 하락에 대해 걱정할 필요가 없다. 현재 다우지수는 900선을 회복했고, 우량주의 배당수익률은 3.5%에 불과하다.

이번에도 우량등급 채권(또는 이른바 '현금성 자산')과 다우지수 종목 같은 우량주에 자금을 배분한다고 가정하자. 향후 시장흐름을 크게 낙관하거나 비관할 만한 근거가 없다면, 어떤 전략을 선택해야 할까? 먼저 시장흐름이 크게 불리해지지 않는다고 가정하면, 방어적 투자자는 주식에서 배당수익률

3.5%와 주가 상승률 연 4% 정도를 기대할 수 있다. (나중에 또 설명하겠지만, 주가 상승률을 연 4%로 본 것은 기업들이 매년 미분배이익에서 재투자하는 금액이 배당과 비슷한 수준이기 때문이다.) 둘을 더하면 주식의 수익률은 세전 7.5%로서, 우량등급 채권 수익률보다 다소 낮다. 주식의 세후 수익률은 약 5.3%가 된다.* 이는 우량등급 비과세 지방채 중기물의 수익률과 비슷한 수준이다.

앞의 1964년 분석과 비교하면, 지금은 주식보다 채권이 훨씬 유리하다. 1964년 이후 주식의 배당수익률보다 채권 수익률이 훨씬 많이 상승했기 때문이다. 게다가 주식의 배당과 가격 상승보다, 우량등급 채권의 원리금 상환이 더 확실하다는 점도 잊어서는 안 된다. 따라서 1971년 말 시점에서는 주식보다 채권이 확실히 유리하다고 결론지을 수밖에 없다. 이 결론이 옳다고 확신할 수 있다면, 시장흐름이 크게 바뀌지 않는 한 방어적 투자자는 자금을 모두 채권에 배분할 수 있다.

여기서 세 가지 가능성을 고려할 수 있다. 첫째, 현재 채권 수익률이 더 높다고 해서 채권에서 더 좋은 실적이 나온다고 확신할 수는 없다. 인플레이션이 발생하면 채권의 실적이 더 나빠질 수도 있기 때문이다. 2장에서 논의하겠지만, 20세기에 미국에서 발생한 여러 인플레이션을 고려하면, 현재와 같은 수익률 차이에서는 그래도 채권을 선택해야 한다. 그러나 매우 낮은 확률이지만, 가속 인플레이션에 의해서 채권보다 주식의 실적이 더 좋을 가능성도 상존한다. 둘째, 역시 매우 낮은 확률이지만, 향후 몇 년 동안 가속 인플레이션은 발생하지 않고 미국 기업들의 수익성이 많이 개선되어, 주가가 대폭 상승할 가능성도 있다. 셋째, 확률이 더 높은 마지막 시나리오는, 주식시

* 최고 세율이 적용된다고 가정하여, 배당에 대해서는 40%, 자본이득에 대해서는 20% 세율로 계산했다.

장에 또다시 투기 열풍이 불어서 내재가치와 상관없이 주가가 대폭 상승할 가능성이다. 이런 가능성들을 고려하면, 현재 수익률이 더 높다고 해서 채권에 자금을 100% 배분하면 나중에 후회할 수도 있다.

지금까지 논의한 바를 종합하면, 방어적 투자자들에게 적합한 전략은 역시 앞(1. 7년 전에 쓴 글)에서 제시한 기본 절충 전략이다. 즉, 채권 비중과 주식 비중을 항상 높게 유지하는 전략이다. 단순하게 채권과 주식의 비중을 50대 50으로 유지하면서, 판단에 따라 채권이나 주식의 비중을 25%~75% 사이에서 조정할 수도 있다. 이 전략에 대해서는 나중에 더 자세히 설명하겠다.

지금은 (주가 상승분을 포함한) 주식의 수익률과 채권의 수익률이 거의 같으므로, 채권과 주식의 비중을 어떻게 조정해도 포트폴리오의 예상 수익률은 거의 바뀌지 않는다. 앞에서 계산했듯이, 채권과 주식으로 구성된 포트폴리오의 수익률은 세전 약 7.8%, 세후 약 5.5%다. 이 정도 수익률이면 대부분 방어적 투자자들이 과거 오랜 기간 올린 수익률보다 확실히 높은 수준이다. 물론 1949년 이후 약 20년 동안 강세장에서 나온 주식 수익률 연 14%만큼 매력적인 수준은 아니다. 그러나 1949~1969년 주당순이익EPS과 배당이 약 2배 증가하는 동안, 다우지수는 5배 이상 상승했다는 점을 명심해야 한다. 따라서 이 기간에 나온 높은 수익률은 기업의 내재가치 상승이 아니라, 주로 투자자와 투기꾼들의 태도 변화에서 비롯되었다. 그런 점에서 이 기간의 주가 상승은 '자가발전형 상승bootstrap operation'이라 부를 수 있다.

앞에서 방어적 투자자의 주식 포트폴리오를 논의할 때, 다우지수에 포함되는 30종목에 대해서만 언급했다. 이는 편의상 그렇게 언급한 것이며, 매수에 적합한 종목이 위 30종목뿐이라는 뜻은 아니다. 사실은 다우 30대 기업 이상으로 우량한 기업도 많다. 공익기업들 다수도 여기에 포함된다. (다우존스 공익기업평균Dow Utilities Average 지수도 있다.) 그러나 요점을 말하자면, 방어적 투자자의 전반적인 실적은 시장 수익률이나 우량주에 분산투자할 때의 수익률과 크게 달라지기 어렵다는 사실이다. 실제로 노련하고 기민한 투자 솜씨를 갖추었느냐는, 결국 초과수익 종목을 선정할 수 있느냐에 달렸다. 이유는 나중에 설명하겠지만, 방어적 투자자들이 초과 실적을 달성하기는 어려울 것이라고 생각한다. 대형 펀드를 운용하는 전문가들 역시 초과 실적을 달성하기 어려울 것이라고 생각한다.

한 가지 사례를 들어 설명하겠다. 1960.12~1970.12 사이에 다우지수는 616에서 839로 36% 상승했지만, 같은 기간 훨씬 많은 종목으로 구성된 스탠더드 앤드 푸어스 500 (Standard & Poors 500: 이하 S&P500) 지수는 58.11에서 92.15로 58% 상승했다. 이는 S&P500 종목을 사는 편이 확실히 유리했다는 뜻이다. 그러나 1960년 당시에는 온갖 잡다한 주식으로 구성된 S&P500 지수가, 품위 있는 '30대 우량주'로 구성된 다우지수의 실적을 능가할 것이라고 과감하게 예측한 사람이 거의 없었다. 여기서도 드러나듯이, 주가 흐름을 정확하게 예측할 수 있는 사람은 거의 없다.

이런 경고는 아무리 자주 해도 지나치지 않다고 생각해서 다시 말하는데, 단기 이익을 바라고 신규 상장주식이나 인기 종목을 사는 방식으로는 초과 실적을 기대할 수 없다. 오히려 장기적으로는 거의 틀림없이 평균 실적에도 못 미칠 것이다. 방어적 투자자는 재무제표가 건전하고 장기간 이익을 기록한 우량기업 주식만 매수해야 한다. (유능한 애널리스트라면 누구나 이런 종목 리스트를 제시할 수 있다.) 공격적 투자자라면 다른 유형의 주식을 매수할 수 있지만, 현명한 분석을 통해서 분명히 유리하다고 밝혀진 주식을 사야 한다.

이제 방어적 투자자에게 필요한 개념이나 관행 세 가지를 간략하게 언급하면서 이 섹션을 마무리하겠다. 첫째, 방어적 투자자는 직접 주식 포트폴리오를 구성하는 대신, 평판 좋은 펀드에 가입할 수도 있다. 투자신탁회사나 은행들이 운용하는 집합투자신탁이나 합동운용펀드를 이용할 수도 있다. 둘째, 금액이 클 경우에는 유명 투자자문사를 이용할 수도 있다. 그러면 전문가들이 표준 원칙에 따라 투자를 관리해준다. 셋째, 매월 또는 매분기 똑같은 금액으로 주식을 매수하는 '정액매수적립식dollar-cost averaging' 기법을 이용할 수도 있다. 이 기법을 이용하면 주가가 낮을 때에는 매수 수량이 증가하고 주가가 높을 때에는 매수 수량이 감소하므로, 장기적으로 보유 주식의 매수 단가가 낮아지게 된다. 엄밀하게 말하면, 이는 이른바 공식투자formular investing를 폭넓게 적용한 기법이다. 공식투자는 이미 앞에서 언급한 적이 있는데, '판단에 따라 채권이나 주식의 비중을 25%~75% 사이에서 조정'하는 기법이 여기에 해당한다. 이 기법은 방어적 투자자에게 장점이 있으므로, 나중에 더 자세히 논의할 것이다.

공격적 투자자에게 예상되는 실적

공격적 투자자는 당연히 방어적 투자자보다 좋은 실적을 바랄 것이다. 그러나 먼저 자신의 실적이 방어적 투자자보다 나빠지지 않도록 주의해야 한다. 천부적인 재능과 열정을 투자에 쏟아붓고도 결국 손실만 떠안는 사람도 많기 때문이다. 재능과 열정도 방법이 잘못되면 오히려 걸림돌이 될 수 있다. 따라서 공격적 투자자는 먼저 어떤 방법을 선택해야 성공 가능성이 높은지 명확하게 파악해야 한다.

일반적으로 투자자와 투기꾼들이 초과 실적을 얻으려고 시도하는 방법들을 열거하면 아래와 같다.

1. 트레이딩: 시장이 상승 중일 때 주식을 매수해서 상승세가 꺾인 후에 매

도하는 방법이다. 대개 주가 흐름이 시장 평균보다 좋은 종목들을 선정한다. 공매도를 자주 하는 전문가들도 소수 있다. 이들은 보유하지 않은 주식을 빌려서 매도한다. 주가가 대폭 하락하면 훨씬 싼 가격에 주식을 매수하여 상환함으로써 차익을 얻으려는 목적이다. (p.25 에서 인용한 표제 "시장을 비관한 소액투자자들, 소규모로 공매도 실행 중"에 의하면, 때로는 미숙한 '소액투자자들'조차 공매도를 시도한다.)

2. 단기 종목 선정: 이익 증가 등 호재를 발표했거나 곧 발표할 것으로 예상되는 종목을 매수하는 방법이다.

3. 장기 종목 선정: 과거에 기록한 탁월한 성장 실적이 장래에도 계속 이어질 것으로 예상되는 종목을 매수하는 방법이다. 과거에는 탁월한 실적을 기록하지 못했어도 장래에 이익이 증가할 것으로 예상되는 종목이라면, 경우에 따라 '투자자'도 매수할 수 있다. (대개 컴퓨터, 제약, 전자 등 기술 분야에 속하는 기업들로서, 매우 유망한 신제품이나 공정을 개발 중인 회사들이다.)

앞에서도 이미 밝혔지만, 투자자가 이런 방법들로 성공할 가능성은 높지 않다고 본다. 트레이딩은 이론적으로나 현실적으로나 투자 영역에서 제외된다. 앞(p.24)에서 내린 투자의 정의는 '철저한 분석을 통해서 원금의 안전과 충분한 수익을 약속받는 행위'인데, 트레이딩은 여기에 해당하지 않기 때문이다. 트레이딩에 대해서는 나중에 더 논의한다.

투자자가 장기/단기 종목 선정 과정에서 마주치는 걸림돌 두 가지는 실수와 경쟁이다. 투자자의 예측은 빗나갈 수도 있고, 설사 예측이 적중하더라도 이미 시장가격에 충분히 반영되어 있을 수도 있다. 기업의 당기 실적은 이미 투자업계에 널리 알려진 사실에 불과하며, 내년 실적 역시 예측 가능한 범위에서 다른 사람들도 이미 충분히 검토했다고 보아야 한다. 따라서 주로 당기 실적이나 내년 예상 실적이 좋다는 이유로 종목을 선정하려고 한다면, 다른 사람들도 이미 똑같은 판단을 했다고 보아야 한다.

장기 종목 선정에서도 투자자가 마주치는 걸림돌은 기본적으로 똑같다. 앞(p.17)에서 항공운수 산업의 사례로 설명했듯이, 장기 예측은 완전히 빗나갈 가능성이 단기 예측보다 훨씬 크다. 장기 예측은 전문가들도 빗나가기 일쑤이므로, 투자자의 예측이 적중하면 이론상으로는 큰 이득을 볼 수도 있다. 그러나 단지 이론상으로만 가능할 뿐이다. 애널리스트들의 전문 영역인 장기 실적 예측 분야에서 이들보다 더 정확하게 예측할 수 있는 공격적 투자자가 얼마나 있겠는가?

그러므로 다소 당혹스럽겠지만 합리적인 결론은 다음과 같다. 지속적인 초과 실적의 가능성을 높이려면, 투자자는 (1) 본질적으로 건전하고 유망하며, (2) 월스트리트에서 인기가 없는 전략을 따라야 한다.

그러면 이런 전략이 과연 존재할까? 이론상으로는 존재한다. 그리고 실제로도 존재한다고 믿을 만한 근거가 많다. 모두가 알고 있듯이, 투기 종목은 주가가 과도하게 상승하거나 하락한다. 주식시장도 자주 그러지만, 일부 개별 종목은 항상 과도하게 상승하거나 하락한다. 뿐만 아니라 대중의 부당한 편견이나 관심 부족 탓에 저평가되는 종목도 있다. 더 나아가 트레이딩에 참여하는 사람들(이하 트레이더trader) 중에는 종목 구분조차 제대로 못하는 사람이 놀라울 정도로 많다. 이 책에서는 가격과 가치가 괴리되었던 사례를 수없이 다룰 것이다. 따라서 숫자 감각을 갖춘 현명한 투자자라면, 다른 사람들의 어리석은 행동을 이용해서 소풍을 즐기듯 초과 실적을 즐길 수 있을 것이다. 그러나 이 과정이 보기만큼 쉽지는 않다. 소외당해서 저평가된 종목을 매수하면, 대개 장기간 인내심을 시험받게 된다. 반면 인기 과열로 고평가된 종목을 공매도하면, 용기와 체력뿐 아니라 자금력까지 시험받게 된다. 건전한 전략을 대로 적용하기가 불가능하지는 않지만, 그렇다고 쉬운 일도 절대 아니다.

'특수 상황special situations'에 해당하는 투자 기회도 상당히 많다. 이 분야를 잘 아는 사람이라면 위험을 최소화하면서 연 20% 이상 훌륭한 수익을 꾸준히 얻을 수 있는 기회로서, 오랜 기간 이어지고 있다. 차익거래, 청산거래, 헤지거래가 여기에 포함된다. 대표적인 사례가 발표 당일 주가보다 가격이 훨씬 높은 인수합병 계획이다. 이런 거래가 최근 몇 년 동안 대폭 증가했으므로, 이 분야 전문가들은 그동안 매우 높은 수익을 얻었을 것이다. 그러나 합병 발표가 증가하면서 합병 성사를 가로막는 걸림돌도 증가했으므로 오히려 손실을 본 개인도 많다. 경쟁 과열 탓에 수익률도 전반적으로 하락했을 것이다.

이런 특수 상황에서 수익률이 하락한 것은, 수확체감의 법칙과 유사한 일종의 자멸 프로세스인데, 이 책이 출간된 이후 이런 자멸 프로세스가 계속 나타나고 있다. 1949년 초판에서 제시한 직전 75년 시장 주가 흐름 분석에서는, 당시 이익과 금리를 기준으로 다우지수가 내재가치보다 낮을 때에는 매수하고 내재가치보다 높을 때에는 매도하는 공식이 잘 들어맞았다. 로스차일드가의 좌우명 "싸게 사서 비싸게 팔아라"를 적용하는 셈이다. 이는 주가가 상승했으니까 사야하고 하락했으니까 팔아야한다는 뿌리 깊고 치명적인 월스트리트 좌우명과 상반되므로 유리했다. 그러나 애석하게도 1949년 이후에는 이 공식이 통하지 않았다. 두 번째 사례는 유명한 다우 이론인데, 1897-1933년에는 멋지게 들어맞았지만 1934년 이후에는 심하게 의심받게 되었다.

세 번째 사례는 최근에는 찾기 어려운 절호의 기회로서 주가가 순유동자산가치(NCAV: 부채는 모두 차감하며, 공장과 기타 자산도 포함하지 않음)에도 못 미치는 염

종목들이다. 나는 오랜 기간 월스트리트에서 이런 염가 종목에 집중적으로 투자했었다. 이런 종목들이 거래되는 가격은 유사한 비상장 기업이 거래되는 가격보다도 훨씬 낮았다. 기업 소유주나 대주주라면 절대 팔지 않을 정도로 터무니없이 낮은 가격이었다. 하지만 정말 이상하게도, 이런 종목을 찾기가 어렵지 않았다. 1957년 발표된 목록에 의하면, 이런 종목이 200개에 육박했다. 이런 종목은 거의 모두 수익을 안겨주었으므로, 다른 투자방식보다 연간 실적이 훨씬 잘 나왔다. 그러나 이후 10년 동안 이런 종목들도 거의 모두 사라졌으므로, 공격적 투자자들이 믿을 만한 투자 기회 역시 사라졌다. 하지만 1970년 주가가 저점에 도달했을 때 이런 염가 종목들이 상당수 다시 등장했으며, 시장이 강하게 반등 중인 1970년 말까지도 표준 포트폴리오를 구성할 정도로 충분히 남아 있다.

지금도 공격적 투자자가 초과수익을 달성할 가능성은 많이 있다. 수많은 종목 중에는 논리적/합리적 기준으로 확실히 저평가된 종목이 틀림없이 다수 있을 것이다. 이런 종목들은 다우지수 등 대표 지수보다 더 만족스러운 실적을 안겨줄 것이다. 그러나 투자자의 노력이 충분히 보상받으려면, 주식 포트폴리오의 전 수익률을 예컨대 연 5% 이상 끌어올릴 수 있어야 한다. 이렇게 공격적 투자자에게 적합한 종목 선정 기법도 더 다룰 예정이다.

2장

투자와 인플레이션

2장

투자와 인플레이션

최근 몇 년 동안 인플레이션이 대중의 주요 관심사로 자리 잡고 있다. 과거에 화폐의 구매력이 감소했다는 사실, 그리고 미래에는 화폐의 구매력이 더 감소할 수 있다는 두려움이 증권계에 큰 영향을 미치고 있다. 생활비가 상승하면 고정소득 생활자들은 확실히 고통 받게 되며, 원금이 확정된 금융상품에서도 손실이 발생하게 된다. 반면 주식을 보유하면 주가 상승과 배당 증가가 구매력 감소를 상쇄해줄지도 모른다.

이런 사실을 근거로 금융계 권위자들은 (1) 채권은 본래 불리한 상품이며, (2) 주식이 채권보다 훨씬 유리한 투자 대상이라고 결론지었다. 이들은 자선기관의 포트폴리오도 100% 주식으로 구성해야 한다고 조언한다. 과거 투자신탁은 법에 의해 우량등급 채권(그리고 일부 우선주)에만 투자할 수 있었는데, 이제는 상황이 반전되었다.

그러나 독자들도 알다시피, 우량주라고 해도 항상 채권보다 유리한 것은 아니다. 주식의 가격 및 배당수익률을 채권 수익률과 비교해 보아야 알 수 있다. 주식이 채권보다 훨씬 유리하다는 말은 터무니없는 소리다. 과거 수없이 들었던, 채권이 주식보다 안전하다는 주장처럼 말이다. 2장에서는 다양한 방식으로 인플레이션 요소들을 측정해서 미래 인플레이션을 신중하게 예상해 보고자 한다.

미래 인플레이션에 대한 대응전략을 수립할 때에도, 다른 금융 분야에서와 마찬가지로 우리는 과거 경험을 토대로 삼아야 한다. 특히 1965년 이후 미국에서 심해지고 있는 인플레이션은 새로운 현상인가? 이보다 더 심한 인플레이션을 우리가 경험한 적이 있다면, 그로부터 어떤 교훈을 얻어 대응전략 수립에 이용할 수 있을까? 〈표 2-1〉은 과거 물가 변동과 기업의 이익 및 주가 흐름을 요약한 자료이다. 1915년부터 55년 동안 5년 간격으로 데이터를 정리했다. (1945년은 전시 물가통제가 실행된 마지막 해이므로, 1946년으로 대체했다.)

먼저 눈에 띄는 점은 과거에 인플레이션이 많이 발생했다는 사실이다. 1915-1920년 인플레이션이 가장 심해서, 생활비가 거의 두 배로 상승했다. 반면 최근인 1965-1970년에는 물가 상승률이 15%였다. 나머지 기간에는 물가 하락기가 3회 있었고, 다양한 수준의 물가 상승기가 6회 있었다. 전체적으로 볼 때, 인플레이션 재발 가능성이 분명히 있다.

이 표를 보고 물가 상승률을 예상할 수 있을까? 표에서 명확한 답을 찾을 수는 없다. 온갖 다양한 숫자가 나오기 때문이다. 그러나 최근 20년 동안 비교적 일관되게 나타난 기록에서 힌트를 얻을 수는 있다. 이 기간 소비자 물가 상승률은 연 2.5%였다. 1965-1970년에는 연 4.5%였는데, 1970년 한 해에만 5.4%였다. 지금까지 정부의 공식 정책은 대규모 인플레이션에 강력하게 대응한다는 것이었으며, 향후 연준의 대응 정책은 최근 몇 년보다 더 효과적일 것으로 보인다. 지금은 미래 인플레이션을 예컨대 연 3%로 예상하면

〈표 2-1〉 물가 수준, EPS, 주가 (1915~1970년, 5년 간격)

연도	물가 수준[a]		S&P500 지수[b]		변동률(%)			
	도매	소매	EPS	주가	도매물가	소매물가	기업 EPS	S&P500 주가
1915	38.0	35.4		8.31				
1920	84.5	69.8		7.98	96.0	96.8		−4.0
1925	56.6	61.1	1.24	11.15	−33.4	−12.4		41.5
1930	47.3	58.2	0.97	21.63	−16.5	−4.7	−21.9%	88.0
1935	43.8	47.8	0.76	15.47	−7.4	−18.0	−21.6	−26.0
1940	43.0	48.8	1.05	11.02	−0.2	2.1	33.1	−28.8
1946[c]	66.1	68.0	1.06	17.08	53.7	40.0	1.0	55.0
1950	86.8	83.8	2.84	18.40	31.5	23.1	168.0	21.4
1955	97.2	93.3	3.62	40.49	6.2	11.4	27.4	121.0
1960	100.7	103.1	3.27	55.85	9.2	10.5	−9.7	38.0
1965	102.5	109.9	5.19	88.17	1.8	6.6	58.8	57.0
1970	117.5	134.0	5.36	92.15	14.6	21.9	3.3	4.4

a 연평균. 물가 수준은 1957 = 100. 그러나 물가 수준을 1967 = 100으로 가정하면, 1970년 소비자 물가는 116.3, 도매물가는 110.4가 된다.

b 1941–1943 평균 = 10.

c 1945년은 전시 물가통제가 실행된 마지막 해이므로, 1946년으로 대체.

합리적으로 보인다. (1915-1970년 전체 기간의 인플레이션은 연 2.5% 수준이었다.)*

미래 인플레이션 3%에 담긴 뜻은 무엇일까? 이는 우량등급 회사채 중기(中期)물의 세후 소득(또는 우량등급 비과세 지방채 중기물의 세전 소득) 약 절반이 물가 상승 탓에 사라진다는 뜻이다. 절반이면 적지 않은 규모이지만, 지나치게 과장해서도 안 된다. 다행히 투자자의 재산(구매력)이 실제로 감소하는 정도는

* 이 글을 쓴 후인 1971년 8월, 닉슨 대통령이 물가 및 임금을 동결했고, 이후 2단계 통제 시스템을 가동했다. 이렇게 전개되는 국면을 고려하면, 위 견해가 옳은 것으로 보인다.

아니다. 세후 소득의 절반만 소비한다면, 인플레이션이 연 3%이더라도 구매력이 유지된다.

이어서 자연스럽게 떠오르는 질문은 "1970-1971년 우량등급 채권의 수익률이 전례 없이 높은데도, 주식을 보유하는 편이 유리하다고 확신할 수 있을까?"이다. 예컨대 주식과 채권을 함께 보유하는 것보다, 주식만 100% 보유하는 편이 나을까? 주식에는 본래 인플레이션에 대한 방어력이 있어서, 향후 수익률이 채권보다 높다고 확신할 수 있을까? 지난 55년 동안 주식의 수익률이 채권보다 실제로 훨씬 높았을까?

이 질문에 대한 답은 간단치 않다. 과거 장기간 주식의 수익률은 채권보다 실제로 더 높았다. 다우지수는 1915년 77에서 1970년 753으로 상승하여 수익률 연 4% 기록했고, 여기에 이 기간 배당수익률 연 4%를 가산하면 연 8%가 나온다. (S&P 지수로 계산해도 거의 같은 결과가 나온다.) 연 8%는 같은 기간 채권 수익률보다 훨씬 높은 수준이다. 그러나 지금은 우량등급 채권의 수익률이 더 높다. 여기서 자연스럽게 다음 질문이 떠오른다. "향후 주식의 수익률이 과거 55년보다 훨씬 높아질 것으로 믿을 만한 이유가 있는가?"

이 질문에 대한 답은 딱 잘라서 "아니오"다. 향후 주식의 수익률이 과거보다 높을 수도 있지만, 확실한 것은 절대 아니다. 여기서 우리는 실적에 영향을 주는 두 가지 시간 지평을 고려해야 한다. 먼저 예컨대 향후 25년처럼 미래 장기간을 생각해야 한다. 다음에는 예컨대 5년 이하처럼 단기나 중기에 투자자가 경험하게 될 금전적 심리적 사건을 생각해야 한다. 투자자의 기분, 희망, 공포, 만족, 불만, 그리고 특히 의사결정은 평생 쌓아온 경험이 아니라 해마다 겪는 경험에 좌우된다.

단언하건대, 인플레이션 기간은 기업의 이익 및 주가 흐름과 밀접한 관계가 없다. 그 명백한 예가 1966-1970년이다. 이 기간 물가 상승률은 22%

로서, 1946-1950년 이후 가장 높았다. 그러나 기업의 이익과 주가 모두 1965년부터 계속 하락했다. 다른 기간을 살펴보아도, 인플레이션 기간과 기업의 이익 및 주가 흐름 사이에서 일관성을 발견하기 어렵다.

인플레이션과 기업의 이익

•

미국 기업들의 자본이익률도 인플레이션과 관련된 중요한 주제이다. 전반적인 경기가 상승세일 때에는 기업들의 자본이익률도 따라서 상승했지만, 도매 물가나 소매 물가가 상승할 때에는 자본이익률이 함께 상승하는 경향을 보이지 않았다. 실제로 지난 20년은 인플레이션 기간이었는데도, 자본이익률은 오히려 뚜렷한 하락세를 보였다. (감가상각률을 대폭 높인 것도 자본이익률 하락세에 영향을 미쳤다. 〈표 2-2〉 참조.) 추가 연구를 통해서 내가 내리게 된 결론은, 최근 5년 동안 다우지수 기업들이 기록한 것보다 훨씬 높은 자본이익률(순유형자산이익률 약 10%)은 이제 기대할 수 없다는 것이다.* 이런 종목들의 시장가격은 장부가치보다 훨씬 높으므로 (예컨대 1971년 중반 시장가격이 900이라면, 장부가치는 560), 시장가격 기준 자본이익률은 약 6.25%에 불과하다. (이 숫자를 뒤집으면 PER이 되며, 흔히 주가수익배수times earnings로 표현한다. 예를 들어 다우지수 900은 최근 12개월 이익의 16배라고 표현할 수 있다.)

이 숫자들은 1장에서 제시했던 숫자들과 잘 맞아떨어진다. 즉, 방어적 투자자는 주식에서 배당수익률 3.5%와, (미분배이익 재투자에 의한) 주가 상승률 연 4% 정도를 기대할 수 있다고 말했다. (여기서 장부가치가 1달러 증가하면, 주식의 시장

---

* S&P 지수를 구성하는 425개 제조회사 주식의 순유형자산이익률은 약 11.5%였다. 이는 수익성 높은 대기업 IBM이 어느 정도 영향을 미쳤기 때문이다. IBM은 다우지수 30종목에는 포함되지 않는다.

가격은 약 1.6달러 상승한다고 가정했다.)

나는 인플레이션을 3%로 예상하면서도, 인플레이션이 이익과 주가를 높이지는 않는다고 가정하여 계산했다. 과거 비슷한 수준의 인플레이션이 발생했을 때, 인플레이션이 이익을 높여준 사례가 없기 때문이다. 실제 숫자를 분석해보면, 지난 20년 동안 다우지수 종목들의 이익이 대폭 증가한 것은, 모두 유보이익 재투자를 통해서 투하자본이 대폭 증가한 결과였다. 만일 인플레이션이 이익을 높여주었다면, (유보이익 재투자와 상관없이) 기존 자본에 영향을 미쳐 이익률을 높여주는 형태가 되었을 것이다. 그러나 지난 20년 동안 도매 물가 상승률은 40%에 육박했는데도, 이런 현상은 나타나지 않았다. (기업의 이익은 소비자 물가보다 도매 물가의 영향을 더 받는다.) 인플레이션에 의해서 주가가 상승하려면, 인플레이션에 의해서 자기자본이익률ROE이 상승하는 방법 외에는 없다. 과거 데이터를 분석해보면, 이런 사례는 한 번도 없었다.

과거 경기순환을 살펴보면, 호경기에는 물가가 상승했고 불경기에는 물가가 하락했다. 그래서 사람들은 완만한 인플레이션이 기업 이익 증가에 도움이 된다고 생각했다. 1950-1970년 데이터는 이런 관점을 뒷받침한다. 호경기가 전반적으로 이어지면서, 물가도 전반적으로 상승했기 때문이다. 그러나 숫자를 분석해보면, 인플레이션이 ROE에 미친 영향은 매우 제한적이었다. 심지어 ROE 유지에도 도움이 되지 않았다. 오히려 기업들의 이익 증가를 저해하는 쪽으로 영향을 미쳤다. 아마도 인플레이션이 미친 가장 중요한 영향은 (1) 생산성 향상을 뛰어넘는 임금 인상과 (2) 막대한 추가 자본투자를 강요하여, 투하자본 대비 매출을 떨어뜨린 것이다.

〈표 2-2〉를 보면, 그동안 인플레이션은 기업과 주주들에게 이익이 아니라 손실을 안겨준 것으로 나타난다. 특히 1950~1969년 동안 급증한 기업

〈표 2-2〉 기업의 부채, 이익, ROE (1950~1969)

연도	순부채 (10억 달러)	세전 이익 (100만 달러)	세후 이익 (100만 달러)	ROE(%)	
				S&P 데이터[a]	기타 데이터[b]
1950	$140.2	$42.6	$17.8	18.3%	15.0%
1955	212.1	48.6	27.0	18.3	12.9
1960	302.8	49.7	26.7	10.4	9.1
1965	453.3	77.8	46.5	10.8	11.8
1969	692.9	91.2	48.5	11.8	11.3

a (S&P 산업지수의 이익) / (장부가치 1년 평균).
b 1950, 1955년 데이터 출처는 Cottle and Whitman; 1960–1969년 데이터 출처는 《포춘Fortune》.

의 부채비율이 가장 충격적이다. 투자업계와 경제 전문가들이 기업의 부채 증가세에 그토록 무관심했다는 사실 또한 놀랍다. 기업의 세전 이익이 2배 남짓 증가하는 동안, 부채는 거의 5배나 증가했다. 이 기간 금리가 급등했으므로, 기업의 부채는 이제 경제 성장을 저해하는 무거운 짐이 되었으며, 개별 기업들에는 심각한 문제가 되었다고 보아야 한다. (1950년에는 세전 이익이 기업 부채의 약 30%였지만, 1969년에는 13.2%에 불과했다. 1970년에는 이 비율이 틀림없이 더 악화했을 것이다.) 요컨대 기업들은 금리 약 4%에 막대한 부채를 조달하여 ROE 11%를 힘겹게 달성한 것으로 보인다. 만일 기업들의 부채비율이 1950년 수준으로 유지되었다면, 인플레이션에도 불구하고 ROE는 훨씬 더 하락했을 것이다.

주식시장에서는 공익기업들이 인플레이션의 주된 희생자로 간주된다. 차입 자금의 비용은 대폭 상승하는데도, 규제 탓에 요금을 인상하기는 어렵기 때문이다. 그러나 그동안 전기, 가스, 전화 요금의 상승률이 일반 물가 지수 상승률보다 훨씬 낮았다는 사실 덕분에, 장래에는 공익기업들의 입지가 훨씬 유리해질 수도 있다.* 공익기업들에게는 적정 투하자본이익률ROIC 유지에 필요한 요금을 부과할 법적 권리가 있기 때문이다. 따라서 공익기업 주주들은 과거에 그랬듯이 장래에도 인플레이션으로부터 십중팔구 보호받을 수 있을 것이다.

지금까지 논의 사항을 종합하면, 1971년 말 주가 수준에서 다우지수 종목으로 주식 포트폴리오를 구성할 경우, 예컨대 8%가 넘는 수익률을 기대하기는 어렵다. 심지어 실제 기대수익률이 8%보다 훨씬 높더라도, 100% 주식으로 구성하는 포트폴리오는 바람직하지 않다. 장래에 확실한 사실 하나는, 기업의 이익과 주가가 예컨대 연 4%씩 고르게 상승하는 일은 없다는 것이다. 존 피어폰트 모건John Pierpont Morgan은 "주가는 오르내릴 것입니다"라는 명언을 남겼다. 이는 현재 주가 수준에서 주식을 사면, 장기간 만족스러운 실적을 얻지 못할 위험이 있다는 뜻이다. 다우지수는 1929-1932년 대폭락에서 회복되기 까지 무려 25년이 걸렸다. 게다가 주식에 집중투자하면 짜릿한 급등이나 고통스러운 급락에 휩쓸려 오판하기가 쉽다. 특히 인플레이션이 더 심해질 것으로 예상하고 투자할 때 오판 위험이 더 커진다. 예를 들어 강세장이 다시 시작될 때, 주가 급등을 향후 주가 폭락의 전조로 받아들여 이익을 실현하는 대신, 인플레이션의 증거로 오판하여 당시 주가 수준이 아무리 높고 배당수익률이 아무리 낮아도 계속 주식을 사들이는 잘못을 저지르기 쉽다. 이는 고난으로 가는 길이다.

실물자산과 인플레이션 방어

지금까지 어느 나라에서든 자국 통화를 불신하는 사람들은 대개 금을 사

* 1971년 AT&T에서 발표한 차트에 의하면, 1970년 가정용 전화요금은 1960년보다도 다소 낮았다.

서 보유했다. 미국인들에게는 다행스럽게도, 미국에서는 1935년 이후 금 소유가 불법화되었다. 지난 35년 동안 금의 시장가격은 온스 당 35달러에서 1972년 초 48달러로 겨우 35% 상승했다. 그러나 이 기간 내내 금 소유자는 투자원금에 대해 이자를 받기는커녕, 오히려 해마다 보관비용을 지불해야 했다. 전반적인 물가 상승을 고려하더라도, 그 돈을 저축은행에 넣고 이자를 받는 편이 훨씬 나았다.

금이 인플레이션 방어에 거의 완전히 실패했다는 점을 고려하면, 평범한 투자자가 실물자산에 투자해서 과연 인플레이션을 방어할 수 있을지도 매우 의심스럽다. 물론 그동안 시장가격이 두드러지게 상승한 실물자산은 매우 많다. 다이아몬드, 거장의 그림, 희귀서적의 초판본, 희귀 우표와 동전 등이 그런 예이다. 그러나 대부분의 경우, 그 호가가 불안정하거나 인위적인 면이 있고, 심지어 믿기 어려울 때도 있다. (1804년에 주조되지도 않은) 1804년 미국 은화를 6만 7,500달러에 사는 행위가 '투자 활동'이라고는 생각하기 어렵다.* 우리가 감당할 수 있는 영역이 아니라는 뜻이다. 이런 영역에 들어가서도 무사할 수 있는 사람은 거의 없다.

부동산 소유도 인플레이션을 잘 방어하는 건전한 장기투자로 오래전부터 주목받았다. 그러나 안타깝게도 부동산 가격 역시 크게 오르내리기 쉽고, 위치 선정/가격 등에서 큰 실수를 저지를 수 있으며, 중개인의 농간에 넘어갈 위험도 있다. 끝으로, 분산투자도 재산이 많지 않은 사람들에게는 현실적인 대안이 되지 못한다. 물론 다른 사람들과 함께 다양한 자산에 투자하는 방법도 있지만, 자본금 모집에 따르는 위험을 생각하면 이것 역시 주식 투자와 크게 다르지 않다. 우리가 감당할 수 있는 영역이 아니라는 말이다. 내가 투

---

* 《월스트리트 저널The Wall Street Journal》, October, 1970.

자자에게 해줄 말은 오로지 "발을 들여놓기 전에 자신이 감당할 수 있는지 확인하라"는 말뿐이다.

결론

결국 결론은 1장에서 추천한 전략으로 귀결된다. 미래는 불확실하므로, 자금을 모두 한 바구니에 담을 수는 없다. 최근 채권 수익률이 전례 없이 높아졌지만, 그래도 채권에만 투자해서는 안 된다. 또한 인플레이션이 지속될 가능성이 있지만, 그래도 주식에만 투자해서는 안 된다.

사람은 포트폴리오 소득에 더 의존하게 될수록, 뜻밖의 사건에 더 대비해야 한다. 방어적 투자자는 당연히 자신의 위험을 최소화해야 한다. 수익률이 7.5%에 육박하는 전화회사 채권을 사는 편이, 지수 900 선에서 다우 종목을 살 때보다 위험이 훨씬 작다고 생각한다. 그러나 대규모 인플레이션의 가능성에도 대비해야 한다. 주식으로 대규모 인플레이션을 충분히 방어할 수 있을지는 확실치 않지만, 그래도 채권보다는 나을 것이다.

아래는 1965년 판에 썼던 글인데, 오늘도 똑같이 쓰고자 한다.

분명히 밝히지만, 다우지수 892에서는 주식 매수에 큰 관심이 없다. 하지만 앞에서 설명한 이유로, 방어적 투자자는 주식 상당량을 포트폴리오에 편입해야 한다. 주식과 채권 둘 다 마음에 들지 않지만, 그래도 채권만 보유할 때보다는 위험이 감소하기 때문이다.

3장

지난 100년의 주가 흐름과 현재의 주가 수준

3장

지난 100년의 주가 흐름과 현재의 주가 수준

주식 포트폴리오는 이른바 주식시장이라는 거대하고 강력한 시스템의 일부에 해당한다. 따라서 신중한 투자자라면 주식시장의 역사를 충분히 파악하고 있어야 한다. 특히 주가의 큰 흐름을 잘 알아야 하며, 주가, 이익, 배당 사이의 상호관계도 파악해야 한다. 그러면 이를 바탕으로 각 시점의 주가 수준에서 주식의 매력도와 위험을 더 잘 평가할 수 있다. 주가, 이익, 배당에 대해 유용한 통계 데이터가 존재하는 기간은 1871년~현재(1971년)로서, 정확히 100년이다. (분량이나 신뢰도 면에서 전반 50년의 데이터는 후반 50년만 못 하지만, 그래도 유용하다.)

3장에서 이 데이터를 이용해서 추구하는 목표는 두 가지이다. 첫째, 지난 100년 동안 여러 차례 경기순환을 거치면서 나타난 주가의 큰 흐름을 파악한다. 둘째, 10년 단위로 산출한 주가, 이익, 배당 평균을 분석하여 세 요소 사이의 상관관계를 큰 틀에서 이해한다. 이상의 풍부한 자료를 바탕으로 1972년 초 주가 수준에 대해서도 평가할 것이다.

〈표 3-1〉 주가 지수의 고점과 저점 (1871~1971)

연도	S&P500			다우지수		
	고점	저점	하락률(%)	고점	저점	하락률(%)
1871		4.64				
1881	6.58					
1885		4.24	28			
1887	5.90					
1893		4.08	31			
1897					38.85	
1899				77.6		
1900					53.5	31
1901	8.50			78.3		
1903		6.26	26		43.2	45
1906	10.03			103		
1907		6.25	38		53	48
1909	10.30			100.5		
1914		7.35	29		53.2	47
1916~1918	10.21			110.2		
1917		6.80	33		73.4	33
1919	9.51			119.6		
1921		6.45	32		63.9	47
1929	31.92			381		
1932		4.40	86		41.2	89
1937	18.68			197.4		
1938		8.50	55		99	50
1939	13.23			158		
1942		7.47	44		92.9	41
1946	19.25			212.5		
1949		13.55	30		161.2	24
1952	26.6			292		
1952~1953		22.7	15		256	13
1956	49.7			521		
1957		39.0	24		420	20
1961	76.7			735		
1962		54.8	29		536	27
1966~1968	108.4			995		
1970		69.3	36		631	37
1972년 초	100		–	900		–

주식시장의 오랜 역사는 표 두 개와 차트 하나로 요약된다. 〈표 3-1〉은 지난 100년 동안 나타난 약세장과 강세장 19개의 고점과 저점을 보여준다. 여기서 사용된 지수는 두 가지이다. 하나는 S&P500 지수로서, 그 전신인 콜스위원회Cowles Commission는 1871년까지 거슬러 올라가면서 시가총액가중 주가지수를 산출했다. 다른 하나는 다우지수로서 1897년까지 거슬러 올라가며, AT&T 등 30개 대형 제조회사 주식으로 구성된다.*

S&P의 양해를 얻어 게재한 〈차트 1〉은 1900-1970년 425개 제조업주식의 주가 흐름을 나타낸다. (같은 기간 다우지수의 주가 흐름도 매우 비슷한 모습이다.) 이 70년 동안 각각 약 3분의 1 기간에 걸쳐 매우 뚜렷한 패턴 3개가 나타난다.

먼저 1900-1924년에는 대부분 3-5년 이어지는 비슷한 모습의 시장주기 패턴이 나타난다. 이 기간 주가 상승률 평균은 연 3%에 불과했다. 이어서 등장한 이른바 '새 시대'New Era 강세장은 1929년 정점을 기록하고 나서 끔찍하게 폭락했으며, 이후 1949년까지 매우 불규칙하게 오르내렸다. 두 번째 기간 주가 상승률 평균은 첫 번째 기간보다도 낮아서 연 1.5%에 불과했으므로, 두 번째 기간 말기에 대중은 주식에 전혀 관심이 없었다. 그러나 오히려 이런 무관심에 의해서 세 번째 기간에 미국 역사상 최대 강세장이 등장하게 되었다.

이 강세장은 1968년 12월 S&P425 지수 118을 기록했다(S&P500 지수로는 108). 〈표 3-1〉에서 보듯이 1949-1968년에 큰 폭의 하락이 있었지만 (특

---

* S&P500과 다우 둘 다 공익기업 지수와 운송기업(주로 철도회사) 지수도 발표한다. 1965년 이후 뉴욕증권거래소는 모든 상장주식의 주가 흐름을 보여주는 지수를 산출하고 있다.

〈차트 1〉 1900~1970년의 S&P 425개 종목의 주가 흐름

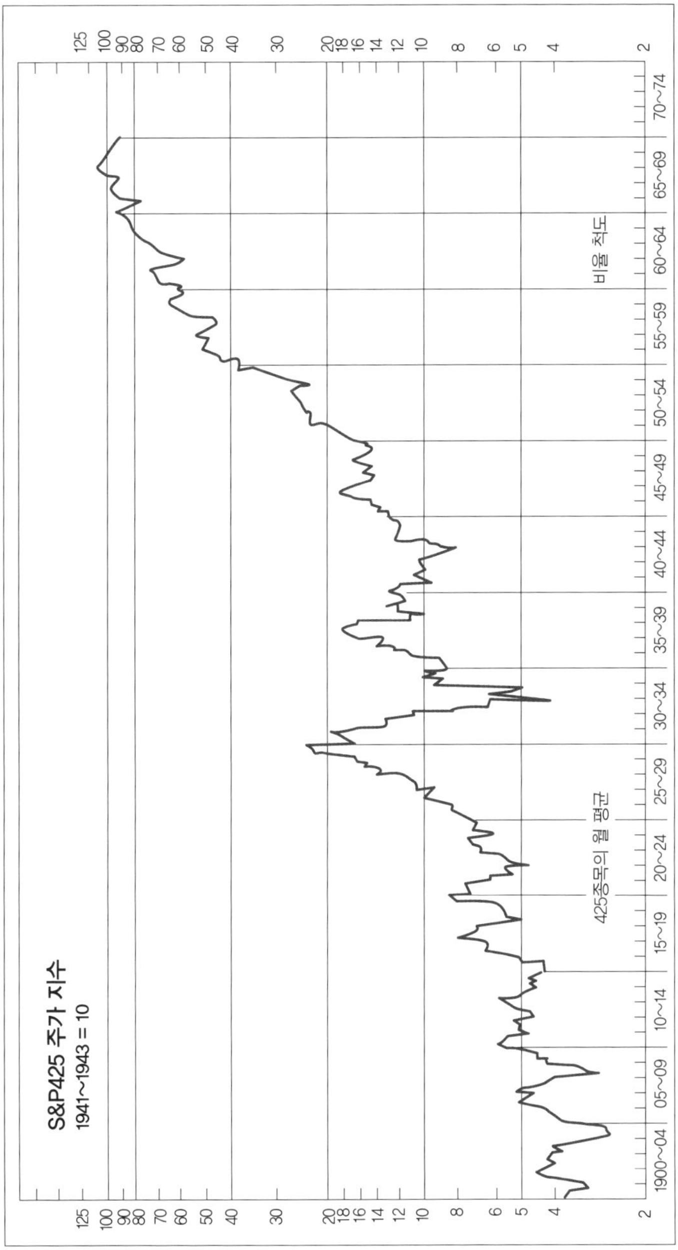

히 1956-1957년과 1961-1962년), 매우 빠르게 반등했다. 따라서 이 기간은 별도의 시장주기로 분류되지 않고, 단일 강세장에서 나타난 단기 조정으로 분류되었다.

다우지수는 1949년 중반 저점인 162에서 1966년 초 고점인 995까지, 17년 동안 6배 이상 상승했다. 배당 연 3.5%를 제외해도 연 11%에 이르는 수익률이다(같은 기간 S&P500 지수는 14에서 96으로 거의 7배나 상승했다).

주식의 수익률이 14% 이상이었다는 사실은 한 기관의 공개분석에 의해서 1963년 이후 상세히 보도되었다.* 이 놀라운 성과에 증권계는 당연히 만족했다. 그러나 장래에도 주식에서 이렇게 놀라운 실적이 나올 것이라는 매우 불합리하고도 위험한 확신에 빠졌다. 과도한 주가 상승 탓에 부작용이 나타날지 모른다고 걱정한 사람은 거의 없는 듯했다. 이후 S&P500 지수는 1968년 고점에서 1970년 저점까지 36% 하락했다(다우지수는 37% 하락). 진주만 공격 후 위험과 불확실성이 반영되어 1939-1942년 동안 44% 하락한 이후 최대 하락률이었다. 하지만 이번에도 월스트리트 특유의 극적인 반전이 일어났다. 양대 지수 모두 1970년 5월 저점에서 신속하게 대폭 반등했으며, S&P425는 1972년 초 사상최고가를 수립한 것이다. 1949-1970년 S&P500(또는 S&P425) 지수 상승률은 연 9% 수준으로서, 1950년 이전의 비슷한 기간보다 훨씬 높은 수준이었다. (그러나 1961-1970년의 10년 상승률은 S&P500은 연 5.25%, 다우는 연 3% 수준에 불과했다.)

지난 100년 동안 일어난 큰 흐름을 파악하려면 주가만으로는 부족하므로, 이익과 배당도 함께 살펴보아야 한다. 〈표 3-2〉가 이를 정리한 자료다.

---

* 찰스 메릴 재단Charles E Merrill Foundation의 지원을 받아 시카고대학교 증권가격연구센터Center for Research in Security Prices가 분석했다.

〈표 3-2〉 10년 단위 주가, EPS, 배당 평균 (1871~1970년[a])

기간	주가	EPS	PER	배당	수익률	배당 성향	연 성장률[b]	
							이익	배당
1871~1880	3.58	0.32	11.3	0.21	6.0%	67%	–	–
1881~1890	5.00	0.32	15.6	0.24	4.7	75	−0.64%	−0.66%
1891~1900	4.65	0.30	15.5	0.19	4.0	64	−1.04	−2.23
1901~1910	8.32	0.63	13.1	0.35	4.2	58	6.91	5.33
1911~1920	8.62	0.86	10.0	0.50	5.8	58	3.85	3.94
1921~1930	13.89	1.05	13.3	0.71	5.1	68	2.84	2.29
1931~1940	11.55	0.68	17.0	0.78	5.1	85	−2.15	−0.23
1941~1950	13.90	1.46	9.5	0.87	6.3	60	10.60	3.25
1951~1960	39.20	3.00	13.1	1.63	4.2	54	6.74	5.90
1961~1970	82.50	4.83	17.1	2.68	3.2	55	5.80[c]	5.40[c]
1954~1956	38.19	2.56	15.1	1.64	4.3	65	2.40[d]	7.80[d]
1961~1963	66.10	3.66	18.1	2.14	3.2	58	5.15[d]	4.42[d]
1968~1970	93.25	5.60	16.7	3.13	3.3	56	6.30[d]	5.60[d]

a 주로 다음 논문 데이터를 이용했음. N. 몰로도프스키Molodovsky, "Stock Values and Stock Prices(주식의 가치와 가격)," Financial Analysts Journal, May 1960. 이 논문 데이터의 출처는 1926년 이전은 Cowles Commission, Common Stock Indexes, 1926년 이후는 S&P500 지수임.

b 연 성장률은 몰로도프스키가 계산한 숫자임.

c 1968–1970년 성장률과 1958–1960년 성장률.

d 1954–1956년 성장률과 1947–1949년 성장률, 1961–1963년 성장률과 1954–1956년 성장률, 1968–1970년 성장률과 1958–1960년 성장률.

적어도 일부 독자에게는 이 자료가 흥미롭고 유익할 것으로 기대한다.

이 자료는 10년 단위로 요약되었으므로, 전체적으로 보면 지속적으로 상승하는 모습을 띈다. 첫 10년 이후 주가와 이익이 감소한 사례는 두 번뿐이고 (1891-1900년과 1931-1940년), 1900년 이후에는 배당이 감소한 사례가 없다. 그러나 주가, 이익, 배당의 성장률은 기복이 심했다. 일반적으로 제2차 세계대전 이후 실적이 그 이전보다 좋았지만, 1960년대 실적은 1950년대 실적에 못 미쳤다. 이 자료를 보고 향후 10년의 주가, 이익, 배당 성장률을 예측할 수는 없겠지만, 주식 투자에 일관된 전략이 필요하다는 점만은 충분히 깨달을 수 있다.

위 표에는 나타나지 않지만 주목할 만한 사실이 있다. 1970년에 기업들의 실적이 전반적으로 확실히 악화되었다는 점이다. 투하자본이익률은 제2차 세계대전 이후 최저 수준으로 하락했다. 1970년에 적자를 낸 기업이 많다는 사실 역시 충격적이다. '재정난'에 처한 기업도 많아서, 파산절차에 들어간 기업의 수가 30년 만에 최대 수준을 기록했다. 이런 사실 등을 고려하면, 앞에서도 언급했듯이 호경기는 1969-1970년에 끝난 것으로 보인다.

〈표 3-2〉에서 눈에 띄는 사항은 제2차 세계대전 이후 나타난 PER 변화 추세이다. 1949년 6월 S&P500의 PER은 6.3배에 불과했으나, 1961년 3월에는 22.9배로 급등했다. 그리고 1949년 S&P500 배당수익률은 7%가 넘었으나, 1961년에는 3.0%로 급락했다. 반면 같은 기간 우량등급 채권 수익률은 2.60%에서 4.50%로 급등했다. 확신하건대, 이는 주식시장 역사상 대중이 보여준 가장 놀라운 태도 변화이다.

시장 분위기가 극단적 비관론에서 극단적 낙관론으로 바뀌면, 매우 노련하고 조심스러운 사람들은 이를 앞날이 순탄치 않다는 강력한 경고로 받아들인다. 그래서 1926-1929년 강세장과 이후의 대공황 폭락을 떠올리면서 걱정할 수밖에 없다. 그러나 이를 뒷받침해줄 사건은 아직 발생하지 않았다. 사실 1970년 다우지수 종가는 6.5년 전과 같은 수준이므로, 이른바 '치솟는 60년대Soaring Sixties'에 우리는 높은 언덕까지 올라갔다가 다시 내려온 셈이다. 1929-1932년 약세장과 대공황에 비견할 만한 사건은 기업과 주가 어디에서도 아직 발생하지 않았다.

현재(1972년 초)의 주가 수준

지금까지 과거 100년의 주가, 이익, 배당 흐름을 살펴보았으므로, 1972년 1월 현재의 주가 수준(다우지수 = 900, S&P500 = 100)을 평가해보자.

이전 개정판(改訂版)에서도 나는 항상 집필 시점의 주가 수준을 평가하면서, 주가가 방어적 투자에 지나치게 높은 것은 아닌지 검토했다. 과거에 내린 평가를 돌아보는 것도 현재 주가 수준 평가에 유용할 것이다. 그러면 지난 20년 주가 흐름의 맥락을 파악하면서, 현재 주가 수준 평가에 따르는 현실적인 어려움을 실감할 수 있을 것이다. 먼저 1965년 판에 실린 1948, 1953, 1959년 주가 수준 평가 요약을 살펴보자.

1948년 다우지수가 180이었을 때, 나는 보수적으로 평가해도 "내재가치 대비 주가가 과도한 수준은 아니다"라고 쉽게 판단할 수 있었다. 그런데 1953년에는 5년 동안 주가가 50% 이상 상승하여 다우지수가 275였다. 나는 이번에도 "다우지수 275가 건전한 투자를 하기에 과도한 수준은 아닌가?"라고 자문했다. 그동안 주가가 대폭 상승했다는 사실을 고려하면, 1953년 주가 수준도 매력적이라고 단언하기는 어려운 상황이었다. 그런데도 나는 매우 긍정적으로 판단하여, "주요 투자 기준인 가치 지표로 볼 때, 1953년 주가 수준도 확실히 매력적"이라고 평가했다. 그러나 걱정스러운 점도 있었다. 과거 대부분 강세장보다 상승 기간이 더 길었으며, 주가의 절대 수준도 유례없이 높았다는 사실 때문이다. 이런 요소를 고려해서, 나는 신중한 전략이나 절충 전략을 추천했다. 그러나 결과론이지만, 이는 그다지 훌륭한 조언이 아니었다. 탁월한 예측가라면 이후 5년 동안 주가가 100% 더 상승한다고 내다보았을 것이다. 하지만 변명처럼 들리겠지만, 이른바 시장예측가들

중에서 나보다 더 정확하게 예측한 사람은 거의 없었다.

1959년 초, 다우지수는 사상 최고치인 584에 도달했다. 내가 온갖 관점에서 길게 분석한 견해를 요약하면 다음과 같다(1959년 판 p. 59). "요컨대 현재 주가는 위험한 수준이라고 판단할 수밖에 없다. 주가가 이미 지나치게 높은 수준이어서, 매우 위험하다고 보아도 무리가 아니다. 그러나 시장의 모멘텀이 매우 강한 탓에, 주가가 터무니없는 수준까지 상승할 수도 있다. 솔직히 말하면, 장래에 아무도 큰 손실을 보지 않고, 심지어 초보자들마저 모두 큰 이익을 거두는 모습은 도저히 상상할 수가 없다."

이후 주가 흐름을 보면, 1959년 나의 경고가 어느 정도 일리는 있었지만 타당성은 매우 부족했다. 1961년 다우지수는 685까지 상승했다가 하반기에 566까지 하락했다. 이후 다시 상승하여 1961년 말 735까지 도달했다. 그러나 이후 거의 공황상태에 휩싸여 1962년 5월 536까지 폭락했는데, 불과 6개월 만에 27%에 이르는 손실이 발생한 셈이다. 이 기간 가장 심각하게 폭락한 주식이 가장 인기를 누리던 '성장주'였다. 그 대표적인 예가 자타가 공인하던 주도주 IBM이 1961년 12월 고가 607에서 1962년 6월 저가 300으로 폭락한 사건이다.

이 기간 이른바 인기 신주(新株)였던 신규 상장 중소기업 주식들은 완전히 붕괴했다. 이들은 터무니없이 높은 공모가에 상장되고 나서도, 무모한 투기에 의해 거의 미친 수준까지 주가가 상승했다. 이들 대부분은 불과 몇 개월 만에 주가가 90% 이상 폭락했다.

1962년 상반기 주가가 붕괴하자, 자칭 투기꾼들과 경솔한 '투자자들'은 어리둥절했다. 그러나 같은 해 말경, 또다시 예상 못했던 반전이 나타났다. 지수는 다시 다음과 같이 상승세를 이어갔다.

이렇게 주가가 놀라운 상승세를 이어가자, 월스트리트의 분위기도 이에

	다우지수	S&P500 지수
1961. 12	735	72.64
1962. 06	536	52.32
1964. 11	892	86.28

따라 바뀌었다. 1962년 6월 저점 수준에서는 비관론이 압도적이었지만, 연말 경 지수가 부분적으로 회복되자 회의론이 다소 우세한 상황이 되었다. 그러나 1964년 초에는 증권사들이 다시 확실한 낙관론으로 돌아섰고, 거의 모든 예측이 낙관론 일색이었으며, 1964년 상승장 내내 낙관론이 지속되었다.

이어서 나는 1964년 11월 주가 수준(다우지수 = 892)을 평가했다. 다양한 각도에서 학구적으로 논의한 끝에 도달한 결론은 세 가지였다. 첫째, "과거 평가 기준은 부적합해 보이고, 새 기준은 아직 세월의 시험을 통과하지 못했다." 둘째, "우리는 커다란 불확실성을 고려해서 투자전략을 수립해야 한다. 한편으로는 주가가 계속 상승해서, 예컨대 다우지수가 50% 상승한 1350에 도달할 가능성과, 다른 한편으로는 주가가 계속 하락해서, 예컨대 다우지수가 50% 하락한 450에 이를 가능성까지 고려해야 한다(p. 63)." 셋째는 훨씬 더 명확하게 표현했다. "노골적으로 말해서, 1964년 주가가 지나치게 높은 수준이 아니라면, 도대체 얼마나 더 상승해야 지나치게 높은 수준이란 말인가?" 이어서 다음과 같이 말하면서 챕터를 마무리했다.

투자자는 1964년 주가가 지나치게 높은 수준이라는 이 책의 주장을 맹목적으로 따라서는 안 된다. 노련하고 유능한 월스트리트 전문가들의 반론에도 귀 기울이면서, 이 책의 주장과 저울질해보아야 한다. 결국 판단은 각자 스스로 내려야 하며, 그 책임도 스스로 져야 한다. 그러나 어느 방법을 선택해야 할지 확신이 서지 않는다면, 신중한 방법을 선택해야 한다. 여기서는 중요성 기준으로 다음과 같은 투자 원칙을 제시한다.

1. 차입금까지 동원해서 주식을 매수하거나 보유하지 않는다.
2. 포트폴리오에서 주식 보유 비중을 늘리지 않는다.
3. 필요하면 포트폴리오에서 주식 비중을 50% 이하로 낮춘다. 자본이득세를 기꺼이 납부하고 남은 자금은 일류 채권에 투자하거나 예금계좌에 넣는다.

그동안 정액매수적립식 투자를 충실하게 따른 투자자는 이 방식을 계속 유지할 수도 있고, 주가가 지나치게 높은 수준에서 벗어났다고 판단될 때까지 투자를 연기할 수도 있다. 1964년 주가 수준에서 새로 정액매수적립식 투자를 시작하는 것은 절대 바람직하지 않다. 정액매수적립식 투자를 시작한 직후 손실이 발생하면, 이 투자를 지속하기가 어렵기 때문이다.

이번에는 내 경고가 타당했다. 다우지수는 995까지 약 11% 상승했지만, 1970년 632까지 하락했다가 839로 마감되었다. 인기 신주들은 1961-1962년에 그랬던 것처럼, 이번에도 90%나 폭락했다. 서문에서도 밝혔듯이, 금융계 전반적으로도 투자 열기는 식고 회의론이 득세하는 방향으로 분위기가 바뀐 듯하다. 이 흐름을 한 마디로 요약하면, 1970년 다우지수 종가가 6년 전보다도 하락했다. 1944년 이후 처음 발생한 일이다.

지금까지 나는 이런 방식으로 주가 수준을 평가했다. 그러면 이 과정에서 독자는 무엇을 배울 수 있을까? 나는 1948년과 1953년 주가는 매력적인 수준이라고 평가했고, 1959년(다우지수 = 584)은 위험하다고 보았으며, 1964년

(다우지수 = 892)은 지나치게 높다고 생각했다. 이런 판단에 대해서는 지금도 내가 얼마든지 근거를 제시할 수 있다. 그러나 이런 평가가 더 평범한 조언보다 더 유용했을지는 의문이다. 상승 종목을 찾아내거나 초과수익을 내려고 시도하지 말고, 자제력을 발휘하면서 일관된 전략을 유지하라는 조언 말이다.

그렇더라도 현재(1971년 말) 주가 수준을 다시 살펴봄으로써 얻는 이점도 다소 있을 것이다. 물론 실용적이라기보다는 흥미로운 주제이며, 확정적 정보보다는 참고 자료에 가깝지만 말이다. 아리스토텔레스의 윤리학 도입부에 다음과 같은 훌륭한 구절이 나온다. "교양 있는 사람들은 해당 주제에 합당한 정확도를 기대한다. 그래서 웅변가에게는 엄밀한 입증을 요구하지 않지만, 수학자가 막연한 결론을 제시하면 수용하지 않는다." 애널리스트의 업무는 수학자와 웅변가 업무 사이의 어딘가에 해당한다.

이전 개정판에서 평가했던 1964년 11월 다우지수 892는, 1971년에도 여러 차례 종가로 기록되었다. 그러나 이제부터는 주가 관련 통계 데이터로 S&P500 지수를 사용하기로 했다. 30종목으로 구성된 다우지수보다 S&P500 지수가 더 포괄적이어서, 시장의 전반적인 흐름을 더 잘 대표하기 때문이다. 이제부터 S&P500 지수를 이용해서 여러 시점(1948, 1953, 1958, 1963, 1968년 연말)의 데이터를 집중적으로 비교해보자. 현재 주가 수준은 편의상 100으로 잡는데, 이는 1971년과 1972년 초에 여러 번 종가로 기록된 숫자이다. 핵심 데이터는 〈표 3-3〉과 같다. 이익으로는 12개월 이익과 3개 역년(曆年) 평균 이익을 제시했다. 1971년 배당은 최근 12개월 배당을 가리키며, 1971년 채권 수익률과 도매물가는 1971년 8월 현황이다.

PER(3년 평균 이익)을 보면, 1958년에는 지금과 비슷한 수준이었으나, 이후 장기 강세장이 시작되어 1963년과 1968년 말에 더 높아졌다가 현재 수

〈표 3-3〉 S&P500 지수 관련 데이터

연도[a]	1948	1953	1958	1963	1968	1971
종가	15.20	24.81	55.21	75.02	103.9	100[d]
역년(曆年) 이익	2.24	2.51	2.89	4.02	5.76	5.23
최근 3년 평균이익	1.65	2.44	2.22	3.63	5.37	5.53
당기 배당	0.93	1.48	1.75	2.28	2.99	3.10
우량등급 채권수익률[b]	2.77%	3.08%	4.12%	4.36%	6.51%	7.57%
도매물가 지수	87.9	92.7	100.4	105.0	108.7	114.3
비율						
PER(12개월 이익)	6.3배	9.9배	18.4배	18.6배	18.0배	19.2배
PER(3년 이익)	9.2배	10.2배	17.6배	20.7배	19.5배	18.1배
3년 이익수익률[c]	10.9%	9.8%	5.8%	4.8%	5.15%	5.53%
배당수익률	5.6%	5.5%	3.3%	3.04%	2.87%	3.11%
이익수익률/채권수익률	3.96배	3.20배	1.41배	1.10배	0.80배	0.72배
배당수익률/채권수익률	2.10배	1.80배	0.80배	0.70배	0.44배	0.41배
이익/순자산가치[e]	11.2%	11.8%	12.8%	10.5%	11.5%	11.5%

a 1971년은 1971년 6월까지 12개월 실적 / b S&P AAA 등급 채권수익률

c 이익수익률 = 이익 ÷ 주가 / d 1971년 10월 다우지수 = 900

e 3년 평균

준으로 내려왔다. PER만으로는 1972년 1월 주가가 특별히 높은 수준인지 판단하기 어렵다. 그러나 우량등급 채권 수익률을 보면, 지금은 주식의 매력도가 전보다 훨씬 감소한 것으로 나타난다. 표를 보면 채권수익률 대비 이익수익률은 전체 기간에 걸쳐 지속적으로 악화했다. 따라서 1972년 1월 주식의 이익수익률은 과거 어느 때보다도 불리해졌다. 채권수익률 대비 배당수익률도 1948-1972년 동안 완전히 역전되었다. 초기 연도에는 배당수익률이 채권수익률의 2배였으나, 지금은 그 절반에도 미치지 못한다.

1971년 말 PER(3년 이익)은 다소 하락했지만, 그동안 진행된 채권수익률 대비 이익수익률 악화가 이를 모두 상쇄하고도 남는다고 나는 판단한다. 따

라서 나는 1972년 초 주가가 7년 전과 같은 수준이라고 본다. 다시 말해서, 방어적 투자 관점에서 매력적이지 않다는 뜻이다. (1971년 다우지수의 등락 범위인 800~950 역시 대체로 매력적이지 않다.)

과거 주가 흐름을 돌아보면, 1971년의 큰 흐름은 1969-1970년 급락에서 불규칙하게나마 회복하는 모습으로 비칠 수 있다. 1949년에는 이런 회복세를 계기로 다시 강세장이 시작되어 장기간 이어졌다. (1971년에도 월스트리트 사람들은 이런 기대를 하고 있었다.) 그러나 대중은 1968-1970년에 공개되는 비우량 인기 신주를 샀다가 참담한 손실을 맛본 터라, 1971년에는 인기 신주 놀음을 외면할 것이다. 따라서 지금 다우지수는 1964년 11월과 같은 892 수준이지만, 시장에서 뚜렷한 위험 신호는 아직 나타나지 않고 있다. 하지만 기술적 관점에서 전망하자면, 주가는 다우지수 900 수준을 훨씬 초과해서 상승했다가 폭락할 것으로 보인다. 그러나 이 정도로 분석을 마무리할 수는 없다. 참담한 손실을 맛보고 1년도 지나지 않아 1971년 초부터 주가가 회복되는 모습은 불안한 신호다. 이렇게 경솔해도 무사할까? 우리는 순탄치 않을 앞날에 대비해야 한다. 어쩌면 조만간 1969-1970년 폭락이 재연될 수도 있고, 또다시 강세장이 시작되었다가 더 참혹하게 폭락할지도 모른다.*

행동 지침

•

지난 개정판 p. 75를 다시 읽어보라. 1972년 초 다우지수는 1964년 말과 마찬가지로 900이다. 나의 견해도 마찬가지다.

---

* 다우지수가 940이었던 1971년 초에 처음 쓴 글이다. (반면 월스트리트 사람들이 예상한 1975년 다우지수 중간값은 1520이었다.) 이후 다우지수는 798까지 하락했다가 1972년 3월 다시 940으로 반등했다.

4장

일반 투자자의 포트폴리오 전략: 방어적 투자

4장

일반 투자자의 포트폴리오 전략: 방어적 투자

포트폴리오의 기본 특성은 대개 투자자의 기본 특성에 좌우된다. 그 한쪽 극단에 해당하는 투자자가 저축은행, 생명보험사, 그리고 이른바 법정신탁기금이다. 한 세대 전만 해도 이들의 투자 영역은 우량등급 채권과 일부 우량등급 우선주로 제한되어 있었다. 그 반대편 극단에 해당하는 투자자는 노련한 부유층 사업가로서, 본인이 매력적이라고 판단하기만 하면 어떤 주식이나 채권도 포트폴리오에 편입할 수 있다.

위험을 떠안을 형편이 안 되는 사람들은 비교적 낮은 수익률에 만족해야 한다는 것이 오래전부터 인정받던 건전한 원칙이었다. 이로부터 투자자는 자신이 떠안을 위험 수준에 비례해서 목표 수익률을 설정해야 한다는 일반 개념이 도출되었다. 그러나 내 생각은 다르다. 목표 수익률은 투자자가 기꺼이 투입할 수 있는 지적 노력의 양에 비례해야 한다. 그러면 안전하고 마음 편한 방식을 원하는 방어적 투자자는 최소 수익률을 얻게 된다. 반면 지적 능력과 기량을 최대한 발휘하는 기민한 공격적 투자자는 최대 수익률을 얻게 된다. 1965년 개정판에서 나는 이렇게 말했다. "수익률이 약 4.5%인 채권보다는 상승 잠재력이 큰 '저평가 주식'을 살 때 실제로는 위험이 더 작을지도 모른다." 이 말은 기대 이상으로 적중했다. 이후 금리가 상승한 탓에, 최고등급 장기 채권조차 시장가격이 대폭 하락했기 때문이다.

주식-채권 자산배분의 기본 문제

방어적 투자자의 포트폴리오 전략에 대해서는 이미 간략하게 설명하였다. 방어적 투자자는 우량등급 채권과 우량주로 포트폴리오를 구성해야 한다.

앞에서도 언급했듯이, 기본 지침은 주식 비중을 25%~75%로 유지하는 것이며, 이에 따라 채권 비중은 75%~25%로 유지해야 한다. 이는 주식과 채권의 표준 보유 비중이 50대 50으로서 동일해야 한다는 뜻이다. 주식의 비중을 50% 이상으로 확대하기에 적절한 시점은, 약세장이 장기간 이어져서 '저평가 주식'이 증가하는 때이다. 반대로 주식의 비중을 50% 미만으로 축소하기에 적절한 시점은, 주가가 지나치게 상승하여 위험한 수준에 도달했다고 판단될 때이다.

이런 진부한 원칙이 말하기는 쉽지만 실행하기는 어렵다. 강세장과 약세장에서 나타나는 탐욕과 공포를 극복해야 하는 등, 인간의 본성을 정면으로 거슬러야 하기 때문이다. 주가가 일정 수준 이상으로 상승하면 주식의 비중을 낮추고, 주가가 일정 수준 이하로 하락하면 주식의 비중을 높이는 전략을 일반인에게 추천하는 것은 자가당착에 해당한다. 과거 일반인은 주가가 폭등하면 어김없이 주식의 비중을 높였고, 주가가 폭락하면 어김없이 주식의 비중을 낮췄기 때문이다. 이런 행태는 장래에도 바뀌지 않을 것이라고 나는 믿는다.

과거에 한 때 그랬듯이 지금도 투자자와 투기꾼이 명확하게 구분된다면, 투자자는 주가가 고평가되었을 때 경솔한 투기꾼에게 주식을 팔았다가, 주가가 저평가되었을 때 주식을 되사는 기민하고 노련한 사람일 것이다. 그런데 과거에는 이런 모습을 볼 수 있었을지 몰라도, 1949년 이후에는 금융시장이 발전하면서 이런 모습을 보기 어려워졌다. 뮤추얼펀드 같은 전문 기관들을 살펴보아도, 과거 투자자처럼 운용하는 모습을 보기 어렵다. 양대 펀드인 혼합형 펀드와 주식형 펀드의 주식 비중은 해가 바뀌어도 거의 변화가 없다. 이들은 대개 더 유망한 종목으로 교체할 때에만 보유 주식을 매도한다.

내가 오래전부터 믿었듯이, 주식시장에서 과거 평가 기준은 부적합하고 새 기준은 아직 세월의 시험을 통과하지 못했다면, 주식 비중을 25%까지 낮추거나 75%까지 높일 때 판단할 기준은 없는 셈이다. 그렇다면 보유 주식이 건전하다고 확신하며 주가가 1969-1970년처럼 폭락해도 견뎌낼 자신이 있을 때에만 주식 비중을 50% 이상으로 높이라고 주장할 수 있다. 하지만 1972년 초처럼 주가가 높은 상황에서도 그런 확신만 있으면 충분한지 의심스럽다. 따라서 지금 주식 비중을 50% 이상으로 높이는 전략은 권하지 않는다. 그러나 지금 주식 비중을 50% 미만으로 낮추는 전략 역시 권하지 않는다. 다만 현재 주가 수준에서 불안을 느끼며, 향후 주가가 상승할 때 수익률 저하를 감수할 수 있다면, 주식 비중을 예컨대 25%까지 낮춰도 좋다.

결국 내가 추천하는 전략은 주식과 채권을 같은 비중으로 보유하는 50대 50 공식이다. 이 공식의 기본 지침은 주식과 채권 비중을 최대한 똑같이 유지하는 것이다. 주가가 전반적으로 상승하여 주식의 비중이 예컨대 55%로 증가하면, 주식 5%(주식의 1/11)를 매도하여 회수한 자금으로 채권을 매수한다. 반대로 주가가 전반적으로 하락하여 주식의 비중이 예컨대 45%로 감소하면, 채권 5%(채권의 1/11)를 매도하여 회수한 자금으로 주식을 매수한다.

예일대학교도 1937년 이후 오랜 기간 이와 비슷한 공식을 사용했는데, 당시 기준으로 삼은 주식 보유 비중은 약 35%였다. 그러나 1950년대 초에는 한 때 유명했던 이 공식을 포기했고, 폭락 직전이었던 1969년에는 기준이 되는 주식 보유 비중을 61%로 높였다. (당시 총 76억 달러에 이르던 71개 대학교의 기부기금에서 보유한 주식 비중은 60.3%였다.) 예일대학교 사례를 보면, 한 때 유행하던 공식 투자도 주가가 높을 때 잘못 적용하면 치명적임을 알 수 있다. 그렇더라도 50대 50 공식 투자는 방어적 투자에 적합하다고 확신한다. 투자 방법이 지극히 단순하고, 방향이 확실히 옳으며, 투자자는 자신이 시장 흐름에 대응하고 있다는 안도감을 느끼게 되고, 특히 주가가 상승할수록 주식 비중을 높이려는 치명적 유혹에서 벗어날 수 있기 때문이다.

게다가 진정한 방어적 투자자라면 주가가 상승할 때에는 포트폴리오의 절반에서 나오는 이익으로도 만족하게 되며, 주가가 하락할 때에는 과감하게 투자하는 친구들보다 손실이 훨씬 적다는 사실에 큰 위안을 얻게 된다.

내가 추천하는 50대 50 공식 투자는 지극히 단순한 '다목적 기법'이지만, 최고의 실적을 안겨주는 기법은 아니다. (최고의 실적을 보장하는 기법은 존재하지 않는다.) 지금은 우량등급 채권의 수익률이 주식의 배당수익률보다 훨씬 높으므로, 채권의 비중을 높여야 한다는 주장도 나옴직 하다. 이는 투자자가 주로 자신의 기질과 태도에 따라 결정할 문제다. 냉정하고 침착하게 분석하는 사람이라면, 지금 주식의 비중을 25%까지 낮춰놓고 기다렸다가, 다우지수의 배당수익률이 채권수익률의 예컨대 3분의 2에 도달하는 시점에 주식의 비중을 다시 50%로 높일 수도 있을 것이다. 현재 다우지수가 900이고 배당수익률이 4%라고 보면, 현재 7.5%인 채권 수익률이 5.5%로 떨어지거나, 다우지수가 660으로 하락하면 위 조건이 충족된다. 아니면 채권 수익률이 일부 떨어지는 동시에 다우지수가 어느 정도 하락해도 위 조건이 충족될 수 있다.

이런 투자 방법은 그다지 복잡하지 않다. 그러나 이 방법을 고수하기는 쉽지 않으며, 예상과 반대로 주가나 금리가 더 상승하면 나중에 후회하게 될 수도 있다.

채권 선택

포트폴리오에 편입할 채권을 선택할 때에는 두 가지 질문에 답해야 한다. 과세 채권과 비과세 채권 중 어느 것을 살 것인가? 그리고 단기 채권과 장기 채권 중 어느 것을 살 것인가? 이다. 첫 번째 질문에 답하려면, 두 채권의 수익률 차이와 자신에게 적용되는 소득세율을 파악해야 한다. 1972년 1월 현재 20년 만기 Aa등급 회사채 수익률은 7.5%이고, 같은 만기 최고등급 비과세 지방채 수익률은 5.3%이다. ('지방채'는 주(州)나 시 등 지방자치단체가 발행한 채권을 가리킨다.) 20년 만기에서는 과세 채권과 비과세 채권의 수익률 차이가 약 30%로 나타난다. 따라서 소득세율 30% 이상이 적용되는 사람이라면 비과세 채권을 선택해야 세후 소득 면에서 유리하다. 반면에 소득세율이 30% 미만인 사람은 과세 채권이 유리하다. 독신자는 과세 소득이 1만 달러를 초과할 때부터 소득세율 30%가 적용된다. 그리고 부부는 합산 과세 소득이 2만 달러를 초과할 때부터 소득세율 30%가 적용된다. 그러므로 개인 투자자 대부분은 비과세 채권에 투자해야 세후 소득 면에서 유리하다.

단기 채권과 장기 채권 중에서 선택할 때에는 전혀 다른 질문을 던지게 된다. 채권 가격 하락에 의한 손실을 피하고 싶으며, 그 대가로 (1) 수익률이 낮아지고, (2) 향후 채권 가격 상승에 의한 이익 기회를 놓쳐도 괜찮다면, 단기 채권을 선택하면 된다. 이에 대해서는 '8장. 투자와 시장 변동성'에서 논의한다.

과거 오랜 기간 개인에게 가장 유리한 채권은 미국저축채권이었다. 안전성이 최고였고, 다른 최고등급 채권보다도 수익률이 높았으며, 현금상환 옵션 등 다른 장점도 많아서 매우 매력적이었다.《현명한 투자자》이전 판에는 '미국저축채권: 커다란 투자 혜택'이라는 별도의 챕터까지 있었다.

미국저축채권에는 여전히 특유의 장점이 있어서, 개인투자자가 매수하기에 적합하다. 채권에 투자하려는 자금이 1만 달러 이하라면, 미국저축채권이 여전히 최선의 대안이라고 생각된다. 그러나 더 많은 금액을 투자하려면 다른 상품을 찾아보아야 할 것이다.

이제 주요 채권 몇 종류를 살펴보면서, 안전성, 수익률, 시장가격, 위험, 소득세 등을 간략하게 논의해보자.

1. 미국저축채권 시리즈 E와 시리즈 H

독특하고, 매력적이며, 지극히 편리한 투자 상품이다. 먼저 주요 발행조건을 살펴보고, 이어서 다양한 장점을 간략히 논의한다. 시리즈 E 채권은 10년 만기 할인채로서, 첫해에는 수익률이 4.29%이고, 이후 만기까지 9년 동안은 연 5.10%이다. 판매 가격은 액면가의 75%이며, 5년 10개월이 경과하면 액면가의 100%에 상환할 수 있다. 만기까지 보유하면 연 5% 수익률이 연 2회 복리로 가산된다. 그러나 만기 이전에 상환하면, 첫해에 적용되는 수익률은 최저 수준인 4.01%이고, 이후 4년 10개월 동안 적용되는 수익률은 평균 5.20%이다.

미국저축채권 이자에는 연방 소득세가 부과되며, 주 소득세는 면제된다. 연방 소득세 납부 방식은 채권 소지자가 선택할 수 있는데, 경과 이자에 대해 매년 납부할 수도 있고, 채권 처분 시점에 한꺼번에 납부할 수도 있다.

시리즈 E 채권은 매입 후 60일이 경과하면 언제든 현금으로 상환 받을 수 있다. 시리즈 H 채권도 매입 가격으로 상환 받을 수 있다. 시리즈 E 채권은 시리즈 H 채권으로 교환할 수 있는데, 이 때 세금 혜택도 얻게 된다. 채권의 분실, 손상, 도난 시에는 무료로 재발급된다. 연간 매입 금액 상한선이 있지만, 가족 공동소유가 허용되므로, 대부분 투자자가 원하는 만큼 매입할 수 있다.

논평: 미국저축채권은 (1) 원리금 상환이 완벽하게 보장되고, (2) 언제든 원금을 전액 상환 받을 수 있으며, (3) 적어도 10년 동안 금리 5% 이상이 보장된다. 이런 장점을 겸비한 상품은 미국저축채권뿐이다. 이전에 발행된 시리즈 E 채권은 만기를 연장할 수 있었으므로, 계속해서 높은 금리를 적용받을 수 있었다. 소득세 납부가 장기간 이연된다는 점도 커다란 혜택이어서, 덕분에 세후 수익률이 3분의 1이나 상승한 사례도 있다. 반대로 과거 저금리 시절에는 원금 손실을 피할 수 있었다. 예를 들어 금리가 상승하면 다른 채권에 투자한 사람들은 손실을 피할 수가 없었지만, 시리즈 E 채권 소지자들은 저금리 채권을 상환하여 고금리 채권을 살 수 있었다.

지금은 저축채권의 수익률이 국채보다 낮지만, 그래도 저축채권의 특별한 장점이 그 차이를 보상하고도 남는다고 생각한다.

2. 기타 국채

국채는 대규모로 유통되고 있으며, 표면금리도 다양하고 만기도 다양하다. 국채는 모두 원리금 상환이 완벽하게 보장된다. 국채 이자소득에 대해서는 연방 소득세가 부과되지만, 주 소득세는 면제된다. 1971년 말 현재 국채 수익률이 장기물(10년 이상)은 평균 6.09%, 중기물(3-5년)은 6.35%, 단기물은 6.03%였다.

1970년에는 다양한 경과물을 대폭 할인해서 매수할 수 있었다. 일부 국채는 상속세로 납부할 수 있으며, 액면가로 인정받는다. 1990년 만기 3.5%

재무부 채권이 그런 예이다. 이 국채 가격이 1970년에는 60이었으나, 1970년 종가는 77을 웃돌았다.

흥미롭게도, 정부가 보증한 채권의 수익률이 국채 수익률보다 두드러지게 높은 경우가 많다. 이 글을 쓰는 시점 현재 눈에 띄는 채권이 '미국 교통부장관 보증 채권'인데, 만기(1986년)가 똑같은 국채보다 수익률이 1% 이상 높은 7.05%이다. 이 채권의 명목상 발행자는 펜센트럴운송회사 관재인Trustees of the Penn Central Transportation Co.,이지만, 실질적으로는 미국 법무장관이 '완전한 신뢰 및 신용full faith and credit' 조항까지 명시한 연방정부의 일반보증채권general obligation이다. 지금까지 미국 정부가 채권의 지급을 보증한 사례는 매우 많으며, 그 보증 책임을 모두 철저하게 이행했다.

교통부장관이 보증한 채권인데도 국채보다 발행비용이 높아지면 혈세를 낭비하는 셈인데, 이런 터무니없는 현상이 나타나는 이유는 무엇일까? 이는 의회가 정부의 차입을 제한하므로, 정부는 이를 우회하려고 국채 발행 대신 지급보증을 사용하기 때문이다. 정부의 지급보증은 차입으로 분류되지 않으므로, 이를 간파한 기민한 투자자들은 뜻밖의 행운을 맛보게 된다. 이런 상황에서 발행된 대표적인 채권이 비과세 주택국Housing Authority 채권으로서, 연방정부의 보증을 받는 사실상 국채이면서도 비과세 혜택까지 제공되는 유일한 채권이다. 1971년 9월에 발행된 7.60% 뉴커뮤니티공채New Community Debenture도 정부가 지급을 보증한 채권이다.

3. 지방채

지방채는 연방 소득세가 면제된다. 그리고 채권이 발행된 주(州)에서는 대개 주 소득세도 면제된다. 지방채는 일반채권general obligation bond과 수익채권revenue bond으로 구분된다. 일반채권의 상환재원은 주 등 지방자치단체의 조세권이고, 수익채권의 상환재원은 도로, 교량 등에서 징수하는 사용료이다. 모든 지방채가 방어적 투자에 적합할 정도로 안전한 것은 아니다. 따라서 지방채 종목을 선정할 때에는 무디스나 S&P 신용등급을 참고할 필요가 있다. 양 기관에서 상위 3개 등급(AAA, AA, A)을 받았다면 충분히 안전하다고 볼 수 있다. 지방채의 수익률은 신용등급과 만기에 따라 달라지는데, 만기가 짧아질수록 수익률이 낮아진다. 1971년 말 현재 S&P 지방채 채권지수 대표종목을 보면, AA 등급 20년물의 수익률 평균이 5.78%였다. 뉴저지 바인랜드 지방채 AA~A 등급 1년물은 수익률이 3%에 불과했지만, 24~25년물은 5.8%였다.*

4. 회사채

연방 소득세와 주 소득세가 모두 부과된다. 무디스 Aaa 회사채 채권지수 자료에 의하면, 1972년 초 최고등급 25년물의 수익률은 7.19%였다. 이른바 중저등급(Baa) 장기물의 수익률은 8.23%였다. 각 신용등급에서 단기물은 장기물보다 수익률이 다소 낮다.

논평: 우량등급 채권 중에서 종목을 고를 때에도 선택의 여지는 많다. 높은 소득세율이 적용되는 사람이라면, 비과세채권을 선택해야 세후 소득 면에서 유리하다. 낮은 소득세율이 적용되는 사람이라면, 미국저축채권을 고려할 수 있다. 수익률은 5.0% 남짓이지만 특별한 옵션 등 장점이 많아서, 우량등급 회사채 7.5%에 뒤지지 않는다.

---

* 산업수익채권Industrial Revenue Bonds은 비교적 최근에 새로 개발된 지방채로서, 충분히 안전하면서도 수익률이 더 높은 채권이다. 특히 공격적 투자자가 관심을 둘 만한 채권이다.

하이일드 채권

신용등급이 더 낮은 채권을 선택하면 수익률을 더 높일 수 있다. 그러나 오랜 경험을 돌아보면, 일반투자자는 하이일드 채권에 손대지 않는 편이 낫다. 전체적으로 보면 하이일드 채권이 최고등급 채권보다 수익률은 다소 높을지 몰라도, 불안한 가격 하락에서부터 채무 불이행에 이르기까지 문제가 발생할 위험이 너무도 많기 때문이다. (대개 신용등급이 낮은 채권들 중에서 저평가 종목이 자주 나타나지만, 이런 기회를 활용하려면 특별한 연구와 기량이 필요하다.)

앞에서 언급했듯이, 정부는 의회의 차입 제한을 우회하려고 국채 발행 대신 지급보증을 사용한다. 이 과정에서 정부 보증 채권을 싸게 매수할 기회 두 가지가 발생한다. 하나는 비과세 '신규주택공급New Housing' 채권이고, 다른 하나는 최근 발행이 시작된 '뉴커뮤니티공채New Community Debenture'다. 1971년 7월에 발행된 신규주택공급 채권은 수익률이 5.8%이며, 연방 소득세와 주 소득세가 모두 면제된다. 1971년 9월에 발행된 뉴커뮤니티공채는 수익률이 7.60%였다. 두 채권 모두 미국 정부가 완전한 신뢰 및 신용으로 지급을 보증하므로, 절대적으로 안전하다. 게다가 세후 수익률도 일반 국채보다 훨씬 높다.

예금

지금은 일반은행이나 저축은행에 예금을 하거나 양도성예금증서를 매입해도, 최고등급 채권 단기물처럼 높은 이자를 받을 수 있다. 장래에는 은행 예금 금리가 하락할 수 있지만, 지금은 채권 단기물을 대체하기에 적합하다.

전환증권

8장(투자와 시장 변동성)과 16장(전환증권과 워런트)에서 다루기로 한다.

수의상환권Call Provision

《현명한 투자자》 이전 판에서는 수의상환권에 대해서 매우 자세히 논의했다. 수의상환권은 매우 불공정한 조항인데도, 그 심각성을 제대로 아는 투자자가 드물었기 때문이다. 일반적으로 채권은 발행가에 약간의 프리미엄(예컨대 5%)만 추가로 지급하면, 발행 후 얼마 지나지 않아 수의상환이 가능하다. 이는 금리가 대폭 상승하면 손실은 채권 투자자가 모두 떠안지만, 금리가 대폭 하락하면 이익은 거의 얻지 못한다는 뜻이다.

예: 대표적인 예가 1928년 101에 판매된 100년 만기 5% 아메리칸 가스 앤드 일렉트릭American Gas & Electric 채권이다. 4년 뒤 시장이 거의 공황상태에 빠지자, 이 채권은 가격이 62.5까지 내려가면서 수익률이 8%가 되었다. 그러나 1946년에는 상황이 역전되어, 이런 채권의 수익률이 3%까지 내려갔다. 그러면 이 채권은 표면금리 5%인 장기 채권이므로 가격이 160을 넘어야 마땅했다. 그러나 이 때 발행사는 수의상환권을 이용하여 채권을 겨우 106에 상환했다.

수의상환권은 본질적으로 투자자에게 불리해서, "앞면이 나오면 내가 이기고, 뒷면이 나오면 네가 진다." 식의 조항이다. 마침내 채권인수기관들은 이 불공정 조항을 거부하게 되었다. 최근 발행되는 장기 채권들은 대부분 발행 후 10년 이상 수의상환권을 행사하지 못한다. 그래도 수의상환권 탓에 채권 가격 상승에 한계가 있지만, 전보다는 조건이 개선되었다.

장기 채권을 매수할 때에는 수익률이 다소 낮더라도 20~25년 수의상환이 불가능한 채권을 선택하는 편이 낫다. 마찬가지로, 표면금리가 높아서 액면가 이상에 거래되는 채권보다는, 표면금리가 낮아서 액면가 미만으로 거래되는 채권을 매수하는 편이 유리하다. 예컨대 표면금리가 3.5%인 채권을 63.5에 매수하면, 금리가 하락해서 채권 가격이 상승해도 수의상환권 탓에 손해 볼 위험이 훨씬 작다.

비전환 우선주

여기서는 우선주의 일반 특성을 살펴보자. 우선주는 원래부터 불리한 증권 유형이지만, 정말로 유리한 우선주가 존재할 수도 있고, 실제로 존재하기도 한다. 그러나 우선주의 가치가 유지되려면, 먼저 회사에 보통주 배당을 지급할 능력과 의지가 있어야 한다. 보통주 배당이 누락되거나 누락될 위험이 있으면, 우선주도 위험에 처하게 된다. 회사는 보통주 배당을 지급할 때에만 우선주에 대해서도 배당을 지급할 의무가 있기 때문이다. 반면에 일반적으로 우선주는 고정 배당 외에는 회사의 이익을 분배받지 못한다. 따라서 우선주에는 채권과 같은 법적 권리도 없고, 주식처럼 높은 수익 잠재력도 없다.

우선주는 특히 불경기가 닥칠 때마다 취약한 법적 지위 탓에 불이익을 당한다. 경기에 상관없이 계속해서 배당을 지급받는 우선주는 흔치 않다. 경험을 돌아보면, 우선주 매수에 적합한 시점은 일시적 역경 탓에 주가가 과도하게 하락했을 때이다. (이 때에도 우선주는 공격적 투자에만 적합하다. 매우 색다른 증권이므로, 방어적 투자에는 적합하지 않다는 말이다.)

다시 말해서, 우선주는 저평가된 경우가 아니면 매수해서는 안 된다. 특수한 수익 가능성을 갖춘 전환 우선주 등에 대해서는 나중에 논의한다. 이런 증권도 방어적 투자자의 포트폴리오에는 적합하지 않다.

이번에는 세금 면에서 우선주의 특성을 살펴보자. 우선주는 개인보다 법인이 보유할 때 세금 면에서 훨씬 유리하다. 법인의 이자소득은 100%가 과세 대상이지만, 배당소득은 15%만 과세 대상이기 때문이다. 1972년 법인세율은 48%이므로, 법인이 채권 이자 100달러를 받을 때 납부하는 세금은 48

달러이지만, 우선주 배당 100달러를 받을 때 납부하는 세금은 7.20달러에 불과하다. 반면에 개인 투자자는 우선주 배당을 받든, 채권 이자를 받든, 똑같은 세금을 납부해야 한다. 따라서 비과세 채권은 모두 소득세 납부자들이 매수해야 하듯이, 우선주는 모두 법인이 매수해야 마땅하다.

증권 유형

지금까지 논의한 일반 채권과 우선주는 발행규정이 비교적 단순하므로, 사람들이 잘 이해하는 편이다. 채권 투자자는 주기적으로 확정 이자를 받다가 만기에 원금을 지급받게 된다. 그러나 우선주 투자자는 보통주에 배당이 지급될 때에만 확정 배당을 받을 수 있을 뿐, 투자 원금은 돌려받지 못한다. (우선주 중에는 미지급 배당을 나중에 지급받는 누적적 우선주와, 지급받지 못하는 비누적적 우선주가 있다. 일부 우선주에는 의결권이 부여되기도 한다.)

대부분 채권과 우선주는 지금까지 설명한 표준규정을 따르지만, 표준규정에서 벗어나는 증권도 많다. 가장 대표적인 예가 전환증권과 수익사채 income bond다. 수익사채는 회사가 이익을 낼 때에만 이자를 지급하면 되는 채권이다. (미지급 이자는 누적했다가 회사가 나중에 이익을 낼 때 지급할 수 있지만, 그 기간이 대개 3년 이내로 제한된다.)

기업들은 수익사채를 지금보다 훨씬 널리 사용해야 한다. 수익사채는 과거 철도산업이 재편될 때 처음 대규모로 발행되어, 취약한 재무 상태와 부실한 투자를 연상시키는 탓에 기업들이 발행을 기피한다. 그러나 특히 최근 발행되고 있는 수많은 우선주와 비교하면 실용적 장점이 많은 증권이다. 대표적인 장점은 회사가 지급하는 이자가 과세소득에서 공제되므로, 자금조달 비용이 절반이나 감소하는 효과가 있다. 투자자에게도 장점이 있는데, (1) 기업이 이익을 내면 이자를 지급받을 무조건적 권리를 얻게 되고, (2) 이자를 지급받지 못하면, 파산절차를 거치지 않고서도 권리를 보호받을 수 있다. 수익사채의 발행조건은 발행자와 투자자 양쪽 모두에 유리하도록 맞춤형으로 설정할 수 있다. (물론 전환권도 포함할 수 있다.) 그런데도 사람들은 본질적으로 불리한 우선주는 수용하고, 장점이 많은 수익사채는 거부한다. 신선한 관점이 필요한 새로운 환경에서도 제도적 관행과 습성에서 벗어나지 못하는 월스트리트의 모습이다. 낙관이나 비관의 새 파도가 몰려올 때마다, 우리는 세월의 시험을 견뎌낸 원칙을 손쉽게 포기하고, 편견에만 끈질기게 매달린다.

5장

방어적 투자자의 주식투자

5장

방어적 투자자의 주식투자

주식의 장점

《현명한 투자자》 초판(1949)에서 나는 모든 포트폴리오에 주식을 상당 비중 포함해야 한다고 자세히 설명했다. 당시 사람들은 주식이 매우 투기적이어서 위험하다고 생각했다. 1946년 고점에서 대폭 하락했는데도, 낮아진 주가에 매력을 느끼는 대신 오히려 불신하게 된 것이다. 그런데 이후 20년 동안에는 정반대 상황이 전개되었다. 주가가 대폭 상승하여 사상 최고 수준에 도달함으로써 매우 위험해졌는데도, 사람들은 주식이 안전하고 수익성이 높다고 생각했다.

1949년 내가 주식에 대해 주장한 요점은 두 가지였다. 첫째, 인플레이션에 의한 구매력 감소를 채권은 전혀 방어하지 못했지만, 주식은 상당 부분 방어했다는 점이다. 둘째, 장기적으로 주식이 채권보다 수익률이 높았다는 점이다. 주식의 배당수익률이 채권의 수익률보다 높았던 데다가, 주식은 미분배이익 재투자에 의해서 시장가격이 장기적으로 상승하는 추세를 보였기 때문이다.

주로 이 두 가지 이점 덕분에 주식의 수익률이 채권보다 오랜 기간 훨씬 높았지만, 주식을 지나치게 높은 가격에 매수하면 이런 이점이 사라질 수 있다고 나는 지속적으로 경고했다. 1929년이 바로 그런 사례로서, 1929-1932년 동안 주가가 끝없이 하락하고 나서 다시 이전 수준을 회복하기까지 무려 25년이나 걸렸다. 1957년 이후에도 주식은 매우 높아진 가격 탓에 배당수익률이 채권 수익률보다 낮아졌다. 장래에 인플레이션과 경제 성장에 의해서 배당수익률이 채권 수익률보다 더 높아질지는 두고 볼 일이다.

분명히 밝히지만, 다우지수가 900 수준에 도달한 1971년 말 현재, 나는 주식 매수에 큰 관심이 없다. 하지만 앞에서 설명한 이유로, 방어적 투자자는 주식 상당량을 포트폴리오에 편입해야 한다. 주식과 채권 둘 다 마음에 들지 않지만, 그래도 채권만 보유할 때보다는 위험이 감소하기 때문이다.

주식 선정 4대 기준

방어적 투자자가 포트폴리오에 편입할 주식을 선정하는 기준은 단순해야 한다. 내가 추천하는 네 가지 기준은 다음과 같다.

1. 충분하지만 과도하지 않게 분산투자한다. 보유 종목 수를 10~30개로 하라는 뜻이다.
2. 재무구조가 건전한 유명 대기업들 중에서만 선정한다. 모호한 표현처럼 보일 수도 있지만, 대체로 명확한 기준이다. 더 자세한 설명은 5장 끝 부분에 추가한다.

3. 장기간 지속적으로 배당을 지급한 기업들 중에서만 선정한다. (1971년 다우지수 종목들은 모두 이 조건을 충족했다.) 더 구체적으로 말하면, 1950년 초 이후 (약 20년 동안) 배당을 계속 지급한 기업들 중에서 선정한다.
4. 예컨대 과거 7년 평균 이익을 고려해서 매수 가격 상한선을 설정한다. 내가 추천하는 가격 기준은 과거 7년 평균 이익의 25배 이하인 동시에, 최근 12개월 이익의 20배 이하이다. 그러나 가격 상한선을 이렇게 엄격하게 설정하면, 가장 건전하고 인기 높은 종목들이 편입 대상에서 거의 모두 제외될 것이다. 특히 지난 몇 년 동안 투기꾼과 기관투자자들이 매우 좋아하던 '성장주'는 거의 모두 제외될 것이다. 그런데도 이렇게 엄격한 기준을 제시하는 데에는 그만한 이유가 있다.

성장주와 방어적 투자

•

'성장주'란, 주당순이익EPS 성장률이 과거에도 평균보다 훨씬 높았고 장래에도 계속 높을 것으로 예상되는 주식을 가리킨다. (일부 권위자는 진정한 성장주라면 10년 후 EPS가 적어도 2배는 되어야 한다고 말한다. 즉, EPS 성장률이 연 7.1% 이상이 되어야 한다는 뜻이다.) 가격이 지나치게 높지만 않다면, 이런 종목은 당연히 매력적이다. 문제는 가격이 지나치게 높다는 사실이다. 성장주는 오래전부터 PER이 평균보다 훨씬 높았고, 최근에도 여전히 높다. 그러므로 성장주에는 투기 요소가 많아서, 일반인이 단순하게 투자할 만한 대상이 절대 아니다.

오래전부터 대표적인 성장주로 꼽히는 IBM은 장기간 끈질기게 보유한 투자자들에게 경이로운 수익을 안겨주었다. 그러나 앞에서 지적했듯이, 대표적인 성장주인 IBM조차 1961-1962년에 6개월 동안 주가가 50%나 폭락했으며, 1969-1970년에도 거의 반 토막이 났다. 다른 성장주들은 주가 하락기에 더 취약한 모습을 보였다. 일부 종목들은 주가 폭락에 더해서 EPS까지 대폭 감소한 탓에, 투자자들의 고통이 배가되었다. 그 대표적인 사례가 텍사스 인스트루먼트Texas Instruments이다. 배당도 지급하지 않던 이 종목은 EPS가 0.40달러에서 3.91달러로 증가하는 6년 동안, 주가는 5달러에서 256달러로 폭등했다. (주가 상승률이 EPS 증가율의 5배에 달했는데, 이것이 인기 성장주의 특징이다.) 그러나 2년 뒤 EPS가 거의 50% 감소하자, 주가는 80%나 폭락해서 49달러로 주저앉았다.

이런 사례로부터 알 수 있듯이, 성장주는 지나치게 불확실하고 위험하므로 방어적 투자에 적합하지 않다. 물론 종목을 잘 선정해서 적정 가격에 매수하여 주가가 고점에 도달했을 때 팔고 나온다면, 기적적인 실적을 거둘 수도 있다. 그러나 평범한 투자자가 이렇게 하기는, 돈이 열리는 나무를 찾아내기만큼이나 어렵다. 따라서 평범한 투자자는 비교적 인기가 없어서 PER이 적정 수준인 대기업 주식을 사서, 화려하지는 않아도 건전한 수익을 얻는 편이 낫다. 이에 대해서는 '14장. 방어적 투자자의 종목 선정'에서 더 논의하기로 한다.

포트폴리오 변경

요즘 투자자들 사이의 표준 관행은, 보유 종목 리스트를 전문가에게 제출하여 개선할 사항이 있는지 점검하는 것이다. 이는 투자상담사가 고객들에게 제공하는 주요 서비스이기도 하다. 대부분 증권사도 고객관리 차원에서 이런 서비스를 무료로 제공하고 있다. 일부 증권사는 유료로 이런 서비스를 제공하기도 한다.

방어적 투자자도 이런 서비스를 연 1회 이상 받아야 한다. 그러나 대부분 투자자는 전문가 선택에 대한 식견이 부족하므로, 반드시 평판 좋은 회사를 선택해야 한다. 그러지 않으면 무능하고 부도덕한 전문가에게 농락당하기 쉽다. 또한, 점검받을 때마다 앞에서 제시한 주식 선정 4대 기준을 고수하고 싶다고 명확하게 밝혀야 한다. 그런데 처음부터 주식 선정 4대 기준을 충실하게 따랐다면, 포트폴리오를 자주 변경할 필요도 없을 것이다.

정액매수적립식 투자

뉴욕증권거래소는 투자자가 주식 매수에 매월 똑같은 금액을 투입하는 이른바 '월 적립식 투자monthly purchase plan'를 확산하려고 많은 노력을 기울이고 있다. 이는 '공식 투자'를 응용한 기법으로서, 정액매수적립식dollar-cost averaging 투자라고도 불린다. 1949년 이후 주가 상승이 지배적이었던 기간에 이 기법을 따랐다면, 그 실적은 틀림없이 매우 만족스러웠을 것이다. 특히 이 기법은 주가가 매우 높을 때 집중 투자하지 않도록 막아주는 효과가 있기 때문이다.

공식 투자를 종합적으로 연구한 루실 톰린슨Lucile Tomlinson*은, 다우지수 종목에 정액매수적립식 투자를 했을 때 나오는 실적을 계산해서 발표했다. 그녀는 1919-1952년을 10년 단위로 묶어서 23개 기간의 실적을 분석했다. 그런데 23개 기간 모두 이익을 기록했다. 빠르면 5년 이후 이익을 기록했고, 늦어도 10년 차에는 이익을 기록했다. 23개 기간의 평균 수익률은 배당을 제외하고도 21.5%에 달했다. 물론 포트폴리오 평가액이 일시적으로 대폭 하락한 적도 있었다. 그녀는 이 지극히 단순한 투자 기법을 다음과 같이 인상적으로 평가했다. "정액매수적립식 투자처럼 주가에 상관없이 성공을 강하

* Practical Formulas for Successful Investing, Wilfred Funk, Inc., 1953.

게 확신할 수 있는 공식 투자 기법은 아직 발견되지 않았다."

정액매수적립식 투자가 이론은 그럴듯하지만 현실성은 부족하다는 반론도 나옴직 하다. 예컨대 20년 동안 주식 매수에 매월 똑같은 금액을 투입할 수 있는 사람은 많지 않기 때문이다. 그러나 최근에는 이런 반론도 기세가 꺾인 듯하다. 건전한 저축-투자 과정에 주식이 포함되어야 한다는 인식이 널리 확산되고 있기 때문이다. 따라서 미국저축채권과 생명보험에 매월 일정액을 투입하듯이, 이제 사람들은 주식 매수에도 자연스럽게 매월 일정액을 투입하고 있다. 월 적립액이 크지 않더라도, 20년 이상 흐르면 놀라운 성과가 나올 수 있다.

투자자의 개인 상황

포트폴리오는 투자자의 개인 상황에 따라 어떻게 달라져야 할까? 여기서는 다음 세 가지 상황을 가정해서 답을 구해본다. (1) 20만 달러로 자녀와 함께 살아가야 하는 미망인, (2) 10만 달러를 저축하여 매년 1만 달러씩 증식 중인 성공적인 중견 의사, (3) 주급 200달러를 받으면서 연 1,000달러를 저축하는 젊은이.

미망인은 얼마 안 되는 소득으로 생활하기가 매우 어렵다. 그렇더라도 투자는 매우 보수적으로 해야 한다. 따라서 국채와 우량주를 절반씩 보유하는 방어적 투자 전략이 적합하다. (주가가 매우 낮아서 매력적이라고 확신하며 마음의 준비까지 되어 있다면, 주식 비중을 75%까지 높일 수 있다. 그러나 장담하건대 1972년 초 주가는 그렇게 낮지 않다.)

혹시라도 미망인이 공격적 투자자의 자질을 갖추었다면, 투자 목표와 기법이 달라질 수 있다. 그렇더라도 미망인이 '추가 소득을 얻으려고' 투기를

해서는 안 된다. 즉, 성공을 담보할 만큼 충분한 능력도 갖추지 않은 채, 높은 소득이나 이익을 얻으려 해서는 안 된다는 말이다. 충분한 능력도 갖추지 않은 채 원금의 절반을 투기에 사용하는 것보다는, 차라리 매년 2,000달러를 원금에서 인출하여 생활비에 보태는 편이 훨씬 낫다.

성공적인 의사는 미망인처럼 스트레스나 충동에 시달리지는 않겠지만, 그래도 비슷한 방어적 투자 전략이 적합하다. 투자에 대해 특별한 충동이나 재능이 없다면, 의사에게도 손쉬운 방어적 투자가 최선이라는 뜻이다. 따라서 포트폴리오 구성도 '전형적인' 미망인과 다르지 않아야 하며, 주식의 비중 역시 본인이 결정할 수 있다. 매년 저축액을 추가로 투자할 때에도 포트폴리오의 주식-채권 비중을 그대로 유지해야 한다.

의사들 중에서 공격적 투자자가 되는 사람이 미망인들 중에서 공격적 투자자가 되는 사람보다 많을 것이며, 공격적 투자에 성공하는 사람도 더 많을 것이다. 그러나 의사에게는 불리한 점이 하나 있다. 투자 공부와 포트폴리오 관리에 쓸 시간이 부족하다는 사실이다. 실제로 의사들은 투자 실패율이 높다고 소문이 났다. 투자에 성공하려면 증권에 많은 관심을 기울이면서 증권의 가치를 전문가처럼 깊이 분석해야 하는데도, 의사들은 자신의 지능을 과신하면서 높은 수익을 얻으려고 욕심을 부리기 때문이다.

끝으로, 주급 200달러를 받으면서 연 1,000달러를 저축하는 젊은이에게도 적합한 전략은 마찬가지이다. 그는 저축 일부를 자동으로 시리즈 E 채권에 투자해야 한다. 이후에는 남는 금액이 많지 않으므로, 그가 많은 시간까지 들여가면서 공격적 투자를 하는 것은 적합하지 않다. 따라서 그에게도 방어적 투자가 가장 쉽고도 타당한 전략이 된다.

그러나 인간의 본성을 무시해서는 안 된다. 똑똑하고 가난한 젊은이들은 투자에 매료되기 쉽다. 이들은 얼마 안 되는 금액인데도, 어떻게든 현명하게 공격적 투자를 하려고 한다. 이런 태도는 무조건 환영할 일이다. 젊은 자본가가 일찌감치 투자를 공부하고 경험하면 매우 유리하기 때문이다. 그는 공격적 투자를 하는 과정에서 틀림없이 실수도 저지르고 손실도 보게 된다. 젊은 시절에는 이런 실수와 손실을 딛고 일어서는 경험이 유익하다. 그러나 초보자가 공격적 투자를 하는 과정에서 지나치게 많은 노력과 돈을 낭비해서는 안 된다. 그는 먼저 증권의 가치를 공부해야 하며, 처음에는 가급적 작은 금액으로 가치 대비 가격에 대한 자신의 판단을 시험해야 한다.

결국 목표 수익률과 매수 종목은 보유 자금의 규모가 아니라, 투자자의 지식, 경험, 기질에 따라 결정해야 한다.

'위험'의 개념

사람들은 흔히 채권이 우선주보다 안전하고, 우선주가 보통주보다 안전하다고 말한다. 바로 이런 사고방식에서 주식이 위험하다는 편견이 형성되었다(1948년 연준 조사 결과). 그러나 증권의 '위험'과 '안전'은 두 가지 다른 의미로 사용되기 때문에 혼동하기 쉽다.

채권은 이자나 원금을 지급하지 않을 때 위험해진다. 마찬가지로, 우선주나 보통주도 배당을 축소하거나 누락하면 위험해진다. 취득원가보다 낮은 가격에 팔아야할 가능성이 있는 증권 역시 위험한 증권이다.

그런데 증권 가격이 단지 하락할 가능성이 있다는 이유만으로 그 증권이 위험하다고 평가받기도 한다. 증권 가격 하락이 일시적이며, 그 가격에 팔아야 하는 것도 아닌데 말이다. 미국저축채권을 제외하면, 가격 하락 가능성은 보통주 일반은 물론 선순위 증권까지 포함해서 모든 증권에 해당되는 속성이다. 그러나 가격 하락 가능성은 실질적 의미에서 진정한 위험이 아니라고 나는 믿는다. 건물을 담보로 대출을 제공한 사람은, 불리한 시점에 건물을 매각해야만 하면 큰 손실을 본다. 그러나 일반 부동산 담보대출의 안전성을 판단할 때, 이런 손실 가능성까지 고려하지는 않는다. 유일한 판단 기준은 '원리금 지급이 얼마나 확실한가?' 이다. 마찬가지로 일반 기업의 위험은 적자 가능성으로 평가하는 것이지, 그 기업을 억지로 매각하는 상황까지 고려하지는 않는다.

8장에서 더 논의하겠지만, 진정한 투자자라면 보유 증권의 시장가격 하락을 손실로 생각할 필요가 없다. 즉, 시장가격 하락 가능성이 있다고 해서 실제로 손실 위험이 있는 것은 아니다. 세심하게 구성한 주식 포트폴리오가 장기간에 걸쳐 만족스러운 실적을 기록했다면, 이 포트폴리오는 안전성이 입증된 셈이다. 이 기간에 포트폴리오의 시장 평가액은 오르내릴 수밖에 없으며, 일시적으로는 수익률이 마이너스가 될 수도 있다. 그래서 이 포트폴리오가 위험하다면, 이 포트폴리오는 위험한 동시에 안전하다고 평가할 수밖에 없다. 그러나 위험의 개념을 한정해서 사용하면 이런 혼동을 피할 수 있다. 즉, 매각을 통해서 손실이 실현되었거나, 기업의 경쟁력이 현저하게 약해졌거나, 내재가치보다 훨씬 높은 가격을 지불했을 때로 한정하면 된다.*

위험의 개념을 한정해도, 개별 주식에는 이런 위험이 따라다닌다. 그러나 세심하게 구성한 주식 포트폴리오는 이런 위험이 크지 않으므로, 단지 주가 하락 가능성이 있다는 이유로 '위험하다'고 평가해서는 안 된다. 하지만 내재가치보다 지나치게 비싼 가격에 매수했다면, 위험하다고 보아야 한다. 이후

* 최근 투자 의사결정에 수학적 기법이 도입되면서, 위험을 가격의 '변동성'으로 정의하는 방식이 표준 관행으로 자리 잡았다. 다음을 참조하라. Richard A. Brealey, An Introduction to Risk and Return, The MIT Press, 1969. 그러나 이러한 '위험' 정의 방식은 시장가격 등락을 지나치게 강조하므로, 건전한 투자 의사결정에 해롭다고 생각한다.

주가가 폭락했다가 오랜 기간이 지나 회복되더라도 말이다.

재무구조가 건전한 유명 대기업

앞의 '주식 선정 4대 기준'에서, 방어적 투자자는 재무구조가 건전한 유명 대기업들 중에서만 주식을 선정해야 한다고 설명했다. 기준을 형용사로 제시하면 모호할 수밖에 없다. 회사의 규모, 명성, 재무구조의 건전성을 판단하는 기준은 무엇일까? 재무구조의 건전성에 대해서는 자의적으로나마 구체적인 기준을 제시할 수 있다. 제조회사의 재무구조가 건전하려면, 은행 부채를 포함한 총자본 중 보통주자본(보통주 · 보통주자본잉여금 · 이익잉여금으로 구성된 자본)의 비중이 50% 이상이어야 한다.* 철도회사나 공익기업이라면, 보통주자본의 비중이 30% 이상이어야 한다.

'유명' '대기업'이란, 주요 업종을 대표하는 거대기업이라는 뜻이다. 이런 기업의 주식을 흔히 '우량주'라고 부른다. 우량주를 제외한 나머지 주식은 모두 '비우량주'라고 부른다. (다만 성장주 투자자들은 성장주를 따로 구분한다.) 더 구체적인 기준을 제시하자면, 요즘 대기업이 되려면 보유 자산이 5,000만 달러이거나 매출이 5,000만 달러가 되어야 한다. 그리고 유명 기업이 되려면 해당 업종에서 차지하는 매출 비중이 4분의 1이나 3분의 1이 되어야 한다.

그러나 이런 자의적 기준만 고집하는 것은 어리석은 짓이다. 단지 참고용으로 제시하는 기준에 불과하기 때문이다. '유명' '대기업'의 기준을 투자자가 스스로 어떻게 설정하든, 그 의미가 상식을 벗어나지 않는다면 상관없다. 따라서 똑같은 기업이 투자자에 따라서 방어적 투자에 적합하다고 평가받을 수

* 1971년 다우지수 30개 기업 모두 이 기준을 충족했다.

도 있고, 부적합하다고 평가받을 수도 있다. 이렇게 다양한 견해는 해가 되지 않는다. 사실은 주식시장에 유익하다. 다양한 견해 덕분에 우량주와 비우량주를 구분하는 기준이 점진적으로 차별화되거나 변화할 수 있기 때문이다.

6장

공격적 투자자의 포트폴리오 전략: 삼가야 할 투자

6장

공격적 투자자의 포트폴리오 전략: 삼가야 할 투자

공격적 투자자의 포트폴리오도 처음에는 방어적 투자자와 마찬가지로 우량등급 채권과 우량주로 구성해야 한다. 공격적 투자자는 다른 증권에도 투자할 수 있지만, 논리정연하게 그 타당성을 제시할 수 있어야 한다. 공격적 투자에는 따로 정해진 패턴이 없으므로, 체계적으로 논의하기가 어렵다. 게다가 선택의 범위도 넓으므로, 개인의 능력과 적성뿐 아니라 관심과 선호도 고려해서 결정해야 한다.

공격적 투자자에게 가장 유용한 조언은 특정 증권에 투자하지 말라는 조언이다. 먼저 우량등급 우선주는 기관투자자들에게 양보해야 한다. 비우량등급 채권과 우선주도 염가가 아니면 피해야 한다. 즉, 표면금리가 높다면 액면가보다 30% 이상 할인된 가격이어야 하고, 표면금리가 낮다면 할인율이 훨씬 더 높아야 한다. 수익률이 높더라도 외국 국채는 남들에게 양보해야 한다. 신규발행 증권은 모두 조심해야 하는데, 매우 매력적인 전환사채와 우선주는 물론, 최근 실적이 탁월했던 주식도 경계해야 한다.

채권에 대해서도 공격적 투자자는 방어적 투자자와 똑같은 방식으로 접근해야 한다. 장기 채권에 투자한다면, 수익률이 약 7.25%인 우량등급 채권이나 수익률이 5.30%인 우량등급 비과세 지방채 중에서 선택해야 한다.

비우량등급 채권과 우선주

1971년 말 이후에는 최고등급 채권도 수익률 7.25% 이상에 거래되고 있으므로, 단지 수익률이 더 높다고 비우량등급 채권을 사는 것은 타당하지 않다. 신용등급이 낮은 기업들은 최근 2년 동안 보통사채 공모발행이 사실상 불가능했다. 그래서 이들은 전환사채나 신주인수권부사채로 자금을 조달했다. 현재 유통되는 비우량등급 채권은 거의 모두 경과물로서, 액면가에서 대폭 할인된 가격에 거래되고 있다. 따라서 향후 발행사의 신용등급이 개선되거나 금리가 전반적으로 하락하면, 시장가격이 대폭 상승할 수 있다.

그러나 이렇게 비우량등급 채권에 가격 상승 가능성이 있더라도, 우량등급 채권과 비교해볼 필요가 있다. 1970년에 표면금리가 낮은(2.5%~4%) 우량등급 채권 일부는 약 50에 거래되었다. 예를 들면 다음과 같다. 1986년 만기 2.625% AT&T 채권은 51이었고, 1995년 만기 4% 애치슨, 토페카 앤드 산타페Atchison, Topeka & Santa Fe 철도 채권도 51이었으며, 1992년 만기 3.875% 맥그로힐McGraw-Hill 채권은 50.5였다.

따라서 1971년 말에도 액면가보다 훨씬 낮은 가격에 우량등급 채권을 살 수 있으며, 그러면 높은 수익률과 상당한 가격 상승을 충분히 기대할 수 있다.

과거 장기간에 걸쳐 나타났던 특정 시장 상황은 미래에도 다시 나타날 가능성이 있다. 우량등급 채권의 수익률과 가격이 언젠가 과거 정상 수준으로 돌아간다고 가정하면, 공격적 투자자는 어떤 전략을 선택해야 할까? 이와 관련해서 1965년 판에서 내가 언급했던 내용을 아래에 인용했다. 당시 우량등급 채권 수익률은 4.5%에 불과했다.

이제 비우량등급 채권 투자에 대해서 생각해보자. 지금 수익률이 8% 이상인 비우량등급 채권은 쉽게 찾을 수 있다. 우량등급 채권과 비우량등급 채권을 구분하는 중요한 기준은 이자보상비율(영업이익을 이자비용으로 나눈 값)이다. 예를 들어 1964년 초, 5% 시카고, 밀워키, 세인트폴 앤드 퍼시픽Chicago, Milwaukee, St. Paul & Pacific 수익사채는 가격이 68, 수익률이 7.35%였다. 나는 이자보상비율이 5배 이상이어야 안전한 철도채권이라고 말했지만, 이 채권은 1963년 이자보상비율이 1.5배에 불과했다.*

사람들은 수익률 낮은 우량등급 채권으로는 생활하기 어렵기 때문에, 추가 소득을 얻으려고 비우량등급 채권을 매수한다. 그러나 과거를 돌아보면 분명히 알 수 있듯이, 단지 표면금리가 높다는 이유로 안전성 낮은 채권이나 우선주를 매수하는 것은 어리석다. 표면금리가 높은 비우량등급 채권을 액면가와 비슷한 가격에 매수하면, 언젠가 가격이 대폭 하락할 가능성이 매우 크다. 경기가 악화하거나 시장금리가 상승하면, 특히 이런 채권은 폭락하기 매우 쉽다. 흔히 이자나 배당 지급이 중단되며, 영업실적이 크게 악화하지 않아도 채권 가격이 쉽사리 급락한다.

비우량등급 선순위채권의 이러한 특성을 보여주는 구체적인 예로, 1946-1947년 10개 철도회사 수익사채의 가격흐름을 살펴보자. 이들 모두 1946년 가격이 96 이상이었으며, 고가는 평균 102.5였다. 그러나 이듬해인

* 1970년 밀워키 철도는 대규모 적자를 기록했다. 회사가 수익사채 이자 지급을 중단하자, 5% 채권 가격이 10으로 폭락했다.

1947년 이들의 저가는 평균 68에 불과해서, 단기간에 시장 평가액의 3분의 1이 날아갔다. 그런데 매우 특이하게도, 1947년 미국 철도회사들의 실적은 1946년보다 훨씬 좋았다. 따라서 채권 가격 급락은 철도회사들의 실적 악화 때문이 아니라, 투매 때문이었다. 그러나 이들 수익사채의 가격 하락률이 다우지수의 하락률(23%)보다 훨씬 컸다는 점에 주목해야 한다. 이 채권을 액면가(100) 이상에 매수한 사람들은 채권 가격 상승에 의한 자본이득을 얻을 기회가 없었다. 이 채권의 유일한 매력은 평균 약 4.25%인 수익률이었다(우량등급 채권 수익률 2.5%보다 1.75%p 높았다). 결국 이 비우량등급 채권 매수자들은 수익률을 조금 더 얻는 대가로 커다란 원금 손실 위험을 떠안은 셈이다.

위 사례에서 알 수 있듯이, 우리는 이른바 '사업가의 투자'라는 대중의 착각popular fallacy에 유념해야 한다. 수익률을 높이려고 비우량등급 채권을 매수하면 더 큰 위험을 떠안게 된다. 수익률을 연 1~2% 더 얻는 대가로 원금 손실 위험을 떠안는 것은 불리한 거래다. 위험을 떠안고자 한다면, 잘 되면 커다란 자본이득을 얻는다고 확신할 수 있어야 한다. 그렇다면 액면가에 거래되는 5.5~6% 비우량등급 채권을 매수해서는 안 된다. 같은 비우량등급 채권이더라도 70에 매수한다면 더 타당성이 있다. 인내심 있는 사람이라면, 십중팔구 그 가격대에 매수할 수 있을 것이다.

비우량등급 채권과 우선주에는 모순적인 속성 두 가지가 있다는 점을 명심해야 한다. 시장 상황이 악화하면, 이런 증권은 거의 모두 폭락한다. 반면 상황이 다시 호전되면 이들 대부분이 회복되며, 결국 '만사가 잘 풀린다.' 여러 해 배당을 누락한 누적적 우선주까지도 그렇다. 1930년대에 장기간 침체가 이어진 탓에, 1940년대 초에는 이런 우선주가 많았다. 전후 호황기인 1945-1947년, 기업들은 거액의 누적 미지급 배당을 현금이나 신규발행 증권으로 지급했고, 원금까지 상환한 사례도 많았다. 그 결과 몇 년 전 이런 증권들이 소외되어 헐값에 거래될 때 매수한 사람들이 큰 이익을 보았다.*

전체적으로 볼 때, 수익률 높은 비우량등급 선순위 채권을 보유하면, 추가로 얻는 수익률로 원금 손실을 충분히 상쇄할 수 있을 것이다. 다시 말해서, 이런 채권을 발행가로 모두 매수한다면, 장기적으로 우량등급 채권만 매수하는 사람 이상의 실적을 거둘 수 있을 것이다.**

그러나 이런 가정은 현실성이 없다. 비우량등급 채권을 발행가에 모두 산 사람은 가격이 급락하면 불안과 공포에 시달리게 된다. 또한 수많은 채권을 매수하여 '평균' 실적을 확보할 수도 없을뿐더러, 이자소득 일부를 적립했다가 나중에 원금 손실을 상쇄하기도 어려울 것이다. 끝으로, 과거 오랜 경험을 돌아볼 때 약세장에서 70이하에 살 수 있는 채권이라면, 100 수준에서는 사지 않는 것이 상식이다.

외국 국채

경험이 일천한 투자자들도 1914년 이후 외국 국채가 남긴 흑역사를 기억한다. 두 번의 세계대전과 그 사이에 발생한 유례없는 세계적 불황을 고려하면, 이 흑역사는 불가피했다. 그런데도 몇 년에 한 번씩은 시장 여건이 호전되어, 신규로 발행된 외국 채권이 액면가 수준에 판매되기도 한다. 이런 현상을 통해서 일반투자자의 심리를 깊이 파악할 수 있는데, 이런 투자 심리는

* 예를 들어 배당을 누락하던 시티 서비스Cities Service 1차 우선주는 1937년 저가 15를 기록했고, 누적 미지급 배당이 60달러에 이르던 1943년에는 27달러에 거래되었다. 1947년에 회사는 이 우선주를 주당 196.5달러로 계산하여 표면금리 3% 채권으로 교환해주었는데, 이 채권은 고가 186을 기록했다.

** 전미경제연구소National Bureau of Economic Research가 지휘한 정교한 통계연구에 의하면, 실제로 그런 실적이 나왔다.

채권 분야에 한정되지 않는다.

호주나 노르웨이처럼 높이 평가받는 나라의 채권이라면, 미래를 걱정할 뚜렷한 이유가 없다. 그러나 실제로 문제가 발생하면, 외국 채권 소지자는 청구권을 주장할 법적 수단이 없다. 표면금리 4.5% 쿠바 공화국Republic of Cuba 채권은 1953년 고가 117을 기록했으나, 이자를 연체하자 1963년 20까지 폭락했다. 같은 해 뉴욕증권거래소 채권 리스트를 보면, 표면금리 5.25% 벨기에령 콩고Belgian Congo 국채는 36, 7% 그리스 국채는 30, 다양한 폴란드 국채는 7까지 폭락했다. 8% 체코 국채의 가격 등락은 상상을 초월한다. 1922년 처음 미국에서 96.5에 발행된 이 채권은 1928년 112까지 상승했으나, 1932년 67.75까지 폭락했다. 이후 1936년 106으로 회복했다가 1939년에는 6으로 붕괴했고, 1946년 놀랍게도 117로 회복했다. 그러나 1948년 35로 급락했다가 1970년에는 8까지 폭락했다.

여러 해 전, 미국은 외국 국채를 매수해야 한다는 주장도 나왔다. 미국처럼 부유한 채권국은 외국에 대출해 줄 도덕적 책임이 있다는 이유였다. 그러나 세월은 수많은 반전을 불러오는 법이다. 이제 미국은 만성적인 국제수지 문제에 시달리고 있다. 그 원인 중 하나는 미국 투자자들이 수익률을 높이려고 외국 채권을 대규모로 매수하기 때문이다. 나는 오래 전부터 외국 채권 투자가 과연 매력적인지에 대해 의문을 표시했다. 이제는 외국 채권에 투자하지 않는 편이 자신과 미국 모두에 이롭다는 말을 덧붙이고자 한다.

신규발행 증권

•

신규발행 증권은 그 범위가 매우 넓어서 신용등급과 매력도가 천차만별이므로, 이를 하나로 묶어 논의한다면 경솔해 보일 것이다. 그러나 어느 법칙에도 예외는 있는 법이다. 나는 모든 신규발행 증권을 경계하라고 권고한다. 즉, 신규발행 증권은 매수를 결정하기 전에 세심하게 조사하고, 매우 엄격하게 시험해야 한다.

이렇게 강하게 경고하는 이유는 두 가지이다. 첫째, 신규발행 증권에는 특별한 판매술이 동원되므로, 자칫하면 이런 판매술에 넘어가기 쉽다. 둘째, 대부분 신규발행 증권은 시장 여건이 발행자에게 유리할 때 발행되므로, 투자자에게는 불리할 수밖에 없다.

이 두 가지 요소가 미치는 영향은 발행 증권의 신용등급이 내려갈수록 커진다. 즉, 최고신용등급 채권을 거쳐, 비우량등급 선순위 증권을 지나, 보통주로 내려갈수록 큰 영향을 미친다. 과거에는 발행자가 이미 발행된 고금리 채권을 수의상환(콜옵션 행사)하면서 대신 저금리 채권을 발행하는 차환발행이 엄청난 규모로 이루어졌다. 차환발행 대상은 대부분 우량등급 채권과 우선주였다. 투자자는 대부분 금융기관들이었으므로, 이들은 자신의 이익을 충분히 보호할 수 있었다. 이들에게는 강력한 판매술이 거의 먹히지 않았으므로, 발행자는 유사 증권의 유통 가격에 맞춰 발행 가격을 설정할 수밖에 없었다. 그러나 금리가 계속 하락하면서 신규발행 증권의 가격이 계속 상승하자, 금융기관들은 투자 규모를 대폭 축소하게 되었다. 그러자 시장 여건이 발행자에게 가장 유리해지는 시점에, 온갖 유형의 증권이 무더기로 발행되기 시작했다. 하지만 우량등급 증권에 대한 수요는 시장 여건에 큰 상관없이 대체로 꾸준히 유지되었다.

그런데 1945-1946년과 1960-1961년에 발행된 비우량등급 채권과 우선주는 판매 방식이 과거와 달랐다. 증권 대부분을 개인과 미숙한 기관에 판매했으므로, 판매술이 큰 영향을 미쳤다. 게다가 발행 기업의 최근 실적만 제공되었으므로, 투자자들이 기업을 평가하기가 어려웠다. 이들 기업의 최근 실적이 향후에도 계속 유지된다고 가정하면, 대체로 안전해 보였다. 투자은행들은 이 가정을 수용하여 증권을 사들였고, 투자은행 영업직원들도 고객들을 설득하여 그렇게 믿게 했다. 그러나 이는 대개 나중에 값비싼 대가를 치르게 되는 불건전한 방식이었다.

흔히 강세장 기간에는 수많은 비상장회사들이 상장회사로 전환된다. 1945-1946년도 그런 경우였고, 1960년 초에도 그러했다. 그러나 이 전환작업은 터무니없는 수준에 이르자, 1962년 5월 마침내 비극적 최후를 맞이했다. 하지만 통상적인 '맹세' 기간이 지나자, 1967-1969년 이 우습고도 슬픈 사건이 다시 벌어졌다.

신주 발행

다음은 1959년 개정판에서 인용하여 논평을 덧붙인 글이다.

주식을 발행해서 자금을 조달하는 방법은 두 가지다. 하나는 유상증자로서, 상장회사가 신주를 발행하고, 기존 주주들에게 신주인수권을 배정하는 방식이다. 신주청약 가격은 현재 주가보다 낮게 책정되므로, 신주인수권은 금전적 가치를 지니게 된다. 신주 발행 시에는 거의 예외 없이 투자은행이 인수자로 참여하지만, 일반적으로 신주는 기존 주주들이 신주인수권을 행사하여 모두 소화하게 된다. 따라서 상장회사가 유상증자 방식으로 신주를 발행할 때에는 판매에 큰 노력을 기울일 필요가 없다.

두 번째 방법은 기업공개로서, 비상장회사가 주식을 대중에게 공개적으로 판매하면서 상장회사로 전환하는 방식이다. 대개 지배주주들이 시장 여건이 유리할 때 주식을 매각하여 자금을 회수하려는 목적이다. (회사가 사업 자금을 조달할 때에는 흔히 우선주를 발행한다.) 기업공개는 명확한 패턴에 따라 진행되므로, 이 과정에서 대중은 많은 손실을 입고 좌절할 수밖에 없다. 대중은 자금을 조달하는 기업으로부터 손실을 입는 동시에, 발행자에 유리한 시장 여건 탓에 손실을 본다.

미국의 일류 대기업들 대부분은 20세기 초에 상장되었다. 그러나 세월이 흐름에 따라 일류 대기업의 수는 꾸준히 감소했고, 비교적 규모가 작은 기업들이 집중적으로 상장되었다. 하지만 투자 대중은 여전히 일류 대기업들을 뿌리 깊이 선호했고, 중소기업들은 완강하게 외면했다. 그러나 강세장이 이어지자, 이런 편견도 약화되었다. 주식에서 일확천금의 기회가 보이자, 대중은 탐욕에 휩쓸려 비판력을 상실했기 때문이다. 게다가 10년 전만 해도 실적이 신통치 않았던 비상장회사들 다수가 이 무렵에는 탁월한 실적을 과시했다.

이런 요소들이 겹치면, 일은 다음과 같이 진행된다. 강세장이 한창 진행되는 어느 시점, 첫 번째 기업공개가 등장한다. 신주 공모 가격이 비싼 편인데도, 초기에 공모주를 산 사람들은 큰 이익을 얻는다. 주가가 상승세를 이어가자, 기업공개가 더 잦아진다. 공개 기업의 질은 꾸준히 낮아지지만, 공모 가격은 터무니없이 높아진다. 이제 강세장이 끝나간다는 확실한 신호가 나타난다. 정체불명 소기업 신주의 공모 가격이, 업력이 긴 중견기업들의 주가보다도 높아지는 것이다. (이런 기업공개를 일류 투자은행이 주선하는 경우는 거의 없다.)

돈벌이가 되면 무엇이든 판매하는 투자은행들이 경솔한 대중을 먹이로 삼으면, 주가는 폭락할 수밖에 없다. 신주 중에는 공모 가격의 75% 이상 하락한 종목이 많다. 게다가 한 때 탐욕에 휩쓸려 사긴 했어도, 대중은 소형주를 정말 싫어한다. 그래서 소형주 주가는 한 때 터무니없이 상승했던 만큼이나 터무니없이 폭락했다.

강세장에 감언이설에 넘어가 신주를 사는 사람은 현명한 투자자가 되기 어렵다. 엄격한 시험을 통과하는 신주가 한두 종목 나올 수도 있겠지만, 신주는 아예 멀리하는 편이 더 현명하다. 물론 판매직원은 최근 폭등한 종목들을 언급하면서 매수를 권유할 것이다. 그러나 투기를 부추기는 유혹일 뿐이다. 쉽게 버는 돈은 쉽게 나간다. 투기로 번 돈의 두 배만 날리고 끝내도 다행으로 여겨야 한다.

이런 종목 중 일부는 탁월한 매수 대상이 될 수 있다. 몇 년 뒤 사려는 사람이 아무도 없어서, 내재가치의 몇 분의 1에 살 수 있다면 말이다.

1965년 개정판에서는 신주 발행에 관해서 다음과 같이 논의했다.

1949년 이후 주식시장의 큰 흐름은 과거와 달라졌지만, 기업공개 절차는 과거 방식 그대로였다. 그러나 1960-1962년처럼 저질 기업들이 그토록 많이 공개되어 주가가 그렇게 극단적으로 폭락한 사례가 과거에도 있었는지 의심스럽다.* 그런 대참사를 겪고서도 주식시장이 빠르게 회복되는 모습을 보면 참으로 놀랍다. 마찬가지로 불사신의 모습을 보여준 1925년 플로리다 부동산 대폭락 사건을 떠올리게 된다.

현재 강세장이 끝나기 전에 기업공개 광풍이 다시 불어올까? 누가 알겠는가? 그러나 현명한 투자자라면 1962년 사건을 절대 잊지 않을 터이므로, 다음 광풍이 주는 일확천금의 기회와 참혹한 손실 경험을 남들에게 양보할 것이다.

---

* S&P의 《스탁 가이드Stock Guide》에서 뽑은 41개 표본 종목을 보면, 5 종목은 고가 대비 90% 이상 폭락했고, 30 종목은 50% 이상 폭락했으며, 41개 종목 전체로는 하락률이 약 3분의 2였다. 《스탁 가이드》에 실리지 않은 종목들의 하락률은 틀림없이 더 클 것이다.

1965년 개정판에서는 이 단락 다음에 '끔찍한 사례'로 1961년 11월 9달러에 주식을 공모한 애트나 메인터넌스Aetna Maintenance Co. 사례를 인용했다. 이 주식은 즉시 15달러로 상승했으나 이듬해 2.375달러로 폭락했고, 1964년에는 0.875달러가 되었다. 이후 이 회사의 기이한 행적을 보면, 최근 몇 년간 나타난 미국 기업들의 이상한 변신을 어느 정도 이해할 수 있다. 이 기업의 행적에 대해서는 〈부록 4〉를 참조하라.

1967-1970년에는 이보다 더 끔찍한 사례도 많았다. S&P 《스탁 가이드Stock Guide》에 가장 먼저 나오는 AAA 엔터프라이즈Enterprises가 바로 그런 기업이다. 이 주식은 1968년 공모 가격 14달러에 발행되어 곧바로 28달러로 상승했으나, 1971년 초에는 0.25달러로 참담하게 폭락했다. (그러나 0.25달러조차 엄청난 고평가였다. 곧바로 파산 절차에 들어갔지만, 회생 가능성이 희박했기 때문이다.) 이런 기업공개 사례는 배울 점도 많고 유의 사항도 많으므로, 17장에서 자세히 논의하기로 한다.

7장

공격적 투자자의 포트폴리오 전략: 해볼 만한 투자

7장

공격적 투자자의 포트폴리오 전략: 해볼 만한 투자

공격적 투자자는 초과수익을 얻으려고 상당한 관심과 노력을 기울이는 투자자이다. 4장의 '채권 선택'에서도 공격적 투자자에게 적합한 채권에 대해서 논의했다. 공격적 투자자는 다음 채권에 관심을 가져볼만 하다.

(1) 사실상 연방정부가 보증하는 비과세 주택국Housing Authority 채권.

(2) 역시 연방정부가 보증하는 뉴커뮤니티공채New Community Debenture.

(3) 우량기업들이 납부하는 리스료를 받아 이자를 지급하는, 지방자치단체가 발행한 비과세 산업채권.

위 채권에 대해서는 4장의 '채권 선택'을 참조하라.

공격적 투자자는 위 채권의 정반대에 해당하는 비우량등급 채권을 염가에 매수하여, 향후 매매차익을 기대할 수도 있다. 그러나 이런 투자는 '특수상황'에 해당하며, 이 때에는 채권과 주식의 구분조차 큰 의미가 없다.

주식 매매

공격적 투자자의 주식 매매는 다음 네 종류로 구분할 수 있다.

1. 주가 지수가 낮을 때 매수해서 높을 때 매도
2. 신중하게 선정한 '성장주' 매수
3. 다양한 염가 종목 매수
4. '특수 상황' 종목 매수

공식에 의한 시점 선택

주가 지수가 낮을 때 매수해서 지수가 고점에 도달했을 때 매도하는 전략의 실현 가능성과 한계점에 대해서는 8장에서 논의하기로 한다. 주기적으로 오르내리는 주가 지수 차트를 한 번만 검토해보아도 이런 매매가 가능해 보일 정도이므로, 사람들은 오래전부터 이런 방식이 얼마든지 가능하다고 생각했다. 그러나 유감스럽게도 내가 이미 인정했듯이, 수학적 계산으로는 지난 20년의 주가 흐름에서 매매 시점을 선택할 수 없었다. 실제로 주가 등락을 이용한 매매로 실적을 올리려면, 특별한 재능이나 일종의 '감각'이 필요했다. 그러나 감각은 지능과 매우 다르므로, '감각에 의한 매매'는 논의 대상에서 제외하기로 한다.

앞에서 방어적 투자자에게 추천한 50대 50 전략은, 1972년 상황에서 모든 투자자에게 추천할 만한 거의 최상의 공식투자 기법이다. 그러나 본인의 판단에 따라 채권이나 주식의 비중을 25%~75% 사이에서 조정할 여지는 남겨두었다. 약 20년 전에는 주식 보유 비중을 공식에 따라 조절하는 기법이 실제로 유용하다고 확신했으므로, 명확한 공식들에 대해 매우 상세하게 논의할 수 있었다.* 이제 공식투자에 적합한 시기는 지나간 듯하며, 1949년 이후 주가 패턴을 보면서 매수나 매도에 적합한 주가 수준을 논의하는 것도 의미가 없다. 겨우 20여 년에 해당하는 주가 패턴으로는 미래 흐름을 제대로 예측할 수 없다.

성장주 투자

투자자는 누구나 장기간 초과실적이 나올 종목을 선정하고 싶어 한다. 성장주란, 성장률이 과거에도 평균보다 훨씬 높았고 장래에도 계속 높을 것으로 예상되는 주식을 가리킨다.** 그렇다면 현명한 투자자는 성장주 선정에 노력을 집중해야 타당할 듯하다. 하지만 이 문제는 그렇게 단순하지 않다.

과거에 초과실적을 낸 기업들은 통계만 돌리면 얼마든지 찾아낼 수 있다. 증권사에서 그런 종목 50~100개를 얻을 수도 있다. 그러면 이와 비슷한 종목 15~20개를 선정해서 포트폴리오를 구성하면 성공이 보장될까?

이런 단순한 아이디어에는 두 가지 결함이 있다. 첫째, 실적이 좋아서 전망이 밝은 주식은 주가도 그만큼 높다. 이렇게 높은 가격에 주식을 사면, 밝은 전망에 대해 이미 가격을 모두 지불한 셈이므로, 투자자의 예측이 적중해도 수익은 그다지 신통치 않다. 둘째, 투자자의 예측이 빗나갈 수 있다. 높은 성장률은 영원히 유지될 수가 없다. 장기간 높은 성장률을 달성한 기업은 이

* 다음을 참조하라. Lucile Tomlinson, Practical Formulas for Successful Investing (1953); Sidney Cottle and W. T. Whitman, Investment Timing: The Formula Approach (1953).

** 과거 실적이 평범한 기업이라면, 단지 장래 실적이 평균보다 높을 것으로 예상된다는 이유로 '성장주'라고 부르면 안 된다. 그냥 '유망주'에 불과하다.

〈표 7-1〉 성장주 펀드들의 실적 평균 (1961~1970)

	1년 1970	5년 '66~70	10년 '61~70	배당수익률 1970
대형 성장주 펀드 17개	-7.5%	23.2%	121.1%	2.3%
소형 성장주 펀드 106개 그룹 A	-17.7	20.3	102.1	1.6
소형 성장주 펀드 38개 그룹 B	-4.7	23.2	106.7	1.4
명칭에 '성장주'가 포함된 펀드 15개	-14.2	13.8	97.4	1.7
S&P500	3.5	16.1	104.7	3.4
다우지수	8.7	2.9	83.0	3.7

데이터 출처: 와이젠버거 파이낸셜 서비스Wiesenberger Financial Services

미 규모가 거대해서, 시간이 갈수록 성장률을 유지하기가 어렵다. 어느 시점에 이르면 성장률이 둔화하고, 흔히 하락세로 돌아선다.

성장주 투자 사례 몇 건을 집중적으로 분석하면, 성장주의 수익성이 실제로 좋은지 알 수 있다. 어떻게 하면 성장주의 실적을 공정하게 평가할 수 있을까? 성장주 펀드의 실적을 분석하면 상당히 합리적으로 평가할 수 있다고 생각된다. 뉴욕증권거래소 회원사인 아서 와이젠버거Arthur Wiesenberger & Company에서 매년 발간하는 권위 있는 소책자 〈Investment Companies(투자회사)〉에 약 120개 '성장주 펀드'의 장기 실적이 나온다. 이 중에서 10년 이상 운용실적이 나오는 성장주 펀드는 45개이다. 이들의 1961-1970년 수익률 평균은 108%였다. 같은 기간 S&P500은 105%였고, 다우지수는 83%였다.* 1969년과 1970년에는 126개 성장주 펀드 대부분의 수익률이 S&P500과 다우지수보다 낮았다. 내가 이전에 조사했을 때에도 비슷한 결

* 〈표 7-1〉 참조.

과가 나왔다. 이는 성장주에 분산투자했을 때 나온 실적이 지수보다 탁월하지는 않았다는 뜻이다.

공격적 투자자가 성장주 투자에 많은 노력을 기울이더라도, 장기적으로 성장주 펀드보다 높은 실적을 거둘 수 있다고 생각할 근거는 전혀 없다. 펀드회사에는 인재도 많고 리서치 부서도 있기 때문이다. 따라서 나는 공격적 투자자에게 성장주 투자를 추천하지 않는다. 성장주의 밝은 전망은 이미 시장에 널리 알려져서, 예컨대 20이 넘는 PER에 충분히 반영되었다고 보아야 한다. (나는 방어적 투자자에게 매수 가격 상한선으로 과거 7년 평균 이익의 25배 이하를 제시했다. 대부분 성장주의 PER은 25 이상일 것이다.)

성장주의 특징은 주가 등락 폭이 매우 크다는 점이다. GE나 IBM처럼 업력이 길고 규모가 큰 기업도 그러하며, 업력이 더 짧고 규모가 더 작지만 성공적인 기업은 등락 폭이 더 크다. 그래서 1949년 이후 탁월한 성공을 거둔 성장주들은 강한 투기성을 띠게 되었는데도, 높은 신용등급을 받았다. (이들은 신용등급이 최상이어서, 최저 금리로 자금을 조달했다.) 이들의 신용등급은 오랜 기간 그대로 유지될 수도 있겠지만, 성장주의 위험은 주식시장의 흐름에 따라 달라질 수 있다. 대중의 열광에 힘입어 성장주의 주가가 실적보다 더 가파르게 상승할수록, 성장주는 그만큼 더 위험해진다.

그러면 도대체 어떤 주식에 투자해야 대박이 터지느냐는 질문이 나옴직하다. 장래를 강하게 확신하는 주식에 일찌감치 거액을 투자하고, 이후 주가가 100배 이상 상승할 때까지 흔들림 없이 보유해야 하지 않겠는가? 옳은 말이다. 그러나 오로지 한 기업에 투자해서 대박을 터뜨린 사람들은, 거의 모두 그 기업과 밀접한 관계가 있는 사람들이다. 그래서 이들은 한 기업에 재산 대부분을 몰아넣을 수 있었고, 매력적인 매도 기회가 수없이 많았는데도 온갖 우여곡절을 견뎌내면서 참고 기다릴 수 있었다. 기업과 밀접한 관계가 없는 투자자는 끊임없이 떠오르는 의문과 유혹을 견뎌내기가 매우 어렵다. 주가가 (일시적으로나마) 하락할 때마다 그는 큰 고민에 휩싸인다. 결국 안팎에서 오는 압박에 못 견디고 그는 상당한 이익을 실현하지만, 대박에는 훨씬 못 미친다.*

공격적 투자자에게 추천하는 세 가지 투자 기법

장기적으로 초과 실적을 달성하려면, 다음 두 가지 장점을 갖춘 전략이 필요하다. (1) 객관성/합리성을 갖춘 건전한 전략이어야 한다. (2) 대부분 투자자나 투기꾼들의 전략과 달라야 한다. 그래서 내가 추천하는 투자 기법은 세 가지이다. 세 가지 기법은 저마다 특성이 매우 다르므로, 투자자에게 요구하는 지식과 기질도 매우 다르다고 보아야 한다.

1. 소외된 대형주에 투자

탁월한 실적 등으로 인기 높은 주식이 시장에서 고평가되는 경향이 있다면, 실적 부진 등으로 소외된 주식은 시장에서 저평가된다고 보아야 논리적이다. 이를 시장의 기본 법칙으로 받아들이면, 보수적이면서도 유망한 투자 기법이 도출된다.

이 기법의 핵심은 소외된 대기업 주식에 집중적으로 투자하는 것이다. 물론 소기업 주식도 실적 부진 등으로 소외될 수 있으며, 나중에 실적이 회복되어 주가가 반등하는 경우가 많지만, 수익성을 완전히 상실할 위험도 있고, 실

* 이런 상황에 어울리는 월스트리트의 오랜 속담 두 가지는 다음과 같다. "하늘까지 자라는 나무는 없다." "낙관론자도 돈을 벌 수 있고, 비관론자도 돈을 벌 수 있지만, 탐욕스러운 사람은 절대 못 번다."

적이 회복되더라도 시장에서 계속 소외될 위험도 있다. 그러나 대기업에는 두 가지 이점이 있다. 첫째, 자본과 인재가 풍부하므로, 역경을 이겨내고 실적을 회복하기 쉽다. 둘째, 실적이 회복되면, 시장이 신속하게 반응하기 쉽다.

다우지수 종목 중 비인기 종목들의 가격 흐름을 분석해보면, 이 가정이 매우 타당한 것으로 나타난다. 여기서는 매년 다우지수 종목 중 PER이 가장 낮은 6~10종목에 투자한다고 가정했다. 이런 종목은 투자자들로부터 소외된 '저평가' 종목이라고 부를 수 있다. 이후 이런 종목을 1~5년 보유하다가 매도한다고 가정했다. 이어서 이들 종목에 투자해서 얻은 실적을 다우지수나 PER이 가장 높은 (즉, 가장 인기 높은) 종목의 실적과 비교했다.

위 가정에 따라 과거 53년 실적을 상세하게 분석한 데이터가 있다.* 초기인 1917-1933년에는 이 기법이 효과가 없었다. 그러나 1933년 이후에는 이 기법이 매우 효과적이었다. 드렉셀 파이어스톤이 1933-1969년 동안 1년 단위로 분석한 34개 연도 중, 저PER 종목의 실적이 확실히 더 나빴던 해는 3년에 불과했다. 반면 실적이 비슷했던 해는 6년이었고, 저PER 종목의 실적이 확실히 더 좋았던 해는 25년이었다. 5년 단위로 실적을 비교하면, 저PER 종목의 실적이 다우지수나 고PER 종목보다 일관되게 더 좋은 것으로 나온다(〈표 7-2〉 참조).

드렉셀의 분석에 의하면, 1936년 저PER 종목에 1만 달러를 투자하고, 이후 계속 1년마다 저PER 종목으로 교체해서 보유했다면, 1962년에는 6만 6,900달러가 되었을 것이다. 반면 똑같은 방식으로 1만 달러를 고PER 종목에 투자했다면 2만 5,300달러가 되었으며, 다우지수 30종목에 투자했다면

---

* 두 가지 분석 자료가 있다. 하나는 내 제자인 슈나이더H. G. Schneider가 1917–1950년을 분석하여 1951년 Journal of Finance에 발표한 자료이다. 다른 하나는 뉴욕증권거래소 회원사인 드렉셀 파이어스톤Drexel Firestone이 1933–1969년을 분석한 자료이다. 양측의 허락을 얻어 자료를 이 책에 실었다.

〈표 7-2〉 저PER 종목의 5년 평균 수익률 (1937~1969)

기간	저PER 10종목	고PER 10종목	다우지수 30종목
1937~1942	−2.2	−10.0	−6.3
1943~1947	17.3	8.3	14.9
1948~1952	16.4	4.6	9.9
1953~1957	20.9	10.0	13.7
1958~1962	10.2	−3.3	3.6
1963~1969(7년)	8.0	4.6	4.0

4만 4,000달러가 되었을 것이다.

'소외된 대형주'에 투자하는 방식도 매우 단순하지만, 앞에서 보았듯이 이를 포트폴리오로 구성해서 투자하는 방식 역시 매우 단순하다. 그러나 개별 종목의 특수성을 고려해야 할 때도 있다. 원래 실적의 변동성이 매우 커서 투기적인 종목은, 실적이 좋은 해에는 (주가는 상승하지만) PER이 비교적 낮아지고, 실적이 나쁜 해에는 (주가는 하락하지만) PER이 비교적 높아진다. 〈표 7-3〉은 크라이슬러Chrysler 주식의 이러한 특성을 보여준다. 크라이슬러가 이례적으로 좋은 실적을 내면, 시장은 이렇게 좋은 실적이 지속되기 어려울 것으로 보고 보수적으로 평가했고, 반대로 크라이슬러가 이례적으로 나쁜 실적을 내면, 시장은 실적이 조만간 개선될 것으로 보아 적극적으로 평가했다. (기업의 이익이 0에 가까우면, 주가가 하락해도 PER은 높아질 수밖에 없다.)

다행히 크라이슬러는 다우지수 종목들 중 매우 이례적인 사례였으므로, 저PER 종목의 실적 분석에 큰 영향을 미치지 않았다. 이렇게 이례적인 종목을 저PER 종목에 포함시키지 않으려면, 예컨대 'PER이 그 종목의 과거 평균 PER보다 낮아야 한다'는 조건을 추가하면 된다.

〈표 7-3〉 **크라이슬러의 실적과 주가** (1952~1970)

연도	EPS	고가/저가	PER
1952	$9.04	고가 98	10.8
1954	2.13	저가 56	26.2
1955	11.49	고가 101.5	8.8
1956	2.29	저가 52(1957년)	22.9
1957	13.75	고가 82	6.7
1958	(적자) 3.88	저가 44[a]	–
1968	24.92[b]	고가 294[b]	11.8
1970	적자	저가 65[b]	–

a 1962년 저가는 37.5
b 주식분할을 반영한 주가

이 개정판을 쓰는 동안에도 나는 저PER 종목의 실적을 분석했는데, 1968년 말 저PER 종목에 투자했다고 가정하고서 1971년 6월 30일 실적을 평가했다. 이번에는 이 기법의 성과가 매우 나빠서, 저PER 6-10종목에서는 큰 손실이 나고 고PER 종목에서는 큰 이익이 났다. 이 최근 사례 1건이 30여 년의 실적 분석 결과에 영향을 미치기는 하지만, 무효화할 정도는 아니다. 그러므로 공격적 투자자는 포트폴리오를 구성할 때 저PER 투자 기법부터 활용하되, 다른 정량/정성 요건도 추가해야 할 것이다.

2. 염가 종목 매수

염가 종목이란, 시장가격보다 내재가치가 훨씬 높은 것으로 평가되는 종목을 가리킨다. 염가 종목에는 주식은 물론, 액면가보다 훨씬 낮은 가격에 거래되는 채권과 우선주도 포함된다. 더 구체적으로 말하면, 추정 내재가치가 시장가격보다 50% 이상 높아야 진정한 염가 종목이라고 볼 수 있다. 그러면 이런 염가 종목은 왜 존재하며, 어떻게 이용해야 할까?

염가 종목을 찾아내는 기준은 두 가지이다. 첫째는 내재가치를 평가하는 방법이다. 대개 미래 이익을 추정하고, 여기에 적정 자본화계수를 곱해서 산출한다. 이렇게 산출되는 가치가 시장가격보다 훨씬 높으며 정확하다고 확신할 수 있으면, 염가 종목으로 볼 수 있다. 둘째는 비상장기업을 평가하는 방법이다. 이 때에도 미래 이익을 추정해서 평가하면, 첫째 방법과 똑같은 결과가 나올 수 있다. 그러나 둘째 방법에서는 특히 순유동자산(=순운전자본)에 초점을 두면서 자산의 청산 가치에 관심을 집중한다.

주가가 전반적으로 저점에 도달하면, 위 두 기준으로 평가할 때 주식 대부분이 염가 종목이 된다. (전형적인 예가 GM으로서, 1941년 주가가 30달러 미만이었는데, 1971년 주가로는 5달러에 불과했다. EPS가 4달러가 넘었고 배당이 3.5달러가 넘었는데도 말이다.) 당기 실적도 부진하고 단기 전망도 불투명하지만, 냉정하게 평가하면 내재가치가 시장가격보다 훨씬 높다. 따라서 시장이 침체했을 때 지혜롭게 용기를 발휘하려면, 경험뿐 아니라 적절한 가치평가 기법도 사용해야 한다.

반면, 시장의 변덕 탓에 주가 수준에 상관없이 염가 종목이 나타나기도 한다. 시장은 흔히 사소한 일을 큰 문제로 삼는 탓에, 일상적인 가격 등락이 폭락으로 돌변할 수 있다. 단지 관심이 사라졌거나 열기가 식었다는 이유로 주가가 터무니없이 폭락하기도 한다. 그러므로 염가 종목이 나타나는 주요 원인 두 가지는 (1) 실망스러운 실적과 (2) 장기 소외다.

그러나 이 두 가지 원인에만 의존해서 투자할 수는 없다. 최근의 실망스러운 실적이 일시적 현상에 불과하다고 어떻게 확신할 수 있겠는가? 물론 실적이 확실히 개선되는 사례도 있다. 철강주는 유명한 경기순환주였다. 기민한 투자자는 실적이 부진할 때 철강주를 낮은 가격에 사서, 실적이 좋아지면 높은 가격에 팔고 나올 수 있었다. 〈표 7-3〉에 나오는 크라이슬러 주식도 대표적인 사례이다.

이런 식으로 모든 기업의 실적이 순환하고, 이에 따라 주가도 순환한다면, 주식으로 누구나 쉽게 돈을 벌 것이다. 그러나 실적이 악화해서 주가가 하락하고 나서, 둘 다 회복되지 않는 사례도 많다. '아나콘다 와이어 앤드 케이블'Anaconda Wire and Cable이 그런 사례로서, 1956년까지는 실적이 좋아서 고가 85를 기록했다. 하지만 이후 6년 동안 실적이 불규칙하게 악화하여 1962년 주가가 23.5까지 하락했고, 1963년 모기업(아나콘다 코퍼레이션Anaconda Corporation)에 겨우 33에 인수되었다.

이런 사례가 많으므로, 단지 실적과 주가가 하락했다는 이유만으로 주식을 매수해서는 안 된다. 적어도 과거 10년 동안 실적이 안정적으로 유지되었으며, 규모도 크고 재무구조도 건전해서 장차 난관을 극복할 수 있는 기업이어야 한다. 그렇다면 주가와 PER 모두 과거 평균보다 훨씬 낮은 유명 대기업 주식이 이상적인 매수 대상이 된다. 이런 조건이면 (주가가 하락할 때 PER이 비교적 높아지는) 크라이슬러 같은 기업은 대부분 대상에서 제외된다. 그러나 거듭 강조하지만, '뒤늦게 수익 기회를 확인하는 것'과 '실제로 수익을 얻는 것'은 천지차이다. 크라이슬러처럼 변동성 큰 주식이 공격적 투자 대상으로 적합할지는 매우 의문이다.

이미 언급했듯이, 장기 소외에 의해서 염가 종목이 나타나기도 한다. 그 최근 사례가 '내셔널 프레스토 인더스트리'National Presto Industries이다. 1968년 강세장에 기록한 고가 45달러는 그해 EPS 5.61달러의 8배에 불과했다. 1969년과 1970년 EPS가 증가했는데도, 1970년 주가는 21달러로 하락했다. PER 4에도 못 미쳤고, 순유동자산가치보다도 낮았다. 1972년 3월에는 34달러가 되었지만, PER 5.5에 불과했으며, 순유동자산가치와 비슷한 수준이었다.

주요 대기업 스탠더드 오일 오브 캘리포니아Standard Oil of California도 그런 사례에 해당한다. 1972년 초 주가가 13년 전과 같은 수준인 56달러였다. 그 동안 실적이 매우 안정적이어서, 이익이 한 번만 소폭 감소했을 뿐, 계속해서 조금씩 증가했다. 회사의 순자산가치가 시가총액과 비슷했다. 1958-1971년 실적이 이렇게 양호하게 유지되었는데도, PER이 평균 15에도 미치지 못했다. 1972년 PER은 10에 불과했다.

세 번째로, 시장이 실제 이익을 제대로 인식하지 못할 때에도 염가 종목이 나타날 수 있다. 그 대표적인 사례가 노던 퍼시픽 철도Northern Pacific Railway로서, 1946-1947년에 36달러에서 13.5달러로 폭락했다. 1947년 이 회사의 실제 EPS는 10달러에 육박했다. 이렇게 주가가 저평가된 것은 1달러에 불과한 배당 때문이었다. 게다가 철도회사 특유의 회계방식 탓에 회사의 수익력 상당 부분이 드러나지 않았다.

가장 쉽게 찾아낼 수 있는 염가 종목은 모든 선순위 채무 차감 후 순운전자본보다도 시가총액이 낮은 주식이다. 이는 건물, 기계장치 등 고정자산은 물론 영업권의 가치도 0으로 간주한다는 뜻이다. 실제 가치가 순운전자본에도 못 미치는 기업은 매우 드물다. 하지만 놀랍게도, 그동안 시장에서 이렇게 평가받은 염가 종목은 매우 많았다. 주가가 절대 낮은 수준이 아니었던 1957년에도 이런 염가 종목이 약 150개에 달했다. 〈표 7-4〉는 S&P《스탁 가이드》에 실린 85개 종목을 1주씩 매수하여 2년 동안 보유했을 때의 실적을 보여준다.

우연이겠지만, 각 그룹의 가치는 2년 동안 순유동자산가치와 비슷한 수준으로 상승했다. S&P425가 50% 상승하는 동안, 이 포트폴리오의 가치는 75% 상승했다. 게다가 대폭 하락한 종목은 0개, 보합은 7개, 대폭 상승한 종목은 78개였다.

〈표 7-4〉 염가 종목의 주가 흐름 (1957~1959)

증권거래소	종목 수	주당 순유동자산 가치 합계액	주가 합계 1957. 11	주가 합계 1959. 12
뉴욕	35	$748	$419	$838
아메리칸	25	495	289	492
미드웨스트	5	163	87	141
장외 거래	20	425	288	433
합계	85	$1,831	$1,083	$1,904

이렇게 염가 종목에 분산투자하는 포트폴리오를 구성했던 내 경험을 돌아보면, 1957년 이전에도 실적이 오랜 기간 한결같이 좋았다. 그러므로 이는 안전하고 수익성 높은 기법이라고 서슴없이 단언할 수 있다. 그러나 주가가 전반적으로 상승한 1957년 이후에는 염가 종목의 수가 대폭 감소했으며, 이들 중 다수는 영업이익이 미미하거나 적자였다. 하지만 1969-1970년에 주가가 하락하자, 염가 종목들이 다시 나타났다. 이에 대해서는 '15장. 공격적 투자자의 종목 선정'에서 논의하기로 한다.

〈비우량주 염가 종목의 특성〉

앞에서 '우량기업(우량주)'이란 주요 업종을 대표하는 거대기업이고, 우량기업을 제외한 나머지 기업은 모두 '비우량기업(비우량주)'이라고 정의했다. 그러므로 비우량기업은 우량기업보다 규모가 작지만, 그래도 일부 업종에서는 규모가 상당한 수준에 이를 수 있다. (다만, 성장기업(성장주)로 확고하게 자리 잡은 주식은 '비우량기업'로 분류되지 않는다.)

1920년대 대강세장 기간에 사람들은 '규모가 큰 비우량기업'을 우량기업과 거의 구분하지 않았다. 중견기업 정도면 난관을 충분히 극복할 수 있으며, 이미 거대해진 우량기업보다 훨씬 빠르게 성장할 수 있다고 생각했기 때문이다. 그러나 1931-1932년 대공황 기간에 우량기업을 제외한 기업들은 철저하게 파괴되었다. 이후 사람들은 우량기업을 확연히 더 선호하게 되었고, 평범한 비우량기업에 대해서는 그만큼 관심을 잃게 되었다. 그 결과 비우량기업의 주가는 우량기업보다 훨씬 저평가되었다. 게다가 비우량주는 주가가 크게 하락하여 염가 종목이 되는 경우도 많았다.

그런데도 사람들은 비우량주를 계속 기피하면서, 비우량기업의 장래가 여전히 어둡다고 생각했다. 즉, 비우량주는 소멸할 운명이므로, 가격에 상관없이 무조건 비싸다고 생각한 셈이다. 1929년 우량주는 장래 가능성이 무궁무진하므로, 가격에 상관없이 무조건 싸다고 생각했듯이 말이다. 두 견해 모두 현실을 과장했으므로, 심각한 오류를 불러왔다. 실제로 전형적인 상장 중견기업은 일반 비상장기업보다 규모가 크다. 미국 경제가 온갖 우여곡절을 겪더라도, 적정 투하자본이익률을 유지하면서 무한히 존속하지 못할 뚜렷한 이유가 없다.

하지만 비우량주에 대한 시장의 태도가 비현실적이어서, 비우량주는 평소 대폭 저평가되는 사례가 수없이 많다. 공교롭게도 제2차 세계대전과 전후 호황기에는 우량주보다도 비우량주가 더 유리했다. 평소와는 달리 판매 경쟁이 없어서, 비우량기업들의 매출과 이익률이 극적으로 증가했기 때문이다. 이에 따라 1946년에는 시장 패턴이 전쟁 이전과 정반대가 되었다. 1938년 말에서 1946년 고점까지 다우지수가 겨우 40% 상승하는 동안, 비우량주가 대부분인 S&P 지수는 자그마치 280%나 상승했다. 주식시장의 역사를 기억하지 못하는 투기꾼들과 자칭 투자자들은, 이제 부풀려진 가격에 비우량주를 앞 다투어 사들였다. 마침내 시장 추세가 반대편 극단으로 치우치게 되었다. 전에는 대폭 저평가되어 무더기로 염가 종목이 되었던 비우량주들이, 이제는 대중의 매수 열기 덕분에 무더기로 고평가 종목이 되었다. 이런 현상은 1961년과 1968년에도 다른 방식으로 되풀이되었다. 이번에는 '전자', '컴퓨터', '프랜차이즈' 등 일부 인기 분야에서 중소기업들의 신주 공모가 각광받았다.

아니나 다를까, 고평가되었던 이들 종목은 이후 시장이 침체하자 가장 심하게 폭락했고, 일부 종목은 확실히 저평가되는 수준까지 내려갔다.

비우량종목 대부분이 평소 저평가 상태라면, 비우량종목을 사서 과연 수익을 낼 수 있을까? 이렇게 저평가 상태가 무한정 이어진다면, 비우량종목의 주가는 항상 매수 가격 수준에 머물지 않을까? 그 대답은 간단치 않다. 하지만 비우량종목이더라도 염가에 매수하면, 다양한 방식으로 큰 수익을 얻을 수 있다. 첫째, 배당수익률이 상대적으로 높다. 둘째, 주가 대비 재투자 이익 비중이 커서, 결국 주가에 유리하게 작용한다. 일부 종목은 5~7년이 지나면, 이 효과가 누적되어 주가가 대폭 상승할 수 있다. 셋째, 강세장이 오면 대개 염가 종목들이 가장 큰 혜택을 보게 되므로, 주가가 적어도 합리적인 수준까지 상승하게 된다. 넷째, 특색이 없는 시장에서도 주가 조정 과정은 계속 진행되므로, 저평가 상태였던 비우량종목 주가가 적어도 합리적인 수준까지는 상승할 수 있다. 다섯째, 기업의 전략 변경, 경영진 교체, 환경 변화 등에 의해서 실적이 개선될 수도 있다.

최근 나타난 새로운 변화가 사업 다각화를 추구하는 대기업들의 중소기업 인수였다. 이때 대기업들이 지불한 가격은 거의 예외 없이 후한 편이어서, 얼마 전의 염가보다 훨씬 높은 수준이었다.

금리가 1970년보다 훨씬 낮을 때에는 가격이 액면가보다 훨씬 낮은 채권과 우선주만 염가 종목에 포함되었다. 그러나 지금은 표면금리가 가령 4.5% 이하이면, 담보가 확실한 채권도 액면가보다 훨씬 낮은 가격에 거래된다. 예컨대 1986년 만기 2.625% AT&T 채권은 1970년 51까지 내려갔고,

1983년 만기 4.5% 디어 앤드 컴퍼니Deere & Co. 채권은 62까지 하락했다. 금리가 다시 대폭 하락하면, 이런 채권들도 머지않아 염가 종목에서 충분히 벗어날 수 있다. 더 전통적인 염가 채권이라면, 현재 재정난 탓에 20~30대에 거래되고 있는 철도회사들의 1순위 담보채권을 다시 들여다 볼 수도 있다. 그러나 이 분야에 정통한 전문가가 아니라면 손해를 볼 수 있으므로, 아무나 함부로 손을 대서는 안 된다. 하지만 이런 채권들은 그동안 과도하게 하락한 경향이 있으므로, 주의 깊게 분석해서 과감하게 투자하면 충분한 보상을 받을 수도 있다. 1939-1948년의 10년 동안 10억 달러에 이르는 철도회사 부도채권들이 이런 멋진 수익 기회를 제공했다. 이후에는 이런 기회가 매우 드물었지만, 1970년대에 다시 이런 기회가 올 듯하다.

3. 특수 상황이나 워크아웃

얼마 전까지만 해도 특수 상황에 정통한 사람들은, 전반적인 주가 수준에 상관없이 이 분야에서 매력적인 수익을 거의 보장받을 수 있었다. 게다가 이 분야에는 일반 대중도 누구나 참여할 수 있었으며, 재능이 있는 사람은 장기간 학습이나 실습을 받지 않고서도 요령을 터득하여 꽤 유능한 전문가가 될 수 있었다. 일부 열정적인 사람들은 건전한 기법을 개발하여 다른 사람들과 함께 '특수 상황' 전용 펀드를 설정하기도 했다. 그러나 이유는 나중에 설명하겠지만, 최근 '차익거래 및 워크아웃' 분야의 위험은 증가하고 수익성은 감소했다. 그래도 몇 년 지나면 이 분야의 여건이 개선될지 모른다. 아무튼 이 분야의 일반적인 특성과 기원을 사례와 함께 설명하고자 한다.

전형적인 '특수 상황'은 사업다각화를 복음처럼 받아들이는 대기업 경영진이 중소기업을 인수하는 사례가 증가하면서 확대되었다. 사업다각화를 추구하는 대기업은, 진출하려는 분야에서 새로 기업을 설립하는 것보다 기존 기업을 인수하는 편이 대개 유리하다. 이때 기존 기업의 주주들 다수가 인수에 동의하게 하려면, 거의 예외 없이 현재 주가보다 훨씬 높은 가격을 제시해야 한다. 이 과정에서 흥미로운 수익 기회가 창출되며, 이 분야에서 풍부한 지식과 경험을 쌓은 사람들은 이 기회를 이용할 수 있다.

몇 년 전까지만 해도 예리한 투자자들은 철도회사들의 부도 채권을 사들여서 막대한 수익을 냈다. 기업 개편 계획이 발표된 뒤 형성되는 '발행일전 거래시장when issued market'에서, 취득원가보다 훨씬 높은 가격에 부도 채권을 매도할 수 있었기 때문이다. 부도 채권을 계속 보유하면 새 채권과 교환할 수 있었지만, 발행일전 거래시장에서 매도해도 큰 이익을 남길 수 있었다. 물론 개편 계획이 무산되거나 연기될 위험도 있었지만, 전체적으로 보면 이런 '차익거래arbitrage'는 수익성이 매우 높았다.

1935년 법에 따라 공익기업 지주회사들이 분할되는 과정에서도 이와 유사한 수익 기회가 창출되었다. 지주회사로부터 분할된 사업회사들은 거의 모두 주가가 대폭 상승했다.

복잡한 소송에 휘말린 종목도 시장에서 저평가되는 경향이 있다. "소송 관련 종목은 절대 사지 마라"는 월스트리트 격언이 오래전부터 있었다. 이 격언이 단기 실적을 추구하는 투기꾼에게는 유용한 조언이 될 수도 있다. 그러나 일반 대중도 이런 태도를 유지하면, 소송 관련 종목의 주가가 부당한 수준까지 하락할 수밖에 없다.

특수 상황은 다소 이례적인 심리와 능력이 필요한 전문 분야여서, 공격적 투자자들 중에서도 극히 일부에게만 적합해 보인다. 따라서 이 책에서는 자세히 다루지 않겠다.*

---

* 1971년에 있었던 특수 상황 사례 세 가지는 pp. 278–281를 참조하라.

우리 투자 원칙이 주는 일반적 의미

이 책에서는 먼저 방어적 투자자와 공격적 투자자를 구분해서 투자 전략을 제시했다. 공격적 투자자는 증권에 대한 지식이 그 회사의 경영자 못지않게 풍부해야 한다. 방어적 투자자와 공격적 투자자 사이에서 절충형 투자자가 될 수는 없다. 사람들은 절충형 투자자가 되려고 하지만, 그러면 득보다 실이 많다고 나는 생각한다.

투자자가 '절반만 기업인'이 되어 그 기업 이익률의 절반을 얻을 수는 없다. 따라서 사람들 대다수는 방어적 투자자가 되어야 한다. 사업을 하듯이 투자를 하기에는 시간, 결단력, 재능이 부족하기 때문이다. 그러므로 방어적 투자 포트폴리오에서 나오는 양호한 수익에 만족해야 하며, 정도를 벗어나 수익을 더 높이려는 유혹을 단호하게 뿌리쳐야 한다. 주로 안전하고, 선택 과정이 단순하며, 만족스러운 실적이 예상되는 곳에 투자해야 한다.

공격적 투자자는 자신의 지식과 경험이 풍부한 분야에서, 확고한 사업 기준으로 평가해도 충분히 유망해 보이는 종목에 투자해야 한다. 그러므로 1장에서 경고했듯이, 트레이딩, 단기 종목 선정, 장기 종목 선정은 삼가야 한다. 그리고 (1) 외국 채권, (2) 일반 우선주, (3) 비우량주(신주 공모 포함)를 제값을 다 치르고 사서는 안 된다. 여기서 '제값'이란, 채권이나 우선주는 액면가에 가까운 가격을, 주식은 공정한 기업가치에 가까운 가격을 뜻한다. 방어적 투자자들은 가격에 상관없이 이런 증권을 피해야 하고, 공격적 투자자들은 염가일 때(추정 내재가치보다 시장가격이 1/3 이상 낮을 때)에만 매수해야 한다.

모든 투자자가 내 조언을 따른다면 어떻게 될까? 6장에서 이제는 외국 채권에 투자하지 않는 편이 자신과 미국 모두에 이롭다고 말했는데, 내 생각은 변함이 없다. 그리고 우선주는 보험사처럼 소득세가 유리한 법인들만 보유해야 한다.

가장 골치 아픈 문제가 발생하는 분야는 비우량주이다. 투자 인구의 대다수를 차지하는 방어적 투자자들이 비우량주를 전혀 매수하지 않는다면, 비우량주는 매수자가 매우 부족해진다. 게다가 공격적 투자자들마저 염가 수준에서만 매수하려고 하면, 비우량주는 적정 가격 밑으로 떨어질 수밖에 없다.

신랄한 말처럼 들리며, 심지어 막연히 비윤리적이란 느낌까지 들지 모르겠다. 그러나 사실은 지난 40년 중 대부분 기간에 실제로 이런 현상이 비우량주에 나타났다. 비우량주 대부분은 적정 가격보다 훨씬 낮은 가격을 중심으로 주가가 오르내린다. 이 가격을 뛰어넘을 때도 가끔 있지만, 이 때는 강세장이 정점에 도달하는 시점이다. 그러므로 과거 경험을 돌아볼 때, 이 무렵 시장가격에 비우량주를 사면 안 된다.

따라서 공격적 투자자는 비우량주의 불가피한 현실을 인식하고, 평소 비우량주가 오르내리는 중심 가격을 기준으로 매수 가격을 설정해야 한다.

그런데 여기서 역설이 등장한다. 신중하게 선정한 비우량주는 우량주 못지않은 실적을 안겨줄 수 있다는 사실이다. 규모가 작은 기업은 안정성은 부족하지만, 성장 잠재력은 크기 때문이다. 비우량주를 제값에 사면 어리석다는 내 말이 여전히 불합리하게 들린다면, 과거를 돌아보기 바란다. 투자의 역사를 조사해보면, 일반적으로 비우량주는 염가에 매수할 때에만 만족스러운 실적을 얻을 수 있었다고 명확하게 드러난다.

그러나 투자자가 내부자라면, 비우량주를 꼭 염가에 매수하지 않아도 된다. 즉, 지배 집단의 일원이어서 비우량기업을 통제할 수 있다면, 비상장기업 주식을 매수하는 기준으로 비우량주를 매수해도 전혀 문제가 없다. 우량기업과 거리가 먼 기업일수록, 내부자와 외부자의 차이가 더 중요해진다. 우량기업의 기본 특징은, 소액주주가 보유한 1주도 대개 지배 주주가 보유한 1주만큼 가치가 있다는 점이다. 그러나 비우량기업이라면, 소액주주가 보유한 1주는 대개 지배 주주가 보유한 1주보다 가치가 훨씬 적다. 이런 사실 때문에 우량기업보다는 비우량기업에서 주주-경영진 사이의 문제와, 내부 주주-외부 주주 사이의 문제가 훨씬 중요하고 복잡해진다.

5장 끝 무렵 나는 우량주와 비우량주를 명확하게 구분하기가 쉽지 않다고 말했다. 우량주와 비우량주의 중간 지역에 있는 주식들은 주가 흐름도 중간적인 모습을 보일 수 있다. 이런 종목은 우량주에 매우 가까워서 머지않아 우량주로 인정받을 것으로 기대하여, 적정 가격보다 조금만 낮은 가격에 매수하더라도 불합리하지는 않다.

우량주와 비우량주를 너무 정밀하게 구분할 필요는 없다. 작은 차이 때문에 적정 매수 가격이 크게 달라질 수도 있기 때문이다. 이렇게 말하면 우량주와 비우량주 사이에 중간 지역이 있다고 내가 인정하는 셈이다. 방어적 투자자와 공격적 투자자 사이에는 중간 지역이 없다고 앞에서 분명히 밝혔는데도 말이다. 내가 이렇게 모순되게 말하는 데에는 이유가 있다. 한 종목을 잘못 분류해서 큰 손실을 보는 경우는 거의 없다. 그런 사례는 매우 드물며, 큰 금액이 오가는 문제도 아니기 때문이다. 그러나 방어적 투자자가 될 것인가 공격적 투자자가 될 것인가는 매우 중요한 기본 의사결정이므로, 혼동하거나 적당히 타협해서는 안 된다.

8장

투자와 시장 변동성

8장

투자와 시장 변동성

포트폴리오에 편입한 채권이 만기가 비교적 짧은 (예컨대 만기 7년 이하인) 우량등급 채권이라면, 시장가격 변동이 심하지 않으므로 크게 걱정할 필요가 없다. (미국저축채권도 마찬가지이다. 언제든 취득원가 이상으로 상환 받을 수 있기 때문이다.) 그러나 장기 채권은 시장가격이 비교적 큰 폭으로 변동할 수 있고, 주식도 시장가격이 큰 폭으로 변동하기 십상이다.

투자자는 이런 가격 변동성을 잘 알고 있어야 하며, 금전적 손실과 심리적 충격에도 대비해야 한다. 투자자는 주가 변동으로부터 이득을 얻고 싶어 한다. 주식을 보유하는 동안 주가가 상승하길 바라고, 낮은 가격에 사서 높은 가격에 팔고 싶어 한다. 이런 심리는 인지상정이며 전혀 불법도 아니다. 그러나 이런 심리는 실제 투기로 이어질 위험성이 크다. 투기를 하지 말라고 조언하기는 쉽지만, 조언대로 투기를 삼가기는 쉽지 않다. 1장에서 했던 말을 다시 하겠다. 투기를 하고 싶다면, 결국 돈을 모두 잃는다고 생각하고 하라. 원금 일부를 (금액은 적을수록 좋다) 떼어내서 투기용 계좌를 별도로 만들고, 주가가 상승해서 이익이 증가해도 투기용 계좌에 돈을 더 넣으면 절대 안 된다.

여기서는 먼저 주식의 가격 변동을 다루고, 이어서 채권에 대해 논의한다. 3장에서 우리는 지난 100년의 주가 흐름을 살펴보았다. 여기서도 가끔 이 자료를 돌아보면서, 시나리오 분석을 하고자 한다. 주가가 상승하든 하락하든 포트폴리오를 대부분 그대로 유지하면서 장기 보유했다면 어떤 실적이 나왔을지, 그리고 약세장 저점에 매수해서 강세장 고점 부근에서 매도하려 했다면 어떻게 되었을지 검토해보자.

가격 변동성을 이용하는 투자

•

주식은 투자등급이더라도 가격 변동성이 크므로, 이런 가격 변동성에서 오는 수익 기회에 관심을 가져야 한다. 이렇게 수익 기회를 잡는 방법은 두 가지로서, '시점 선택timing'과 '가격 선택pricing'이다. 시점 선택이란, 주가 흐름을 예측하여 주가 상승이 예상될 때에는 주식을 매수하거나 보유하고, 주가 하락이 예상될 때에는 주식을 매도하거나 매수를 보류하는 방법이다. 가격 선택이란, 주가가 적정 가격보다 낮을 때에는 주식을 매수하고, 적정 가격보다 높을 때에는 주식을 매도하는 방법이다. 더 소극적인 가격 선택으로는, 주식을 매수할 때 지나치게 높은 가격을 치르지 않도록 유의하는 방법도 있다. 장기 보유에 주력하는 방어적 투자자라면 소극적인 가격 선택으로 충분할 것이다. 그러나 전반적인 주가 수준에도 최소한의 관심은 기울여야 한다.*

현명한 투자자는 가격 선택만으로도 만족스러운 실적을 얻을 수 있다고 나는 확신한다. 그러나 현명한 투자자도 시점 선택에 주력하면, 결국 투기꾼

* 적정 주가 수준에서 시작한 정액매수적립식 투자는 예외다.

이 되어 투기꾼에 어울리는 성과를 얻게 된다고 똑같이 확신한다. 이런 구분 방식을 비전문가는 이해하기 어려울 것이며, 월스트리트 사람들도 인정하지 않는다. 실제로 증권회사와 투자자문사들은 주식 투자자와 투기꾼 모두 시장 예측에 몰두해야 한다고 확신하는 듯하다.

하지만 월스트리트에서 멀어질수록, 주식시장 예측이나 시점 선택을 더 의심하게 되는 듯하다. 투자자는 거의 매일 쏟아지는 수많은 예측에 대해 진지하게 생각할 수가 없다. 그래도 예측에 관심을 기울일 때가 많으며, 심지어 예측을 따라갈 때도 있다. 왜 그럴까? 투자자는 미래 주가 흐름에 대해 나름의 견해가 있어야 한다는 주장에 설득 당했기 때문이다. 그리고 증권회사 등 전문 기관의 예측이 자신의 견해보다 믿을 만하다고 생각하기 때문이다.

여기서는 시장 예측에 대한 찬반양론을 자세하게 논의하지 않겠다. 근래에는 시장 예측 분야로 진출하는 인재가 많으며, 이들 중 일부는 틀림없이 성공할 수 있을 것이다. 그러나 일반 대중도 시장 예측으로 돈을 벌 수 있다고 생각한다면 터무니없는 착각이다. 일반 대중이 매도 신호를 보고 앞 다투어 주식을 내던지면, 그 많은 물량을 누가 다 받아주겠는가? 시장 예측 시스템이나 리더를 추종하면서 큰돈을 벌려고 한다면, 마찬가지로 시장 예측을 시도하는 수많은 경쟁자들보다 한 발 앞서갈 수 있어야 한다. 그러나 평범한 투자자가 일반 대중보다 시장 예측을 더 잘 할 수 있다고 생각한다면, 이는 경험적으로나 논리적으로나 근거 없는 착각에 불과하다.

'시점 선택' 철학에는 사람들이 간과하기 쉬운 요소가 하나 있다. 투기꾼은 서둘러 돈을 벌려고 하기 때문에 시점 선택을 중시한다. 1년 정도 기다려야 상승하는 주식이라면, 투기꾼은 거들떠보지도 않을 것이다. 그러나 투자자라면 1년 정도 기다리는 것도 대수롭지 않다. 그러면 투자자가 매수 신호를 기다리면서 1년 정도 현금을 보유할 때 얻는 이득은 무엇일까? 그는 배당

소득을 보상하고도 남을 만큼 충분히 낮은 가격에 주식을 매수할 때에만 이득을 얻게 된다. 즉, 전보다 훨씬 낮은 가격에 사지 못한다면, 시점 선택은 투자자에게 아무 소용이 없다는 뜻이다.

그런 점에서 매수·매도 시점을 알려주는 다우 이론은 그 역사가 유별나다. 다우 이론에서는 주가 평균이 전고점을 상향돌파하면 매수 신호로 보고, 전저점을 하향돌파하면 매도 신호로 본다. 1897-1960년대 초까지 이 기법에 따라 매매했다면, 거의 빠짐없이 수익을 낸 것으로 계산된다(실제 사례는 아니다). 이 계산을 보면 다우 이론은 확실히 가치가 있는 것으로 보인다. 그러면 다우 이론가들이 이 기법을 시장에 적용했을 때에도 실제로 이런 실적이 나올 수 있을까?

더 자세히 분석해보면, 다우 이론이 보여주는 실적의 특성이 1938년 이후 급격하게 바뀌었다. 이는 월스트리트에서 다우 이론을 진지하게 받아들이기 시작하고서 몇 년이 지난 시점이다. 다우 이론은 1929년 대폭락 1개월 전 지수가 306일 때 매도 신호를 보냈고, 이후 장기간의 약세장을 거쳐 상황이 많이 개선된 1933년 지수 84에서야 매수 신호를 보냈다. 놀라운 성과였다. 그러나 1938년부터 다우 이론은 매우 유리한 주가에서도 장기간 매수 신호를 보내지 않다가, 주가가 훨씬 상승하고 나서야 매수 신호를 보냈다. 이후 거의 30년 동안은 차라리 다우지수를 계속 보유하는 편이 훨씬 유리했다.*

이 문제를 더 조사해보니, 다우 이론의 예측력이 약해진 것은 우연이 아니다. 이는 사업과 투자 분야에서 예측하고 매매할 때 필연적으로 나타나는 특성이다. 어떤 이론이 과거 통계와 그럴듯하게 맞아떨어지거나 장기간 좋

* 다우 이론 권위자 로버트 로스Robert M. Ross에 의하면 마지막 매수 신호 2회는 1966년 12월과 1970년 12월에 발생했는데, 이전에 매도 신호가 나왔을 때보다 훨씬 낮은 지수에서 나왔다.

은 성과를 내면, 추종자가 증가하면서 주목받게 된다. 그러나 추종자가 증가할수록, 이론의 신뢰도는 감소하는 경향이 있다. 이유는 두 가지이다. 첫째, 시간이 흐르면서 이론과 맞지 않는 새로운 변수가 등장한다. 둘째, 주식시장에서 인기 높은 이론은 시장 참여자들의 행동에 영향을 미치게 되므로, 결국 수익 기회가 사라지게 된다. (다우 이론처럼 인기 높은 이론이 여기에 해당한다. 추종자들이 매수 신호나 매도 신호에 따라 매매하면, 바로 이 행위 탓에 주가가 상승하거나 하락하기 때문이다. 이런 '군중행동' 때문에 추종자들은 훨씬 큰 손해를 볼 수 있다.)

저가매수 고가매도 기법

•

일반투자자는 주가 예측에 노력을 기울여도, 가격 변동성을 제대로 이용할 수 없다고 나는 확신한다. 그러면 가격 변동이 발생한 다음에는 제대로 이용할 수 있을까? 다시 말해서, 주가가 폭락한 다음에는 매수하고, 주가가 폭등한 다음에는 매도할 수 있을까? 1950년 이전 장기간의 주가 흐름을 보면, 가능하다고 생각하기 쉽다. 실제로 '빈틈없는 투자자'의 고전적 정의는, '모두가 매도하는 약세장에 사서, 모두가 매수하는 강세장에 다 파는 투자자'였다. 3장에서 1900-1970년 S&P425 제조업주식의 주가 흐름을 나타내는 차트 Ⅰ과 표 3-1을 보면, 사람들이 왜 최근까지도 이렇게 생각하는지 쉽게 이해할 수 있다.

1897-1949년 사이에, 약세장 저점에서 강세장 고점을 거쳐 다시 약세장 저점으로 돌아가는 완벽한 시장 주기가 10회 나타났다. 그중 6회는 4년이 안 걸렸고, 4회는 6-7년 걸렸으며, 그 유명한 '새 시대New-Era'의 1921-1932년 주기는 11년 걸렸다. 저점에서 고점까지 상승률은 44%~500%였는데, 대부분 50%~100%였다. 이후 하락률은 24%~89%였는데, 대부분

40%~50%였다. (100% 상승 후 50% 하락하면 주가가 원위치로 돌아가게 된다.)

거의 모든 강세장에서 공통적으로 나타나는 특성은 다음과 같다. (1) 역사적 고점 기록, (2) 높은 PER, (3) 채권 수익률보다 낮은 배당수익률, (4) 신용거래 투기 증가, (5) 부실기업의 신주 공모 성행. 주식시장의 역사를 조사해보면, 현명한 투자자는 반복되는 약세장과 강세장을 식별할 수 있어 보이므로, 약세장에 사서 강세장에 팔면 비교적 짧은 기간에 좋은 성과를 얻을 수 있다고 믿기 쉽다. 그래서 가치 요소나 주가 변동률을 기준으로 매수 · 매도 시점을 결정하는 다양한 기법이 개발되었다.

그러나 1949년 유례없는 강세장이 시작되기 이전에도 시장 주기들 사이에는 다양하고 복잡한 차이가 있었으므로, 저가매수 고가매도 기법을 실행하기가 쉽지 않았다. 가장 두드러진 사례가 1920년대 말의 대강세장으로서, 어떤 기법도 소용이 없었다. 1949년에도 저가매수 고가매도 기법은 성공 가능성이 희박했다.

그 후 결국 이 기법은 소용없음이 밝혀졌다. 지난 20년 동안 나타난 시장 주기는 이전의 시장 주기와 패턴이 달랐다. 한때 널리 인정받던 위험 신호도 효과가 없었으며, 과거 기준으로는 저가매수 고가매도를 실행할 수가 없었다. 매우 규칙적이었던 과거 약세장-강세장 패턴이 결국 다시 돌아올지는 알 수 없다. 그러나 고전 공식, 예컨대 명백한 약세장을 확인하고서야 주식을 매수하는 전략을 따르는 것은 이제 비현실적으로 보인다. 하지만 내가 추천한 전략에서는 주식과 채권의 비중을 변경할 수 있다. 즉, 투자자가 원하면 당시 주가 수준의 매력도에 따라 주식과 채권의 비중을 조정할 수 있다.

공식에 의한 투자

•

1949-1950년 시작된 강세장 초기에는 시장 주기를 이용하는 다양한 기법에 관심이 집중되었다. 이른바 '공식에 의한 투자' 기법들이다. 이런 기법들(정액매수적립식 제외)의 핵심은 주가가 대폭 상승하면 보유 주식 일부를 자동으로 매도하는 것이었다. 대부분 기법에서는 주가가 매우 큰 폭으로 상승하면 보유 주식을 모두 매도하게 되어 있었고, 일부 기법에서는 어떤 상황에서도 주식을 소량은 계속 보유하게 되어 있었다.

이 기법은 합리적으로 보였으며, 과거 오랜 기간 적용해보았을 때에도 탁월한 실적이 나왔다. 그러나 안타깝게도, 이 기법은 인기가 가장 높아진 바로 그 시점에 최악의 실적을 내고 말았다. 이 기법을 따른 사람들 다수는 1950년대 중반에 주식을 거의 모두 매도한 상태가 되었다. 물론 많은 이익을 실현하긴 했다. 그러나 이후 주가가 달아나듯 빠르게 상승했으므로, 다시 매수할 기회가 거의 없었다.

1950년대 초 공식에 의한 투자를 한 사람들과, 1930년대 초 다우 이론을 기계적으로 실행한 사람들은 비슷한 경험을 했다. 두 기법 모두 인기를 끌던 시점에 효과가 사라진 것이다. 당혹스럽게도, 내가 제시한 '중앙값 기법 central value method'(다우지수 수준에 따라 매수/매도를 결정하는 기법) 역시 효과가 사라졌다. 이로부터 얻게 되는 교훈은, 수많은 사람이 쉽게 이해하고 따라할 수 있는 투자 기법은 그 효과가 오래 가지 않는다는 것이다. 스피노자의 다음 결론은 철학은 물론 월스트리트에도 잘 들어맞는다. "탁월한 성과가 흔치 않은 것은, 달성하기가 어렵기 때문이다. All things excellent are as difficult as they are rare."

시장 변동과 주식 포트폴리오

•

주식 포트폴리오의 평가액은 수시로 오르내린다고 보아야 한다. 1964년 개정판을 낸 이후 다우지수의 흐름을 보면, 재무구조가 건전한 유명 대기업 주식만으로 구성한 방어적 투자자의 주식 포트폴리오 평가액조차 크게 오르내렸음을 알 수 있다. 평균 약 890이었던 다우지수는 1966년 고가 995를 기록하고서 1970년 631까지 떨어졌으나, 1971년 초에는 940까지 반등하여 낙폭을 거의 모두 회복했다. (다우지수는 구성 종목들의 평균 주가로 산출하므로, 각 구성 종목보다 등락이 완만하게 나타난다.) 나는 다른 유형의 잘 분산된 우량주 포트폴리오들의 평가액 등락도 추적해보았는데, 전반적인 실적은 다우지수의 흐름과 크게 다르지 않다. 일반적으로 비우량주가 우량주보다 변동성이 더 크다. 하지만 그렇다고 해서 중견기업 주식 포트폴리오의 장기 실적이 우량주 포트폴리오보다 반드시 못하다는 뜻은 아니다. 아무튼 투자자는 한낱 가능성을 기대하기보다는, 과거에 나타났던 확률을 받아들이면서 마음을 비워두는 편이 낫다. 즉, 향후 5년 동안 다양한 시점에 보유 종목 대부분이 저가에서 50% 이상 상승했다가, 고가에서 3분의 1 이상 하락할 것이라고 받아들이는 편이 낫다.

진지한 투자자라면 주가의 일일 변동이나 월간 변동에 의해서 자신이 부유해지거나 가난해진다고 생각하지는 않을 것이다. 더 장기에 걸친 큰 변동이라면 어떨까? 이제는 심리가 개입되므로 문제가 더 복잡해진다. 주가가 대폭 상승하면 사람들은 만족감을 느끼면서 신중한 태도를 유지할 수도 있지만, 경솔하게 행동하려는 강한 유혹을 받을 수도 있다. 주가가 상승했다면 좋은 일이다! 전보다 부유해졌으니 기쁘지 아니한가? 그러나 주가가 지나치게 상승했다면 매도를 생각해야 하지 않을까? 아니면 주가가 낮을 때 더 많이 사두지 않았다고 자책하지는 않을까? 혹은 대중의 열광, 과신, 탐욕에 휩쓸려 강세장 분위기에 굴복하면서, 지금이라도 과감하게 더 매수해야 한다는 최악의 생각을 하지는 않을까? 설문지로 이런 질문을 던지면, 누구나 마지막 질문에 대해서는 '아니오'라고 답한다. 그러나 현명한 투자자조차 대중에 휩쓸리지 않으려면 상당한 의지력이 있어야 한다.

이렇게 사람들은 손익에 대한 계산보다도 심리의 영향을 더 많이 받기 때문에, 나는 포트폴리오에서 주식과 채권의 비중을 기계적으로 조정하는 기법을 선호한다. 이 기법의 최대 장점은 투자자에게 뭔가 할 일을 만들어준다는 점이다. 주가가 상승하면 그는 가끔 보유 주식을 매도하고, 그 대금으로 채권을 매수한다. 반면에 주가가 하락하면 그는 가끔 보유 채권을 매도하고, 그 대금으로 주식을 매수한다. 이런 활동을 통해서 그는 억눌린 에너지를 분출하게 된다. 올바른 투자자라면, 그는 대중과 정반대로 매매한다는 생각에 더 만족감을 느낄 것이다.

기업 평가와 주식시장 평가

•

시장 변동이 실제로 투자자에게 미치는 영향은, 기업 일부를 보유한 주주의 관점에서 생각해볼 수도 있다. 주주는 두 가지 지위를 보유하므로, 언제든 자신에게 더 유리한 지위를 선택할 수 있다. 하나는 비상장회사의 소액주주나 익명 동업자(출자만 하고 업무에 관여하지 않는 동업자)의 지위다. 여기서 그가 얻는 실적은 회사의 이익이나, 회사 자산의 가치 변동에 좌우된다. 그는 최근 대차대조표에 나오는 순자산가치에 지분율을 곱하여 자신의 몫을 계산한다. 다른 하나는 주식증서를 보유한 주식 투자자의 지위다. 그는 대차대조표 가치와는 무관하게 수시로 바뀌는 시장가격에 언제든 주식을 매도할 수 있다.

최근 수십 년 동안 주식시장이 발전하는 과정에서, 주주는 대차대조표 순자산가치에 주목하는 동업자보다, 주식의 시장가격에 주목하는 투자자에 가까워졌다. 성공적인 기업들은 거의 언제나 주가가 순자산가치(= 장부가액, '대차대조표 가치')보다 훨씬 높기 때문이다. 이런 프리미엄을 지불하는 투자자는, 성패를 운에 맡기는 처지가 된다. 그가 지불한 프리미엄이 타당한지는 오로지 시장 변동에 좌우되기 때문이다.

이는 현재 투자에서 가장 중요한 요소인데도, 사람들이 아직도 간과하고 있다. 주식시장에서 가격이 형성되는 구조에는 원래부터 모순이 깔려 있다. 기업의 실적이 좋고 전망이 밝을수록, 그 주가는 장부 가치와 더 무관하게 움직인다. 장부 가치에 더해서 지불하는 프리미엄이 커질수록, 내재가치 평가 기준이 더 불확실해진다. 다시 말해서 프리미엄이 커질수록, 주로 시장 분위기 변화에 따라 프리미엄이 더 증가하거나 감소한다. 결국 기업이 성공적일수록, 주가의 변동성이 더 커진다는 모순에 도달하게 된다. 매우 현실적으로 말하면, 더 훌륭한 기업의 주식일수록 투기성이 커진다는 뜻이다. 적어도 평범한 비우량주보다 더 투기성이 커진다는 의미다. (대표적인 성장주 역시 안정된 기업들보다 투기성이 크다. 사업이 투기적이어서 투기성이 강한 주식은 논외로 한다.)

이제 가장 성공적이고 인상적인 기업들의 주가 흐름이 왜 그토록 변덕스러운지 이해가 될 것이다. 내가 가장 선호하는 대표적인 사례가 IBM이다. IBM 주가는 1962-1963년 7개월 동안 607에서 300으로 반 토막이 되었고, 1970년에도 387에서 219로 폭락했다. 제록스는 최근 수십 년 동안 이익이 더 인상적으로 증가했는데도, 1962-1963년 171에서 87로 폭락했고, 1970년에도 116에서 65로 폭락했다. 이는 사람들이 IBM이나 제록스의 장기 성장 전망을 의심했기 때문이 아니라, 이들의 탁월한 전망에 대해 시장에서 평가한 프리미엄 가치를 더 이상 확신하지 못했기 때문이다.

이제 방어적 투자자에게 적합한 현실적인 결론을 도출해보자. 방어적 투자자는 주가가 유형자산가치에서 크게 벗어나지 않는 주식을 선정하는 편이 좋다. 예컨대 주가가 유형자산가치에서 3분의 1을 초과하지 않는 종목이 바람직하다. 이런 가격에 매수하면, 회사의 대차대조표 가치에 근거해서 매수한 셈이므로, 주가 변동에 초연할 수 있다. 장부 가치에 더해서 지불한 프리미엄은 상장주식의 유동성에 대해 지불한 일종의 수수료로 간주할 수 있다.

여기서 유의할 점이 있다. 단지 유형자산가치와 비슷한 가격에 산다고 해서 모두 건전한 투자가 되는 것은 아니라는 점이다. 건전한 투자가 되려면 PER도 만족스러워야 하고, 재무구조도 충분히 건전해야 하며, 장기간 수익성 전망도 밝아야 한다. 가격도 높지 않은 주식에 지나치게 많은 요구를 하는 것처럼 보일지 모르지만, 시장이 과열된 상태만 아니라면 이런 주식을 찾기는 그다지 어렵지 않다. 전망이 탁월한 주식 즉, 예상 성장률이 평균을 초과하는 주식을 찾겠다는 욕심만 버리면, 이런 요건을 충족하는 주식을 찾기는 어렵지 않다.

나중에 주식 선정 관련 챕터(14장과 15장)에서 보겠지만, 1970년 말에 다우지수 종목의 절반 이상이 유형자산가치 기준을 충족했다. 주주가 가장 많은 기업인 AT&T의 주가는, 이 글을 쓰는 시점 현재 유형자산가치에도 못 미친다. 다른 장점도 많은 전력회사 주식 대부분은 1972년 초 현재 주가가 유형자산가치와 상당히 비슷하다.

이렇게 주가가 유형자산가치와 비슷한 종목으로 포트폴리오를 구성하면, 고PER 종목이나 고PBR 종목을 보유한 사람들보다 주가 변동에 훨씬 더 초연할 수 있다. 보유 주식의 수익력이 만족스러운 수준으로 유지되는 한, 그는 주식시장이 부리는 변덕을 무시할 수 있다. 게다가 가끔 주식시장의 변덕을 이용해서 저가매수-고가매도를 시도할 수도 있다.

A&P 사례

이제 참신한 사례를 하나 소개하겠다. 다소 오래 되긴 했지만, 기업과 투자의 다양한 측면을 보여주므로 대단히 매력적인 사례이다. 그레이트 애틀랜틱 앤드 퍼시픽 티(Great Atlantic & Pacific Tea Co.: 이하 A&P)의 스토리가 시작된다.

A&P 주식은 1929년 뉴욕 커브시장(New York Curb Market: 아메리카 증권거래소American Stock Exchange의 전신)에 상장되어 고가 494를 기록했다. 그러나 1932년에는 전반적으로 파국적인 상황에서도 전년과 비슷한 실적을 유지했는데도 주가가 104로 폭락했다. 1936년 주가는 111~131에서 움직였다. 이후 경기가 침체하자 1938년 약세장에 신저가 36을 기록했다.

이 가격은 터무니없었다. 우선주와 보통주를 더해도 시가총액이 1억 2,600만 달러에 불과했는데, 이 회사가 보유한 현금만 8,500만 달러였고, 순유동자산이 1억 3,400만 달러였다. A&P는 장기간 대규모 이익을 계속 유지해온 미국 최대 소매기업이었다. 그런데도 1938년 이 탁월한 기업의 가치는 보유 순유동자산보다도 낮게 평가받았다. 즉, 이 회사는 존속 가치보다 청산 가치가 더 높다는 뜻이었다. 왜 그랬을까? 첫째, 체인점에 특별세가 부과될 위험이 있었다. 둘째, 전년도에 순이익이 감소했다. 셋째, 시장이 전반적으로 침체했다. 첫째 원인은 과장되었으며, 결국 근거 없는 우려였음이 밝혀졌다. 나머지 둘은 일시적인 영향에 그쳤다.

1937년 한 투자자가 A&P 주식을 5년 평균 이익의 12배인 80에 샀다고 가정하자. 이후 주가가 36까지 폭락하는 과정이 그에게 대수롭지 않았다는 뜻은 절대 아니다. 그는 자신이 주식을 매수하는 과정에서 실수를 저지르지 않았는지 세심하게 검토할 것이다. 검토 결과 실수가 없었다면, 그는 주가 하락을 시장의 일시적인 변덕으로 보고 무시할 수 있다. 만일 여유 자금과 배짱까지 있다면, 그는 이 기회를 이용해서 염가에 주식을 더 매수할 수도 있다.

이후 진행 과정

이듬해인 1939년, A&P는 117.5까지 반등했다. 1938년 저가의 3배이며, 1937년 평균 주가보다도 훨씬 높은 가격이었다. 이런 반등이 주식시장에서는 드물지 않지만, A&P는 매우 충격적인 사례였다. 1949년 이후 주가가 전반적으로 상승하면서 소매 체인점 주가도 함께 상승하자, 1961년 10 대 1로 주식을 분할한 A&P는 고가 70.5를 기록했다. 1938년 기준으로는 705에 해당하는 가격이었다.

70.5는 PER 30이라는 점에서도 놀라운 가격이었다. 당시 다우지수의 PER이 23이었으므로, A&P의 성장률 전망이 탁월했다는 뜻이다. 하지만 지금까지 실적을 돌아보면 이런 낙관론은 근거가 희박했다. 결국 낙관론은 완전히 틀린 것으로 드러났다. 이익은 빠르게 증가하는 대신 더 감소했다. 고가 70.5를 기록한 이듬해, 주가는 절반 밑으로 떨어져 34가 되었다. 그러나 1938년에는 염가 종목이었던 A&P가 이제는 이 가격에도 염가 종목이 아니었다. 이후 등락을 거듭하다가 1970년 21.5로 또 저가를 기록했고, 처음으로 분기 적자를 기록한 1972년에는 18로 떨어졌다.

이 기업의 역사를 통해서, 불과 한 세대 남짓한 기간에 대중의 착각, 과도한 낙관과 비관에 의해 미국 대기업의 주가가 극단적으로 오르내리는 모습이 나타났다. 1938년에는 매물이 헐값에 쏟아졌는데도 사려는 사람이 없었다. 1961년에는 대중이 터무니없이 높은 가격에 이 주식을 사겠다고 아우성쳤다. 얼마 안 지나 주가는 반 토막 났고, 몇 년 뒤 더 폭락했다. 그 사이 실적이 탁월하던 회사는 평범한 회사로 바뀌어, 호황기였던 1968년 이익이

1958년 이익에도 못 미쳤다. 또한 이익 규모에 어울리지 않는 소액의 주식 배당을 잇달아 지급하여 사람들을 당황케 했다. A&P는 규모는 커졌지만 실적은 악화하여 매력도가 감소했다.

이 스토리는 두 가지 교훈을 준다. 첫째, 주식시장은 자주 큰 실수를 저지르므로, 기민하고 용감한 투자자는 이 명백한 실수를 이용할 수 있다. 둘째, 대부분 기업은 세월이 흐름에 따라 특성과 장점이 바뀌는데, 개선되는 기업도 있지만 악화하는 기업이 더 많다. 투자자가 기업의 실적을 항상 엄중하게 감시할 필요는 없지만, 가끔은 철저하게 조사해야 한다.

앞에서 언급했듯이, 주주는 두 가지 지위를 보유하면서 언제든 자신에게 더 유리한 지위를 선택할 수 있다. 그는 회사의 지분을 소유한 동업자가 될 수도 있고, 시장가격에 언제든 주식을 매도할 수 있는 투자자가 될 수도 있다.

그러나 중요한 사실을 명심하라. 진정한 투자자는 주식 매도를 강요당하는 일이 없으며, 현재 주가를 항상 무시해도 된다. 그는 필요할 때에만 주가를 확인하고 이용하면 된다. 그러므로 투자자가 일시적인 주가 하락에 과도하게 우려하거나 투매에 가담한다면, 그는 자신이 보유한 강점을 약점으로 바꾸는 셈이 된다. 그럴 바에는 차라리 주가가 없는 편이 그에게 유리하다. 그러면 다른 사람들의 착각 탓에 그가 고통 받는 일은 없기 때문이다.

1931-1933년 암울한 침체기에 실제로 이런 상황이 곳곳에서 나타났다. 당시에는 시장가격이 나오지 않는 기업의 지분을 보유하는 편이 심리적으로 유리했다. 예컨대 시장가격이 나오지 않는 부동산의 1순위 담보채권을 보유한 사람들은, 이자가 계속 지급되기만 하면 채권의 가치가 온전히 유지된다고 생각할 수 있었다. 반면 신용등급이 더 높은 상장기업의 채권들은 시장가격이 대폭 하락했으므로, 채권 소지자들은 큰 손실이 발생했다고 믿었다. 그러나 실제로는 이익이 발생한 셈이었다. 이들은 보유 채권을 팔면, 조건이 더

유리한 채권을 살 수 있었기 때문이다. 아니면 시장가격 하락을 일시적인 현상으로 보고 무시하는 것도 타당한 방법이었다. 하지만 단지 시장가격이 없다는 이유로 손실도 없다고 믿는 것은 자기기만이다.

다시 1938년 A&P 주주의 지위로 돌아가자. 단언하건대 그가 주식을 계속 보유하는 한, 주가가 하락했어도 그는 손실을 보지 않았다. 주식의 내재가치가 하락했다고 스스로 판단하지만 않는다면 말이다. 그런 손실이 발생하지 않았다면, 그는 주가가 1937년 수준 이상으로 언젠가 회복된다고 기대할 수 있다. 실제로 주가는 이듬해 회복되었다. 그런 점에서, 그는 시장가격이 없는 비상장회사의 지분을 보유한 셈이었다. 그리고 1938년에는 경기침체가 회사에 미친 영향을 고려해서, 보유 주식의 평가액 일부를 마음속으로나마 상각하는 편이 타당할 수도 있고 타당하지 않을 수도 있다.

가치투자를 비판하는 사람들은, 비상장주식의 지분을 평가하는 방식으로 상장주식을 평가해서는 안 된다고 주장한다. 증권시장을 통해서 이제 상장주식은 '유동성이라는 지극히 중요한 속성'을 지니게 되었기 때문이란다. 그러나 이 유동성이 실제로 뜻하는 것은 첫째, 주식시장에서 매일 형성되는 시장가격을 (실제로 가치가 있든 없든) 투자자가 이용할 수 있으며, 둘째, 그가 원하면 그 시장가격으로 보유 주식을 늘리거나 줄일 수 있다는 것이다. 따라서 시장가격이 존재하면 투자자는 일종의 선택권을 얻게 된다. 그러나 투자자가 이 시장가격을 반드시 수용해야 하는 것은 아니므로, 그는 자신이 원하는 다른 방식으로 가치를 평가할 수도 있다.

이제 우화로 이 섹션을 마무리하고자 한다. 당신이 1,000달러를 투자하여 비상장회사의 지분 일부를 보유하게 되었다고 가정하자. 동업자 중에는 미스터 마켓이라는 매우 친절한 사람이 있다. 그는 매일 찾아와서 자신이 생각하는 주가를 제시하면서, 이 가격에 당신 주식을 모두 팔아도 좋고 더 사도 좋다고 제안한다. 그가 제시하는 주가는 회사의 실적과 전망에 비추어보면 타당해 보일 때도 가끔 있다. 반면 흥분하거나 공포심에 휩싸일 때에는 그가 제시하는 주가가 어이없을 때도 많다.

당신이 신중한 투자자나 합리적인 사업가라면, 미스터 마켓이 매일 제시하는 주가를 기준으로 당신의 지분 가치를 평가하겠는가? 그의 제안에 동의하거나 그와 거래하고 싶을 때에만 그렇게 평가할 것이다. 그가 제시하는 주가가 터무니없이 높으면 기꺼이 주식을 매도하고, 그가 제시하는 주가가 터무니없이 낮으면 기꺼이 주식을 매수하면 된다. 나머지 시간에는 재무제표를 통해서 회사의 실적과 재무 상태를 분석하여, 보유 주식의 가치를 당신 스스로 평가하는 편이 낫다.

진정한 투자자는 상장주식을 보유할 때에도 똑같이 행동한다. 그는 자신의 판단과 성향에 따라, 그날 시장가격을 이용할 수도 있고 무시할 수도 있다. 판단할 근거는 필요하므로, 중요한 가격 흐름은 파악해야 한다. 아마도 주의하라는 경고가 나올 수도 있다. 쉽게 말하면, 최근 주가 하락이 불길한 조짐이므로, 매도 신호라는 뜻이다. 그러나 이런 신호는 투자자를 오도할 때가 더 많다. 시장가격 등락이 진정한 투자자에게 주는 중요한 의미는 하나뿐이다. 가격이 폭락했을 때에는 싸게 매수할 기회이고, 가격이 폭등했을 때에는 비싸게 매도할 기회라는 의미다. 다른 시간에는 주식시장을 잊고, 배당수익률과 회사의 영업실적에 관심을 기울이는 편이 낫다.

요약

•

투자자와 투기꾼의 가장 뚜렷한 차이는 주가 흐름을 대하는 태도에서 드러난다. 투기꾼의 최대 관심사는 주가 흐름을 예측해서 이익을 얻는 것이다.

투자자의 최대 관심사는 적정 주식을 적정 가격에 매수해서 보유하는 것이다. 투자자가 주가 흐름을 중시하는 것은, 주가가 낮으면 주식을 매수하고, 주가가 높으면 매수를 보류하거나 매도하려는 목적이다.

투자자는 반드시 주가가 낮아질 때까지 매수를 연기해야 할까? 그러면 오랜 기간 기다리느라 배당 소득을 놓치기 십상이고, 투자 기회도 놓칠 수 있다. 그러므로 확고한 기준으로 평가해도 주가가 전반적으로 지나치게 높은 시점만 아니라면, 투자 자금이 생길 때마다 주식을 매수하는 편이 낫다. 더 빈틈없이 투자하고 싶다면, 항상 존재하기 마련인 염가 종목을 찾아볼 수도 있다.

월스트리트 사람들은 전반적인 주가 흐름을 예측하려고 많은 노력을 기울일 뿐만 아니라, 단기간에 주가가 더 빠르게 상승할 종목이나 업종도 선정하려고 시도한다. 이런 노력이 타당해 보일지도 모르지만, 진정한 투자자에게는 어울리지 않는다고 생각한다. 수많은 트레이더 및 일류 애널리스트들과 경쟁을 벌여야 하기 때문이다. 내재가치보다 가격 흐름을 더 중시하는 다른 모든 활동에서 그렇듯이, 이들의 노력은 상쇄되어 물거품이 되며, 결국 자멸로 이어진다.

건전한 주식 포트폴리오도 평가액이 오르내리는 법이므로, 투자자는 평가액이 대폭 하락해도 걱정하지 말고, 대폭 상승해도 흥분하지 말아야 한다. 시장가격은 편리한 도구에 불과하다는 사실을 항상 기억하고, 이용하든가 무시해야 한다. 주가가 상승했다는 이유로 매수해서도 안 되고, 주가가 하락했다는 이유로 매도해서도 안 된다. 더 쉽게 말하자면, "주가가 대폭 상승한 직후에는 절대 매수하지 말고, 주가가 대폭 하락한 직후에는 절대 매도하지 말라."

추가 고려 사항

주가는 경영자의 능력을 평가하는 주요 척도가 될 수 있을까? 투자자는 그동안 받은 배당과 주가의 장기 추세로 자신의 투자 실적을 평가한다. 회사 경영자의 성과와 주주 친화성을 평가할 때에도 당연히 똑같은 기준을 적용할 수 있다.

이 말이 뻔한 소리처럼 들릴지 모르지만, 그래도 강조할 필요가 있다. 시장이 경영자를 평가할 방법은 아직 주가 외에는 없기 때문이다. 그러나 경영자들은 주가가 어떻게 되든 자신에게는 전혀 책임이 없다고 항상 주장한다. 물론 회사의 상태 및 가치와 무관한 주가 등락은 경영자의 책임이 아니다. 하지만 주가가 변함없이 바닥에서 벗어나지 못하는 등 어떤 경우에도 경영자에게 책임을 묻지 않는다면, 이는 주주들이 어리석고 부주의하다는 뜻밖에 안 된다. 훌륭한 경영자는 훌륭한 주가를 만들어내고, 형편없는 경영자는 형편없는 주가를 만들어낸다.

채권 가격의 등락

•

장기 채권의 시장가격은 금리가 바뀌면 큰 폭으로 오르내릴 수 있다. 〈표 8-1〉은 1902-1970년 채권의 수익률 변동과 가격 변동을 정리한 자료다. 채권 수익률은 최고 등급 회사채와 비과세 지방채 기준이고, 채권 가격은 대표적인 철도회사 장기 채권 두 종목의 가격이다. (1995년 만기 4% 애치슨, 토페카 앤드 산타페 일반담보부 만기상환사채와, 2047년 만기 3% 노던 퍼시픽 사채이다.)

채권은 수익률이 하락하면 시장가격은 상승하고, 반대로 수익률이 상승하면 시장가격은 하락한다. 1940년 노던 퍼시픽 가격이 하락한 것은, 주로 채권의 안전성이 의심받았기 때문이다. 그러나 놀랍게도 이후 2년 동안 가격

〈표 8-1〉 채권의 수익률 변동과 채권의 가격 변동 (1902~1970)

채권수익률			채권 가격		
	S&P AAA 종합 수익률	S&P 지방채 수익률		AT & SF 1995, 4%[a]	Nor. Pac. 2047, 3%[b]
1902 저점	4.31%	3.11%	1905 고가	105.5	79
1920 고점	6.40	5.28	1920 저가	69	49.5
1928 저점	4.53	3.90	1930 고가	105	73
1932 고점	5.52	5.27	1932 저가	75	46.75
			1936 고가	117.25	85.25
			1939~40 저가	99.5	31.5
1946 저점	2.44	1.45	1946 고가	141	94.75
1970 고점	8.44	7.06	1970 저가	51	32.75
1971 종가	7.14	5.35	1971 종가	64	37.25

a AT & SF 1995, 4%: 1995년 만기 4% 애치슨, 토페카 앤드 산타페Atchison, Topeka & Santa Fe 일반담보부 만기상환사채 - 오랜 기간 대표적인 만기상환사채.

b Nor. Pac. 2047, 3%: 2047년 만기 3% 노던 퍼시픽Northern Pacific 사채 - 원래 150년 만기였으며, 전형적인 Baa 등급 채권.

이 회복되면서 사상 최고치까지 기록했으며, 그 다음에는 주로 시장 금리 상승 때문에 가격이 3분의 2나 폭락했다. 지난 40년 동안에는 최고등급 채권의 가격도 깜짝 놀랄 정도로 변동이 심했다.

그런데 채권 수익률이 변동하는 만큼 채권 가격이 정확하게 변동하지는 않는다. 확정된 만기 상환액이 그 영향력을 완화하기 때문이다. 그러나 노던 퍼시픽처럼 만기가 매우 긴 채권은 가격과 수익률이 거의 똑같은 비율로 변한다.

1964년 이후 우량등급 채권시장에서는 양방향으로 기록적인 변화가 나타났다. 예컨대 우량등급 비과세 지방채는 1965년 1월 3.2%였던 수익률이 1970년 6월 7%로 두 배 넘게 상승했다. 이에 따라 채권 가격 지수는 110.8

에서 67.5로 하락했다. 1970년 중반, 우량등급 장기채권의 수익률은 200년에 육박하는 미국 경제역사상 최고 수준으로 상승했다. 25년 전 장기 강세장이 시작되기 직전에는 채권 수익률이 역사상 최저 수준이었다. 장기 지방채는 수익률이 1%에 불과했고, 통상적으로 4.5%-5%였던 회사채는 2.4%였다. 월스트리트에서 오랜 경험을 쌓은 사람들은 똑같은 힘이 반대 방향으로 작용하는 '작용 반작용의 법칙'이 주식시장에서 되풀이되는 모습을 지켜보았다. 가장 주목할 만한 사례는 다우지수가 1921년 64에서 1929년 381로 상승했다가, 1932년 41로 폭락하면서 기록을 세운 사례이다. 그러나 이번에는 평소 변동이 적어서 안정적이던 우량등급 채권의 가격과 수익률이 가장 크게 변동했다. 이 사례가 주는 교훈은, 월스트리트에서 주요 사건이 과거와 똑같은 방식으로 발생할 것이라고 기대하면 안 된다는 점이다. 이는 내가 좋아하는 다음 격언의 전반부에 해당한다. "변화가 많을수록, 본질은 그대로이다.the more it changes, the more it's the same thing."

주식의 가격 흐름을 제대로 예측하기가 거의 불가능하다면, 채권의 가격 흐름을 제대로 예측하기는 전혀 불가능하다. 옛날에는 채권의 가격 흐름을 분석하면, 강세장이나 약세장이 끝나간다고 미리 알려주는 유용한 단서를 종종 찾을 수 있었다. 그러나 금리와 채권 가격의 변화를 미리 알려주는 유용한 단서는 없다. 따라서 투자자는 주로 자신의 취향에 따라 장기 채권이나 단기 채권을 선택해야 한다. 채권의 시장가격 변동을 원치 않는다면, 가장 좋은 선택은 십중팔구 미국저축채권 시리즈 E나 H이다(p.75 참조). 둘 다 1년 후부터 수익률이 5%이고, 시리즈 E는 5.8년까지, 시리즈 H는 10년까지 수익률이 보장되며, 언제든 취득원가 이상으로 환매할 수 있다.

채권의 시장가격 변동을 수용한다면, 현재 우량등급 장기 회사채 수익률은 7.5%이고, 비과세 지방채 수익률은 5.3%이다. 은행과 보험사는 이런 우량등급 채권을 평가할 때, 시장가격 대신 '상각 후 취득원가amortized cost'를 적용할 수 있다. 이 방법은 개인 투자자가 써도 나쁘지 않다고 생각된다.

전환사채와 우선주의 가격에 영향을 미치는 세 요소는 (1) 관련 보통주의 가격 변동, (2) 발행사의 신용도 변화, (3) 전반적인 금리 변동이다. 지금까지는 신용등급이 낮은 기업들이 전환사채를 많이 발행했다.* 이들 중 일부는 1970년 금융 경색에 큰 타격을 입었다. 그 결과 전환사채들은 최근 몇 년 동안 위 세 요소로부터 삼중고를 겪으면서 가격 변동이 대단히 심해졌다. 일부 투자자는 우량등급 채권처럼 안전하면서 주가 상승에 따른 수익 기회도 제공되는 이상적인 전환사채를 찾으려 하지만, 이는 비현실적인 착각에 불과하다.

이제 '미래형 장기 채권'에 대한 아이디어를 제시하고자 한다. 금리 변동이 미치는 영향을 채권 발행자와 투자자가 효과적으로 공정하게 분담하면 어떻겠는가? 한 가지 방법은 적정 지표에 따라 금리가 변동하는 장기 채권을 발행하는 것이다. 이런 채권을 발행하면, (1) 발행회사의 신용도가 유지되는 한, 채권의 시장가격은 항상 액면가 수준으로 유지되며, 투자자가 받는 이자는 당시 현행 금리에 따라 변동하게 되고, (2) 발행회사는 빈번한 차환발행에 따르는 수고와 비용이 절감되므로, 장기 채권 발행이 주는 혜택을 누리지만, 이자 비용은 해마다 바뀌게 된다.**

---

* 채권과 우선주의 최상위 등급 3개는 무디스는 Aaa, Aa, A이고, S&P는 AAA, AA, A이다. 그 밑으로 다른 등급들이 있으며, 최하 등급은 D이다.

** 유럽에서는 이 아이디어를 이미 채택했다. 예컨대 이탈리아 국유 전력회사가 발행한 1980년 만기 '변동금리 보증사채'이다. 1971년 6월 뉴욕에서 이 회사는 이후 6개월 금리가 8.125%라고 발표했다. 1971년 6월 발행된 1991년 만기 7%–8% 토론토 도미니온 은행The Toronto-Dominion Bank 사채에도 이렇게 유연한 발행 조건이 적용되었다. 이 채권은 1976년 7월까지 7% 이자를 지급하고, 이후에는 8%를 지급하지만, 채권 소지자는 1976년 7월 원금 상환을 선택할 수 있다.

지난 10년 동안 채권 투자자는 갈수록 심각한 딜레마에 직면하고 있다. 단기 채권에 투자해서 원금을 안전하게 지키는 대신, 낮은 변동금리를 감수할 것인가? 아니면 고정금리를 선택하는 대신, 원금 손실 위험을 감수할 것인가? 대부분 투자자는 양 극단 사이에서 타협하여, 예컨대 20년 동안 금리와 원금이 최소 수준 이상으로 유지된다면 만족할 것이다. 이런 타협은 채권 계약서를 새로 작성하면 되므로 그다지 어렵지 않다. 사실은 미국 정부도 이와 유사한 계약을 했는데, 더 높은 금리로 기간 연장을 허용한 미국저축채권 계약이 그것이다. 여기서 나의 제안은, 저축채권보다 만기가 더 길고, 금리 결정 방식이 더 유연한 채권을 도입하자는 말이다.

비전환 우선주에 대해서는 더 논의할 가치가 없는 듯하다. 우량등급 우선주는 개인보다 세금 혜택이 큰 보험사 등 법인에게 훨씬 유리하고, 비우량등급 우선주는 가격 변동이 항상 매우 심해서 주식과 크게 다르지 않기 때문이다. 그래서 우선주에 대해서는 더 언급하지 않겠다. 〈표 16-2〉(p. 287)에 1968.12-1970.12 동안 비우량등급 우선주의 가격흐름이 나온다. 이 기간 S&P500 지수의 하락률은 11.3%였고, 우선주의 평균 하락률은 17%였다.

9장

펀드 투자

9장

펀드 투자

방어적 투자자가 선택할 수 있는 투자 방법 중 하나는 펀드에 가입하는 것이다. 가입자가 언제든지 순자산가치로 환매할 수 있는 펀드를 흔히 '개방형 펀드open-end fund'라고 부른다. 대부분 개방형 펀드는 영업직원들을 통해서 계속 적극적으로 판매된다. 반면 환매가 불가능한 펀드는 '폐쇄형 펀드closed-end fund'라고 부르는데, 이런 펀드는 일정 시점 이후에는 추가로 판매되지 않는다. 주요 펀드는 거의 모두 증권거래위원회SEC에 등록되어 규제를 받게 된다.

펀드 산업은 규모가 매우 크다. 1970년 말 현재 SEC에 등록된 펀드는 383개로서, 자산 규모는 546억 달러에 이른다. 그중 개방형 펀드는 356개로서 506억 달러이며, 폐쇄형 펀드는 27개로서 40억 달러이다.

펀드는 다양한 방식으로 분류된다. 한 가지는 포트폴리오를 구성하는 증권으로 분류하는 방식이다. 채권 비중이 일정 수준(일반적으로 약 3분의 1) 이상이면 '혼합형 펀드balanced fund'로, 주식 비중이 거의 100%이면 '주식형 펀드stock-fund'로 분류한다. 이 밖에 채권형 펀드bond fund, 헤지펀드hedge fund, 미등록주식letter-stock(SEC에 등록되지 않아 대중에게 판매할 수 없는 유동성 낮은 주식) 펀드 등 다양한 펀드가 있다. 펀드는 소득, 안정성, 자본이득 등 추구하는 목표를 기준으로 분류되기도 하고, 판매 방식에 따라 분류되기도 한다. '로드 펀드load fund'는 판매 시점에 판매 보수(일반적으로 순자산가치의 약 9%)가 추가로 부과된다.* '노로드 펀드no-load fund'는 판매 보수는 부과하지 않고 운용 보수만 받는 펀드이다. 노로드 펀드는 영업직원들에게 보수를 지급하지 못하므로, 운용자산 규모가 로드펀드보다 작은 경향이 있다. 폐쇄형 펀드의 매매 가격은 주식처럼 시장에서 결정되므로, 수시로 오르내린다.

대부분 펀드 소득에 대해서는 이중과세 방지를 위한 과세특례가 적용된다. 실제로 펀드는 거의 모든 경상소득을 투자자에게 지급해야 한다. 즉, 비용을 차감하고서 수입 배당 및 이자를 지급해야 하며, 장기 보유 증권을 매각해서 얻은 이익도 '자본소득배당capital gain dividend'의 형태로 지급해야 한다. 이때에는 투자자가 직접 자본소득을 얻은 것처럼 처리된다. (다른 방식을 선택할 수도 있지만, 여기서는 설명을 생략한다.) 거의 모든 펀드는 주식을 한 종류만 발행한다. 1967년 처음 도입된 이른바 '이중목적 펀드dual purpose fund'는 자본소득을 모두 받는 보통주와, 경상소득을 모두 받는 우선주를 구분해서 발행하기도 했다.

주로 자본소득을 추구하는 펀드들은 이른바 성장주에 집중적으로 투자하며, 흔히 펀드 명칭에 '성장'이라는 단어를 넣는다. 화학, 항공, 해외투자 등에 전문화된 펀드들 역시 펀드 명칭에 그 특성을 표시한다.

펀드에 투자할 때에도 이렇게 선택 대안이 놀라울 정도로 많아서, 직접 주식에 투자할 때와 크게 다르지 않을 정도이다. 9장에서는 주로 다음과 같

---

* 판매 보수는 일반적으로 (판매 보수까지 포함된) 판매 가격의 몇 %로 표시되므로, 순자산가치의 몇 %로 표시할 때보다 더 적게 나타난다. 나는 이것이 펀드 산업에 어울리지 않는 비열한 판매 수법이라고 생각한다.

은 질문에 답을 찾아보기로 한다.

1. 펀드를 잘 선택하면 확실하게 초과수익을 얻을 수 있는가? (관련 질문: '퍼포먼스 펀드performance fund'는 실적이 어떠했나?)
2. 펀드를 잘 선택하면 미달실적을 피할 수 있는가?
3. 펀드의 다양한 유형 중에서 어느 것을 선택해야 현명한가? 예컨대 혼합형 펀드와 주식형 펀드, 개방형 펀드와 폐쇄형 펀드, 로드 펀드와 노로드 펀드 중에서 선택한다면?

펀드의 전반적인 실적

먼저 펀드 산업의 전반적인 실적을 살펴보자. 펀드는 제 역할을 충분히 해냈을까? 직접 투자자들과 비교할 때, 펀드 투자자들이 일반적으로 거둔 실적은 어떠했는가? 나는 전반적으로 펀드가 제 역할을 훌륭하게 해냈다고 확신한다. 펀드는 저축과 투자라는 건전한 습관을 장려했고, 수많은 개인이 주식시장에서 값비싼 실수를 저지르지 않도록 보호했으며, 대체로 시장 수익률에 상응하는 실적을 투자자들에게 안겨주었다. 감히 추측건대, 과거 10년 동안 펀드에만 투자한 사람들의 평균 실적이 주식에 직접 투자한 사람들보다 좋았을 것이다.

펀드의 실제 수익률은 지수 상승률보다 낮았을 것이며, 직접 투자할 때보다 비용도 더 많이 지불했을 터이지만, 그래도 펀드 투자자들은 십중팔구 더 좋은 실적을 거두었을 것이다. 실제로 일반 개인에게 주어진 선택지는 주식에 직접 투자하느냐, 비용이 더 들더라도 펀드에 가입하느냐가 아니었다. 실제 선택지는 집으로 찾아온 펀드 영업직원의 설득에 넘어가느냐, 아니면 훨씬 더 위험한 이류, 삼류 신주(新株)를 권하는 주식 중개인의 농간에 넘어가느냐 였다. 방어적 투자를 하려고 증권회사에 계좌를 개설하는 일반 개인들도 유혹에 넘어가 투기를 벌이다가 손실을 보기 쉽다. 하지만 펀드에 가입하면 이런 유혹이 훨씬 적다.

그러면 시장 수익률 대비 펀드 실적은 어떠했을까? 다소 논란의 여지가 있는 주제이지만, 가급적 단순하고도 적절한 방식으로 다루어 보겠다. 〈표 9-1〉은 1970년 말 현재 10대 펀드 회사에서 자산규모가 가장 큰 주식형 펀드를 하나씩 뽑아 실적을 정리한 자료이다. 각 펀드의 5년 단위 실적(1961-1965, 1966-1970), 10년 단위 실적(1961-1970), 1년 단위 실적(1969, 1970)도 정리했다. 10개 펀드의 평균 실적도 계산했다. 1969년 말 현재 10개 펀드의 운용자산 합계는 150억 달러가 넘어서, 전체 주식형 펀드의 약 3분의 1에 해당한다. 따라서 펀드 전체의 실적을 공정하게 대표한다고 볼 수 있다. (실적이 좋은 펀드는 운용자산 규모가 더 빨리 증가할 수 있으므로, 이론상 10개 펀드의 실적이 펀드 전체의 실적보다 더 좋을 수도 있다.)

이 표에서 흥미로운 사실이 눈에 띈다. 첫째, 1961-1970년 10개 펀드의 전반적인 실적은 S&P500(또는 S&P425) 지수의 실적과 크게 다르지 않았다. 그러나 다우지수보다는 확실히 좋았다. ("다우지수를 구성하는 30대 우량종목의 실적이 S&P500의 잡다한 종목들보다 훨씬 뒤처진 이유가 무엇일까?" 라는 흥미로운 질문이 떠오른다.) 둘째, S&P500 대비 10개 펀드의 실적이, 전반 5년보다 후반 5년 동안 다소 개선되었다. 1961-1965년에는 10개 펀드의 수익률이 S&P500보다 다소 낮았지만, 1966-1970년에는 S&P500보다 다소 높았다. 셋째, 10개 펀드 각각의 실적은 차이가 매우 컸다.

펀드의 전반적인 수익률이 시장 수익률보다 높지 않다고 비난할 수는 없다. 펀드가 운용하는 자산 규모가 전체 시장에서 차지하는 비중이 매우 큰 탓

〈표 9-1〉 10대 펀드의 운용실적[a]

	1961~65 5년간	1966~70 5년간	1961~70 10년간	1969년	1970년	순자산(100만 달러) 1970. 12
어필리에이티드	71%	19.7%	105.3%	−14.3%	2.2%	$1,600
드레퓌스	97	18.7	135.4	−11.9	−6.4	2,232
피델리티	79	31.8	137.1	−7.4	2.2	819
펀더멘털	79	1.0	81.3	−12.7	−5.8	1,054
인베스트	82	37.9	152.2	−10.6	2.3	1,168
인베스터	54	5.6	63.5	−80.0	−7.2	2,227
매스	18	16.2	44.2	−4.0	0.6	1,956
내셔널	61	31.7	112.2	4.0	−9.1	747
퍼트넘	62	22.3	104.0	−13.3	−3.8	684
유나이티드	74	−2.0	72.7	−10.3	−2.9	1,141
평균	72	18.3	105.8	−8.9	−2.2	$13,628
S&P500	77	16.1	104.7	−8.3	3.5	(합계)
다우지수	78	2.9	83.0	−11.6	8.7	

a 1970년 말 현재 10대 펀드 회사에서 자산규모가 가장 큰 주식형 펀드를 하나씩 뽑아 실적을 정리한 자료.
출처: 와이젠버거 파이낸셜 서비스Wiesenberger Financial Services.

에, 펀드의 전반적인 수익률은 시장 수익률과 비슷할 수밖에 없기 때문이다. (1969년 말 현재 은행 신탁자산에 포함된 주식이 1,810억 달러이며, 각종 펀드가 운용하는 자산이 560억 달러이므로, 주가 지수의 흐름은 이 전문가들의 판단에 좌우되며, 펀드의 전반적인 실적은 주가 지수의 흐름에 좌우된다고 단정할 수밖에 없다.)

투자자는 펀드를 잘 선택해서 초과수익을 얻을 수 있을까? 단언하건대, 모든 투자자가 펀드를 잘 선택해서 초과수익을 얻을 수는 없다. 모든 투자자가 얻는 수익의 합계가 곧 시장 수익률이므로, 모두가 시장 수익률을 초과할 수는 없기 때문이다. 이번에는 질문을 다르게 표현해보겠다. 과거 장기간 실적이 가장 좋았던 펀드를 찾아내서, 이 펀드가 가장 우수하므로 장래에도 초과수익을 낼 것이라고 가정하여 투자하면 어떨까? 이 생각이 더 현실적으로 보인다. 펀드에 투자할 때에는 과거 실적이 아무리 우수해도 프리미엄을 지불할 필요가 없기 때문이다. (반면, 과거 실적이 우수한 기업의 주식을 살 때에는 높은 PER이나 PBR의 형태로 프리미엄을 지불해야 한다.)

이 생각에 대해서는 수년 간 논란이 이어졌다. 그러나 〈표 9-1〉을 보면, 1961-1965년 실적이 5위 안에 들었던 펀드 5개 중 3개는, 1966-1970년에도 5위 안에 들어갔다. 내 분석에 의하면, 예컨대 과거 5년 이상 실적을 분석하면 상대적으로 더 우수한 펀드를 가려낼 수 있다. 단, 시장 수익률보다 훨씬 높은 실적을 기록한 펀드는 제외해야 한다. 이런 실적은 변칙적인 방식으로만 달성될 수 있기 때문이다. '퍼포먼스 펀드' 섹션에서 설명하겠지만, 이런 실적은 투기 위험을 과도하게 떠안을 때에만 일시적으로 달성할 수 있다.

퍼포먼스 펀드

최근 몇 년 간 펀드매니저들 사이에서 새로 나타난 현상이 '실적performance'에 대한 숭배이다. 그러나 이는 대다수 전통적인 펀드가 아니라, 최근 과도한 관심이 쏠리고 있는 소수의 펀드에만 해당되는 현상임을 밝혀둔다. 이야기는 단순하다. 일부 펀드매니저들이 다우지수보다 훨씬 높은 실적을 추구하기 시작한 것이다. 이들의 시도는 일시적으로 성공하여, 언론의 주목을 받으면서 운용자산 규모도 증가했다. 초과수익 추구는 절대 불법이 아니다. 그러나 대규모 펀드가 초과수익을 달성하려면, 대규모 위험을 떠안을 수밖에 없다. 결국 머지않아 그 대규모 위험이 본색을 드러냈다.

과거에 증시 대폭락을 경험한 탓에 두 번째로 찾아온 '새 시대New Era'가 영 불편했던 구식 투자자들은, 실적 숭배 현상을 둘러싼 여러 환경에서 불길한

징조를 느끼면서 고개를 가로저었다. 첫째, 탁월한 실적을 낸 펀드매니저들은 거의 모두 30대와 40대의 젊은이들로서, 1948-1968년 동안 계속 이어지는 강세장만 경험한 사람들이었다. 둘째, 이들의 투자 행태를 보면, 다음 몇 개월 동안 대폭 상승할 종목을 '건전한 종목'으로 정의하는 듯했다. 그래서 이들은 신생 투기성 기업의 주식을 자산가치나 수익가치보다 터무니없이 높은 가격에 사들였다. 이는 이들 기업이 장래에 큰 성과를 달성하여 무식하고 탐욕스러운 대중이 앞 다투어 몰려들 때에만 정당화될 수 있는 가격이었다.

여기서 당사자들의 실명은 밝히지 않겠지만, 사례는 구체적으로 설명하겠다. 당시 가장 대표적인 '퍼포먼스 펀드'는 1965년 말에 설정된 맨해튼펀드Manhattan Fund, Inc.였다. 이 펀드는 1차 공모에서 주당 9.25-10달러에 2,700만 주가 판매되어, 자본금 2억 4,700만 달러로 출범했다. 물론 자본소득에 중점을 두었다. 펀드 보유 종목 대부분이 배당을 거의 지급하지 않는 고PER 종목들로서, 투기꾼들의 관심 종목이었으므로 주가 흐름도 극적이었다. 1967년 S&P500 지수가 11% 상승하는 동안, 이 펀드는 수익률 38.6%를 기록했다. 그러나 〈표 9-2〉에서 보듯이, 이후 실적은 매우 부진했다.

1969년 말 맨해튼펀드의 포트폴리오는 아무리 좋게 보려고 해도 이례적이었다. 보유 비중 1위 종목과 2위 종목은 6개월도 지나기 전에 파산보호 신청을 했으며, 3위 종목은 1971년 채권자들의 권리행사에 직면했기 때문이다. 그런데 놀랍게도 이런 부실 종목을 펀드는 물론 대학기금과 대형은행의 신탁부 등도 보유하고 있었다. 게다가 맨해튼펀드의 설립자 겸 펀드매니저는 별도로 설립한 자산운용사의 지분을 다른 대기업에 2,000만 달러가 넘는 가격에 매각했는데, 당시 이 자산운용사가 보유한 자산은 100만 달러에도 못 미쳤다. 이는 '펀드매니저 개인의 실적'과 '펀드의 실적'이 역사상 최대 차이를 기록한 사례임에 틀림없다.

〈표 9-2〉 **퍼포먼스 펀드의 포트폴리오와 실적**(맨해튼펀드가 보유한 주요 종목, 1969. 12. 31)

보유 수량 (1,000주)	종목	가격	1969년 이익	1969년 배당	평가액 (100만 달러)
60	텔레프롬프터	99	$0.99	–	$6.0
190	델토나	60.5	2.32	–	11.5
280	페더스	34	1.28	$ 0.35	9.5
105	허라이즌	53.5	2.68	–	5.6
150	라우즈	34	0.07	–	5.1
130	마텔	64.25	1.11	0.20	8.4
120	폴라로이드	125	1.90	0.32	15.0
244[a]	내셔널 스튜던트 마케팅	28.5	0.32	–	6.1
56	텔렉스	90.5	0.68	–	5.0
100	바슈롬	77.75	1.92	0.80	7.8
190	포시즌 너싱	66	0.80	–	12.3[b]
20	IBM	365	8.21	3.60	7.3
41.5	NCR	160	1.95	1.20	6.7
100	색슨 인더스트리	109	3.81	–	10.9
105	커리어 아카데미	50	0.43	–	5.3
285	킹 리소시즈	28	0.69	–	8.1
					$130.6
				기타 주식	93.8
				기타 유가증권	19.6
				투자 합계[c]	$244.0

a 2대 1 주식분할 후

b 관계회사 주식 110만 달러 포함

c 현금성 자산 제외

S&P500 대비 연간 실적

	1966년	1967년	1968년	1969년	1970년	1971년
맨해튼펀드	–6%	38.6%	–7.3%	–13.3%	–36.9%	9.6%
S&P500	–10.1%	23.0%	10.4%	–8.3%	3.5%	13.5%

1969년 말 발간된 책 〈The Money Managers(펀드매니저들)*〉에서는 이런 펀드매니저 19명을 '남의 돈 수십억 달러를 운용하는 힘든 게임에서 정상에 선 사람들'로 소개하면서, 다음과 같이 설명했다. "이들은 젊고...일부는 연 100만 달러 이상을 벌고 있으며...금융계의 새 혈통으로서...모두가 시장에 완전히 매료되어...대박 종목 발굴에 탁월한 솜씨를 발휘한다." 실제로 이들이 운용한 펀드의 실적을 조사해보면 그 성과를 정확히 파악할 수 있다. 위 책에 이들 19명 중 12명이 운용한 펀드의 실적이 나온다. 아니나 다를까 1966년에는 실적이 좋았고, 1967년에는 탁월했다. 1968년에도 전반적으로는 여전히 실적이 좋았지만, 일부 펀드는 실적이 나빠졌다. 1969년에는 펀드 하나만 S&P500 지수 실적을 가까스로 넘어섰을 뿐, 나머지는 모두 손실을 냈다. 그리고 1970년에는 실적이 1969년보다도 나빠졌다.

아마도 이 사례가 주는 교훈을 가장 잘 나타내는 프랑스 속담이 "변화가 많을수록, 본질은 그대로이다.Plus ça change plus c'est la même chose"일 것이다. 똑똑하고 열정적인 젊은이들은 '돈만 맡겨주면' 기적을 보여주겠다고 아득한 옛날부터 사람들에게 약속했다. 이들이 일시적으로는 기적을 보여주었거나, 보여줄 수 있을 것 같았다. 그러나 결국은 사람들에게 손실만 떠안기고 말았다. 약 반세기 전에 이런 '기적'을 보여줄 때에는 흔히 노골적인 주가 조작, 분식회계, 부당한 자본구조, 기타 금융계의 사기성 관행을 이용했다. 이 때문에 SEC가 정교한 통제 시스템을 도입하게 되었으며, 대중도 주식을 더 신중한 태도로 바라보게 되었다. 속임수가 판치던 1926-1929년에서 30여 년이 흐른 1965-1969년, '새로운 펀드매니저들'이 등장했다. 이들은 1929년 대폭락 이후 금지된 위법 행위는 하지 않았다. 실형을 받을 위험이 있었기 때문

* G. E. Kaplan and C. Wells, The Money Managers, (Random House, 1969).

이다. 그러나 비슷한 효과를 내는 새로운 기법과 속임수들이 월스트리트 곳곳에서 사용되고 있었다. 노골적인 주가 조작은 사라졌지만, 화끈한 인기 종목으로 순진한 대중의 관심을 유도하는 기법은 얼마든지 있었다. 예컨대 이들은 '미등록주식'을 시장가격보다 훨씬 싸게 대량으로 매수할 수 있었으므로, 재무제표에 즉시 정상 시장가격으로 표시하여 매력적인 가공이익을 만들어냈다. 전혀 다른 규제환경 속에서도 월스트리트는 놀라운 솜씨를 발휘하여 1920년대의 방종과 과실을 대량으로 재현해낼 수 있었다.

물론 새로운 규제와 금지 규정이 도입되었으므로, 1960년대 말 월스트리트에 등장한 일부 악습을 충분히 막아낼 수 있을 것처럼 보였다. 그러나 사람들의 투기 충동이 사라지거나, 이런 충동을 이용하려는 행태가 없어지길 기대하는 것은 무리였다. 하지만 《대중의 미망과 광기Extraordinary Popular Delusions》*를 읽고 투기를 최대한 멀리하면, 현명한 투자자는 이런 유혹에서 벗어날 수 있다.

1967년에 기록한 화려한 실적을 제외하면, 이후 대부분 퍼포먼스 펀드가 달성한 실적은 빈약했다. 그러나 1967년 실적을 포함하면, 전반적으로 아주 나쁜 실적은 아니었다. 〈The Money Managers(펀드매니저들)〉 데이터에 의하면, 펀드매니저 10명 중 실적이 S&P500보다 훨씬 좋은 사람은 1명, 훨씬 나쁜 사람은 3명, 비슷한 사람은 6명이었다. 이번에는 1967년에 실적이 가장 좋았던(수익률이 84%~301%) 다른 퍼포먼스 펀드 10개를 살펴보자. 1967년 실적을 포함한 4년 실적을 살펴보면, 이들 중 4명은 S&P500보다 좋았고, 2명은 (1967년 실적을 제외해도) S&P500보다 훨씬 좋았다. 그러나 이들

---

* 1852년에 출간된 책이다. 남해회사 거품South Sea Bubble, 튤립 열풍 등 과거 투기 사례를 설명한다. 최근까지 계속해서 투기에 성공한 아마도 유일한 인물인 버나드 바루크Bernard Baruch가 1932년에 재출간했다.

중에는 규모가 큰 펀드가 하나도 없어서, 운용자산 평균이 약 6,000만 달러에 불과했다. 그러므로 지속적으로 탁월한 실적을 내려면 펀드 규모가 작아야 한다는 사실을 알 수 있다.

이상의 논의를 통해서, 초과수익을 추구하는 펀드에는 특별한 위험이 수반된다고 잠정적으로 판단할 수 있다. 지금까지 나의 모든 경험을 종합해보면, 대규모 펀드를 건전하게 운용해서 얻을 수 있는 실적은 기껏해야 시장 지수를 약간 웃도는 수준이다. 대규모 펀드를 불건전하게 운용하면, 일시적으로는 화려한 실적을 얻을 수 있지만, 이는 환상에 불과해서 이후 필연적으로 비참한 손실을 보게 된다. 지금까지 예컨대 10년 이상 지속적으로 초과수익을 달성한 펀드도 분명히 있다. 그러나 이런 펀드는 보기 드문 예외로서, 대부분 전문 분야에서 운용했으며, 운용자산 규모를 스스로 제한했고, 일반 대중에게 적극적으로 판매하지 않았다.

개방형 펀드와 폐쇄형 펀드

•

개방형 펀드는 거의 모두 언제든 순자산가치로 환매가 가능하며, 추가 판매 시스템도 갖추고 있다. 이에 따라 이들의 운용자산 규모는 지속적으로 증가했다. 반면 폐쇄형 펀드는 거의 모두 오래전에 설정되었고, 자본이 고정되어 있으므로, 펀드 시장에서 차지하는 비중이 계속 감소하고 있다. 개방형 펀드는 말솜씨 좋은 영업직원 수천 명이 열정적으로 판매하지만, 폐쇄형 펀드는 영업직원이 없다. 따라서 대부분 개방형 펀드는 순자산가치에 (영업직원 보수 등) 프리미엄 약 9%를 얹은 가격에 판매되고 있지만, 대부분 폐쇄형 펀드는 늘 순자산가치보다도 낮은 가격에 거래되고 있다. 폐쇄형 펀드의 할인율은 개별 펀드에 따라서도 다르지만, 전체 펀드의 평균 할인율도 시점에 따라

〈표 9-3〉 폐쇄형 펀드와 개방형 펀드의 실적 비교

연도	폐쇄형 펀드 평균 할인율	폐쇄형 펀드 평균 실적[a]	개방형 펀드 평균 실적[b]	S&P500 실적[c]
1970	-6%	0%	-5.3%	3.5%
1969		-7.9	-12.5	-8.3
1968	7[d]	13.3	15.4	10.4
1967	-5	28.2	37.2	23.0
1966	-12	-5.9	-4.1	-10.1
1965	-14	14.0	24.8	12.2
1964	-10	16.9	13.6	14.8
1963	-8	20.8	19.3	24.0
1962	-4	-11.6	-14.6	-8.7
1961	-3	23.6	25.7	27.0
10년 평균		9.14	9.95	9.79

a 와이젠버거Wiesenberger가 발표한 10개 펀드의 평균 실적
b 와이젠버거가 발표한 5개 펀드의 평균 실적
c 배당을 포함한 실적
d 프리미엄

서 달라진다. 〈표 9-3〉을 보면 1961-1970년 폐쇄형 펀드의 할인율 추이를 알 수 있다.

조금만 살펴보면 알 수 있지만, 이렇게 폐쇄형 펀드의 가격이 개방형 펀드보다 낮은 것은 운용 실적과 거의 무관하다. 이는 〈표 9-3〉에서 두 집단의 1961-1970년 실적을 비교해보면 알 수 있다.

이로부터 매우 명확한 펀드 선택 원칙이 나온다. 펀드에 투자하려면 순자산가치에 프리미엄 약 9%를 얹은 개방형 펀드 대신, 순자산가치보다 10~15% 할인된 가격에 폐쇄형 펀드를 사야 한다. 두 그룹의 운용 실적이 계속 비슷하다고 가정하면, 폐쇄형 펀드가 약 20% 싸기 때문이다.

이에 대해 개방형 펀드 영업직원은 곧바로 이렇게 반박할 것이다. "폐쇄형 펀드를 사면 나중에 얼마에 팔게 될지 알 수 없습니다. 할인율이 지금보다 더 커지면 손해 볼 수도 있습니다. 그러나 우리 개방형 펀드는 순자산가치의 100%로 환매가 보장됩니다." 이 주장이 과연 타당하고 상식적인지 확인해보자. 이제부터 폐쇄형 펀드의 할인율이 얼마가 되면 개방형 펀드와 실적이 같아지는지 계산해보자.

투자자 A는 순자산가치의 109%에 개방형 펀드를 사고, 투자자 B는 순자산가치의 85%에 폐쇄형 펀드를 사면서 매매수수료 1.5%를 지불했다고 가정하자. 두 펀드 모두 4년 동안 순자산가치의 30%를 배당으로 지급하고 나서, 순자산가치가 시작 시점과 같아졌다고 가정하자. 투자자 A는 개방형 펀드를 순자산가치의 100%에 환매하면서, 4년 전에 지불했던 프리미엄 9%를 잃게 되었다. 그가 4년 동안 거둔 총수익률은 순자산가치 기준으로 30% - 9% = 21%가 된다. 그러나 투자액 기준 수익률은 19%가 된다. 투자자 B의 수익률이 투자자 A와 같아지려면, 폐쇄형 펀드는 얼마가 되어야 할까? 답은 73%로서, 할인율은 순자산가치의 27%이다. 다시 말해서, 폐쇄형 펀드의 할인율이 12%포인트 더 증가해야 개방형 펀드와 실적이 같아진다. 그러나 지금까지 폐쇄형 펀드의 할인율이 이 정도로 증가한 사례는 거의 없었다. 그러므로 두 그룹의 운용 실적이 비슷하다고 가정하면, 폐쇄형 펀드를 할인해서 샀을 때 실적이 개방형 펀드보다 나빠질 가능성은 매우 낮다. 프리미엄이 9%보다 낮은 개방형 펀드와 비교해도, 그 격차는 감소하겠지만 폐쇄형 펀드가 여전히 유리하다.

그런데 몇몇 폐쇄형 펀드는 무려 9%가 넘는 프리미엄 가격으로 거래되고 있다. 이런 펀드는 우수한 운용능력이 입증되어서 프리미엄이 붙었을까? 최근 5-10년 실적을 비교해보면, 답은 그렇지 않다고 나온다. 프리미엄부

〈표 9-4〉 폐쇄형 펀드의 평균 실적[a] (1961~1970년)

	1970년	1966~1970년	1961~1970년	1970년 프리미엄 또는 디스카운트
프리미엄 펀드 3개	-5.2%	25.4%	115.0%	11.4%(프리미엄)
디스카운트 펀드 10개	1.3	22.6	102.9	9.2%(디스카운트)

a 데이터 출처 : 와이젠버거 파이낸셜 서비스

〈표 9-5〉 2대 폐쇄형 펀드 비교[b]

	1970년	1966~1970년	1961~1970년	1970년 프리미엄 또는 디스카운트
리먼	-7.2	20.6	108.0	13.9%(프리미엄)
제너럴 아메리칸	-0.3%	34.0%	165.6%	7.6%(디스카운트)

b 데이터 출처 : 와이젠버거 파이낸셜 서비스

폐쇄형 펀드 6개 중 3개는 주로 외국에 투자하는 펀드이다. 이들은 불과 몇 년 사이에도 프리미엄이 큰 폭으로 바뀌었다. 1970년 말에 붙은 프리미엄이, 하나는 과거 최대 프리미엄의 4분의 1이었고, 하나는 3분의 1이었으며, 하나는 2분의 1 미만이었다. 프리미엄부 폐쇄형 펀드 나머지 3개를 보면, 10년 평균 실적은 할인된 폐쇄형 펀드 10개보다 다소 높았지만, 최근 5년 실적은 오히려 더 낮았다. 〈표 9-5〉는 가장 오래된 최대 폐쇄형 펀드인 리먼 Lehman Corp.과 제너럴 아메리칸 인베스터 General American Investors의 1961-1970년 실적을 나타낸다. 1970년 말 가격이 하나는 순자산가치보다 14% 높고, 하나는 7.6% 낮다. 가격에 실적이 제대로 반영되지 않은 것으로 보인다.

혼합형 펀드

•

와이젠버거 보고서Wiesenberger Report에 의하면, 23개 혼합형 펀드에 포함된 우선주와 채권의 비중은 25~59%로서 평균 40%였고, 나머지는 주식이었다. 이런 혼합형 펀드에 투자하는 것보다는, 채권 부문은 직접 투자하고 나머지를 주식형 펀드에 투자하는 편이 타당해 보인다. 1970년 혼합형 펀드의 채권 부문 수익률은 순자산가치 기준 연 3.9%였으며, 펀드 판매가격 기준으로는 3.6%에 불과했다. 채권 부문은 미국저축채권, A 등급 이상 회사채, 비과세 채권으로 채권 포트폴리오를 구성하는 편이 낫다.

10장

투자 조언

10장

투자 조언

투자자들은 거의 모두 남의 조언에 어느 정도 의지한다. 투자자들 대다수는 아마추어여서, 전문가의 조언을 들으면 종목 선정에 유리하다고 생각한다. 그러나 투자 조언이라는 발상 자체가 사실은 매우 특이한 개념이다.

사람들은 돈을 벌려고 투자하므로, 투자 조언을 구하는 행위는 돈 버는 방법을 알려달라고 부탁하는 것과 같다. 순진한 생각이다. 사업가들도 다양한 분야에서 전문가의 조언을 구하지만, 전문가에게 돈 버는 방법을 알려달라고 부탁하지는 않는다. 돈 버는 방법을 찾는 것은 자신의 역할이기 때문이다. 남들이 자신에게 돈을 벌어줄 것으로 믿는 투자자들은, 통상적인 사업에서는 유례가 없는 성과를 기대하는 셈이다.

올바르게 투자하면 정상 실적을 얻을 수 있다고 가정하면, 조언자의 역할을 쉽게 정할 수 있다. 조언자는 고객이 실수를 저지르지 않고 정상 실적을 얻도록 보호하고 지원해주면 된다. 이때 고객이 정상 실적을 뛰어넘는 초과 실적을 요구하면 과도한 요구가 되고, 조언자가 초과 실적을 약속하면 무리한 약속이 된다.

사람들이 투자 조언을 얻는 방식은 매우 다양하다. 예를 들면 (1) 투자에 박식한 친척이나 친구, (2) 근처 은행 직원, (3) 증권회사, (4) 투자정보 서비스 회사, (5) 투자 상담사 등에게 조언을 얻는다. 이렇게 잡다한 사람들로부터 조언을 얻는 것은, 조언에 대한 관점이 체계적으로 정리되지 않았기 때문이다.

조언자와 절친한 사이가 아니라면, 투자자는 보수적이고 단순한 표준 조언만을 받아들여야 한다. 조언자와 절친한 사이가 아닌데도 적극적이고 복잡한 조언을 받아들이고자 한다면, 자신의 지식과 경험에 비추어 독자적으로 판단할 수 있는 한도 안에서만 받아들여야 한다. 그러나 바로 이 시점부터 그는 방어적 투자자에서 공격적 투자자로 바뀌게 된다.

투자자문 서비스와 은행 신탁 서비스

비싼 보수를 받는 일류 투자자문사 등 전문적인 조언자들은 고객에게 과도한 약속을 하지 않는다. 이들은 고객의 자금을 주로 우량등급 채권과 우량주에 투자하여 전반적으로 무난한 실적을 추구한다. 십중팔구 자금의 90% 이상을 우량주와 국채에 투자하며, 주가 등락을 이용해서 매매차익을 얻으려는 시도도 거의 하지 않는다.

일류 투자자문사들은 화려한 운용능력 대신, 신중하고 보수적이며 체계적인 관리능력을 자랑한다. 이들의 주된 목표는 원금을 보전하면서 다소 낮더라도 안정적인 수익을 얻는 것이다. 그 이상의 실적은 추가 서비스로 간주한다. 아마도 이들이 제공하는 주된 가치는 고객이 값비싼 실수를 저지르지 않도록 보호하는 것이다. 따라서 이들이 제공하는 서비스는 일반투자자문사가 방어적 투자자들에게 제공하는 서비스와 다르지 않다.

대형은행 신탁부가 제공하는 서비스도 일류 투자자문사의 서비스와 비슷하다.

투자정보 서비스

이른바 투자정보 서비스 회사들은 회원들에게 뉴스레터를 발송한다. 뉴스레터에서 다루는 주제로는 기업의 상태와 전망, 증권시장의 현황과 전망, 개별 종목에 대한 정보와 조언 등이 있다. 이들은 흔히 회원들의 질문에 답해주는 '조사부'도 운영한다. 투자정보 서비스 사용료는 투자자문사가 받는 보수보다 훨씬 싸다. 뱁슨스Babson's와 스탠더드 앤드 푸어스Standard & Poor's 등 일부 회사는 투자정보 서비스와 투자자문 서비스를 독립적으로 운영한다. (스커더, 스티븐스 앤드 클라크Scudder, Stevens & Clark는 투자자문사와 자산운용회사를 독립적으로 운영한다.)

투자정보 서비스 회사와 투자자문사는 상대하는 고객이 전혀 다르다. 투자자문사 고객들은 일반적으로 투자 의사결정의 부담에서 벗어나려는 사람들이다. 반면 투자정보 서비스 회사 고객들은 직접 투자 의사결정을 하거나 다른 사람들에게 조언을 제공하는 사람들이다. 투자정보 서비스 회사들은 다양한 '기술적 분석' 기법을 이용해서 시장 흐름을 예측하는 서비스를 주로 제공한다. 이런 서비스는 이 책에서 인정하는 '투자'에 해당하지 않으므로, 논의 대상에서 제외한다.

한편 무디스Moody's Investment Service와 스탠더드 앤드 푸어스 같은 유명 기관은 증권분석에 사용되는 대규모 통계 데이터를 산출하므로 통계기관으로 인정받는다. 이들의 고객은 매우 보수적인 투자자에서 순전한 투기꾼에 이르기까지 다양하다. 따라서 이들은 명확한 철학이 드러나는 의견이나 추천을 제시하기가 곤란하다.

무디스 등 유서 깊은 회사들은 광범위한 고객들에게 유용한 서비스를 제공해야 한다. 그것이 무엇일까? 이들은 일반투자자와 투기꾼의 관심사에 대해, 어느 정도 권위나 신뢰도가 있어 보이는 견해를 제시해야 한다.

투자정보 서비스 회사들은 오래전부터 주식시장 예측을 해왔지만, 이들의 예측을 믿는 사람은 아무도 없었다. 다른 사람들과 마찬가지로, 이들의 예측 역시 맞기도 하고 틀리기도 했다. 이들은 예측이 완전히 빗나가는 위험을 피하려고, 가급적 모호한 표현을 사용한다. (장래에 어떤 결과가 나오더라도 예측이 적중한 것처럼 둘러댈 수 있는 모호한 어법을 사용한다.) 내 사견으로는, 이들의 예측은 증권시장에서 인간 본성만 보여줄 뿐이다. 주식 투자자는 누구나 남들의 시장 예측을 듣고 싶어 한다. 이런 수요가 존재하므로, 공급도 존재하는 것이다.

투자정보 서비스 회사가 제공하는 경기 해석과 전망은 훨씬 유익하고 권위적이다. 이들이 제공하는 체계적인 정보는 증권 매수자와 매도자들 사이에서 계속 확산되어, 대부분 상황에서 상당히 합리적인 증권 가격이 형성된다. 이들이 발간하는 자료 역시 계속 축적되면서 고객들의 투자 판단에 유익하게 사용된다.

개별 종목에 대한 이들의 추천을 평가하기는 쉽지 않다. 각 추천을 별도로 평가해야 하며, 여러 해에 걸쳐 포괄적으로 정교하게 분석해서 판단해야 하기 때문이다. 내 경험에 의하면, 이들은 태도에 문제가 있으므로 조언을 들을 필요가 없다. 현재 가격에 상관없이 기업의 단기 전망이 좋으면 매수해야 하고, 단기 전망이 나쁘면 팔아야 한다고 주장하기 때문이다. 이런 천박한 태도 탓에 건전한 분석 즉, 기업의 장기 수익력을 고려했을 때 현재 가격에서 주식이 고평가되었는지 저평가되었는지 가늠하는 분석을 하지 못한다.

현명한 투자자라면 투자정보 서비스 회사의 추천에만 의지해서 매매해서는 안 된다. 이 요점만 명심하면, 투자정보 서비스 회사가 제공하는 정보와 제안도 유용한 서비스가 된다.

증권회사의 조언

투자 대중에게 가장 많은 정보와 조언을 제공하는 주체는 십중팔구 증권회사이다. 증권회사들은 뉴욕증권거래소 등 거래소의 회원이며, 표준수수료를 받고 매수/매도 주문을 실행해준다. 투자 대중을 상대하는 증권사는 거의 모두 통계부서나 분석부서를 운영하면서 고객 문의에 답하거나 매매를 추천한다. 이들은 일부 정교한 고급 자료를 포함해서 많은 분석 자료를 고객들에게 무료로 배포한다.

여기서 '고객customer'과 '의뢰인client' 중 어느 호칭이 더 적절하냐에 대해 논쟁이 벌어지기도 하지만, 일반적인 거래를 하는 사람은 고객으로, 전문 서비스를 받는 사람은 의뢰인으로 구분할 수 있다. 월스트리트 주식중개인들의 윤리 기준도 십중팔구 다른 분야 못지않게 높지만, 아직 진정한 전문직의 기준에는 이르지 못하고 있다.

과거 증권사들은 주로 투기 덕분에 번영했지만, 투기꾼들은 거의 모두 손실을 보았다. 그러므로 증권사들은 고객들에게 투기를 자제하라고 조언할 수가 없다. 스스로 매출을 축소할 수는 없기 때문이다.

따라서 증권사가 할 수 있는 최선은 고객에게 투기를 조장하지 않는 정도다. 그런 증권사들은 고객의 주문 실행, 재무 정보와 분석 자료 제공, 종목의 장단점에 대한 의견 제시까지만 한다. 원칙적으로 이들은 고객이 투기를 통해서 이익을 보든 손실을 보든 책임이 전혀 없다.

그러나 대부분 증권사들은 옛날 슬로건을 고수한다. 즉, 증권업은 수수료 사업이며, 수수료 사업에서 성공하려면 고객이 원하는 것을 제공해야 한다는 식이다. 가장 기여도 높은 고객들이 투기 조언과 투기 제안을 원하므로, 증권사들은 데이트레이딩(초단기 매매)을 집중적으로 지원한다. 따라서 증권사들은 이익을 내기가 사실상 불가능한 분야에서 고객들이 매매하도록 열심히 지원한다. 하지만 증권사 고객들 대부분이 장기적으로는 투기활동에서 이익을 낼 수가 없다. 반면 진정한 투자를 하는 고객들은 투기 손실을 상쇄하고도 남을 만큼 이익을 낼 수 있다.

고객에게 정보와 조언을 제공하는 증권사 직원은 두 종류로서, '고객 담당자customers' broker'와 '애널리스트financial analyst'이다.

고객 담당자는 '등록대리인registered representative'이나 '투자상담사'라고도 부른다. 대부분 고객 담당자는 증권에 대한 지식이 풍부하고 성품이 좋은 사람이며, 엄격한 행동강령을 준수한다. 그렇더라도 그의 본업은 수수료 수입이므로, 투기에 관심이 끌릴 수밖에 없다. 따라서 투기를 하지 않으려는 고객이라면, 자신은 투기성 정보에 전혀 관심이 없다고 고객 담당자에게 명확하게 밝혀야 한다. 이런 의사가 명확하게 전달되면, 고객 담당자는 고객 의사를 존중하여 협조할 것이다.

한때 증권분석사로 불리던 애널리스트는 나의 특별한 관심사이기도 하다. 나 역시 50년 이상 애널리스트로 활동하면서, 애널리스트 양성에 기여했다. 여기서는 증권사 소속 애널리스트에 대해서만 논의하기로 한다. 애널리스트의 역할은 그 명칭에 뚜렷하게 나타난다. 그는 개별 종목을 자세히 분석하고, 같은 분야에 속한 다양한 증권을 세심하게 비교하며, 온갖 주식과 채권의 안전성, 매력도, 내재가치 등에 대해 전문가로서 의견을 제시한다.

이해하기 어렵겠지만, 애널리스트가 되기 위한 정식 요건은 없다. 반면 고객 담당자가 되려면 시험을 통과해야 하고, 인성검사를 받아야 하며, 뉴욕증권거래소에 등록이 되어야 한다. 하지만 실제로 젊은 애널리스트들은 거의 모두 경영대학원에서 폭넓게 교육받았고, 나이든 애널리스트들은 오랜 경험을 통해서 경영대학원 과정에 상응하는 지식을 쌓았다. 따라서 증권사 소속 애널리스트 대다수는 자격요건과 역량을 갖추었다고 볼 수 있다.

증권사 고객은 애널리스트를 직접 접촉할 수도 있고, 고객 담당자를 통해서 간접적으로 접촉할 수도 있다. 어떤 방식으로든 고객은 애널리스트로부터 많은 정보와 조언을 얻을 수 있다. 여기서 강조할 말이 있다. 애널리스트의 가치는 주로 투자자의 태도에 좌우된다는 사실이다. 투자자가 애널리스트에게 올바른 질문을 던지면, 대개 올바른 답을 얻게 된다. 그런데 증권사 소속 애널리스트들은 시장도 분석해야 한다는 압박감에 시달린다. 특정 주식이 건전하냐고 질문하면, 애널리스트는 "이 주식이 수개월 안에 상승할까요?"라는 질문으로 받아들인다. 그래서 애널리스트들은 주식을 분석하는 동안 시세 표시기에 마음을 빼앗기기 일쑤다. 이는 건전한 사고와 판단에 걸림돌이 될 뿐이다.

그러면 애널리스트는 실제로 어떤 역할을 할 수 있을까? 증권사 소속 애널리스트 대다수가 진정한 투자자에게는 큰 도움을 줄 수 있다. 그러나 고객 담당자와 마찬가지로, 애널리스트 역시 고객의 목표와 태도를 처음부터 명확하게 이해해야 한다. 고객이 가격이 아니라 가치를 지향한다고 확신하게 되면, 애널리스트가 정말로 유용한 조언을 제공할 가능성이 매우 높다.

CFA 자격증과 애널리스트

•

1963년 애널리스트들에게 전문가의 지위와 책임을 수여하는 중대한 조치가 이루어졌다. 시험에 합격하고 기타 요건을 충족하는 선임 애널리스트들에게는 이제 국제재무분석사(CFA: Chartered Financial Analyst)라는 공식 직함이 수여된다.* 시험 과목에는 증권분석과 포트폴리오 관리가 포함된다. 공식 직함 CFA는 의도적으로 유서 깊은 전문직인 CPA(공인회계사)와 비슷한 형태로 제정되었다. 이제 CFA라는 새 제도에 의해서 애널리스트들의 수준이 향상될 것이며, 마침내 재무분석 업무가 진정한 전문직이 될 것이다.

증권사 이용 방법

이 개정판을 쓰는 기간에 대형 증권사 둘을 포함해서 뉴욕증권거래소 회원 증권사 다수가 재정난에 빠져, 파산 또는 파산 직전 상태에 놓여 있다. 이는 50여 년 만에 발생한 상황인데, 그 원인 몇 가지가 매우 특이하다. 수십 년 동안 뉴욕증권거래소는 최소자본요건, 불시감사 등으로 회원사들의 영업 및 재무 상태에 대한 감시와 통제를 강화해왔다. 게다가 SEC도 37년 동안 증권거래소와 회원사들을 감독했다. 끝으로, 주식중개업 여건 자체가 양호해서, 거래량이 대폭 증가했고, 최소 중개수수료가 정해져 있어서 수수료 경쟁이 없었으며, 거래소 회원 숫자도 제한되어 있었다.

1969년에 발생한 첫 번째 재정난은 거래량 증가 때문이었다. 증권사들의 주장에 의하면, 거래량 증가 때문에 설비에 과부하가 걸렸고, 간접비가 증가했으며, 거래 정산 과정에서 많은 문제가 발생했다. 이 주장이 옳다면, 이는 매출 증가를 감당하지 못해서 주요 기업들이 파산한 역사상 첫 번째 사례가 될 것이다. 1970년에 증권사 파산이 증가하자, 이번에는 '거래량 감소' 때문이라는 주장이 나왔다. 그러나 이해하기 어려운 주장이다. 1970년 뉴욕

* CFA 시험은 재무분석사협회Financial Analysts Federation 소속 국제재무분석사협회Institute of Chartered Financial Analysts가 주관한다. 현재 국제재무분석사협회 회원은 5만 명이 넘는다.

증권거래소 거래량은 29억 3,700만 주로서 역사상 최대 규모였으며, 1965년 이전 어느 해보다도 두 배 이상 많은 거래량이었기 때문이다. 1964년까지 15년 동안 이어진 강세장 기간에는 연간 거래량이 평균 7억 1,200만 주로서, 1970년 거래량의 4분의 1에 불과했다. 그런데도 증권사들은 역사상 최대 호황을 누렸다. 그동안 거래량 증가 때문에 증권사들의 간접비가 증가했으나, 일시적인 거래량 감소 탓에 간접비를 감당하지 못하고 파산했다면, 증권사들의 사업 감각이 무디거나 재무구조가 부실했기 때문일 것이다.

마침내 은연중에 드러난 세 번째 요소가 재정난의 원인으로 가장 타당해 보인다. 일부 증권사에서는 파트너들이 자본금으로 주식을 매입했는데, 일부 투기성 강한 주식을 거품이 잔뜩 낀 높은 가격에 매입했다. 1969년 시장이 침체하여 이런 주식이 폭락하자, 증권사 자본금 상당액도 함께 사라졌다.* 실제로 파트너들은 고객 보호에 사용해야 하는 자본금으로 투기를 하고 있었다. 이는 변명의 여지가 없는 행위이지만, 더는 언급하지 않겠다.

투자자는 투자전략 수립은 물론, 관련 세부 업무에도 관심을 기울여야 한다. 평판 좋은 증권사를 선택하는 일도 여기에 포함된다. 지금까지는 별다른 이유가 없으면, 뉴욕증권거래소 회원 증권사를 선택하는 것으로 충분했다. 그러나 이제는 증권사 선택에 대해서 몇 마디 조언을 하고자 한다. 증거금계정margin account을 사용하지 않는 이른바 방어적 투자자라면, 증권 양수/양도 업무를 은행에 맡겨야 한다. 증권사에 매수 주문을 낼 때에는, 매수한 증권을 지급인도 방식으로 거래 은행에 양도해달라고 지시할 수 있다. 반대로, 증권을 매도할 때에는 증권을 지급인도 방식으로 거래 증권사에 양도해달라고

* 뉴욕증권거래소는 이런 위험을 최소화하려고 엄격한 평가 규정(이른바 헤어컷haircuts)을 도입했지만 큰 도움이 되지 않았다.

거래 은행에 지시할 수 있다. 이런 서비스를 이용하면 추가 비용이 들어가지만, 안전해서 마음이 편해지므로 그만한 가치가 있다. 증권사들의 문제가 모두 해결되었다는 확신이 들면, 이 조언은 무시해도 좋다.

투자은행

투자은행은 주식 및 채권의 발행, 인수, 판매를 담당하는 회사이다. (인수란, 발행 증권을 모두 판매해주겠다고 발행자에게 보장하는 행위이다.) 인수 업무를 일정 규모로 수행하는 증권사도 많은데, 대개 주간사 투자은행이 구성하는 인수단에 참여하는 정도이다. 그러나 강세장 절정기에는 증권사들도 소규모 주식 발행 등 신규 증권 발행 및 후원 활동까지 하는 경향이 있다.

투자은행업은 아마도 월스트리트에서 가장 존중받는 업무일 것이다. 산업 발전에 필요한 신규 자본을 공급하는 건설적인 역할이기 때문이다. 자주 투기 열풍에 휩쓸리는데도 증권시장을 유지해야 한다고 주장하는 이론적 근거가, 증권시장이 주식 및 채권의 신규 발행을 촉진한다는 사실이다. 신규 발행 증권을 곧바로 매도할 수 있는 증권시장이 없다면, 투자자든 투기꾼이든 신규 발행 증권을 매수하려 하지 않을 것이다.

투자은행과 투자자 사이의 관계는, 영업직원과 잠재 매수자 사이의 관계와 같다. 과거에는 신규 발행 증권 대부분이 채권이었으며, 은행과 보험사 등 금융기관들이 주요 매수자였다. 당시 매수자들은 빈틈없고 노련한 전문가들이었으므로, 투자은행의 조언을 세심하고도 신중하게 검토했다. 따라서 이런 거래는 거의 모두 효율적으로 진행되었다.

그러나 개인 투자자들이 금융기관을 대신하게 되자, 상황이 달라졌다. 개인 투자자는 대부분 미숙하고 빈틈이 많아서, 영업직원의 말을 쉽게 믿는다.

게다가 일확천금을 꿈꾸는 사람이 많아서, 특히 신주를 권유할 때 쉽게 넘어간다. 그 결과 투자은행이 양심과 윤리의식을 발휘해야 개인 투자자가 보호받을 수 있게 되었다.*

영업에 열중하면 양심을 지키기 어려운 탓에, 잘 나가는 투자은행은 정직하기가 어렵다. 그러므로 투자은행의 권유를 함부로 수용해서는 안 된다. 1959년 개정판에서도 나는 다음과 같이 말했다. "이렇게 불건전한 태도에서 비롯되는 폐해는 발행시장에서 거듭 발생하는데, 특히 투기 과열기에 신주를 판매할 때 심각하게 나타난다." 1959년 직후에도 이런 현상이 나타났다. 이미 밝혔듯이, 1960-1961년, 1968-1969년에 특히 심해서, 저질 신주가 유례없이 쏟아져 나와 대중에게 터무니없이 높은 가격에 판매되었는데, 무분별한 투기와 조작에 의해서 주가가 훨씬 더 상승하는 경우도 많았다. 월스트리트의 주요 투자은행들 다수도 이런 행위에 가담한 것을 보면, 이들의 탐욕, 사악함, 무책임은 여전히 건재함을 알 수 있다.

현명한 투자자라면 명성이 탁월한 투자은행의 조언과 추천에 관심을 기울여야 하며, 이 때에도 스스로 건전하고 독자적인 판단을 내려야 한다.

다른 조언자들

•

소도시에서는 그 지역 은행 직원에게 투자 조언을 얻는 오랜 관습이 있

* 지금은 신주를 공모할 때 SEC 규정에 따라 반드시 투자설명서prospectus를 공개해야 한다. 투자설명서에는 발행 증권과 발행자에 관한 사실이 모두 공개되므로, 신중한 투자자라면 그 증권의 정확한 특성을 충분히 파악할 수 있다. 그러나 투자설명서는 대개 분량이 매우 방대해서 읽을 엄두도 못 낼 정도다. 그래서 신주를 사는 개인들 중 투자설명서를 자세히 읽는 사람은 극소수에 불과한 실정이다. 그러므로 개인들은 신주를 살 때 지금도 자신의 판단이 아니라, 주로 증권사 영업직원이나 고객 담당자들의 조언을 따르고 있다.

다. 은행 직원이 증권 전문가는 아니지만, 대개 노련하고 보수적이다. 미숙한 투자자는 따분한 방어적 투자에서 벗어나려는 유혹을 받기 쉬워서 신중한 태도부터 확립해야 하므로, 은행 직원의 조언이 매우 유용하다. 그러나 염가 종목을 찾는 공격적 투자자에게는 은행 직원의 조언이 그다지 유용하지 않을 것이다.

친척이나 친구에게 투자 조언을 받는 오랜 관습은 위험하므로 유의해야 한다. 남들은 투자에 대한 지식과 경험이 더 풍부할 것이라고 지레 짐작해서는 안 된다. 친척이나 친구의 조언에 의지하는 것은, 맹인이 맹인에게 의지하는 것과 다르지 않다. 엉터리 조언이기 때문에 공짜로 퍼주는 것이다.

요약

•

운용보수를 기꺼이 지급하려는 투자자는 유서 깊고 평판 높은 투자자문사를 선택하는 편이 좋다. 아니면 뉴욕증권거래소 회원사 중 대표적인 증권사에서 유료 관리 서비스를 받거나, 대형 투자신탁회사를 이용할 수도 있다. 그러면 탁월한 실적은 절대 기대할 수 없겠지만, 박식하고 신중한 투자자들의 평균 실적 정도는 기대할 수 있다.

대부분 투자자는 공짜로 조언을 얻는다. 따라서 대부분 투자자는 초과실적을 얻을 자격도 없고 기대해서도 안 된다. 고객 담당자든 증권 영업직원이든, 화려한 이익을 약속하는 사람은 모두 경계해야 한다. 트레이딩 분야에서 유행하는 종목 선정 및 매매에 관한 조언 역시 경계해야 한다.

방어적 투자자는 조언자들이 추천하는 증권에 대해 독자적으로 판단할 능력이 없다. 그러므로 자신이 원하는 증권의 유형을 미리 명확하게 밝혀두어야 한다. 그러면 조언자들은 우량등급 채권과 우량주만 추천할 것이며, 가급적이면 과거 경험과 분석에 비추어 합리적인 가격에 살 수 있는 증권을 추천할 것이다. 평판 좋은 증권사 애널리스트라면, 이렇게 가격이 합리적인 우량주 목록을 제시할 수 있으며, 그 가격이 과거 경험에 비추어 합리적이라는 사실도 입증할 수 있다.

공격적 투자자는 대개 조언자들과 적극적으로 협의하면서 투자한다. 그는 상세한 설명을 듣고 나서 자신이 독자적으로 판단해야 한다. 자신의 지식과 경험 수준에 맞추어 목표와 투자 방식을 선택해야 하기 때문이다. 조언자의 능력과 정직성이 확실하게 입증된 경우가 아니라면, 자신이 이해하지 못하는 조언을 함부로 수용해서는 안 된다.

시장에는 파렴치하고 무책임한 주식 중개인들이 많으므로, 가능하면 뉴욕증권거래소 회원이면서 평판 좋은 증권사만 이용하는 편이 좋다. 그리고 번거롭겠지만, 증권 양수/양도도 은행을 통해서 하는 편이 더 안전하다. 몇 년 지나면 월스트리트 증권사들의 재정난이 완전히 해소되겠지만, 1971년 말 현재 시점에서는 "나중에 후회하느니 지금 조심하는 편이 낫다."

11장

초보 투자자의 증권 분석

11장

초보 투자자의 증권 분석

재무분석은 이제 확고하게 자리 잡아 번창하는 전문직이 되었다. 다양한 분석가 집단으로 구성된 미국재무분석사협회National Federation of Financial Analysts는 회원이 1만 3,000명이 넘는데, 대부분이 전업 애널리스트이다. 협회는 교과서와 윤리강령도 갖추었으며, 계간지도 발행하고 있다. 물론 해결해야 할 과제도 남아 있다. 최근에는 '증권분석'이라는 용어 대신 '재무분석'을 사용하는 경향이 있다. 재무분석이 더 포괄적인 용어여서, 월스트리트 선임 분석가들의 업무를 더 잘 설명하기 때문이다. 증권분석에는 주로 주식 및 채권에 대한 조사 및 평가만 포함되지만, 재무분석에는 투자전략(포트폴리오 선택)과 일반경제 분석도 포함된다.* 11장에서는 주로 애널리스트(또는 증권분석사)의 업무에 대해서 논의한다.

---

* Benjamin Graham, David L. Dodd, Sidney Cottle, and Charles Tatham,《증권분석Security Analysis》(McGraw-Hill, 4th ed., 1962). 이 책은 1934년에 지은 제목 '증권분석'을 그대로 유지하고 있지만, 재무분석에 대해서도 많이 다룬다.

애널리스트는 특정 증권의 과거, 현재, 미래를 다룬다. 그는 사업을 설명하고; 영업 실적과 재무 상태를 요약하며; 증권의 강약점, 잠재 수익 및 위험에 대해 의견을 제시하고; 다양한 가정을 세워 미래 수익력을 추정한다. 그는 다양한 기업을 정교하게 비교분석하기도 하고, 한 기업을 다양한 시점에서 비교분석하기도 한다. 끝으로, 채권이나 투자등급 우선주에 대해서는 안전성을 평가하고, 주식에 대해서는 투자 매력도를 평가한다.

이 과정에서 애널리스트는 초보 수준에서 난해한 수준에 이르기까지 다양한 분석 기법을 사용한다. 그는 공인회계사가 승인한 재무제표에서도 숫자들을 대폭 수정할 수 있다. 특히 그는 다르게 해석될 수 있는 재무제표 항목에 유의한다.

애널리스트는 채권이나 우선주에 안전성 기준을 적용하여, 투자에 적합한 건전한 증권인지 판단한다. 주로 사용하는 안전성 기준은 과거 평균 이익이지만, 자본구조, 운전자본, 자산가치 등도 사용한다.

최근까지 애널리스트가 주식에 적용하는 평가 기준은, 채권과 우선주에 적용하는 안전성 기준만큼 명확하지가 않다. 그는 주로 과거 실적 요약, 전반적인 미래 실적(특히 향후 12개월) 추정치를 근거로 다소 자의적인 결론을 내린다. 게다가 그 결론은 대개 주식 시세표나 주가 차트를 의식하면서 내린 결론이다. 그러나 지난 몇 년 동안 애널리스트들이 관심을 기울인 문제는 성장주 평가였다. 성장주 다수는 과거 및 현재 이익 기준 PER이 매우 높아서, 추천하는 애널리스트들은 먼 미래의 예상 이익까지 명확하게 추정해서 평가할 수밖에 없었다. 그리고 이 평가를 뒷받침하려고 부득이 다소 난해한 수학적 기법까지 동원했다.

이런 수학적 기법은 잠시 후 간단히 다룰 것이다. 그러나 아이러니하게도, 수학적 평가는 가장 신뢰하기 어려운 분야에서 가장 많이 사용되었다. 과거 실적 대신 미래 추정치 평가에 의존할수록, 계산 착오와 오류 가능성이 더 커지기 때문이다. 고PER 성장주의 가치 대부분은 (과거 실적과는 확연히 다른) 미래 실적 추정치에서 나온다(다만 성장률은 과거와 같을지 모른다). 따라서 오늘날 애널리스트들은 가장 신뢰하기 어려운 분야에서 수학적 기법을 가장 많이 사용할 수밖에 없다.

이제 증권분석에서 더 중요한 요소와 기법들에 대해 계속 논의하자. 여기서는 초보 투자자들에게 적합하도록 내용을 압축해서 다루고자 한다. 초보 투자자들도 최소한 애널리스트가 무슨 말을 하고 어떤 결론을 내리는지는 이해해야 하기 때문이다. 그리고 가능하면 피상적인 분석과 건전한 분석도 구분할 수 있어야 한다.

초보 투자자를 위한 증권분석은 연차 재무제표 해석에서 시작된다고 볼 수 있다. 이 내용은 초보자를 위한 책《현명한 투자자의 재무제표 읽는 법The Interpretation of Financial Statements》에서 다루었다.*《현명한 투자자》에서는 정보와 설명 대신 원칙과 태도를 중점적으로 다루므로, 여기서는 재무제표 해석을 자세히 논의하지 않겠다. 이제 종목 선정에 관한 두 가지 기본 질문으로 넘어가자. 채권과 우선주의 주요 안전성 기준은 무엇인가? 주식 평가의 핵심 요소는 무엇인가?

채권 분석

신뢰도가 가장 높아서 가장 존중받는 증권분석 분야가 채권 및 투자등급

* Benjamin Graham, Charles McGolrick,《현명한 투자자의 재무제표 읽는 법The Interpretation of Financial Statements》, Harper & Row, 1964, 1998년 HarperBusiness에서 재발간.

〈표 11-1〉 채권 및 우선주에 대해 추천하는 최소 '이자보상비율'

A. 투자등급 채권

기업 유형	'영업이익 / 총고정비'의 최소 배수			
	세전		세후	
	7년 평균	'최악의 해'	7년 평균	'최악의 해'
공익기업	4배	3배	2.65배	2.10배
철도회사	5	4	3.20	2.65
제조회사	7	5	4.30	3.20
소매회사	5	4	3.20	2.65

B. 투자등급 우선주

기업 유형	'영업이익 / (총고정비+우선주 배당×2)'의 최소 배수	
	세전	
	7년 평균	'최악의 해'
공익기업	4배	3배
철도회사	5	4
제조회사	7	5
소매회사	5	4

비고: 이자비용은 세금공제가 되지만 우선주 배당은 세금공제가 되지 않으므로, 우선주 배당에 2를 곱한다.

C. 기타 유형의 채권 및 우선주

위 기준이 적용되지 않는 경우는 공익기업 지주회사, 금융회사, 부동산회사다. 이에 대한 설명은 생략한다.

우선주에 대한 안전성 분석이다. 회사채의 안전성 분석에 사용되는 가장 중요한 기준은 이자보상비율(영업이익을 이자비용으로 나눈 값)이다. 우선주의 안전성을 분석할 때에는 영업이익을 '채권 이자 + 우선주 배당금'으로 나누어 이자보상비율을 계산한다.

적용되는 기준은 관계 당국에 따라 달라진다. 이 기준은 원래 자의적이므로, 어느 기준이 가장 적합한지 판단할 방법도 없다. 〈표 11-1〉은《증권분석》 1962년 개정판(4판)에서 추천한 이자보상비율 기준이다.

이 기준은 일정 기간의 평균 실적에만 적용된다. 일부 당국에서는 연도별 최소 이자보상비율도 요구한다. 나는 7년 평균 기준의 대안으로 '최악의 해' 기준도 인정한다. 채권과 우선주는 두 기준 중 하나만 충족해도 충분하다.

1961년 이후 금리가 대폭 상승했으므로 이자보상비율을 다소 낮춰야 한다고 누군가 이의를 제기할 수도 있다. 금리가 4.5%에서 8%로 상승했으므로, 제조회사가 이자보상비율 7배를 유지하기는 훨씬 어려워졌을 것이다. 상황이 이렇게 바뀌었으므로, 내가 대신 제안하는 기준은 영업이익을 '부채 원금'으로 나눈 값이다. 이 비율이 세전 기준으로 제조회사는 33%, 공익기업은 20%, 철도회사는 25% 이상이어야 한다. 대부분 기업이 총부채에 대해 실제로 지급하는 금리는 현재 금리인 8%보다 훨씬 낮다. 과거에 발행한 채권은 표면금리가 더 낮기 때문이다. '최악의 해' 이자보상비율 기준은 7년 평균 기준의 약 3분의 2로 정할 수 있다.

이자보상비율 기준에 더해서 일반적으로 적용되는 기준은 다음과 같다.

1. 기업의 규모

기업에 대해서는 (제조회사, 공익기업, 철도회사에 따라 달라지는) 최소 매출 기준이 있고, 지방 자치단체에 대해서는 최소 인구 기준이 있다.

2. 시가총액/총부채 비율

주식의 시가총액을 '부채 + 우선주의 액면가'로 나눈 비율이다. 주식은 후순위 투자여서 손실을 먼저 떠안게 되므로, 이 비율이 클수록 채권과 우선주는 더 안전해진다. 이 비율은 이 기업의 전망에 대한 시장의 평가이기도 하다.

3. 부동산 가치

과거에는 채권의 안전성을 평가할 때 대차대조표에 표시되는 자산가치를 가장 중시했다. 그러나 경험을 돌아보면 안전성은 주로 수익력에 좌우되므로, 수익력이 부족하면 자산은 가치 대부분을 상실한다. 그러나 공익기업(요금이 주로 부동산 투자에 좌우되므로), 부동산회사, 투자회사는 자산가치가 안전성 평가 기준으로 여전히 중요하다.

여기서 예리한 투자자라면 다음 질문을 던져야 한다. "원리금 지급은 기업의 미래 실적에 달렸는데, 과거 및 현재 실적으로 평가한 안전성 기준을 과연 얼마나 믿을 수 있나요?" 이 질문에 답하려면 과거 경험을 돌아볼 수밖에 없다. 투자의 역사를 보면, 과거 실적으로 산출한 엄격한 안전성 기준을 충족한 채권 및 우선주 대다수는 이후 시장이 급변할 때에도 아무 문제가 없었다. 그동안 부도와 심각한 손실이 자주 발생한 철도 채권 분야에서 이런 현상이 뚜렷이 나타났다. 곤경에 처한 철도회사들은 거의 모두 오래전부터 부채가 과도해서, 호황기에도 최소 이자보상비율을 충족하지 못했으므로, 엄격한 안전성 기준을 적용하는 사람들의 투자 대상에서 제외되었을 것이다. 반면 엄격한 안전성 기준을 충족하는 철도회사들은 거의 모두 자금난을 피해갔다. 1940년대와 1950년대에 재편된 수많은 철도회사의 사례에서 이런 모습이 뚜렷이 나타났다. 재편 과정을 거쳐 사업을 재개할 때, 하나만 제외하고 모든 철도회사가 고정비를 축소하여 이자보상비율을 충족했다. 당시 예외였던 뉴헤이븐 철도New Haven Railroad는 재편된 1947년 이자보상비율이 약 1.1배에 불과했다. 이후 나머지 철도회사들은 모두 불황기에도 지불능력을 유지할 수 있었지만, 뉴헤이븐은 1961년 세 번째 법정관리를 받게 되었다.

17장에서도 1970년 금융계를 뒤흔든 펜센트럴 철도Penn Central Railroad 파산 사례에 대해 논의할 것이다. 이 사례에서도 회사는 일찌감치 1965년부터 최소 이자보상비율을 충족하지 못했다. 따라서 신중한 채권 투자자라면 회사가 파산하기 오래 전에 채권을 처분하거나 매수를 회피했을 것이다.

공익기업 부문에서는 과거 실적으로 산출한 안전성 기준이 더 타당한 것으로 드러났다. 재무구조가 건전한 공익기업(전력회사)이 법정관리를 받기는 거의 불가능하다. SEC가 규제를 시작한 이후, 공익기업 지주회사 시스템 대부분이 해체되었지만, 공익기업들은 재무구조가 건전해서 파산 사례가 없었다. 1930년대 전력회사와 가스회사들의 자금난은 거의 100% 과도한 부채와 부실한 경영에서 비롯되었으며, 그 흔적은 이들의 자본구조에 뚜렷이 남아 있다. 그러므로 엄격한 안전성 기준을 따른 투자자들은 나중에 파산하는 채권들을 피할 수 있었다.

제조회사 채권들의 장기 실적은 달랐다. 전체적으로 보면 제조회사들의 수익력은 철도회사나 공익기업들보다 더 빠르게 성장했지만, 개별 제조회사의 안전성은 철도회사나 공익기업보다 낮았다. 따라서 제조회사 채권과 우선주에 투자할 때에는 규모도 클 뿐 아니라 과거 심각한 불황도 견뎌낸 회사만 선택해야 했다.

1950년 이후에는 제조회사 채권의 채무 불이행 사례가 거의 없었다. 그러나 이는 오랜 기간 심각한 불황이 없었던 덕분이었다. 1966년 이후에는 재무상태가 악화하는 제조회사들이 많아졌다. 무리한 사업 확장 탓에 자금난에 시달리는 기업이 많았다. 한편으로는 은행 대출금과 장기채권 발행이 대폭 증가하고, 한편으로는 영업 손실이 빈발했다. 1971년 초 계산에 의하면, 모든 제조회사가 지난 7년 동안 지급한 이자 합계액이 1963년 98억 달러에서 1970년에는 261억 달러로 증가했다. 그리고 지급 이자가 세전 이익에서 차지하는 비중은 1963년 16%에서 1970년 29%로 증가했다.* 이자 부담이 이보다 훨씬 증가한 회사도 틀림없이 많을 것이다. 부채가 과중한 기업들이 너무 흔해졌다. 1965년 개정판에 썼던 경고가 다시 필요해졌다.

이렇게 유리한 상황이 무한정 이어질 것이라고 함부로 믿으면서 채권 선정 기준을 완화해서는 안 된다.

주식 분석

이상적인 주식 분석 방식은, 현재 가격에 매수해도 매력적인지 비교할 수 있는 분석 방식이다. 흔히 미래 일정 기간의 이익 추정치에 적정 자본화계수capitalization factor를 곱해서 산출한다.

미래 이익을 추정할 때에는 대개 과거 판매량, 판매 가격, 영업 이익률 데이터를 사용한다. 미래 매출액을 추정할 때에는, 과거 판매량과 판매 가격이 향후 어떻게 변화할 것인지 가정을 세운다. 이 때에는 먼저 GDP 예측치를 근거로 삼아 해당 업종과 기업의 변화를 추정한다.

여기서는 1965년 개정판 내용에 최근 상황을 추가하여 이 평가 기법을 설명하기로 한다. 선도적인 투자정보 서비스 회사 밸류라인Value Line은 앞에서 설명한 방식으로 미래 이익과 배당을 추정하고, 여기에 주로 과거 상관관계에 근거한 평가 공식을 적용하여 '예상 주가'를 산출한다. 〈표 11-2〉는 이런 방식으로 추정한 이익 및 주가를 실제 이익 및 주가와 비교한 자료이다. 1964년 6월 추정한 1967-1969년 실적을, 1968년에 실현된 실적과 비교하였다.

* 뉴욕의 대형 채권회사인 살로몬 브라더스Salomon Brothers 데이터.

〈표 11-2〉 다우존스 산업평균

(1964년 6월에 추정한 1967~1969년 실적을 1968년에 실현된 실적과 비교)

	이익		주가 1964. 6. 30	1967~69년 주가 추정치	1968년[a] 평균 주가
	1967~69년 추정치	1968년[a] 실제			
얼라이드 케미컬	$3.70	$1.46	54.5	67	36.5
알코아	3.85	4.75	71.5	85	79
아메리칸 캔	3.50	4.25	47	57	48
AT&T	4.00	3.75	73.5	68	53
아메리칸 타바코	3.00	4.38	51.5	33	37
아나콘다	6.00	8.12	44.5	70	106
베들레헴 철강	3.25	3.55	36.5	45	31
크라이슬러	4.75	6.23	48.5	45	60
듀폰	8.50	7.82	253	240	163
이스트먼 코닥	5.00	9.32	133	100	320
GE	4.50	3.95	80	90	90.5
제너럴 푸즈	4.70	4.16	88	71	84.5
GM	6.25	6.02	88	78	81.5
굿이어 타이어	3.25	4.12	43	43	54
인터내셔널 하비스터	5.75	5.38	82	63	69
인터내셔널 니켈	5.20	3.86	79	83	76
인터내셔널 페이퍼	2.25	2.04	32	36	33
존스-맨빌	4.00	4.78	57.5	54	71.5
오웬스 글래스	5.25	6.20	99	100	125.5
프록터 앤드 갬블	4.20	4.30	83	70	91
시어즈 로벅	4.70	5.46	118	78	122.5
스탠더드 오일 캘리포니아	5.25	5.59	64.5	60	67
스탠더드 오일 뉴저지	6.00	5.94	87	73	76
스위프트	3.85	3.41[b]	54	50	57
텍사코	5.50	6.04	79.5	70	81
유니언 카바이드	7.35	5.20	126.5	165	90
유나이티드 에어	4.00	7.65	49.5	50	106
US스틸	4.50	4.69	57.5	60	42
웨스팅하우스	3.25	3.49	30.5	50	69
울워스	2.25	2.29	29.5	32	29.5
합계	138.25	149.20	2222	2186	2450
다우지수(합계)	52.00	56.00	832	820	918[c]
다우지수 1968	57.89				906[c]
다우지수 1967~1969	56.26				

a 1964년 이후 주식분할 반영

b 1967~1969 평균

c 제수(除数) 변경에 의한 차이

추정 실적은 실현된 실적보다 다소 낮았던 것으로 밝혀졌다. 이익과 배당에 대한 추정은 지나치게 낙관적이었지만, 비관적으로 적용한 자본화계수에 의해 상쇄되었다. (그 결과 '예상 주가'는 1963년 실제 평균 주가와 비슷하게 나왔다.)

표에서 보듯이, 개별 종목의 추정치는 크게 벗어난 사례가 매우 많다. 이는 종합지수나 종목군에 대한 추정치가 개별 종목에 대한 추정치보다 훨씬 믿을 만하다는 내 견해를 뒷받침한다. 애널리스트는 예측에 가장 자신 있는 기업 3~4개를 선택해서, 여기에 관심을 집중하는 방식이 이상적이다. 안타깝게도, 개별 종목 추정치 중에서 믿을 만한 추정치를 사전에 가려내기는 거의 불가능하다. 바로 이런 이유로 펀드에서는 광범위하게 분산투자를 하는 것이다. 믿을 만한 추정치를 가려낼 수 있다면, 실적 좋은 종목 하나에 집중투자를 하지, 왜 분산투자를 하겠는가? 그러나 믿을 만한 추정치를 확실하게 가려낼 방법은 없다.* 이렇게 분산투자가 유행하는 것은, 월스트리트 사람들이 끊임없이 내세우는 종목 선정 능력을 사람들이 인정하지 않기 때문이다.

자본화계수에 영향을 미치는 요소

미래 이익 추정치가 주식의 가치 평가에 가장 중요한 요소이지만, 애널리스트는 대체로 확실한 다른 요소들도 다수 평가에 반영한다. 이런 요소들이 반영되면, 주식의 특성에 따라 자본화계수가 큰 폭으로 바뀔 수 있다. 그러므

* 적어도 대다수 애널리스트와 투자자들은 확실하게 가려낼 수 없다. 집중적으로 분석할 가치가 있는 기업을 사전에 구분할 수 있는 비범한 애널리스트들은 분석에서 지속적으로 성공했을지도 모른다. 이런 기법에 대한 상세한 내용은 다음을 참조하라. Phillip Fisher 《위대한 기업에 투자하라 Common Stocks and Uncommon Profits》, Harper & Row, 1960.

로 두 회사의 1973-1975년 EPS 추정치가 4달러로 똑같더라도, 한 종목은 40달러로 낮게 평가하고 한 종목은 100달러로 높게 평가할 수도 있다. 자본화계수에 영향을 미치는 요소들을 살펴보자.

1. 일반적인 장기 전망.

먼 미래에 어떤 일이 발생할지는 아무도 모르지만, 애널리스트와 투자자들에게는 뚜렷한 견해가 있을 수도 있다. 이런 견해가 반영되어 개별 기업과 산업의 PER에 커다란 차이가 나타난다. 나는 1965년 개정판에 다음 글을 덧붙였다.

예를 들어 1963년 다우지수에 포함된 화학회사들은 석유회사들보다 PER이 훨씬 높았는데, 이는 시장이 화학회사들의 전망을 석유회사들보다 밝게 본다는 뜻이었다. 이런 평가 차이는 근거가 타당할 수도 있지만, 주로 과거 실적만을 근거로 삼았다면 틀릴 수도 있다.

〈표 11-3〉은 다우지수에 포함된 화학회사와 석유회사들의 1963년 및 1970년 실적을 보여준다. 화학회사들은 1963년 PER이 더 높았는데도, 이후 이익이 거의 증가하지 않았다. 반면 석유회사들은 1963년 PER이 더 낮았는데도, 이후 이익이 화학회사들보다 훨씬 많이 증가했다.* 그러므로 화학주에 대한 시장의 평가는 틀린 셈이다.

* p. 207에 적정 자본화계수와 기대 성장률의 관계를 나타내는 공식이 있다.

〈표 11-3〉 다우지수 화학주와 석유주의 실적 (1963년과 1970년)

	1963년			1970년		
	종가	EPS	PER	종가	EPS	PER
화학회사:						
얼라이드 케미컬	55	2.77	19.8배	24.125	1.56	15.5배
듀폰[a]	77	6.55	23.5	133.5	6.76	19.8
유니언 카바이드[b]	60.25	2.66	22.7	40	2.60	15.4
			25.3(평균)			
석유회사:						
스탠더드 오일 캘리포니아	59.5	4.50	13.2배	54.5	5.36	10.2배
스탠더드 오일 뉴저지	76	4.74	16.0	73.5	5.90	12.4
텍사코[b]	35	2.15	16.3	35	3.02	11.6
			15.3(평균)			

a 1963년 숫자는 GM 주식 분배를 반영함.
b 1963년 숫자는 주식분할을 반영함.

2. 경영.

월스트리트에서 경영에 관한 말은 끊임없이 쏟아져 나오지만, 실제로 유용한 말은 거의 없다. 경영 능력을 상당히 확실하게 평가하는 객관적이고 정량적인 기준이 개발되지 않는 한, 경영은 계속 모호한 요소일 수밖에 없다. 다만 매우 성공적인 기업은 경영도 이례적으로 훌륭하다고 추정할 수 있다. 이런 경영 요소는 이미 과거 실적으로 나타났을 것이며, 향후 5년 실적 추정치로 다시 나타날 것이고, 앞에서 논의한 장기 전망에 또다시 나타날 것이다. 그런데도 경영을 별도의 강점 요소로 또다시 반영하면, 과도한 고평가가 되기 쉽다. 경영 요소에 주목해야 할 시점은, 실적이 부진하던 회사에서 경영자가 교체된 직후이다.

크라이슬러Chrysler Motor Corporation에서 이런 극적인 사례가 두 건 발생했다. 첫 번째 사례는 1921년에 발생했는데, 월터 크라이슬러가 거의 망해가던 맥

스웰 모터스Maxwell Motors의 경영권을 인수했다. 이후 몇 년 동안 수많은 자동차 회사들이 문을 닫았지만, 그는 이 회사를 수익성 높은 대기업으로 성장시켰다. 두 번째 사례는 1962년에 발생했는데, 한때 잘나가던 크라이슬러가 이제는 몰락하여 주가도 몇 년 만의 저가를 기록하고 있었다. 새 경영자가 컨솔리데이션 코울Consolidation Coal과 함께 이 회사의 경영권을 인수했다. 그러자 EPS는 1961년 1.24달러에서 1963년 17달러로 증가했고, 주가는 1962년 저가 38.5달러에서 1963년 거의 200달러까지 상승했다.*

3. 재무건전성과 자본구조.

두 회사의 주가와 EPS가 똑같다면, 잉여현금은 많고 부채는 없는 기업이, 잉여현금은 없고 은행 대출금과 발행 채권이 많은 기업보다 확실히 낫다. 애널리스트는 이런 요소들을 세심하게 고려한다. 그러나 발행한 채권과 우선주가 많지 않다면 주식에 꼭 불리한 것은 아니며, 주기적으로 많지 않은 은행 대출금을 사용하는 것도 나쁘지 않다. (채권과 우선주에 비해 주식이 지나치게 적은 자본구조라면, 유리한 상황에서는 주식에서 막대한 투기 이익이 발생할 수 있다. 이것이 이른바 '레버리지' 요소다.)

4. 배당 실적.

우량주를 찾아내는 가장 확실한 기준 하나가 장기간 연속 배당지급 실적이다. 20년 이상 연속 배당지급 실적이라면 기업 평가에 중요한 가점 요소가 된다. 실제로 방어적 투자자는 이 기준을 충족하는 주식만 매수해야 한다.

---

* 크라이슬러 주가가 폭등한 이유 중 하나는 1963년 한 해에 두 번이나 실행된 2대 1 주식분할로서, 대기업으로서는 전례 없는 일이었다.

5. 배당성향.

배당성향은 가장 분석하기 어려운 요소이다. 다행히 대부분 기업이 이른바 표준 배당 정책을 따르고 있다. 표준 배당 정책이란, 일반적으로 평균 이익의 약 3분의 2를 배당으로 지급하되, 이익이 많은 기간이나 인플레이션에 의해 자본 수요가 증가하는 기간에는 배당 비중을 낮추는 정책이다. (1969년 배당성향이 다우지수 기업들은 59.5%였고, 전체 미국 기업들은 55%였다.) 배당과 이익이 정상적인 관계를 유지하는 기업이라면, 배당이나 이익 어느 것으로 주식을 평가해도 큰 차이가 나지 않는다. 예를 들어 어떤 비우량기업의 예상 EPS가 3달러이고 예상 배당이 2달러라면, EPS의 12배로 평가해도 36달러가 나오고 배당의 18배로 평가해도 36달러가 나온다.

그러나 성장 기업들 중에는 (이익의 60% 이상을 배당으로 지급하는) 표준 배당 정책에서 벗어나는 기업이 증가하고 있다. 이들은 이익을 거의 모두 유보해서 확장 자금으로 사용하는 편이 주주들에게 더 유리하다고 주장한다. 이 주장에는 문제가 있으므로 세심하게 분석할 필요가 있다. 이에 대해서는 '19장. 배당 정책'에서 경영자-주주 관계의 맥락에서 논의하기로 한다.

성장주에 적용하는 자본화계수

•

요즘 애널리스트들이 평가하는 증권 대부분이 성장주이다. 나는 다양한 기법들을 연구해서 매우 단순한 성장주 평가 공식을 개발했는데, 그 계산 결과는 더 정교한 수학 공식으로 산출되는 결과와 매우 비슷하다. 공식은 다음과 같다.

'성장주의 적정 주가' = EPS × (8.5 + 2 × '기대성장률')

여기서 기대성장률은 향후 7~10년 동안 예상되는 평균 연간 성장률을 가리킨다.*

〈표 11-4〉는 성장률을 다양하게 가정했을 때 산출되는 PER을 보여준다. 위 공식을 이용하면 현재 PER에 반영된 기대성장률도 손쉽게 계산해낼 수 있다. 1965년 개정판에서는 이 공식으로 다우지수와 주요 종목 6개에 대해 계산하였다. 〈표 11-5〉는 똑같은 방식으로 계산한 자료이다. 1965년 판에서 나는 다음과 같이 언급했다.

제록스의 PER에 반영된 기대성장률은 연 32.4%이고, GM의 PER에 반영된 기대성장률은 연 2.8%여서, 그 차이가 놀랍다. GM의 1963년 이익은 역사상 최대 규모여서, 크게 증가하기가 어렵다고 시장에서 평가하는 듯하다. 반면 제록스의 PER에는 회사의 실적도 훌륭하고 장래성은 더 훌륭하다고 평가하는 시장의 투기 심리가 반영되어 있다.

1951-1953년과 1961-1963년 사이에 다우지수에 반영된 기대성장률은 연 5.1%였지만, 실제 성장률은 연 3.4%였다.

나는 위 글에 다음과 같은 경고를 덧붙였어야 했다. 고성장주를 평가할 때에는 이러한 기대성장률이 실현될 것이라고 추측하더라도, 다소 낮춰서 평가해야 한다. 실제로 계산에 의하면, 어떤 회사가 연 8% 성장률을 무한히 유지한다고 가정하면, 이 회사의 가치는 무한히 커서 어떤 가격을 지불해도 비싸지 않게 된다. 그러므로 이런 상황에서는 엔지니어가 구조물 설계에 안

* 이 공식으로 산출되는 값은 성장주의 '진정한 가치'가 아니라, 요즘 유행하는 정교한 수학 공식으로 산출되는 값의 근사치에 불과하다.

〈표 11-4〉 기대성장률로 계산한 PER (단순한 공식 이용)

기대성장률	0.0%	2.5%	5.0%	7.2%	10.0%	14.3%	20.0%
10년 성장률	0.0%	28.0%	63.0%	100.0%	159.0%	280.0%	319.0%
PER	8.5	13.5	18.5	22.9	28.5	37.1	48.5

〈표 11-5〉 기대성장률 (1963.12, 1969.12)

종목	PER 1963년	기대성장률[a] 1963년	EPS		실제성장률 1963~1969년	PER 1969년	기대성장률[a] 1969년
			1963년	1969년			
AT&T	23.0배	7.3%	3.03	4.00	4.75%	12.2배	1.8%
GE	29.0	10.3	3.00	3.79[b]	4.0	20.4	6.0
GM	14.1	2.8	5.55	5.95	1.17	11.6	1.6
IBM	38.5	15.0	3.48[c]	8.21	16.0	44.4	17.9
인터내셔널 하비스터	13.2	2.4	2.29[c]	2.30	0.1	10.8	1.1
제록스	25.0	32.4	0.38[c]	2.08	29.2	50.8	21.2
다우지수	18.6	5.1	41.11	57.02	5.5	14.0	2.8

a p. 207의 공식으로 계산.
b 1969년 이익은 파업 때문에 감소했으므로, 1968년과 1970년의 평균으로 대체.
c 주식분할 반영.

전마진을 반영하듯이, 평가자도 기대성장률 계산에 안전마진을 반영해야 한다. 그러면 실제 성장률이 공식에서 산출된 기대성장률보다 낮아도 투자 목표가 달성될 수 있다. 물론 기대성장률이 그대로 실현된다면 추가 수익도 많이 얻게 된다. 고성장 기업(예컨대 기대성장률이 연 8%를 초과하는 기업)은 평가할 방법이 정말 없다. 이때 애널리스트는 현재 이익에 곱할 적정 자본화계수와 미래 이익에 곱할 예상 자본화계수에 대해 현실적인 가정을 세울 수 있다.

제록스와 IBM의 실제 성장률은 우리 공식에서 산출된 기대성장률과 매우 비슷하게 나왔다. 따라서 두 종목 모두 주가가 대폭 상승했다. 다우지수의 상승률 역시 1963년 종가로 산출한 기대상승률과 비슷하게 나왔다. 그러나 5%에 불과했으므로 제록스와 IBM과 같은 수학적 딜레마는 없었다. 1970년 말까지 지수 상승률이 23%였고 여기에 수입 배당 합계 28%가 추가되었으므로, 우리 공식에서 산출된 상승률 연 7.5%와 큰 차이는 나지 않았다. 나머지 네 기업의 성장률은 1963년 종가로 산출한 기대성장률에 못 미쳤으므로, 주가 역시 다우지수만큼 상승하지 못했다. 유의사항: 이 자료는 오로지 예시 목적으로 제공되었다. 증권분석에서는 기업의 성장률 예측이 필수적이기 때문이다. 그러므로 이런 예측의 신뢰도가 매우 높다고 착각해서는 안 되며, 반대로 마치 예언을 대하듯 완전히 무시해서도 안 된다.

예상 실적을 이용한 주식 평가가 신뢰도 높은 작업이 되려면, 미래 금리도 고려해야 한다. 금리가 상승한다고 가정하면, 예상 이익이나 배당 등 현금흐름의 현재가치가 감소한다. 금리 예측은 항상 어려웠으며, 최근에는 장기금리조차 거칠게 오르내리고 있으므로, 이런 금리 예측은 주제넘은 짓이다. 새로운 공식도 더 타당해 보이지 않으므로, 위 낡은 공식을 그대로 사용했다.

산업 분석

•

기업의 전반적인 전망이 주가 형성에 커다란 영향을 미치므로, 당연히 애널리스트는 산업 및 기업의 경제상황에 많은 관심을 기울인다. 이런 분석은 얼마든지 상세하게 진행될 수 있다. 이 과정에서 현재 시장에서는 간과되고 있지만 장래에 영향을 미칠 중요한 요소에 대해 값진 통찰을 얻을 수 있다. 이로부터 확실한 결론을 도출할 수 있다면, 이를 바탕으로 타당한 투자를 할 수 있다.

그러나 내 경험을 돌아보면, 투자자들이 접하는 산업분석자료 대부분은 실제로 가치가 거의 없다. 대부분 자료가 대중이 알고 있는 내용이어서, 이미 주가에 충분히 반영되어 있다. 설득력 있는 근거를 열거하면서 인기 산업이 몰락 중이라고 지적하거나, 비인기 산업이 번영할 것이라고 주장하는 증권사 분석자료는 거의 없다. 월스트리트는 장기 전망이 부정확하기로 악명 높으며, 다양한 산업의 수익성 예측 역시 매우 부정확하다.

최근 몇 년 동안 기술 산업이 전반적으로 빠르게 성장한 것도 애널리스트들의 관점에 커다란 영향을 미쳤다. 이들은 자신이 분석하고 평가한 신제품과 신공정을 근거로 다가오는 10년 동안 특정 기업의 성쇠를 판단하는 경향이 강해졌다. 물론 이들의 현지 출장, 연구원과의 인터뷰, 집중적인 기술 분석 등이 효과적인 분야도 분명히 있다. 그러나 현재 숫자로는 근거를 제시하지 못하면서, 주로 막연한 미래 예측을 바탕으로 하는 투자는 위험하다. 그렇지만 실적을 근거로 냉정하게 계산한 가치만을 고수하는 투자도 어쩌면 똑같이 위험하다. 안타깝게도, 두 가지 방법을 모두 선택할 수는 없다. 투자자는 상상력을 발휘하여, 예측이 적중할 때 보상으로 받게 되는 큰 수익을 추구할 수 있다. 그러나 이때 예측이 빗나가면 큰 손실을 볼 수도 있다. 아니면 보수적인 태도를 선택하여, 입증되지 않은 수익 가능성에 대해서는 프리미엄 지급을 거부할 수도 있다. 그러나 이때에는 절호의 기회를 놓치더라도 나중에 후회하지 말아야 한다.

2단계 분석 작업

•

p. 201에서 논의했던 주식 평가 방식에 대해 잠시 다시 생각해보자. 나는 주식 평가 방식에 대해 오랫동안 심사숙고하고 나서, 현재 관행이 된 방식

과는 매우 다른 방식이 낫다는 결론에 도달했다. 애널리스트는 1단계로, 과거 실적만을 근거로 평가하는 이른바 '과거 실적 가치'를 산출할 것을 제안한다. 이때에는 기업의 과거 실적이 미래에도 똑같이 이어진다고 가정하여 주식의 가치를 단독으로 제시할 수도 있고, 다우지수나 S&P500 대비 퍼센트로 제시할 수도 있다. (예컨대 과거 7년 성장률이 향후 7년 동안 그대로 이어진다고 가정한다.) 이 과거 실적 가치는 과거 수익성, 안정성, 성장성, 현재 재무상태에 가중치를 주는 공식을 이용해서 기계적으로 산출할 수 있다. 2단계에서는 미래 상황 변화를 고려해서 과거 실적 가치를 얼마나 조정할 것인지 검토해야 한다.

2단계 분석 작업은 선임 애널리스트와 후임 애널리스트가 다음과 같이 분담할 수 있다. (1) 선임 애널리스트가 과거 실적 가치 산출 공식을 개발한다. (2) 후임 애널리스트는 이 공식을 모든 기업에 기계적으로 적용해서 과거 실적 가치를 산출한다. (3) 선임 애널리스트는 미래 상황 변화를 고려해서 실적이 얼마나 달라질지 판단하여, 과거 실적 가치를 적절히 조정한다. 선임 애널리스트가 보고서에 과거 실적 가치, 조정한 가치, 조정한 이유를 모두 공개하면 최상의 보고서가 될 것이다.

이런 2단계 분석 작업은 그만한 가치가 있을까? 나는 가치가 있다고 본다. 그러나 그 이유를 설명하면 다소 냉소적으로 들릴지 모르겠다. 나는 이런 방식으로 산출한 제조회사(대기업이든 소기업이든)의 가치가 과연 충분히 믿을 만한 수준일지 의문이다. 이런 평가 작업이 얼마나 어려운지에 대해서는 12장에서 알코아(Aluminum Company of America: ALCOA) 사례를 다루면서 논의하기로 한다. 그렇더라도 2단계 분석 작업은 필요하다. 왜 필요할까? 첫째, 애널리스트들은 일상적으로 현재 가치나 미래 가치를 평가할 수밖에 없다. 내가 제안하는 기법은 요즘 일반적으로 사용하는 기법보다 개선된 방식이다. 둘째, 이 기법을 사용하면 유용한 경험과 통찰을 얻을 수 있다. 셋째, 이런 2단계 분석 작업을 하면 오래전부터 의학계에서 그랬던 것처럼 귀중한 데이터가 풍부하게 축적되므로, 더 나은 기법을 개발하여 평가의 가능성과 한계에 대해 유용한 지식을 얻을 수 있다. 공익기업 주식이야말로 이런 기법을 적용했을 때 실제로 효과를 얻을 수 있는 중요한 분야이다. 결국 현명한 애널리스트는 분석 범위를 한정하여, 합리적으로 예측할 수 있는 대상만을 분석한다. 즉, 담보가 확실한 선순위 증권을 선정할 때처럼, 과거 실적 가치로 현재 주가를 평가할 때 안전마진이 매우 커서, 향후 주가 변동을 감수할 수 있는 대상만을 분석한다.

이후 여러 챕터에서는 구체적인 분석 기법 적용 사례들을 제시하고자 한다. 그러나 예시에 불과하다는 점을 명심하라. 그러므로 증권을 체계적으로 철저하게 분석하기 전에는, 함부로 매수/매도 결정을 내려서는 안 된다.

12장

주당순이익

EPS

12장

주당순이익
EPS

12장에서는 서로 모순되는 두 가지 조언을 먼저 제시하겠다. 첫 번째 조언은, 1년 실적을 너무 진지하게 받아들이지 말라는 말이다. 두 번째 조언은, 단기 실적에 관심이 쏠릴 때에는 EPS라는 함정을 조심하라는 말이다. 첫 번째 조언을 충실히 따르면, 두 번째 조언은 불필요해진다. 그러나 사람들 대부분이 장기 실적과 장기 전망을 바탕으로 투자할 것이라고 기대할 수는 없다. 분기 실적, 특히 연간 실적은 대부분 투자자의 주요 관심사이므로, 투자자의 판단에 큰 영향을 미칠 수밖에 없다. 이렇게 단기 실적은 투자자를 오도하기 쉬우므로, 이에 대비한 교육이 필요하다.

이 글을 쓰는 시점에 1970년 알코아ALCOA 실적이 《월스트리트 저널》에 발표되었다.

	1970년	1969년
EPS[a]	$5.20	$5.58

a는 각주에 특별비용 차감 전 '기본 이익primary earnings'이라고 설명되어 있다. 각주 자료는 분량이 기본 자료보다 훨씬 많아서 두 배나 된다.

4분기 실적만 보더라도, 1969년 EPS는 1.56달러, 1970년 EPS는 1.58달러로 나온다.

알코아 주식에 관심 있는 투자자나 투기꾼은 이런 숫자를 보고 이렇게 생각할지도 모른다. "나쁘지 않군. 내가 알기로 1970년은 알루미늄 시장 침체기였어. 그런데도 4분기 EPS가 1969년 동기보다 많고, 연간 EPS는 6.32달러잖아. 그런데 주가가 62달러야. PER이 10도 안 되네. 16배인 인터내셔널니켈 등과 비교하면 꽤 싸 보이는군."

그러나 이 친구가 각주 자료를 모두 읽었다면, 1970년 EPS가 하나가 아니라 넷이라는 사실을 알았을 것이다.

	1970년	1969년
기본 이익	$5.20	$5.58
순이익 (특별비용 차감 후)	4.32	5.58
완전 희석 기준, 특별비용 차감 전	5.01	5.35
완전 희석 기준, 특별비용 차감 후	4.19	5.35

4분기 EPS만 해도 둘이다.

	1970년 4/4분기	1969년 4/4분기
기본 이익	$1.58	$1.56
순이익 (특별비용 차감 후)	0.70	1.56

이렇게 다양한 EPS는 도대체 무엇일까? 어느 것이 정확한 연간 EPS와

분기 EPS일까? 분기 EPS가 70센트라면(특별비용 차감 후 순이익), 연간 EPS는 6.32달러가 아니라 2.80달러이고, 주가가 62달러이므로 PER은 10이 아니라 22가 된다.

알코아의 '정확한 이익'에 관한 질문 중 일부는 매우 쉽게 답할 수 있다. 여기서 주목해야 할 문제는 '희석' 효과 때문에 EPS가 5.20달러에서 5.01달러로 감소한 사실이다. 알코아는 지금까지 전환사채를 대량 발행했다. 1970년 실적을 기준으로 주식의 '수익력'을 계산하려면, 전환사채 소지자들이 자신에게 유리하다고 판단할 경우 전환권을 모두 행사했다고 가정해야 한다. 알코아는 전환권이 모두 행사되더라도 그 비중이 크지 않아서, 자세히 논의할 필요가 없다. 그러나 다른 사례에서는 전환권이 모두 행사된다고 가정하면 수익력이 절반 이상 감소할 수도 있다. 나중에 (p. 293) 정말로 중요한 희석 기준 사례를 제시하겠다. (투자정보 서비스 회사가 보고서와 분석에서 제시하는 희석 기준 데이터는 부정확한 경우도 있다.)

이제 '특별비용'을 살펴보자. 4분기 실적에서 차감된 1,880만 달러는 주당 88센트에 해당하는 금액이어서 사소한 문제가 아니다. 이 금액을 전적으로 무시해야 할까, 모두 이익 감소로 인식해야 할까, 아니면 일부는 인식하고 일부는 무시해야 할까? 빈틈없는 투자자라면 왜 그 이전에는 없었던 특별비용 차감이 1970년이 지난 후 유행처럼 나타났는지 자신에게 물어볼 것이다. 혹시 교묘한 수법으로 회계가 조작된 것은 아닐까? 물론 늘 그랬듯이, 허용되는 범위 안에서 말이다. 자세히 들여다보면, 실제로 발생하기도 전에 차감된 이 특별비용은 신기하게도 과거나 미래 '기본 이익'에 아무런 악영향을 미치지 않은 것처럼 보인다. 극단적인 경우, 이 특별비용을 이용하면 이후 이익이 실제보다 거의 두 배나 증가한 것처럼 보이게 할 수도 있다. 세금 공제를 다소 교묘하게 사용하는 방식으로 말이다.

알코아의 특별비용을 분석할 때, 우선 특별비용이 발생한 과정을 확인해야 한다. 각주를 보면 설명이 매우 구체적이다. 특별비용의 원천은 다음 네 가지이다.

1. 경영진이 추정한 제품 사업부 폐쇄 비용.
2. 경영진이 추정한 알코아 캐스팅ALCOA Castings Co. 공장 폐쇄 비용.
3. 경영진이 추정한 알코아 크레딧ALCOA Credit Co. 단계적 폐쇄 손실.
4. 경영진이 추정한 '외벽' 설치 계약 관련 비용 530만 달러.

이들은 모두 장래에 발생할 비용 및 손실 관련 항목이다. 쉽게 알 수 있듯이, 이들은 1970년 '정상 영업 실적'에 포함되지 않는다. 그러면 어디에 포함될까? '비반복적 특별항목'이어서 아무 곳에도 포함되지 않는다고 보아야 할까? 알코아처럼 다양한 사업을 영위하면서 연 매출 15억 달러를 올리는 대기업이라면, 보유한 사업부, 부서, 관계회사가 많을 수밖에 없다. 그렇다면 수익성 나쁜 부문 한두 개를 폐쇄하는 일이 정상이라고 보아야 하지 않을까? 외벽 설치 계약도 마찬가지이다. 손실이 발생하면 어느 사업이든 '비반복적 특별항목'으로 간주하여 특별비용으로 차감하고, 이익이 발생하는 사업만으로 실적을 보고하면 '기본 이익'이 멋지게 관리되지 않겠는가? 이는 영국 왕 에드워드 7세King Edward Ⅶ 시대의 해시계처럼, 해가 떠있는 동안에만 실적이 관리되는 셈이다.

지금까지 논의한 알코아의 회계처리 절차 중 두 가지 기발한 방식에 주목해야 한다. 첫째, 이 특별비용 차감은 미래 손실을 예상하는 방식이므로, 회사가 특정 해에 손실을 배분할 필요가 없다. 이 비용은 실제로 1970년에 발생하지 않았으므로, 1970년 실적에 포함되지 않는다. 그리고 이 비용은 이미 차감되었으므로, 향후 실제로 발생하는 해에도 그해 비용으로 표시되지 않는다. 깔끔한 처리 방식이지만, 오해의 여지는 있지 않을까?

알코아는 특별비용 관련 손실 덕분에 장래에 세금공제 혜택을 받게 되지만, 각주에서는 이에 대해 전혀 언급하지 않는다. (이런 보고서 대부분은 비용 차감 관련 '세후 효과'에 대해서만 언급한다.) 이 알코아 숫자가 관련 세금공제 전 미래 손실을 가리킨다면, 미래 이익에서는 이 비용이 차감되지 않을 뿐만 아니라 (이미 차감되었으므로), 약 50%에 이르는 세금공제 만큼 이익이 증가할 것이다. 회계가 과연 이런 방식으로 처리될 수 있을까? 그러나 실제로 과거에 대규모 손실을 기록한 기업들은, 이후 이익을 내면 세금공제 덕분에 매우 근사한 실적을 보고할 수 있었다. (지금은 과거 손실에서 오는 세금공제가 '특별 항목'에 별도로 표시되지만, 결국 장래 최종 '순이익'에 포함된다. 그러나 미래 손실에 대비해서 지금 준비금을 적립해두면, 미래 이익이 이렇게 세금공제 만큼 증가하지 않는다.)

두 번째 기발한 발상은 알코아 등 많은 기업들이 이런 특별비용을 1970년 말에 차감했다는 점이다. 1970년 상반기 주식시장은 그야말로 피바다였다. 사람들은 그해 대부분 기업의 실적이 부진할 것으로 예상했다. 이제 월스트리트는 1971, 1972년 실적이 개선될 것으로 기대하고 있다. 사람들이 이미 포기하고 잊기로 한 해에 비용을 최대한 몰아넣어, 이후 몇 년 동안 이익이 늘어나도록 기반을 마련했으니, 이 얼마나 멋진 관리 방식인가? 이것이야말로 훌륭한 회계, 훌륭한 사업 정책, 훌륭한 경영자-주주 관계이다. 그러나 자꾸만 의심이 든다.

사업이 광범위하게 분산된 기업이 1970년 말에 실적을 관리하는 과정에서, 연차보고서에 이상한 각주를 달게 되었다. 어떤 뉴욕증권거래소 상장회사(실명은 비공개)가 비용 차감 전 이익의 약 3분의 1인 235만 7,000달러에 이르는 '특별 항목'에 대해 다음과 같이 흥미롭게 설명했다. "스폴딩 영국Spalding

United Kingdom 사업 폐쇄 준비금; 사업부 재편 준비금; 유아용 바지 및 턱받이 제조회사 매각 비용, 스페인 자동차 리스 설비의 일부 지분 처분 비용, 스키화 사업 청산 비용."

오래전, 건전한 기업들은 향후 불황기에 대비해서 호황기 이익으로 '비상위험준비금contingency reserve'을 적립했었다. 기본적인 생각은 EPS의 편차를 줄여서 실적의 안정성을 높이자는 것이었다. 동기는 훌륭해 보이나, 회계사들은 이 관행이 실적을 왜곡한다고 반대했다. 이들은 좋든 나쁘든 그해 실적은 있는 그대로 보고해야 하며, 평균이나 편차 등 실적에 대한 분석은 주주와 애널리스트들이 스스로 해야 한다고 주장했다. 그러나 지금은 정반대 현상이 나타나고 있다. 1971년 이후에는 비용 부담도 덜어내고 EPS도 늘리려고, 모든 기업이 비용을 최대한 부풀려 1970년에 배분하고 있다.

이제 첫 번째 질문으로 돌아가자. 1970년 알코아의 진정한 이익은 얼마였을까? '완전 희석 기준' EPS 5.01달러에서 '특별비용' 82센트 중 (1970년 발생 부분으로 간주되는) '일부'를 차감한 금액이다. 그러나 그 일부가 얼마인지 알지 못하므로, 진정한 이익이 얼마였는지도 알 수 없다. 경영진과 감사가 그 '일부'가 얼마인지 최선의 판단을 내렸어야 마땅하지만, 그러지 않았다. 게다가 이들은 그 '일부'를 제외한 나머지 비용을 예컨대 향후 5년 이내에 '경상이익'에서 차감한다고 정해두어야 한다. 그러나 그렇게 하지 않을 것이 분명하다. 이들은 특별비용 전액을 이미 1970년 실적에서 차감했기 때문이다.

투자자는 공표된 EPS를 더 진지하게 받아들일수록, 다양한 회계 요소에 의해서 EPS의 비교가능성이 손상되지 않았는지 유의해야 한다. 나는 지금까지 이런 요소 세 가지에 대해 논의했다. EPS에 전혀 반영되지 않는 '특별비용', 과거 손실 덕분에 얻게 되는 '소득세 공제' 혜택, 발행한 전환증권이나 워런트에서 비롯되는 '희석' 효과이다.* 과거에 EPS에 큰 영향을 미쳤던 네 번째 요소는 감가상각비 처리 방식으로서, 주로 '정액법'과 '가속상각법' 중에서 선택했다. 여기서는 두 방식에 대해 자세히 설명하지 않겠다. 대신 1970년 트레인Trane Co.의 감가상각비 처리 사례를 살펴보자. 이 회사는 1968년 2.76달러였던 EPS가 1969년 3.29달러로 거의 20% 증가했는데, 그 절반이 감가상각비 처리 방식을 가속상각법에서 정액법으로 변경한 결과였다. (이 회사는 세무적으로는 가속상각법을 계속 사용하면서 법인세 이연 효과는 최대한 누릴 것이다.) 또 하나 중요한 요소는 연구개발비로서, 연구개발비를 발생 연도에 차감하느냐 아니면 일정 기간에 걸쳐 상각하느냐에 따라 EPS가 달라질 수 있다. 끝으로, 재고자산 평가 기법으로 선입선출법FIFO과 후입선출법LIFO 중 어느 것을 선택 하느냐도 EPS에 영향을 미친다.

여기서 분명히 밝혀두는데, 관련 금액이 크지 않다면 이런 회계 변수에 관심을 기울여서는 안 된다. 그러나 월스트리트에서는 매우 사소한 항목조차 심각하게 받아들이기도 한다. 알코아 실적이 《월스트리트 저널》에 공개되기 이틀 전, 이 신문은 다우 케미컬의 실적에 대해 상세하게 논의했다. 글을 맺으면서 이 신문은 다우 케미컬이 21센트짜리 항목을 '특별이익' 항목으로 처리하는 대신 1969년 경상이익에 포함한 탓에 고생한 애널리스트들이 많다고 언급했다. 왜 이런 난리를 벌였을까? 1968년 대비 1969년 이익 증가율이 4.5%냐 9%냐에 따라 다우 케미컬에 대한 전반적인 평가가 크게 달라진다고 생각했기 때문이다. 터무니없는 생각이다. 1년 실적이 조금 달라진다고 해서 미래 평균 이익이나 성장률이 달라지는 것은 아니며, 기업에 대한 보

* 워런트에 의한 희석 효과를 다루는 기법으로, 나는 워런트의 시가총액을 보통주 시가총액에 더하는 방식을 선호한다.

수적이고 현실적인 평가가 달라질 가능성도 매우 낮다.

이번에는 1971년 1월에 공개된 노스웨스트 인더스트리즈Northwest Industries Inc.의 보고서를 살펴보자. 이 회사는 특별비용으로 무려 2억 6,400만 달러를 한 번에 상각할 계획이었다. 이 금액 중 2억 달러는 종업원들에게 철도 자회사를 매각할 때 발생할 손실과, 최근 매입한 주식을 상각할 때 발생할 손실이다. 이는 희석 전 주당 손실 약 35달러로서, 현재 주가의 두 배에 해당하는 금액이다. 이것은 정말로 중요한 사안이다. 만일 거래가 예정대로 진행되고 세법이 변경되지 않는다면, 1970년에 발생한 손실 덕분에 노스웨스트 인더스트리즈는 향후 5년간 약 4억 달러를 벌어들일 때까지 법인세를 면제받게 된다. 그러면 이 회사의 진정한 이익은 얼마가 될까? (실제로는 납부할 필요가 없는) 50%에 육박하는 법인세충당금을 포함해야 할까, 말아야 할까? 내가 생각하는 적절한 계산법은, 먼저 법인세를 모두 납부한다고 가정하고 이 회사의 이익을 추정하고, 이 추정치를 바탕으로 이 주식의 가치를 평가하는 것이다. 그리고 이 회사가 공제받게 되는 법인세가 주당 얼마인지도 계산해서 추가로 제공한다. (이 사례에서는 대규모 희석 가능성도 고려해야 한다. 전환우선주와 워런트의 전환권이 행사되면, 유통 주식 수가 두 배 이상으로 증가할 것이다.)

혼란스럽고 피곤한 내용이지만, 실제로 발생한 사례이다. 흔히 기업회계는 교묘하고, 증권분석은 복잡하며, 주식 평가는 정말로 믿을 만한 경우가 드물다. 그래도 지불하는 가격만큼 충분히 받는다고 생각하면서 내버려 두는 편이 대부분 투자자에게 최선이다.

평균 EPS

전에는 애널리스트와 투자자들이 과거 장기간(대개 7~10년)의 평균 EPS에 관심이 많았다. 이 '평균 숫자'는 경기순환에 따라 빈번하게 오르내리는 EPS을 대표하므로, 기업의 수익력을 파악하기에는 최근 1년 EPS보다 낫다고 사람들은 생각했다. 게다가 평균 EPS를 사용하면 특별비용과 세금공제 문제가 거의 모두 해결된다는 장점도 있다. 이런 문제도 모두 평균 EPS에 포함되어 있다고 보기 때문이다. 이런 손익 대부분이 회사의 역사이기도 하다. 예를 들어 알코아의 1961-1970년(10년) 평균 EPS는 3.62달러이고, 1964-1970년(7년) 평균 EPS는 4.62달러이다. 평균 EPS에 더해서 같은 기간 EPS의 성장성과 안정성도 함께 보면, 기업의 과거 실적을 더 정확하게 파악할 수 있다.

과거 성장률 계산

•

기업의 실적 중 성장률은 지극히 중요한 요소이므로 세심하게 고려해야 한다. 그동안 성장률이 높았던 기업은 최근 EPS가 7~10년 평균 EPS보다 훨씬 높아서, 애널리스트들은 장기 EPS가 무의미하다고 생각하기 쉽다. 그러나 그렇지 않다. EPS는 평균과 최근 실적 두 가지 모두 제시할 수 있다. 내가 추천하는 성장률 계산 방식은, 최근 3년 평균 성장률과 10년 전 기준 이전 3년 평균 성장률을 비교하는 방식이다. ('특별비용이나 세금공제' 문제가 있으면, 적절하게 절충해서 계산하면 된다.) 〈표 12-1〉은 알코아, 시어즈 로벅, 다우지수의 성장률을 비교한 자료이다.

논평: 1958-1970년 성장률을 내가 추천하는 방식으로 계산해도, 정교한 수학공식으로 계산했을 때 못지않게 정확한 성장률이 산출된다. 그러면 알코아의 성장률은 얼마나 타당할까? 알코아의 과거 성장률은 탁월해서, 널리 호평받는 시어즈 로벅의 성장률보다도 다소 높았고, 다우지수의 성장률

〈표 12-1〉 성장률 비교

	알코아	시어즈 로벅	다우지수
평균 EPS, 1968~1970	$4.95[a]	$2.87	$55.40
평균 EPS, 1958~1960	2.08	1.23	31.49
성장률	141.0%	134.0%	75.0%
연 성장률(복리)	9.0%	8.7%	5.7%

a 1970년 특별비용 82센트 중 60%를 차감.

보다는 훨씬 높았다. 그러나 1971년 알코아 주가에는 이렇게 훌륭한 과거 실적이 반영되지 않은 듯하다. 최근 3년 EPS 기준으로 시어즈 로벅의 PER은 27이고 다우지수의 PER은 15가 넘었지만, 알코아의 PER은 11.5에 불과하다. 왜 이런 결과가 나왔을까? 월스트리트는 알코아의 미래 실적을 과거 실적보다 훨씬 비관적으로 본다는 뜻이다. 놀랍게도, 알코아 주식이 고가를 기록한 시점은 아득한 과거인 1959년이었다. 그해 알코아 주가는 116으로서, PER 45였다. (1959년 시어즈 로벅의 조정 고가는 25.5로서, PER 20이었다.) 이후 알코아의 EPS는 탁월한 성장세를 기록했는데도 주가 흐름이 부진했으므로, 당시 시장은 알코아의 성장 잠재력을 심하게 과대평가했음이 분명하다. 1970년 말 시어즈 로벅 주가는 3배로 상승했고 다우지수는 거의 30% 상승했으나, 알코아의 주가는 1959년 고가에서 정확히 반토막이 났다.

알코아의 자본이익률이 평균 이하에 불과했다는 점이 결정적인 요인으로 보인다. 지금까지 주식시장에서는 수익성이 평균 이상으로 유지될 때에만 고PER도 유지되었기 때문이다.

이번에는 11장에서 추천했던 '2단계 분석 작업'을 알코아에 적용해보자. 1970년 다우지수의 종가는 840이므로, 알코아의 '과거 실적 가치'는 다우지수의 10%에 해당하는 84달러가 된다. 이 기준으로 판단하면, 알코아의 실제 주가 57.25달러는 매우 매력적으로 보인다.

이후 실적 악화를 고려해서 선임 애널리스트는 과거 실적 가치를 얼마나 조정해야 할까? 솔직히, 나도 전혀 모르겠다. 선임 애널리스트가 다우지수는 상승할 것으로 예상하는 반면, 알코아의 EPS는 1970년보다도 훨씬 낮은 2.50달러까지 하락을 예상한다고 가정하자. 시장이 이렇게 부진한 실적을 매우 심각하게 받아들일 가능성은 매우 높지만, 한때 막강했던 알코아를 실적 부진 기업으로 분류하여 과연 유형자산가치보다도 낮게 평가할까? (1971년 알코아의 BPS(주당순자산가치)는 55달러였는데, 주가는 5월 고가 70달러에서 12월 저가 36달러로 하락했다.)

알코아는 확실히 대표적인 거대 제조회사이지만, 그 PER 흐름은 대부분 대기업과 매우 다른데다가 모순적인 모습까지 드러낸다. 11장에서 나는 2단계 분석 작업으로 산출한 제조회사의 가치가 과연 충분히 믿을 만한 수준일지 의심스럽다고 말했는데, 이 사례가 내 말을 어느 정도 뒷받침하는 듯하다.

13장

상장회사 비교분석

13장

상장회사 비교분석

13장에서는 증권분석 실례를 제시하고자 한다. 나는 뉴욕증권거래소 상장회사 목록에 연속적으로 열거된 네 기업을 무작위로 선정했다. 엘트라Eltra Corp.(일렉트릭 오토라이트Electric Autolite와 메르겐탈러 라이노타이프Mergenthaler Linotype가 합병한 회사), 에머슨 일렉트릭Emerson Electric Co.(전기전자제품 제조회사), 에머리 항공화물Emery Air Freight(항공화물 국내 운송업자), 엠하트Emhart Corp.(원래 병입bottling 기계만 제작하다가 지금은 건축용 하드웨어도 제작)이다. 세 제조회사는 유사점보다 차이점이 더 커 보인다. 이들은 재무 데이터와 영업 데이터가 매우 다양해서, 분석해보면 흥미로울 것이다.

〈표 13-1〉은 4개 회사의 1970년 시장가격 데이터와 영업 데이터를 요약한 자료다. 그리고 실적 및 주가 관련 핵심 비율을 정리한 자료다. 이들 자료를 바탕으로 실적과 가격의 관계를 살펴보려고 한다. 이어서 4개 회사를 개관하고, 다각적으로 비교분석하고자 한다.

〈표 13-1〉 네 기업 비교분석

	엘트라	에머슨 일렉트릭	에머리 항공화물	엠하트
A. 자본항목				
주가, 1970. 12. 31	27	66	57.75	32.75
유통 주식 수	7,714,000	24,884,000[a]	3,807,000	4,932,000
주식 시가총액	$208,300,000	$1,640,000,000	$220,000,000	$160,000,000
채권 및 우선주	8,000,000	42,000,000		92,000,000
총자본	216,300,000	1,682,000,000	220,000,000	169,200,000
B. 손익계산서 항목				
매출, 1970	$454,000,000	$657,000,000	$108,000,000	$227,000,000
순이익, 1970	20,773,000	54,600,000	5,679,000	13,551,000
EPS, 1970	$2.70	$2.30	$1.49	$2.75[b]
평균 EPS, 1968~1970	2.78	2.10	1.28	2.81
평균 EPS, 1963~1965	1.54	1.06	0.54	2.46
평균 EPS, 1958~1960	0.54	0.57	0.17	1.21
현재 배당	1.20	1.16	1.00	1.20
C. 대차대조표 항목, 1970				
유동자산	$205,000,000	$307,000,000	$20,400,000	$121,000,000
유동부채	71,000,000	72,000,000	11,800,000	34,800,000
보통주 순자산	207,000,000	257,000,000	15,200,000	133,000,000
BPS	$27.05	$10.34	$3.96	$27.02
D. 비율 분석				
PER, 1970	10.0배	30.0배	38.5배	11.9배
PER, 1968~1970	9.7배	33.0배	45.0배	11.7배
PBR, 1970	1.0배	6.37배	14.3배	1.22배
매출액 영업이익률, 1970	4.6%	8.5%	5.4%	5.7%
ROE	10.0%	22.2%	34.5%	10.2%
배당수익률	4.45%	1.78%	1.76%	3.65%
유동비율	2.9배	4.3배	1.7배	3.4배
운전자본/부채	매우 큼	5.6배	부채 없음	3.4배
EPS 성장률				
1963~1965 대비 1968~1970	81%	87%	135%	14%
1958~1960 대비 1968~1970	400%	250%	매우 큼	132%
E. 주가				
1936~1968 저가	0.75	1	0.125	3.625
고가	50.75	61.5	66	58.25
1970 저가	18.625	42.125	41	23.5
1971 고가	29.375	78.75	72	44.375

a 우선주 전환 가정.

b 주당 13센트 특별비용 차감 후.

c 1970년 9월 결산.

4개 회사에 관해서 가장 눈에 띄는 사실은, 영업 실적이나 재무상태 차이보다도 PER 차이가 훨씬 더 크다는 점이다. 1968-1970년 평균 EPS 기준으로 다우지수의 PER은 15.5였는데, 엘트라와 엠하트는 각각 9.7과 12에 불과했지만, 에머슨과 에머리 항공화물은 각각 33과 45나 되었다. 이렇게 큰 차이가 나는 이유는, 최근 몇 년 두 회사의 EPS 성장률이 더 높았기 때문이다. (그러나 나머지 두 회사의 EPS 성장률이 부진했던 것은 아니다.)

이번에는 비교분석 표에서 사용한 주요 실적 지표들을 중심으로 더 포괄적으로 살펴보자.

1. 수익성.

(1) 4개 회사 모두 ROE가 만족스러운 수준이지만, 에머슨과 에머리 항공화물의 ROE가 나머지 둘보다 훨씬 높다. ROE가 높으면, 대개 EPS 성장률도 높다. 에머리 항공화물의 ROE는 1961년과 1969년 모두 이례적으로 높았고, 나머지 회사들의 ROE는 1961년보다 1969년에 더 높았다. (2) 제조회사들은 대개 매출액 순이익률이 경쟁력을 나타내는 지표가 된다. 여기서는 S&P Listed Stock Reports(상장주식 보고서)에서 제공하는 '매출액 영업이익률'을 사용했다. 매출액 영업이익률도 4개 회사 모두 만족스러우며, 특히 에머슨의 실적이 인상적이다. 1961년 대비 1969년 실적 변화는 회사 별로 차이가 크다.

2. 안정성.

과거 10년 동안 나타난 '직전 3년 평균 EPS 대비 1년 EPS'의 최대 하락률로 안정성을 측정했다. EPS 하락 사례가 없으면 안정성이 완벽하다는 의미인데, 고PER 2개 회사가 여기에 해당한다. 그러나 엘트라와 엠하트의 하락률도 크지 않아서, 침체장이었던 1970년에도 8%에 불과했다. 같은 해 다우지수의 하락률은 7%였다.

3. 성장성.

저PER 2개 회사의 성장률도 매우 만족스러워서, 다우지수보다도 높았다. 낮은 PER을 고려할 때, 특히 엘트라의 성장률이 인상적이다. 고PER 2개 회사의 성장률은 당연히 더 인상적이다.

4. 재무상태.

3개 제조회사는 재무상태가 건전해서, 유동비율이 기준인 200%를 초과한다. 에머리 항공화물은 유동비율이 낮긴 하지만, 업종이 다르고 실적이 좋으므로 자금 조달에 어려움이 없을 것이다. 4개 회사 모두 장기부채 비율이 비교적 낮다. 유의사항: 에머슨 일렉트릭은 1970년 말 현재 유통 중인 저배당 전환우선주의 시가총액이 1억 6,300만 달러이다. 여기서는 일반적인 희석 요소 처리 방식에 따라, 전환우선주가 모두 보통주로 전환된 것으로 간주했다. 그 결과 최근 EPS가 약 4%에 해당하는 10센트 정도 감소했다.

5. 배당.

정말로 중요한 것은 연속 배당지급 실적이다. 여기서 최고 기록 회사는 엠하트로서, 1902년 이후 한 번도 빠짐없이 배당을 지급했다. 엘트라의 기록도 매우 훌륭하고, 에머슨도 매우 만족스럽지만, 에머리 항공화물은 업력이 짧다. 배당성향 차이는 그다지 중요해 보이지 않는다. 현재 배당수익률은 저PER 2개 종목이 고PER 2개 종목보다 약 2배 높다.

6. 주가 흐름.

지난 34년 동안 나타난 4개 종목의 저가 대비 고가 상승률은 모두 인상적이다. (저가는 이후 주식분할을 모두 반영했다.) 이 기간 다우지수는 저가 대비 고가 상승률이 11배였다; 4개 종목 중 엠하트는 상승률이 17배에 불과했고, 에머리 항공화물은 무려 528배에 달했다. 이렇게 높은 상승률은 대부분 오래된 주식에서 나타나는 특징인데, 오래 전 주식시장에 절호의 수익 기회가 있었음을 보여준다. (그러나 1950년 이전 약세장에서 저가를 기록할 때에는 엄청난 폭락을 겪기도 했다.) 엘트라와 엠하트는 1969-1970년 폭락기에 주가가 50% 넘게 하락했다. 에머슨과 에머리 항공화물 주가도 심각하게 하락했지만 그 정도는 아니었으며, 에머슨은 1970년 말경 반등하여 사상 최고가를 기록했고, 에머리 항공화물은 1971년 초에 사상 최고가를 기록했다.

4개 회사 개관

•

에머슨은 시가총액이 막대해서, 나머지 세 회사의 시가총액 합계액을 압도한다. 나중에 언급하겠지만, 에머슨은 '영업권 거대기업good-will giant'에 해당한다. 기억력이 좋은 애널리스트라면 에머슨과 제니스 라디오Zenith Radio의 유사점을 떠올리면서 불안해할지도 모른다. 제니스도 오랜 기간 탁월한 성장률을 기록하여 1966년 시가총액 17억 달러에 이르렀으나, 이익이 1968년 4,300만 달러에서 1970년에 그 절반으로 감소하자 대규모 투매가 발생하여, 1969년 고가 89달러에서 1970년 22.5달러로 폭락했다. 높이 평가받는 주식에는 높은 위험이 따라다닌다.

40에 육박하는 PER이 일부나마 타당하다고 본다면, 에머리 항공화물은 4개 회사 중 틀림없이 가장 유망한 회사다. 물론 성장률도 지금까지 가장 인상적이었다. 그러나 사업을 시작한 1958년에 순이익이 57만 달러에 불과했다는 점을 고려하면, 장래에는 성장률이 그다지 높지 않을지도 모른다. 매출과 이익이 이미 확대된 다음에는 높은 성장률을 유지하기가 훨씬 어렵기 때문이다. 에머리 항공화물의 가장 놀라운 면은, 미국 항공업계 최악의 해였던 1970년에도 이익과 주가가 계속 빠르게 상승했다는 사실이다. 이는 정말로 놀라운 성과이지만, 향후 경쟁 심화, 항공사들의 계약조건 변경 압박 등으로 환경이 악화해도 수익성이 유지될지는 의문이다. 이에 대해서는 정교한 분석을 통해서 건전하게 판단해야 하겠지만, 방어적 투자자라면 이런 위험을 간과해서는 안 된다.

엠하트와 엘트라. 지난 14년 동안 엠하트는 이익 증가율이 주가 상승률보다 더 높았다. 1958년 PER은 22까지 상승했으므로, 다우지수와 같은 수준이었다. 이후 엠하트는 이익이 3배로 증가했지만, 다우지수는 2배에도 못 미쳤다. 그러나 1970년 엠하트의 종가는 1958년 고가의 3분의 1에 불과했고, 다우지수의 종가는 1958년 고가의 43%였다. 엘트라의 주가 흐름도 비슷하다. 두 종목 모두 현재 시장에서는 그다지 매력적이지 않은 듯하다. 그러나 통계 데이터를 보면 모든 면에서 놀라울 정도로 양호하다. 이들의 전망은 어떤가? 여기서 내가 특별히 할 말은 없지만, 아래는 1971년 4개 회사에 대해서 S&P가 언급한 내용이다.

엘트라 – "장기 전망: 일부 사업은 경기의 영향을 받지만, 경쟁력이 확고하고 사업이 다각화되어 있으므로 그 영향은 크지 않다."

에머슨 일렉트릭 – "현재 전망을 고려하면 주가는 적정 수준(71달러)이고, 장기적으로 매력적...지속적인 기업인수 전략, 산업 분야에서 강력한 지위 확보, 국제사업 계획 가속화 등이 매출 및 이익 증가를 시사."

에머리 항공화물 – "현재 전망을 고려하면 주가(57달러)는 약간 높은 수준이지만, 장기적으로는 보유할 가치가 충분하다."

엠하트 – "유리 용기 산업에서 자본적 지출이 감소해서 올해 전망은 제한적이지만, 1972년에는 사업 환경이 개선되어 이익이 증가할 듯. 현재 주가(34달러)에서는 보유할 만함."

결론: 에머슨과 에머리 항공화물이 더 흥미롭고 매력적이라고 보는 애널리스트가 많을 것이다. 첫째, 이들의 주가 흐름이 더 좋고, 둘째, 최근 EPS 성장률도 더 높았기 때문이다. 그러나 내 방어적 투자 원칙에 의하면, 첫째 이유는 타당하지 않다. 투기꾼들에게나 어울리는 이유이기 때문이다. 둘째 이유는 어느 정도만 타당하다. 과거 성장률이 높고 전망이 밝더라도, 에머리 항공화물의 60이 넘는 PER이 과연 타당할까?* 이 회사의 가능성을 심층적으로 분석해서 낙관적인 결론을 확실하게 내린 사람에게는 타당할지도 모른다. 그러나 (좋은 실적에 열광하는) 전형적인 월스트리트 오류에 빠지지 않으려는 신중한 투자자에게는 타당하지 않다. 에머슨에 대해서도 똑같은 경고가 필요해 보인다. 특히 현재 시장에서 평가하는 에머슨의 무형자산(수익력) 가치가 10억 달러가 넘는다는 점에 유의해야 한다. 한때 주식시장의 총아였던 '전자산업'이 지금은 비참한 나날을 보내고 있다. 에머슨은 걸출한 예외에 해당하지만, 1970년 종가가 타당하다고 충분히 인정받으려면 앞으로도 매우 오랜 기간 계속 예외가 되어야 한다.

반면 주가가 27달러인 엘트라와 33달러인 엠하트는, 가격 대비 가치가 충분하여 상당히 안전한 투자로 보인다. 게다가 PBR도 높지 않으므로, 투자

* 1972년 3월 에머리 항공화물의 주가는 1971년 이익의 64배였다. (PER 64)

자가 원하면 자신이 두 회사의 지분 일부를 보유한 동업자라고 생각할 수도 있다. 투하자본이익률은 오랜 기간 만족스러웠고, 수익의 안정성도 그러했으며, 과거 성장률 역시 놀라울 정도로 만족스러웠다. 두 회사는 방어적 투자자 포트폴리오 편입에 필요한 7개 통계 요건을 충족할 것이다. 14장에서 다시 논의하겠지만, 7개 요건은 다음과 같다.

1. 충분한 규모.
2. 매우 건전한 재무상태.
3. 최근 10년 동안 적자 사례 없음.
4. 최근 20년 이상 연속 배당지급 실적.
5. EPS 10년 성장률이 33% 이상.
6. PER 15 이하(최근 3년 평균 이익 기준).
7. PBR 1.5 이하.

향후 엘트라나 엠하트의 실적 예측은 하지 않겠다. 잘 분산된 주식 포트폴리오에서 일부 종목은 실망을 안겨줄 수밖에 없는데, 엘트라나 엠하트가 그런 종목이 될 수도 있다. 그러나 위 종목 선정 원칙과 기타 합리적인 기준에 따라 구성된 분산 포트폴리오라면, 장기적으로 만족스러운 실적이 나올 것이다. 적어도 내 오랜 경험을 돌아보면 그렇다.

마지막 논평: 노련한 애널리스트라면, 4개 회사에 대한 나의 추론을 인정하더라도, 1970년 말 에머슨이나 에머리 항공화물 주식 보유자에게 엘트라나 엠하트로 교체하라고 권유하기가 망설여질 것이다. 주식 보유자도 내 추론을 명확하게 이해하는 경우가 아니라면 말이다. 단기간에 저PER 두 회사

의 실적이 고PER 두 회사를 능가할 것이라고 기대할 근거는 없다. 고PER 두 회사는 시장에서 평판이 좋아서 모멘텀이 매우 강하며, 이 모멘텀은 무한정 이어질지도 모른다. 에머슨과 에머리 항공화물보다 엘트라와 엠하트를 선호하는 타당한 근거는, 화려한 투자보다 가치투자를 선호하는 고객의 태도가 되어야 한다. 따라서 주식투자 전략은 각 투자자의 태도에 크게 좌우될 수밖에 없다. 종목 선정 방법에 대해서는 14장에서 더 자세히 다루겠다

14장

방어적 투자자의 종목 선정

14장

방어적 투자자의 종목 선정

이제는 증권분석 기법들을 투자에 더 폭넓게 적용해보자. 방어적 투자자와 공격적 투자자에게 각각 추천하는 투자전략에 대해서는 이미 설명했으므로, 이제 각 투자전략에 증권분석이 어떻게 사용되는지 살펴볼 때다. 내 추천을 따르는 방어적 투자자라면 우량등급 채권과 다양한 우량주만으로 포트폴리오를 구성할 것이다. 그는 우량주를 지나치게 높은 가격에 사지 않도록 유의해야 한다.

방어적 투자자가 포트폴리오를 구성하는 방법은 두 가지로서, 다우지수 방식으로 구성하는 방법과, 정량분석에 의해서 구성하는 방법이다. 다우지수 방식으로 구성하려면, 먼저 대표적인 우량주 표본을 입수해야 한다. 이 표본에는 PER이 매우 높은 인기 성장주도 포함될 것이고, PER이 낮은 소외주도 포함될 것이다. 그러나 가장 쉬운 방법은 다우지수 30종목 모두에 똑같은 금액을 투자하는 방법이다. 30종목을 10주씩 매수하면, 현재 지수가 900 수준이므로 모두 약 1만 6,000달러가 들어갈 것이다.* 과거 실적을 근거로 예상하면, 대표적인 펀드에 가입해도 향후 비슷한 실적을 기대할 수 있다.

두 번째 방법은 정량분석 기준을 적용해서 종목을 선정하는 방법으로서, (1) 과거 실적과 현재 재무상태가 최소 질적 기준을 충족하고, (2) PER 및 PBR이 최소 양적 기준을 충족하는지 확인하는 방법이다. 13장 끝 부분에서 이러한 질적 및 양적 기준 7개를 열거했는데, 이제부터 더 자세히 살펴보기로 한다.

1. 충분한 규모

내가 제시한 최소 기준이 모두 자의적이지만, 특히 기업의 최소 규모가 자의적이다. 내 기본적인 생각은 주로 제조회사들 중에서 실적 변동이 평균보다 심한 소기업들을 투자 대상에서 제외하려는 것이다. (소기업들 중에도 잠재력 높은 기업이 많지만, 그래도 방어적 투자자에게는 적합하지 않다고 생각한다.) 어림수로 나타내면, 제조회사는 연간 매출이 1억 달러 이상이어야 하고, 공익기업은 총자산이 5,000만 달러 이상이어야 한다.

2. 매우 건전한 재무상태

제조회사라면 유동비율(= 유동자산/유동부채)이 200% 이상이어야 한다. 장기부채도 순유동자산(= 운전자본) 이하여야 한다. 공익기업이라면 부채가 보통주자본의 2배 이하여야 한다.

* 그동안 주식분할 등이 매우 많았던 탓에, 1972년 초 다우지수 종목의 실제 평균 주가는 약 53달러였다.

3. 이익의 안정성

최근 10년 동안 적자 사례 없음.

4. 배당의 지속성

최근 20년 이상 연속 배당지급 실적.

5. 이익의 성장성

EPS 10년 성장률이 33% 이상(10년 전 3년 평균 이익과, 최근 3년 평균 이익을 비교).

6. 적당한 PER

PER 15 이하(최근 3년 평균 이익 기준).

7. 적당한 PBR

PBR 1.5 이하. 그러나 PER이 15 미만이라면 PBR이 그만큼 더 높아도 된다. 내가 추천하는 어림셈법은, PER×PBR ≤ 22.5 이다. (PER = 15, PBR = 1.5이면, PER×PBR = 22.5가 나온다. PER = 9, PBR = 2.5일 때에도 PER×PBR = 22.5가 나온다.)

논평: 위 기준은 주로 방어적 투자자들의 기질 등을 고려해서 설정하였다. 이 기준을 따르면 두 가지 방식으로 주식 대다수가 투자 대상에서 제외될 것이다. 첫 번째 방식에 의하면, 기업들이 (1) 규모가 지나치게 작거나, (2) 재무상태가 비교적 취약하거나, (3) 최근 10년 동안 적자를 기록한 해가 있거나, (4) 연속 배당지급 실적 기간이 20년 미만이라는 이유로 제외된다. 여기서 현재 충족하기 가장 어려운 기준은 '2. 매우 건전한 재무상태'이다. 과거에 재무상태가 건전했던 대기업들 중에도 최근 몇 년 동안 유동비율이 악화

하거나 부채비율이 급증한 기업이 많기 때문이다.

두 번째 방식에 의하면, 기업들의 '주가 대비 이익(PER)'이나 '주가 대비 자산(PBR)'이 부족하다는 이유로 제외된다. 이는 애널리스트들의 일반적인 관점이 절대 아니다. 실제로 대부분 애널리스트는 방어적 투자자들도 고성장 기업에 대해서는 높은 가격을 기꺼이 지불해야 한다고 주장할 것이다. 그러나 이미 언급했듯이, 성장 기업의 높은 가격이 계속 유지되려면 앞으로도 매우 오랜 기간 이익이 계속 증가해야 하므로, 안전마진을 확보하기가 어렵다. 이 문제에 대해서는 양쪽 주장을 저울질하고 나서, 독자 스스로 판단해야 한다.

나는 이익도 적당히 성장해야 한다는 조건을 기준에 포함했다. 이 조건이 없으면 장기적으로 EPS가 감소하는 기업조차 투자 대상에 포함될 수 있다. 염가 종목으로 분류될 정도로 주가가 낮아도, 이런 기업에는 투자할 이유가 없다.

주로 PER이 12~13인 종목을 선정하면, 포트폴리오의 PER도 15 이하가 될 것이다. 참고로 1972년 2월 AT&T의 PER은 11이었고(3년 평균 EPS 및 1년 EPS 기준), 스탠더드 오일 오브 캘리포니아의 PER은 10 미만이었다(1년 EPS 기준). 주식 포트폴리오의 이익수익률(PER의 역수)은 우량등급 채권 수익률 이상이어야 바람직하다. 그러려면 현재 AA등급 채권 수익률이 7.5%이므로, PER은 13.3 이하가 되어야 한다.

이 기준을 다우지수에 적용하면?

1970년 말 다우지수에 이 기준을 적용해보니, 7개 모두 충족되었다(기준 2개는 간신히 충족되었다). 다음은 1970년 종가 및 관련 지표에 기준을 적용한 결과이다. (각 기업의 기본 데이터는 〈표 14-1〉과 〈표 14-2〉에 나온다.)

〈표 14-1〉 다우지수 30종목 기본 데이터 (1971. 9. 30)

	주가 '710930	EPS[a]			배당 개시 연도	BPS	배당
		'710930	1968~70년 평균	1958~60년 평균			
얼라이드 케미컬	32.5	1.40	1.82	2.14	1887	26.02	1.20
알코아	45.5	4.25	5.18	2.08	1939	55.01	1.80
아메리칸 브랜즈	43.5	4.32	3.69	2.24	1905	13.46	2.10
아메리칸 캔	33.25	2.68	3.76	2.42	1923	40.01	2.20
AT&T	43	4.03	3.91	2.52	1881	45.47	2.60
아나콘다	15	2.06	3.90	2.17	1936	54.28	–
베들레헴 철강	25.5	2.64	3.05	2.62	1939	44.62	1.20
크라이슬러	28.5	1.05	2.72	(0.13)	1926	42.40	0.60
듀폰	154	6.31	7.32	8.09	1904	55.22	5.00
이스트먼 코닥	87	2.45	2.44	0.72	1902	13.70	1.32
GE	61.25	2.63	1.78	1.37	1899	14.92	1.40
제너럴 푸즈	34	2.34	2.23	1.13	1922	14.13	1.40
GM	83	3.33	4.69	2.94	1915	33.39	3.40
굿이어 타이어	33.5	2.11	2.01	1.04	1937	18.49	0.85
인터내셔널 하비스터	28.5	1.16	2.30	1.87	1910	42.06	1.40
인터내셔널 니켈	31	2.27	2.10	0.94	1934	14.53	1.00
인터내셔널 페이퍼	33	1.46	2.22	1.76	1946	23.68	1.50
존스-맨빌	39	2.02	2.33	1.62	1935	24.51	1.20
오웬스 글래스	52	3.89	3.69	2.24	1907	43.75	1.35
프록터 앤드 갬블	71	2.91	2.33	1.02	1891	15.41	1.50
시어즈 로벅	68.5	3.19	2.87	1.17	1935	23.97	1.55
스탠더드 오일 캘리포니아	56	5.78	5.35	3.17	1912	54.79	2.80
스탠더드 오일 뉴저지	72	6.51	5.88	2.90	1882	48.95	3.90
스위프트	42	2.56	1.66	1.33	1934	26.74	0.70
텍사코	32	3.24	2.96	1.34	1903	23.06	1.60
유니언 카바이드	43.5	2.59	2.76	2.52	1918	29.64	2.00
유나이티드 에어	30.5	3.13	4.35	2.79	1936	47.00	1.80
US스틸	29.5	3.53	3.81	4.85	1940	65.54	1.60
웨스팅하우스	96.5	3.26	3.44	2.26	1935	33.67	1.80
울워스	49	2.47	2.38	1.35	1912	25.47	1.20

a 주식배당 및 주식분할 반영

b 일반적으로 1971년 6월 30일까지 12개월 기준

〈표 14-2〉 다우지수 30종목 주요 재무비율 (1971. 9. 30)

	PER		배당 수익률	EPS성장률 1958~60 vs. 1968~70	유동 비율[a]	순유동 자산/ 부채[b]	PBR
	'710930	1968~70년					
얼라이드 케미컬	18.3배	18.0배	3.7%	(-15.0%)	2.1배	74%	125%
알코아	10.7	8.8	4.0	149.0	2.7	51	84
아메리칸 브랜즈	10.1	11.8	5.1	64.7	2.1	138	282
아메리칸 캔	12.4	8.9	6.6	52.5	2.1	91	83
AT&T	10.8	11.0	6.0	55.2	1.1	-[c]	94
아나콘다	5.7	3.9	-	80.0	2.9	80	28
베들레헴 철강	12.4	8.1	4.7	16.4	1.7	68	58
크라이슬러	27.0	10.5	2.1	-[d]	1.4	78	67
듀폰	24.5	21.0	3.2	(-9.0)	3.6	609	280
이스트먼 코닥	35.5	35.6	1.5	238.9	2.4	1764	635
GE	23.4	34.4	2.3	29.9	1.3	89	410
제너럴 푸즈	14.5	15.2	4.1	97.3	1.6	254	240
GM	24.4	17.6	4.1	59.5	1.9	1071	247
굿이어 타이어	15.8	16.7	2.5	93.3	2.1	129	80
인터내셔널 하비스터	24.5	12.4	4.9	23.0	2.2	191	66
인터내셔널 니켈	13.6	16.2	3.2	123.4	2.5	131	213
인터내셔널 페이퍼	22.5	14.0	4.6	26.1	2.2	62	139
존스-맨빌	19.3	16.8	3.0	43.8	2.6	-	158
오웬스 글래스	13.2	14.0	2.6	64.7	1.6	51	118
프록터 앤드 갬블	24.2	31.6	2.1	128.4	2.4	400	460
시어즈 로벅	21.4	23.8	1.7	145.3	1.6	322	285
스탠더드 오일 캘리포니아	9.7	10.5	5.0	68.8	1.5	79	102
스탠더드 오일 뉴저지	11.0	12.2	5.4	102.8	1.5	94	115
스위프트	16.4	25.5	1.7	24.8	2.4	138	158
텍사코	9.9	10.8	5.0	120.9	1.7	128	138
유니언 카바이드	16.6	15.8	4.6	9.5	2.2	86	146
유나이티드 에어	9.7	7.0	5.9	55.9	1.5	155	65
US스틸	8.3	6.7	5.4	(-21.5)	1.7	51	63
웨스팅하우스	29.5	28.0	1.9	52.2	1.8	145	2.86
울워스	19.7	20.5	2.4	76.3	1.8	185	1.90

a 1970 회계연도 말 실적

b 출처: Moody's Industrial Manual (1971)

c 순유동자산의 차변 잔액

d 1958~1960년 적자

1. 기업의 최소 규모 기준은 넉넉하게 충족되었다.
2. 재무상태 기준은 30개 기업 합계 기준으로는 충족되었지만, 개별 기업 기준으로는 충족하지 못하는 기업도 있었다.*
3. 1940년 이후에는 모든 기업이 연속 배당지급 실적을 유지했다. 5개 기업은 19세기부터 연속해서 배당을 지급했다.
4. 지난 10년 동안 30개 기업의 이익 합계는 매우 안정적이었다. 1961-1969년 호황기에 적자를 기록한 기업은 하나도 없었다. (그러나 1970년 초 크라이슬러는 소폭 적자를 기록했다.)
5. 지난 10년 EPS 성장률(10년 전 3년 평균 이익과, 최근 3년 평균 이익을 비교)은 77%로서, 연 6% 수준이었다. 10년 성장률 33%에 못 미친 기업은 5개였다.
6. 다우지수의 연말 PER은 15(= 839/$55.5)로서, 내가 제시한 상한선이었다.
7. 다우지수의 연말 PBR은 1.5(= 839/$562)로서, 역시 내가 제시한 상한선이었다.

위 7개 기준을 다우지수 30개 기업에 개별적으로 적용하면, 7개 기준을 모두 충족하는 기업은 5개에 불과하다. 아메리칸 캔, AT&T, 아나콘다, 스위프트, 울워스다. 〈표 14-3〉은 이 5개 기업의 데이터를 정리한 자료다. EPS 10년 성장률을 제외하면, 당연히 이 5개 기업의 합산 실적이 다우지수 30개

* 1960년에는 유동비율 200% 이상 기준을 충족하지 못한 제조회사가 29개 중 2개에 불과했고, 장기부채가 순운전자본 이하라는 기준을 충족하지 못한 제조회사도 2개에 불과했다. 그러나 1970년 12월에는 두 기준을 충족하지 못한 기업의 수가 둘 다 12개로 증가했다.

〈표 14-3〉 기준을 모두 충족하는 다우지수 종목 (1970년 말)

	아메리칸 캔	AT&T	아나콘다	스위프트	울워스	5개 평균
주가, 1970년 말	39.75	48.875	21	30.125	36.5	
PER, 1970	11.0배	12.3배	6.7배	13.5배	14.4배	11.6배
PER, 3년 평균 EPS	10.5배	12.5배	5.4배	18.1배[b]	15.1배	12.3배
PBR	99%	108%	38%	113%	148%	112%
유동비율	220%	n.a.	290%	230%	180%[c]	230%
순유동자산/부채	110%	n.a.	120%	141%	190%	140%
안정성 지수[a]	85	100	72	77	99	86
성장률[a]	55%	53%	78%	25%	73%	57%

a 정의는 p.237 참조

b 스위프트는 불황기인 1970년에도 실적이 좋았으므로, PER 15 초과를 무시함.

c 유동비율이 200%에 다소 못 미치지만, 추가 자금조달 여력에 의해 상쇄됨.

n.a. = 해당 없음. AT&T의 부채는 보통주자본보다도 적었음.

기업의 합산 실적보다 훨씬 낫다.*

이 7개 기준을 모든 상장주식에 적용해도, 7개 기준을 모두 충족하는 기업은 비교적 소수에 불과할 것이다. 과감하게 추측해보면, 1970년 말 S&P 《스탁 가이드》에서 약 100종목을 찾을 수 있을 것이다. 그래도 투자자가 자신의 취향에 따라 포트폴리오를 구성하기에 충분한 숫자이다.

* 그러나 1970년 12월 ~ 1972년 초 동안 이 5개 기업의 합산 주가 흐름은 다우지수보다 부진했다. 이는 어떤 시스템이나 공식도 초과실적을 보장하지 않는다는 사실을 다시 한 번 보여준다. 내가 제시한 기준이 보장하는 것은 투자자가 충분한 보상을 받는다는 정도에 불과하다.

공익기업도 훌륭한 투자 대상

•

이제 공익기업 주식으로 눈을 돌려보면, 훨씬 더 편안하고 매력적인 투자 환경이 펼쳐진다. 공익기업 주식은 대다수가 실적 면에서나 가격 면에서나 방어적 투자자에게 적합해 보인다. 공익기업 주식을 평가할 때, 유동비율 기준은 적용할 필요가 없다. 공익기업들은 채권과 주식 발행을 통해서 확장 자금을 지속적으로 조달할 수 있어서, 운전자본 문제가 자연스럽게 해결되기 때문이다. 그러나 부채 대비 보통주자본 비율은 적정 수준을 유지해야 한다.*

〈표 14-4〉는 다우 공익기업 지수에 속한 15개 종목을 요약한 자료다. 반면 〈표 14-5〉는 뉴욕증권거래소 상장회사 목록에서 무작위로 선정한 다른 공익기업 15개 종목을 요약한 자료다.

1972년 초 현재 방어적 투자자는 실적과 가격 기준을 모두 충족하는 공익기업 주식들 중에서 마음대로 골라서 투자할 수 있다. 이들 주식은 투자자가 주식에 대해 요구하는 모든 사항을 충족시켜준다. 다우지수에 속한 유명 제조회사들과 비교해도, 이들의 과거 성장 실적은 못지않게 훌륭했으며, 연간 실적 변동도 더 작았다. 게다가 PER과 PBR은 더 낮았으며, 배당수익률은 훨씬 더 높았다. 공익기업들이 규제받는 독점사업이라는 사실은 방어적 투자자에게 확실히 장점으로 작용한다. 이들에게는 요금 인상을 통해서 사업 확장 자금을 충분히 조달할 수 있는 법적 권한이 있으므로, 원가 상승에 대해서도 충분히 대처할 수 있다. 복잡한 규제 절차 탓에 종종 업무가 지연되긴

---

* 가스 파이프라인 회사들은 담보가 충분하므로, 대부분 회사에 부채 대비 보통주자본 비율 기준을 적용해서는 안 된다. 이들은 구매계약을 체결하고 가스를 공급하는 구조여서, 채권 원리금 지급이 확실하기 때문이다. 그러나 이런 고려사항도 방어적 투자자에게는 지나치게 복잡할 수 있다.

〈표 14-4〉 다우 공익기업 지수 15개 종목 데이터 (1971. 9. 30)

	주가 '710930	EPS[a]	배당	BPS	PER	PBR	배당 수익률	EPS 성장률 '60 vs.'70
아메리칸 일렉트릭 파워	26	2.40	1.70	18.86	11배	1.38	6.5%	87%
클리블랜드 일렉트릭	34.75	3.10	2.24	22.94	11	1.50	6.4	86
컬럼비아 가스 시스템	33	2.95	1.76	25.58	11	1.29	5.3	85
커먼웰스 에디슨	35.5	3.05	2.20	27.28	12	1.30	6.2	56
컨솔리데이티드 에디슨	24.5	2.40	1.80	30.63	10	0.80	7.4	19
컨솔리데이티드 내추럴 가스	27.75	3.00	1.88	32.11	9	0.86	6.8	53
디트로이트 에디슨	19.25	1.80	1.40	22.66	11	0.84	7.3	40
휴스턴 라이트닝 앤드 파워	42.75	2.88	1.32	19.02	15	2.22	3.1	135
나이아가라-모호크 파워	15.5	1.45	1.10	16.46	11	0.93	7.2	32
퍼시픽 가스 앤드 일렉트릭	29	2.65	1.64	25.45	11	1.14	5.6	79
팬핸들 일렉트릭 파이프라인	32.5	2.90	1.80	19.95	11	1.66	5.5	79
피플스 가스	31.5	2.70	2.08	30.28	8	1.04	6.6	23
필라델피아 일렉트릭	20.5	2.00	1.64	19.74	10	1.03	8.0	29
퍼블릭 서비스 일렉트릭	25.5	2.80	1.64	21.81	9	1.16	6.4	80
사우스 캘리포니아 에디슨	29.25	2.80	1.50	27.28	10	1.07	5.1	85
평균	28.5	2.66	1.71	23.83	10.7	1.21	6.2	65

a 1971년 추정치

하지만, 지난 수십 년 동안 투하자본이 계속 증가하는 동안에도 적정 이익률이 계속 유지되었다.

지금 공익기업 주식의 가장 중요한 매력은 PBR이 높지 않다는 점이다. 그래서 투자자는 주식시장을 무시한 채, 자신이 안정적이고 수익성 높은 공익기업의 소유주라고 생각할 수 있다. 시장 호가는 언제든 유리할 때 이용하는 수단에 불과하므로, 호가가 이례적으로 낮아서 매력적일 때에만 매수하고, 호가가 지나치게 높을 때에만 매도하면 된다.

〈표 14-6〉은 공익기업 지수와 다른 지수들의 주가 흐름을 요약한 자료이다. 이 표를 보면, 과거 공익기업 주식에도 수익 기회가 많았음을 알 수 있

〈표 14-5〉 공익기업 2차 종목 데이터 (1971. 9. 30)

	주가 '710930	EPS	배당	BPS	PER	PBR	배당 수익률	EPS 성장률 '60 vs.'70
앨라배마 가스	15.5	1.50	1.10	17.80	10배	0.87	7.1%	34%
앨러게이니 파워	22.5	2.15	1.32	16.88	10	1.34	6.0	71
AT&T	43	4.05	2.60	45.47	11	0.95	6.0	47
아메리칸 워터 웍스	14	1.46	0.60	16.80	10	0.84	4.3	187
애틀랜틱 시티 일렉트릭	20.5	1.85	1.36	14.81	11	1.38	6.6	74
볼티모어 가스 앤드 일렉트릭	30.25	2.85	1.82	23.03	11	1.32	6.0	86
브루클린 유니언 가스	23.5	2.00	1.12	20.91	12	1.12	7.3	29
캐롤라이나 파워 앤드	22.5	1.65	1.46	20.49	14	1.10	6.5	39
센트럴 허드슨 가스 앤드	22.25	2.00	1.48	20.29	11	1.10	6.5	13
센트럴 일리노이 라이트닝	25.25	2.50	1.56	22.16	10	1.14	6.5	55
센트럴 메인 파워	17.75	1.48	1.20	16.35	12	1.13	6.8	62
신시네티 가스 앤드 일렉트릭	23.25	2.20	1.56	16.13	11	1.45	6.7	102
컨슈머 파워	29.5	2.80	2.00	32.59	11	0.90	6.8	89
데이턴 파워 앤드 라이트닝	23	2.25	1.66	16.79	10	1.37	7.2	94
델마버 파워 앤드 라이트닝	16.5	1.55	1.12	14.04	11	1.17	6.7	78
평균	23.5	2.15	1.50	21.00	11	1.12	6.5%	71%

다. 공익기업 개별 종목의 상승률이 제조회사 지수의 상승률에는 못 미쳤지만, 가격 안정성은 대부분 기간에 다른 그룹보다 높았다. 제조회사들과 공익기업들의 PER 추이를 보면, 20년 전에는 제조회사들의 PER이 더 낮았으나 이제는 공익기업들의 PER이 더 낮아졌다. 이런 반전은 방어적 투자자보다 공격적 투자자에게 주는 의미가 더 많을 것이다. 그러나 방어적 투자자의 포트폴리오도 가끔은 바꿔야 한다는 뜻이기도 하다. 특히 보유 종목이 과도하게 상승했으며, 가격이 훨씬 더 합리적인 종목으로 교체할 수 있다면 더욱 그러하다. 그런데 유감스럽게도, 자본이득세를 납부해야 한다. 투자자에게는 지극히 심각한 문제이다. 그래도 경험을 돌아보면, 매도하고 세금을 내는 편

〈표 14-6〉 S&P 지수들의 주가 및 PER 추이 (1948~1970)

연도	제조회사		철도회사		공익기업	
	주가[a]	PER	주가[a]	PER	주가[a]	PER
1948	15.34	6.56	15.27	4.55	16.77	10.03
1953	24.84	9.56	22.60	5.42	24.03	14.00
1958	58.65	19.88	34.23	12.45	43.13	18.59
1963	79.25	18.18	40.65	12.78	66.42	20.44
1968	113.02	17.80	54.15	14.21	69.69	15.87
1970	100.00	17.84	34.40	12.83	61.75	13.16

a 주가는 연말 종가

이, 매도하지 않았다가 후회하는 것보다 낫다.

금융주 투자

'금융회사'에 포함되는 기업은 매우 다양하다. 은행, 보험회사, 저축대부조합, 소액대출회사, 주택자금 대출회사, 투자회사(예컨대 뮤추얼펀드) 등이 금융회사에 포함된다. 이런 금융회사들은 고정자산과 재고자산 등 유형자산의 비중은 비교적 작지만, 흔히 단기부채는 보통주자본보다 훨씬 많다. 그러므로 금융회사는 제조회사나 유통회사보다 재무건전성이 더 중요하다. 그래서 당국은 불건전 금융관행을 방지하려고 다양한 규제와 감독을 하게 되었다.

지금까지 금융주의 투자실적도 다른 주식과 대체로 비슷했다. 〈표 14-7〉은 1948~1970년 S&P 6개 그룹 주가 지수의 흐름을 보여준다. 1941-1943년 평균이 10으로서, 기준이 된다. 1970년 말 뉴욕 시내 은행 9종목의 지수는 44.3이었고, 생명보험 11종목의 지수는 218이었다. 1948~1970년 동안 각 지수의 흐름에는 상당한 변화가 있었다. 예를 들어 뉴욕 시내 은행 주

〈표 14-7〉 다양한 금융주의 주가 흐름 (1948~1970년)

회사명	1948년	1953년	1958년	1963년	1968년	1970년
생명보험	17.1	59.5	156.6	318.1	282.2	218.0
손해보험	13.7	23.9	41.0	64.7	99.2	84.3
뉴욕 시내 은행	11.2	15.0	24.3	36.8	49.6	44.3
뉴욕 시외 은행	16.9	33.3	48.7	75.9	96.9	83.3
대출회사	15.6	27.1	55.4	64.3	92.8	78.3
소액대출회사	18.4	36.4	68.5	118.2	142.8	126.8
S&P500[a]	13.2	24.8	55.2	75.0	103.9	92.2

a S&P 주가 지수의 연말 숫자. 1941~1943년 평균 = 10

식은 1958-1968년 실적이 매우 좋았지만, 생명보험 주식은 1963-1968년에 하락했다. 이런 교차 흐름은 S&P의 업종 지수 대부분에서 나타난다.

이렇게 광범위한 분야에 대해서 특별히 해줄 조언은 없다. 다만 이런 업종에서 종목을 선정할 때에도, 제조회사 및 공익기업에 투자할 때와 마찬가지로, PER과 PBR 등 정량 기준을 적용하라고 권할 따름이다.

철도주

철도회사의 스토리는 공익기업과 완전히 다르다. 철도회사들은 치열한 경쟁과 엄격한 규제에 심하게 시달렸다. (물론 인건비도 골칫거리였지만, 철도회사들만 고생한 것은 아니다.) 철도회사들은 자동차, 버스, 항공기에 승객 대부분을 빼앗겼고, 트럭에 화물 운송도 상당량을 빼앗겨 수익성이 매우 나빠졌다. 지난 50년 동안 파산하거나 법정관리를 받은 철도회사들의 철도 노선을 모두 더하면, 미국 철도의 절반이 넘어간다.

그러나 이 50년 동안 철도회사들의 실적이 계속 악화한 것은 아니다. 철도 산업에도 호황기가 있었는데, 주로 전쟁 기간이었다. 전반적으로 힘든 기간이었는데도, 일부 철도회사는 그럭저럭 수익력을 유지해서 배당까지 지급했다.

S&P 철도지수는 1942년 저점에서 1968년 고점까지 7배나 상승했다. 공익기업 지수보다 크게 뒤지지 않는 상승률이었다. 그러나 1970년 미국에서 가장 중요한 철도회사인 펜센트럴운송회사Penn Central Transportation Co.,가 파산하여 금융계를 충격에 빠뜨렸다. 불과 1-2년 전만 해도 주가가 역사상 최고가에 육박했고, 120년 넘게 연속 배당 기록을 세운 회사였다! (pp. 301-304 하단에 이 철도회사를 간략하게 분석한 자료를 실었다. 유능한 투자자라면 회사의 전반적인 상황 악화를 감지하고 투자를 삼갔을 것이다.) 이 금융참사 탓에 철도주가 전반적으로 악영향을 받았다.

어떤 업종 증권을 통째로 추천하는 것은 대개 타당하지 않으며, 반대로 통째로 비관하는 것도 마찬가지로 타당하지 않다. 〈표 14-6〉에서 철도 회사들의 주가 흐름을 보면, 철도주에서도 종종 큰 수익 기회가 있었다. (그러나 내가 보기에 철도주는 급등할 만한 이유가 없었다.) 내 생각에 투자자는 굳이 철도주를 보유할 이유가 없다. 오로지 철도주에서만 충분한 보상을 얻을 수 있다고 확신하는 경우가 아니라면 말이다.

방어적 투자자의 선택

•

투자자는 누구나 자신의 포트폴리오가 평균보다 우수하길 바란다. 그래서 유능한 조언자나 애널리스트의 도움을 받으면 우수한 포트폴리오를 구성할 수 있으리라 기대한다. 그는 이렇게 생각할 것이다. "이 책에서 제시하는 원칙은 너무 단순하고 느긋해 보여. 노련한 애널리스트라면 온갖 기량과 기법을 구사할 수 있으니까, 뻔한 다우지수 종목보다 훨씬 우수한 포트폴리오를 구성해주겠지. 전문가가 수많은 통계분석, 추정, 판단을 하는 이유가 뭐겠어?"

그러면 애널리스트 100명이 1970년 말에 투자할 주식으로 다우지수 종목에서 5개씩을 선정한다고 가정해보자. 이렇게 선정한 5개 종목이 모두 일치하는 사례는 거의 없을 것이며, 종목 구성이 완전히 다른 사례가 많을 것이다.

이런 결과가 처음에는 놀라울지 몰라도, 사실은 당연한 현상이다. 유명 주식의 현재 가격에는 재무 실적은 물론, 전망에 대한 사람들의 견해까지 충분히 반영되어 있기 때문이다. 따라서 어떤 애널리스트가 한 종목이 더 유리하다고 판단한다면, 이는 주로 그의 편견과 기대 때문이거나, 평가할 때 특정 요소에 큰 비중을 두었기 때문이다. 만일 특정 종목이 유리하다고 모든 애널리스트가 동의한다면, 그 종목은 곧바로 상승하여 이점이 모두 사라질 것이다.

나는 현재 가격에 재무 실적과 전망에 대한 견해가 모두 반영되었다고 말했는데, 이는 증권을 평가하는 요소가 두 가지이며, 평가하는 기법도 근본적으로 다르기 때문이다. 장담하는데, 유능한 애널리스트는 모두 과거 실적 대신 미래 실적에 주목하므로, 그 회사의 미래 실적에 따라 그의 분석이 평가를 받게 된다. 그런데 미래 실적을 대하는 방법도 두 가지로서, 하나는 이른바 '예측prediction'하는 방법이고, 하나는 자신을 '보호protection'하는 방법이다.

예측을 강조하는 사람들은 기업의 미래 실적을 정확하게 예측하려고 노력하며, 특히 높은 이익 성장률이 장기간 유지될 것인지 확인하려고 한다. 이들은 해당 산업의 수요와 공급을 세심하게 분석하기도 하고, 판매량, 가격, 원가 요소를 분석하기도 하며, 과거 성장 추세를 미래로 단순하게 연장하여 실적을 예측하기도 한다. 만일 장기 전망이 이례적으로 유리하다고 확신하면, 십중팔구 이들은 현재 주가 수준을 그다지 고려하지 않은 채 이 주식을 매수하라고 권유할 것이다. 예를 들면 항공운수 주식을 대하는 태도가 그러했다. 1946년 이후 실적이 비참할 정도로 나빴는데도, 이런 태도는 오랜 기간 유지되었다. 서문에서도 언급했듯이, 항공운수 산업의 주가는 강세를 보였지만, 항공운수 산업의 실적은 상대적으로 실망스러웠다.

반면 보호를 강조하는 사람들은 분석 시점의 주가에 항상 관심을 기울인다. 이들은 주가보다 내재가치가 높아서 안전마진이 충분한지 확인하려고 노력한다. 안전마진이 충분하면 장래에 상황이 악화해도 손실을 피할 수 있기 때문이다. 그러므로 이들은 회사가 잘 운영된다고 어느 정도 확신할 수 있으면, 회사의 장기 전망이 밝은지에 대해서는 큰 관심을 기울일 필요가 없다.

첫 번째 예측 기법은 정성기법이라고 볼 수 있다. 전망, 경영, 기타 매우 중요하지만 측정할 수 없는 특성들을 강조하기 때문이다. 두 번째 보호 기법은 정량기법으로 볼 수 있다. 주가와 이익, 자산, 배당 등의 관계처럼, 측정 가능한 요소들을 강조하기 때문이다. 그런데 정량기법은, 채권 및 우선주 선정에 타당하다고 인정받은 증권분석 기법들을 주식 분야로 확장해서 적용한 것이다.

나는 항상 정량기법에 헌신하는 태도로 증권을 분석했다. 나는 투자의 대가로 받는 보상을 처음부터 구체적이고 가시적인 숫자로 확인하고자 했다. 그 보상이 부족하면, 전망이 밝거나 미래가 유망해도 수용하지 않았다. 그러나 이는 투자 전문가들의 일반적인 태도가 절대 아니었다. 사실 전문가 대부분은 전망, 경영자의 자질, 기타 무형자산 등 '인간 요인'이 과거 실적, 대차대조표, 기타 냉정한 숫자를 분석한 자료보다 훨씬 중요하다고 생각할 것이다.

그러므로 '최고의 주식' 선정 작업에는 논란의 여지가 많다. 방어적 투자자는 이런 문제를 피하는 편이 낫다. 개별 종목을 선정하는 대신, 분산투자를 하면 된다. 보편적으로 인정받는 분산투자 개념을 이용하면, 종목 선정 논란을 피해갈 수 있다. (최고의 종목을 정확하게 선정할 수 있다면, 분산투자를 할 필요가 없겠지만 말이다.) 그러나 5장에서 제시한 '주식 선정 4대 기준'(pp. 87-88)을 따르기만 해도, 자신의 취향을 적잖이 반영할 수 있다. 자신의 취향을 마음껏 반영해도 해롭지 않다. 게다가 실적이 더 좋아질 수도 있다. 기술 발전이 기업의 장기 실적에 미치는 영향이 증가하고 있으므로, 기술 발전도 간과해서는 안 된다. 다른 분야에서와 마찬가지로, 투자에서도 지나친 중시와 경시 사이에서 균형을 찾아야 한다.

15장

공격적 투자자의 종목 선정

15장

공격적 투자자의 종목 선정

'14장. 방어적 투자자의 종목 선정'에서 나는 정량분석 기준을 적용해서 종목을 선정하기만 해도 (또는 5장에서 제시한 '주식 선정 4대 기준'을 따르기만 해도), 자신의 취향을 충분히 반영해서 분산 포트폴리오를 구성할 수 있다고 설명했다. 그리고 종목 선정 과정에서 주로 배제할 대상을 강조했는데, 질적 기준에 확실히 못 미치는 종목은 모두 배제해야 하며, 최고의 주식이더라도 가격이 지나치게 높으면 역시 배제해야 한다고 말했다. 15장에서는 공격적 투자자의 관점에서 종목 선정을 통한 초과수익 달성 가능성을 살펴보고, 종목 선정 방법도 알아보기로 한다.

종목 선정을 통한 초과수익 달성 가능성은 얼마나 될까? 솔직하게 말하면, 초과수익을 달성하기는 절대 쉽지 않다. 언뜻 보기에 종목 선정을 통해서 초과수익을 달성하는 방법은 자명해 보인다. 먼저 다우지수 실적 등 시장평균 실적은 특별한 능력이 없어도 누구나 달성할 수 있다. 다우지수 종목과 유사하게 포트폴리오를 구성하기만 하면 충분하기 때문이다. 그리고 이 포트폴리오를 바탕으로 조사, 경험, 타고난 능력 등으로 적당히 기량을 발휘하면, 다우지수보다 훨씬 나은 실적을 달성할 수 있지 않겠는가?

그러나 능력이 가장 뛰어난 사람들조차 초과수익을 내기가 매우 어렵다는 증거가 많다. 장기간 운용된 수많은 펀드의 실적이 바로 그 증거이다. 이런 펀드들은 대부분 규모가 매우 커서, 최고의 애널리스트와 리서치 부서 전문가들의 서비스를 충분히 받을 수 있다. 이런 펀드의 평균 운용비용은 연 0.5% 이하로서, 무시해도 좋을 정도는 아니다. 하지만 1951-1960년 주식의 총수익률은 약 15%였고, 1961-1970년에는 6%였으므로, 아주 커 보이지는 않는다. 종목 선정을 조금만 더 잘하면 쉽게 비용을 극복하고 초과수익을 낼 수 있을 듯하다.

그러나 전체적으로 보면, 장기적으로 주식형 펀드의 실적은 S&P500 지수 실적에 못 미쳤다. 이는 여러 종합연구에서 입증된 사실이다. 1960-1968년 실적을 포함한 최근 연구를 소개하면 아래와 같다.

실적 분석에 의하면, 뉴욕증권거래소 주식을 무작위로 선정한 동일비중 포트폴리오의 실적이, 위험 수준이 같은 펀드들의 평균 실적보다 높은 듯하다. 그 실적 차이가 저위험 및 중위험 포트폴리오에서는 상당히 컸지만 (각각 연 3.7% 및 2.5%), 고위험 포트폴리오에서는 매우 작았다 (연 0.2%).*

9장에서 지적했듯이, 주식형 펀드들은 실적이 S&P500 등 시장 지수에 못 미쳤지만, 그래도 제 역할을 훌륭하게 해냈다고 생각한다. 이런 펀드에 투

* Friend, M. Blume, and J. Crockett, Mutual Funds and Other Institutional Investor: A New Perspective, (McGraw-Hill, 1970). 내가 분석한 펀드들 중에는 1966-1970년 실적이 S&P500 지수보다는 다소 높고 다우지수보다는 훨씬 높은 펀드가 많았다.

자한 대중은 누구나 시장 수익률과 비슷한 실적을 얻을 수 있었기 때문이다. 반면 자신이 직접 종목을 선정한 사람들 대부분은 다양한 이유로 펀드만큼도 실적을 얻지 못했다. 그러나 주식형 펀드들이 초과실적을 내지 못했다는 사실을 보면, 초과실적을 내기가 지극히 어렵다고 객관적으로 판단할 수 있다.

왜 초과실적을 내기가 그토록 어려울까? 이유는 두 가지로 생각할 수 있다. 첫째, 현재 주가에는 기업의 과거 및 현재 실적 관련 모든 주요 사실뿐 아니라, 미래 실적에 대한 합리적 기대도 모두 반영되어 있기 때문이다. 그렇다면 이후 나타나는 다양한 주가 흐름은 예측할 수 없었던 새로운 사건이 전개되었기 때문이라고 보아야 한다. 즉, 주가 흐름은 본질적으로 운에 좌우되는 무작위라는 뜻이다. 실제로 그렇다면, 애널리스트가 아무리 총명하고 철저해도 그의 분석은 소용이 없어진다. 예측 불가능한 것을 예측하려는 시도이기 때문이다.

그동안 애널리스트 숫자가 급증한 것도 이런 결과에 중대한 영향을 미쳤을지 모른다. 주요 종목의 가치를 분석하는 전문가가 수백 명 수천 명에 이른다면, 현재 주가에 전문가들의 정통한 의견이 충분히 반영되었다고 보아야 마땅하다. 단지 개인적 기호나 낙관론 때문에 어떤 종목을 선호한다면, 그런 판단은 적중할 가능성 못지않게 빗나갈 가능성도 크다.

월스트리트 애널리스트들의 분석업무는, 듀플리킷 브리지(duplicate bridge: 각자 같은 패로 시작하여 득점을 겨루는 놀이) 토너먼트에 진출한 브리지 고수의 게임과 유사하다고 생각된다. 애널리스트들은 '성공 가능성이 가장 높은' 주식을 선정하려고 하고, 브리지 고수는 각 판에서 최고 점수를 따려고 노력한다. 양쪽 모두 목표를 달성하는 사람은 극소수에 불과하다. 브리지 선수들의 실력이 모두 비슷하다면, 승자는 다양한 실수에 의해 결정되기 쉽다. 월스트리트 애널리스트들도 수많은 모임을 통해서 아이디어와 발견 사항들을 매우 자유롭게 동료들과 공유하므로, 이들의 분석도 평준화되는 경향이 있다. 브리지 토너먼트와 마찬가지로, 애널리스트들도 어깨 너머로 남들의 패를 보면서 논쟁을 벌이는 셈이다.

두 번째 이유는 성격이 전혀 다르다. 어쩌면 애널리스트들이 종목을 선정하는 기본 기법에 결함이 있을지도 모른다. 이들은 먼저 성장 전망이 가장 밝은 업종을 찾고, 다음에는 그 업종에서 경영 및 기타 우위가 가장 뛰어난 기업을 찾는다. 즉 이들은 유망 업종에 속한 유망 기업은 가격이 아무리 비싸도 매수하고, 소외 업종에 속한 소외 기업은 가격이 아무리 싸도 매수하지 않는다. 그러나 이 기법이 타당하려면, 유망 기업은 높은 이익 성장률이 무한히 지속되어 기업의 가치도 무한히 커져야 하며, 소외 기업은 잔존가치도 없이 소멸되어야 한다.

그러나 기업계의 실상은 전혀 다르다. 높은 이익 성장률을 장기간 유지할 수 있었던 기업은 지극히 드물며, 대기업이 완전히 소멸된 사례 역시 매우 드물다. 대부분 기업의 역사는 상대적 지위가 등락을 거듭하는 우여곡절의 역사다. 그동안 경기가 순환함에 따라 '무일푼에서 거부가 되었다가 다시 무일푼'이 되는 기업이 많았는데, 그 대표적인 예가 철강 산업이다. 아울러 경영이 개선되느냐 악화되느냐에 따라 극적인 변화가 발생하기도 한다.

그러면 위 두 가지 이유가 초과수익을 얻으려는 공격적 투자자에게 주는 의미는 무엇일까? 무엇보다도 초과수익 달성은 어려우며, 어쩌면 불가능한 과제라는 의미이다. 독자 여러분이 아무리 총명하고 박식해도, 일류 애널리스트들보다 포트폴리오를 잘 구성하기는 어렵다. 그러나 주식시장 중 상당 부분이 애널리스트들로부터 전적으로 무시당하고 있다면, 현명한 투자자는 여기서 저평가 종목을 발굴하여 초과수익을 얻을 수 있다.

하지만 그렇게 하려면 월스트리트에서 일반적으로 인정받지 못하는 기법들을 사용해야 한다. 월스트리트에서 일반적으로 인정받는 기법들은 초과 수익을 내지 못하는 듯하기 때문이다. 온갖 수재들이 전문가로 활동하는 주식시장에서 소외된 기법 중에 오히려 타당한 기법이 있다고 말하면 이상하게 들릴 것이다. 그러나 이렇게 소외된 기법을 바탕으로 경력과 평판을 쌓아 올린 장본인이 바로 나다.

그레이엄-뉴먼 기법 요약

•

1926-1956년의 30년 동안 내가 그레이엄-뉴먼Graham-Newman Corporation에서 사용한 기법들을 이제부터 간단히 설명하겠다. 내가 사용한 기법들은 다음과 같이 분류된다.

차익거래Arbitrages**:** 기업 개편, 합병 등의 계획에 따라 교환 예정인 증권들 중에서 한 종목을 매수하는 동시에 다른 종목을 매도하는 거래.

청산Liquidation**:** 기업이 자산을 매각하여 주주들에게 현금으로 지급 예정인 주식을 매수.

위 두 가지 거래는 (1) 추정 수익률이 연 20% 이상이면서, (2) 성공 확률이 80% 이상이라고 판단될 때 실행한다.

순수 헤지 Related Hedges**:** 전환사채나 전환우선주를 매수하는 동시에, 해당 보통주를 매도하는 거래. 포지션은 매수와 매도가 거의 일치하게 구성. 즉, 전환증권을 실제로 전환해서 포지션을 청산해야만 하는 상황에도 최대 손실은 소액에 그치도록 구성한다. 그러나 보통주가 전환증권보다 훨씬 많이 하락했을 때 포지션을 시장에서 청산하면 이익이 발생한다.

염가 종목 Bargain Issues**:** 주가가 순유동자산가치(부채는 모두 차감하며, 공장과 기타 자산도 포함하지 않음)에도 못 미치는 염가 종목은 최대한 매수한다는 아이디어. 대개 순유동자산가치의 3분의 2 이하 가격에 매수했으며, 대부분 해에 100개 이상 종목에 분산투자했다. 가끔 대규모 경영권 투자도 했지만, 여기서는 논의하지 않겠다.

나는 각 기법에서 나온 실적을 계속 철저하게 분석하여, 전반적으로 실적이 만족스럽지 않았던 기법 두 가지는 사용을 중단했다. 그중 하나는 일반 분석 기준으로 명백하게 매력적인 종목을 순자산가치보다 높은 가격에 매수하는 기법이었다. 나머지 한 기법은 '유사unrelated' 헤지로서, 순수 헤지와 다른 점은 매수한 증권을 (매도한) 보통주로 전환할 수 없다는 점이다. (유사 헤지는 최근 등장한 '헤지펀드hedge fund'들이 사용하기 시작한 기법과 비슷하다.) 나는 두 기법으로 달성한 실적을 10년 이상 분석하고 나서, 수익성을 믿기 어려운 데다가 운용 부담도 크다고 판단하여 사용을 중단했다.

따라서 1939년부터 내가 사용한 기법은 차익거래, 청산, 순수 헤지, 염가 종목, 경영권 투자 몇 건으로 한정되었다. 이후 이들 기법은 모두 지속적으로 매우 만족스러운 실적을 안겨주었는데, '염가 종목' 기법이 고전하는 약세장에서도 순수 헤지는 많은 이익을 냈다.

수많은 현명한 투자자들에게 내가 사용하는 기법을 설명하려니 망설여진다. 물론 지금까지 설명한 전문 기법들이 아마추어인 방어적 투자자에게는 적합하지 않다. 그리고 이렇게 소수 종목에 엄격하게 한정해서 투자할 정도로 기질을 갖춘 사람은 공격적 투자자들 중에서도 소수에 불과할 것이다. 대부분 공격적 투자자들은 대상을 더 넓혀 과감하게 투자하는 편을 선호한다. 따라서 이들의 투자 영역은 (1) 보수적 기준으로도 확실히 고평가되지 않았으면서, (2) 전망이나 과거 실적 면에서 평균보다 확실히 더 매력적이라고 판단되는 모든 증권이 될 것이다. 그렇더라도 종목을 선정할 때에는 내가 방어적 투자자에게 추천한 다양한 질적 기준 및 가격 기준을 적용해야 한다. 하지만 어떤 요소에 가점 요인이 많다면, 다른 요소에 감점 요인이 있더라도 융통성을 발휘해야 한다. 예컨대 평균 EPS가 높고 기타 요소가 양호해서 싸 보이는 주식이라면, 1970년 같은 해에 적자를 기록했더라도 제외해서는 안 된다. 공격적 투자자는 자신이 낙관하는 업종과 기업들 중에서만 선정할 수도 있지만, 그런 열정 탓에 지나치게 높은 가격(고PER이나 고PBR)을 치러서는 절대 안 된다. 내 투자철학을 따른다면, 예컨대 철강회사 같은 주요 경기순환기업 주식을, 상황이 불리하고, 단기 전망이 어두우며, 비관론이 충분히 반영되어 주가가 낮아졌을 때 매수할 것이다.

비우량기업

•

이번에는 과거 실적이 좋아서 매력적이지만 대중으로부터 소외당하는 비우량기업들을 살펴보자. 1970년 엘트라와 엠하트가 이런 비우량기업에 해당한다. (13장 참조.) 이런 기업을 찾는 방법은 다양하다. 나는 여기서 새로운 기법을 소개하면서, 구체적인 종목 선정 방법까지 자세히 설명하고자 한다. 이렇게 하는 이유는 두 가지이다. 첫째, 독자들이 지금부터 소개하는 기법이 매우 실용적이어서 가치 있다고 평가하거나, 비슷한 기법들을 시도할 수도 있기 때문이다. 둘째, 이 과정을 통해서 독자들이 주식이라는 현실 세계에 정면으로 대응할 수 있으며, 대단히 흥미롭고 소중한 책들을 만날 수 있기 때문이다. 그 책은 월간지 S&P 《스탁 가이드》로서, 정기구독을 하면 누구나 받아 볼 수 있다. 그리고 고객이 요청하면 이 책을 제공하는 증권사도 많다.

이 책에는 약 230페이지에 걸쳐 4,500개가 넘는 주식에 대한 요약 통계가 실려 있다. 다양한 거래소에 상장된 종목이 약 3,000개이고, 비상장 종목이 약 1,500개이다. 해당 기업에 대해 가장 먼저 보아야 할 항목은 물론, 두 번째로 보아야 할 항목도 대부분 이 책에 들어 있다. (내가 보기에 누락된 주요 데이터는 BPS인데, 이 데이터는 이 책의 확장판 등에서 찾을 수 있다.)

기업 데이터 분석을 즐기는 투자자라면 이 책에 매우 만족할 것이다. 어느 페이지를 펼쳐도 1936년까지 거슬러 올라가면서 사상 최고가와 최저가를 보여주는 등, 주식시장의 영광과 고통을 압축한 파노라마가 나타난다. 주가가 하찮은 저가에서 장엄한 고가까지 2,000배 상승한 기업도 있다. (같은 기간 그 유명한 IBM의 주가 상승은 '겨우' 333배에 그쳤다.) 주가가 0.375에서 68로 상승했다가 다시 3으로 하락한 기업도 있다.* 배당 실적이 나오는 세로 칸을 보면, 1791년부터 배당을 지급한 기업도 있다. 인더스트리얼 내셔널 뱅크 오브 로드아일랜드Industrial National Bank of Rhode Island이다(오래된 이 회사명을 최근 변경했다). 1969년 말《스탁 가이드》를 보면, 펜센트럴이 1848년 이후 배당을 계속 지급한 것으로 나온다. 그러나 안타깝게도 몇 달 뒤 파산하고 말았다. 최근 이익 기준 PER이 2에 불과한 기업도 있고, 99에 이르는 기업도 있다.** 회사명만 보고서는 어떤 사업을 하는지 알기 어려운 기업이 대부분이다. US스틸 같은 회사명이 하나 나올 때마다, ITI Corp.(제빵업)나 산타페 인더스트리Santa Fe Industries(철도 사업) 같은 회사명은 3개가 나온다. 투자자는 주가 흐름, 배당 및 이익 흐름, 재무상태, 자본구조 등 매우 다양한 데이터를 마음껏 찾아볼 수 있다. 지극히 보수적인 기업, 평범한 기업, 여러 사업이 특이하게 결합된 기

* 오래 전 나는 이 불꽃놀이 회사에서 연봉 3,000달러를 받는 '재무 담당 부사장'이었다. 당시 이 회사는 실제로 불꽃놀이 사업을 하고 있었다.

** PER이 99가 넘으면《스탁 가이드》에 나오지 않는다. 대부분 이익이 0을 살짝 웃돌 때 나오는 특이한 값이기 때문이다.

업, 기타 온갖 잡다한 기업들이 누군가 찾아주길 기다리고 있다.

최근 배당수익률과 12개월 이익 기준 PER은 별도의 세로 칸에 나온다. 이제 PER을 이용해서 종목 선정 연습을 해보자.

《스탁 가이드》를 이용한 종목 선정

•

첫눈에 주식이 싼지 알려주는 단순한 지표로는 무엇이 있을까? 가장 먼저 떠오르는 지표는 최근 이익 대비 주가, 즉 PER이다. 1970년 말 PER이 9 이하였던 종목으로 예비 목록을 작성해보자. 이 데이터는 짝수 페이지의 마지막 세로 칸에 나온다. 이제부터 PER 9 이하인 종목 20개를 앞에서부터 찾아보자. 6번째 종목 애버딘 매뉴팩처링Aberdeen Mfg. Co.은 종가가 10.25이고 1970년 9월말까지 12개월 EPS가 1.25달러여서 PER 8.2이다. 20번째 종목 아메리칸 메이즈 프로덕트American Maize Products는 종가가 9.5이고 PER은 9이다.

이렇게 선정한 종목들을 보면 10종목의 주가가 10달러 미만이어서 평범해 보인다. (이 사실은 그다지 중요하지 않다. 이런 특성이 방어적 투자자들에게는 적합하지 않지만, 공격적 투자자들에게는 대체로 유리할 수도 있다.) 더 조사하기 전에 간단히 계산해보자. 우리는 200개 종목을 조사해서 20개 종목을 선정했으므로, 조사한 종목 중 약 10%를 선정한 셈이다. 이런 추세가 이어진다면, PER 10 이하인 종목은 약 450개가 나올 것이다. 이는 추가로 종목을 가려내기에 충분한 숫자이다.

그러므로 이제는 방어적 투자자에게 제시했던 것과 비슷한(그러나 다소 완화된) 다음 기준을 추가로 적용해보자.

1. **재무상태:** (a) 유동 비율이 150% 이상이면서, (b) 부채가 순유동자산의 110% 이하(제조회사).
2. **이익의 안정성:** 《스탁 가이드》에서 최근 5년 동안 적자를 기록한 적이 없음.
3. **배당 실적:** 최근에 배당 지급.
4. **이익 성장률:** 작년(1970년) 이익이 1966년 이익보다 많음.
5. **주가:** 순유형자산의 120% 미만.

《스탁 가이드》에 실린 이익은 대부분 1970년 9월 30일까지의 실적이므로, 아마 더 악화된 4분기 실적은 포함되지 않았을 것이다. 그러나 현명한 투자자라면 적어도 처음부터 무리한 욕심은 내지 않는다. 기업의 규모에 하한선을 설정하지 않았다는 점도 주목하라. 소기업이더라도 세심하게 분산해서 매수하면 충분히 안전할 수 있다.

추가 기준 5개를 앞에서 선정한 20개 종목에 적용해보니 후보가 5종목으로 감소했다. 이어서 《스탁 가이드》의 앞에서부터 450종목에 적용해보니, 6개 기준을 모두 충족하는 15개 종목으로 자그마한 포트폴리오가 구성되었다. (〈표 15-1〉에 이렇게 선정한 15종목과 데이터를 정리했다.) 이들 종목은 단지 예시 목적으로 선정되었음을 밝혀둔다.

이 기법을 이용해서 훨씬 더 많은 종목을 선정할 수도 있었다. 이 기법을 《스탁 가이드》에 실린 4,500개 기업에 모두 적용하면, 6개 기준을 모두 충족하는 기업 약 150개가 선정될 것이다. 그러면 공격적 투자자는 자신의 판단(혹은 편견)에 따라 예컨대 150개 중에서 20%를 선정할 수도 있다.

《스탁 가이드》 자료에는 지난 8년 동안 이익 및 배당의 안정성과 성장성을 기준으로 평가한 '이익 및 배당 등급'도 들어 있다. ('가격' 매력도는 여기에 포

〈표 15-1〉 제조주 표본 포트폴리오

(1971. 12. 31. 《스탁 가이드》에서 6개 요건을 충족한 15종목을 알파벳순으로 선정)

	주가 '70. 12	EPS 12개월	BPS	S&P 등급	주가 '72. 2
Aberdeen Mfg.	10.25	$1.25	$9.33	B	13.75
Alba-Waldensian	6.375	0.68	9.06	B+	6.375
Albert's Inc.	8.5	1.00	8.48	n.r.[a]	14
Allied Mills	24.5	2.68	24.38	B+	18.25
Am. Maize Prod.	9.25	1.03	10.68	A	16.5
Am. Rubber & Plastics	13.75	1.58	15.06	B	15
Am. Smelt. & Ref.	27.5	3.69	25.30	B+	23.25
Anaconda	21	4.19	54.28	B+	19
Anderson Clayton	37.75	4.52	65.74	B+	52.5
Archer-Daniels-Mid.	32.5	3.51	31.35	B+	32.5
Bagdad Copper	22	2.69	18.54	n.r.[a]	32
D. H. Baldwin	28	3.21	28.60	B+	50
Big Bear Stores	18.5	2.71	20.57	B+	39.5
Binks Mfg.	15.25	1.83	14.41	B+	21.5
Bluefield Supply	22.25	2.59	28.66	n.r.[a]	39.5[b]

a n.r = 등급 없음

b 주식분할 반영

함되지 않는다.) 〈표 15-1〉에 이 S&P 등급을 표시했다. 15종목 중 10종목은 B+(평균)이고, 1종목(아메리칸 메이즈American Maize)은 A(높음)이다. 만일 7번째 기준으로 S&P 등급 '평균 이상'을 추가하더라도, 약 100개 기업이 선정될 것이다. 이렇게 등급이 평균 이상이고, 재무 상태도 기준을 충족하는 주식을 낮은 PER 및 낮은 PBR에 매수한다면, 좋은 실적을 기대할 수 있을 것이다.

단일 기준에 의한 종목 선정

지금까지 설명한 방법보다 더 단순한 방법으로 초과수익 포트폴리오를 구성할 수는 없는지 궁금한 독자도 있을 것이다. 저PER, 높은 배당수익률, 고BPS 등 그럴싸한 단일 기준을 사용해보면 어떨까? 분석에 의하면, 과거에 장기간 매우 일관되게 좋은 실적을 낸 기법은 두 가지로서, (1) 저PER 우량주(다우지수 종목 등) 매수, (2) 염가 종목(주가가 순유동자산가치에도 못 미치는 종목) 분산투자였다. 그러나 이미 밝혔듯이, 1968년 말 ~ 1971년 중반에는 저PER 다우지수 종목의 실적이 부진했다. 반면 염가 종목에 투자했을 때에는 항상 실적이 좋았다. 하지만 지난 10년 중 대부분 기간에는 염가 종목이 고갈되었다.

다른 기준은 없을까? 이 글을 쓰는 동안 나는 매우 명확한 기준으로 '실험'을 여러 건 했다. 기준으로 사용한 데이터는《스탁 가이드》에서 쉽게 찾을 수 있다. 모두 30종목으로 포트폴리오를 구성했으며, 1968년 말 종가로 매수했다고 가정하고 1971년 6월 30일 종가로 평가했다. 사용한 기준은 다음과 같다. (1) 저PER, (2) 높은 배당수익률, (3) 장기간 연속 배당지급 실적, (4) 유통 주식 수 기준 거대기업, (5) 건전한 재무상태, (6) 낮은 절대 주가, (7) 이전 고가 대비 낮은 주가, (8) 높은 S&P 등급.

위 기준과 관련된 데이터는《스탁 가이드》 세로 열에서 모두 찾을 수 있다. 이는《스탁 가이드》 출판사도 위 기준이 모두 주식의 분석 및 선정에 중요하다고 믿는다는 뜻이다. (앞에서 언급했지만, 나는 BPS 데이터도《스탁 가이드》에 있으면 좋겠다.)

이 다양한 시험에서 밝혀진 가장 중요한 사실은 무작위로 종목을 선정한 포트폴리오의 실적이다. 나는 1968년 말《스탁 가이드》에서 무작위로 선정한 30종목 포트폴리오 3개의 1968.12.31 ~ 1971.08.31. 실적을 분석했다. 이 기간 S&P500 지수는 거의 변동이 없었고, 다우지수는 약 5% 하락했다. 그러나《스탁 가이드》에서 무작위로 선정한 90종목은 평균 하락률이 22%에 이르렀다(대규모 손실 탓에《스탁 가이드》에서 탈락한 19종목은 평가에서 제외). 이렇게 실적을 비교해보면 질 낮은 비우량 소형주들이 강세장에는 상대적으로 고평가되지만, 이후 약세장에서는 우량주보다 더 많이 하락할 뿐만 아니라, 주가 회복도 더 지연되는 경향이 나타난다(영영 회복되지 않는 경우도 많다). 이 분석이 주는 교훈은 종목을 선정할 때 비우량주를 제외하라는 것이다. 염가 종목이 아니라면 말이다.

8가지 기준을 적용한 실험 결과를 요약하면 다음과 같다.

S&P 지수(및 다우지수)보다 실적이 잘 나온 기준은 다음 세 가지이다. (1) 최고 등급(A+)의 제조회사 주식. S&P 제조업 지수가 2.4% 하락하고 다우지수가 5.6% 하락하는 동안, 이들은 9.5% 상승했다. (반면, 55종목으로 구성된 S&P 공익기업 지수가 14% 하락하는 동안, A+등급 공익기업 10종목은 18% 하락했다.) 단일 기준 시험에서는 S&P 등급이 매우 강력했다. 어느 경우에나 S&P 등급이 높은 포트폴리오가 등급이 낮은 포트폴리오보다 실적이 좋았다. (2) 지수가 소폭 하락하는 동안, 유통 주식 수가 5,000만 주를 초과하는 기업 주가는 하락하지 않았다. (3) 기이하게도, 절대 주가가 높은 주식(100 초과)은 평균 1% 상승했다.

《스탁 가이드》에 나오지 않는 BPS 기준으로도 시험을 해보았다. 내 투자 철학에 반하는 결과가 나왔는데, 영업권 요소의 비중이 큰 대기업 주식이 보유 기간 2.5년 동안 매우 좋은 실적을 기록했다. (여기서 '영업권 요소'는 주가 중에서 BPS를 초과하는 부분을 가리킨다. 즉, '영업권 요소' = '주가' - BPS 또는 '영업권 요소' = '시가총액' - '장부가치') 나는 30종목으로 '영업권 거대기업good-will giant' 포트폴리오를 구성했는데, 각 기업의 영업권이 10억 달러를 초과했으며, 주가에서 차지하는 비중도 절반이 넘었다. 1968년 말 이 영업권 항목의 시가총액 합계액은 1,200억 달러가 넘었다. 이렇게 시장에서 낙관적으로 평가받았는데도, 이 포트폴리오는 2.5년 동안 15% 상승하여 20여개 포트폴리오 중에서 가장 좋은 실적을 기록했다.

투자전략을 수립할 때 이런 사실을 무시해서는 안 된다. 과거 실적이 탁월하고, 이익 성장이 계속 이어진다고 대중이 기대하며, 장기간 주가 흐름이 강세를 유지한 거대 기업에는 확실히 상당한 모멘텀이 붙게 된다. 내 정량 기준으로는 주가가 과도해 보일지 몰라도, 이런 종목은 시장 모멘텀에 의해서 주가가 끝없이 상승할 수도 있다. (물론 이 가정이 이런 유형에 속하는 모든 종목에 적용되는 것은 아니다. 예를 들어 대표적인 영업권 선도기업 IBM의 주가는 30개월 동안 315에서 304로 하락했다.) 이렇게 우월한 주가 흐름 중 어느 정도가 '진정한' 투자가치 덕분이고, 어느 정도가 오랜 인기 덕분인지를 판단하기는 어렵다. 물론 두 요소 다 중요하다. 영업권 거대기업들 주가의 장기 흐름과 단기 흐름을 보면, 분산 포트폴리오에 편입해야 할 듯하다. 그러나 나는 투자 요소가 유리한(예컨대 BPS가 주가의 3분의 2 이상 등) 주식 유형을 여전히 선호한다.

다른 기준으로 시험한 결과를 보면, 유리한 단일 요소로 구성한 포트폴리오가 불리한 단일 요소로 구성한 포트폴리오보다 실적이 좋았다. 예컨대 저PER 종목들이 고PER 종목들보다 하락률이 작았고, 장기간 연속 배당지급 종목들이 1968년 말 배당을 누락한 종목들보다 하락률이 작았다. 시험 결과는 내가 제시한 종목 선정 기준의 타당성을 뒷받침한다.

끝으로 주목할 점은, 내가 선정한 종목들의 전반적인 실적이 S&P500 지수보다 훨씬 저조했다는 사실이다. S&P500 지수는 시가총액 가중 방식인 반면, 내 포트폴리오는 각 기업의 주식 1주씩으로 구성된 가격 가중 방식이다. 이렇게 S&P 지수에서는 거대기업의 실적이 큰 비중을 차지하므로, 평범한 기업들로 구성된 내 포트폴리오보다 가격 흐름이 훨씬 더 안정적일 수밖에 없었다.

염가 종목

앞에서 시험에 대해 논의할 때에는 30개 염가 종목의 실적에 대해서 언급하지 않았다. 1968년 말에는 《스탁 가이드》에서 찾을 수 있는 염가 종목이 한줌에 불과했기 때문이다. 그러나 1970년 주가가 하락하면서 상황이 바뀌었다. 주가가 바닥에 이른 시점에는 순유동자산가치보다 낮은 가격에 살 수 있는 주식이 상당히 많아졌다. 장담컨대, 주가가 순유동자산가치(부채는 모두 차감하며, 공장과 기타 자산도 포함하지 않음)에도 못 미치는 염가 종목으로 분산 포트폴리오를 구성할 수 있다면, 예나 지금이나 매우 만족스러운 실적을 올릴 수 있다. 1923-1957년(1930-1932년 시련기는 제외)의 30여 년 동안 내가 경험한 바로는 그러했다.

이 기법은 1971년 초에도 타당할까? 내 대답은 조건부로 '그렇다'이다. 《스탁 가이드》를 빠르게 훑어보기만 해도 염가 종목을 50개 이상 찾을 수 있다. 물론 이들 중에는 힘들었던 1970년에 실적이 나빴던 기업이 많다. 하지만 지난 12개월 동안 적자를 기록한 기업들을 제외하더라도, 분산 포트폴리오를 구성하기에 충분한 염가 종목이 남는다.

〈표 15-2〉는 1970년 저가 시점의 5개 염가 종목 데이터이다. 이들은 주가 등락의 본질에 대해 숙고해볼 좋은 재료가 된다. 이익 성장률이 더 높은 다른 기업들은 장부가치보다 수십억 달러 더 높게 평가받는데도, 전국적으로 유명한 브랜드를 보유한 안정적인 기업들이 어떻게 이런 염가 종목으로 평가받을 수 있을까? '옛날' 이야기를 한 번 더 하자면, 무형가치 요소로서 영업권 개념은 대개 '상표'와 관련이 있었다. 시트 분야의 레이디 페퍼렐Lady Pepperell, 수영복 분야의 잔센Jantzen, 펜 분야의 파커Parker는 정말 가치가 대단한 자산이라 하겠다. 그러나 이제는 회사가 시장으로부터 외면당하면, 유명 상

〈표 15-2〉 1970년 염가 종목이 된 유명기업들

기업	주가 1970	주당 순유동 자산가치	BPS	EPS 1970	최근 배당	고가 1970 이전
콘 밀스	13	$18	$39.3	$1.51	$1.00	41.5
잔센	11.125	12	16.3	1.27	0.60	37
내셔널 프레스토	21.5	27	31.7	6.15	1.00	45
파커 펜	9.25	9.5	16.6	1.62	0.60	31.25
웨스트포인트	16.25	20.5	39.4	1.82	1.50	64

표는 물론 토지, 건물, 기계 등도 모두 쓸모가 없다고 평가받을 수 있다. 파스칼은 "마음에는 이성으로 이해할 수 없는 면이 있다."라고 말했다. '마음'을 '월스트리트'로 바꿔보라.

정반대 사례도 떠오른다. 시장이 좋아져서 신규발행 증권이 순조롭게 팔리면, 전혀 가치 없는 기업들도 신주 공모를 시작한다. 그러면 이런 주식에도 곧바로 매수자들이 몰려든다. 이제 발행 직후에도 매수세가 몰리면서 IBM, 제록스, 폴라로이드가 무색할 정도로 PER, PBR이 터무니없는 수준까지 치솟는다. 월스트리트는 이런 광기를 당연하게 받아들이므로, 아무도 광기를 가라앉히려고 노력하지 않는다. 결국 시장은 폭락한다. (SEC가 할 수 있는 일은 많지 않아서, 기업이 정보를 공개하게 해도, 투기에 빠진 대중은 전혀 관심을 두지 않는다. 기업의 명백한 불법행위가 드러난 뒤에도 대개 가벼운 처벌로 끝내게 된다.) 이렇게 터무니없이 부풀려진 부실기업들이 시장에서 사라지고 나서야 사람들은 제정신으로 돌아와 현실을 깨닫는다. 이제 모두가 다시는 광기를 용납하지 않겠다고 맹세한다. 다음 기회가 올 때까지는 말이다.

"그러면 말씀하신 염가 종목은 어떤가요?"라는 질문이 나옴직하다. 염가 종목을 사면 정말 큰 위험 없이 돈을 벌 수 있을까? 정말 벌 수 있다. 단, 많은 종목으로 분산 포트폴리오를 구성할 수 있고, 매수 직후 상승하지 않아도 인내심을 발휘할 수 있어야 한다. 때로는 큰 인내심이 필요할 수도 있다. 이전 개정판(1965)에서 예로 들었던 버튼-딕시Burton-Dixie Corp..를 다시 살펴보자. 이 주식은 순유동자산가치가 30, 순자산가치가 약 50인데도 주가가 20이었다. 그러나 매수 직후 이익을 실현할 수는 없었다. 하지만 1967년 8월 53.75(BPS와 비슷한 수준)에 공개매수 제안이 나왔다. 1964년 3월 20에 매수해서 끈기 있게 보유한 사람은 3.5년 만에 165%(단리로 연 47%) 이익을 냈을 것이다. 내 경험상 대부분 염가 종목은 이보다 빨리 이익을 실현할 수 있었지만, 수익률은 이보다 낮았다. 이와 비슷한 최근 사례로는 '내셔널 프레스토 인더스트리' (p. 124)를 참조하라.

특수 상황(또는 워크아웃)

특수 상황은 공격적 투자자의 운용 범위에 포함되므로, 간략하게 살펴보기로 한다. 일부 내용은 앞에서 언급한 적이 있으므로, 여기서는 사례 몇 건을 제시하면서, 편견 없고 기민한 투자자에게 주는 의미에 대해서 논의하겠다.

1971년 초 현재 진행 중인 특수 상황 3건을 요약하면 다음과 같다.

상황 1. 보든Borden의 카이저-로스Kayser-Roth 인수. 1971년 1월, 보든은 자사 주식 1.33주를 카이저-로스 1주와 교환하는 방식으로 카이저-로스(의류회사)의 경영권을 인수할 계획이라고 발표했다. 이튿날 활발하게 거래된 보든은 종가가 26이었고, 카이저-로스는 28이었다. 만일 투자자가 이 종가에 카이저-로스 300주를 매수하고 보든 400주를 매도했으며, 발표한 조건으로 거래가 성사되었다면, 그는 약 24% 수익을 얻게 된다(수수료 등 비용 차감 전). 거래 완료까지 6개월이 걸렸다면, 최종 수익률은 연 40% 수준이 된다.

상황 2. 1970년 11월, 내셔널 비스킷National Biscuit Co.은 주당 현금 11달러에 오로라 플라스틱Aurora Plastics Co.의 경영권을 인수하겠다고 제안했다. 약 8.5였던 이 주식은 9월 종가가 9였으며, 연말까지 계속 9로 유지되었다. 거래가 계획대로 성사된다면 예상되는 총수익은 약 25%였다.

상황 3. 사업을 중단한 유니버설-매리언Universal-Marion Co.은 기업 청산을 승인해달라고 주주들에게 요청했다. 회계 담당자 말에 의하면, 보통주의 BPS는 약 28.5달러이며, 대부분이 유동자산이다. 이 주식의 1970년 종가는 21.5였으므로, 청산을 통해서 BPS만큼 회수가 된다면 총수익 30% 이상이 가능하다.

이런 거래로 분산 포트폴리오를 구성하여 위험을 낮춘다면, 연 20% 이상 수익을 기대할 수 있으므로 충분히 가치 있는 투자가 될 것이다. 그러나 이 책의 주제는 '특수 상황'이 아니므로, 더 자세히 다루지는 않겠다. ('특수 상황' 투자는 실제로 사업에 가깝기 때문이다.) 다만 최근 몇 년 동안 나타난 두 가지 모순된 상황을 지적하고자 한다. 첫째, 최근 특수 상황 거래 건수는 10년 전보다 엄청나게 증가했다. 이는 기업들이 사업을 다각화하려고 다양한 방식으로 치열한 인수 전략을 펼치고 있기 때문이다. 1969년에 6,000건이 넘던 '합병 발표' 건수가 1970년에는 약 5,000건으로 감소했다. 그래도 거래 대금 합계는 수십억 달러에 이른다. 이렇게 발표된 5,000건 중 확실한 투자 기회는 일부분에 그치겠지만, 그 일부분도 여전히 매우 많아서 분석과 선정 작업에 많은 시간이 필요할 것이다.

둘째, 합병 발표 건수 중에서 실패 건수의 비중이 증가하고 있다. 이렇게 합병이 실패하면, 투자자는 이익 대신 심각한 손실을 보기 쉽다. 합병이 실패하는 이유는 매우 다양해서, 독점금지법에 의한 당국의 개입, 주주들의 반대, '시장 상황'의 변화, 추가 분석 후 불리하다고 판단, 세부 사항에 대한 합의 도출 실패 등이 있다. 이에 대처하는 비결은 경험을 바탕으로, 성공 가능성이 가장 높으면서 실패하더라도 손실이 가장 적은 거래를 찾아내는 것이다.

특수 상황 사례 3건에 대한 추가 논평

•

상황 1. 카이저-로스: 카이저-로스 이사회는 보든의 인수 제안을 거절했다. 합병 실패 직후 투자 포지션을 청산했다면, 손실률은 약 12%가 되었을 것이다(수수료 포함).

상황 2. 오로라 플라스틱: 1970년 오로라 플라스틱의 실적이 나빠서 인수 조건 재협상 과정에서 가격이 주당 10.5로 인하되었다. 인수 대금은 5월 말에 지급되었다. 실현된 연 수익률은 약 25%였다.

상황 3. 유니버설-매리언: 이 회사는 주당 약 7달러 상당의 현금과 주식을 즉시 분배했으므로, 초기 투자액이 약 14.5달러로 감소했다. 그러나 이후 주가가 13달러까지 하락했으므로, 청산의 최종 결과가 어떻게 될지 확신하기 어렵다.

위 사례 3건이 1971년 특수 상황 투자 기회를 전반적으로 잘 대표한다고 가정하면, 무작위로 투자하기에는 확실히 매력적이지 않다. 이제 특수 상황은 과거 어느 때보다도 풍부한 경험과 판단력을 갖춘 전문가들에게 적합한 분야가 되었다.

카이저-로스 사례와 관련해서 내가 우연히 알게 된 흥미로운 정보가 있다. 1971년 말 카이저-로스 주가는 20달러 밑으로 떨어졌지만, 보든 주가는 25였다. 만일 카이저-로스가 인수 제안을 받아들였다면, 주가가 33이 되었다는 뜻이다. 인수 제안을 거절한 카이저-로스 이사들의 결정이 중대한 실수였거나, 카이저-로스 주식이 시장에서 심하게 저평가된 것으로 보인다. 애널리스트가 조사해볼 만한 사안이다.

16장

전환증권과 워런트

16장

전환증권과 워런트

전환사채와 전환우선주가 최근 몇 년 동안 채권발행시장에서 매우 중요한 위치를 차지하고 있다. 비슷한 맥락으로, 스톡옵션 워런트(약정된 가격에 장기간 보통주를 매수할 수 있는 권리) 발행도 갈수록 많아지고 있다. 이제는《스탁 가이드》에 호가가 나오는 우선주 중 전환우선주가 50%를 넘었고, 1968-1970년 발행된 회사채 중에서도 전환사채가 대부분을 차지하게 되었다. 아메리카 증권거래소에서 거래되는 스톡옵션 워런트도 60종목 이상이다. 1970년에는 뉴욕증권거래소에 역사상 처음으로 장기 워런트가 상장되어, 52달러에 AT&T 주식 3,140만 주를 매수하는 권리가 거래되었다. 이제 '마더 벨Mother Bell'(AT&T의 별명)이 앞장섰으므로, 워런트 발행사가 늘어날 수밖에 없다. (나중에 설명하겠지만, 워런트 발행은 여러모로 조작 행위에 해당한다.)

전반적으로 보면 전환증권이 워런트보다 훨씬 중요한 위치에 있으므로, 전환증권부터 논의하기로 한다. 투자자 입장에서 전환증권에 대해 고려할 요소는 두 가지이다. 첫째, 전환증권이 주는 투자 기회와 위험은 어떠한가?

둘째, 전환증권은 관련 보통주의 가치에 어떤 영향을 미치는가?

사람들은 전환증권이 투자자와 발행회사 모두에게 매우 유리하다고 주장한다. 투자자는 채권이나 우선주 형식이므로 우선하여 보호를 받는데다가, 보통주 주가가 상승하면 큰 이익을 얻을 수도 있다. 발행회사는 낮은 이자율이나 배당금만 지급하면서 자본을 조달할 수 있으며, 회사가 번창하면 전환증권이 보통주로 전환되므로 선순위 채무도 감소하게 된다. 따라서 양자 모두에게 매우 만족스러운 거래가 된다.

그러나 이런 주장은 다소 과장되었다고 보아야 마땅하다. 단지 교묘한 상품을 만들어냈다고 해서 거래가 양자 모두에게 훨씬 유리해질 수는 없기 때문이다. 전환권을 얻는 대가로 투자자는 대개 신용도, 수익률, 또는 둘을 다 포기해야 한다.* 반면에 회사는 낮은 비용으로 자금을 조달하는 대가로 장차 보통주 주주에게 돌아갈 수익 일부를 내놓아야 한다. 이에 대해서는 복잡한 찬반양론이 많다. 다만, 확실하게 말할 수 있는 것은, 전환증권도 다른 증권과 마찬가지로, 형식 자체가 매력도를 좌우하지는 않는다는 사실이다. 투자 매력도는 개별 종목의 실태에 따라 달라진다.

다만 우리가 확실히 아는 사실은, 강세장 말기에 발행된 전환증권들은 전반적으로 실적이 나쁠 수밖에 없다는 점이다. (유감스럽게도, 지금까지 대부분 전환증권은 그렇게 시장에 낙관론이 팽배한 기간에 발행되었다.) 주식시장이 전반적으로 침체하면 전환권의 매력도가 대폭 감소하는데다가, 전환증권 자체의 안전성마저 의심받기 때문이다. 〈표 16-1〉은 이 책의 초판(1949)에 실렸던 자료로서,

* 1971년 11월 동시에 발행된 포드 모터스 파이낸스Ford Motor Finance Co. 사채 2종목이 대표적인 사례이다. 한 종목은 20년 만기 비전환사채로서 수익률이 7.5%였다. 다른 한 종목은 25년 만기 후순위사채로서 수익률이 불과 4.5%였지만, 68.5에 포드 자동차Ford Motor 주식으로 전환할 수 있었다. 이 전환권을 얻으려고 투자자는 소득의 40%를 포기하고 후순위까지 감수해야 했다.

〈표 16-1〉 1946년에 발행된 우선주의 가격 흐름

(단위: 종목 수)

발행가 대비 1947년 7월 저가 하락률	일반우선주	전환우선주
하락률 0%	7	0
0~10%	16	2
10~20%	11	6
20~40%	3	22
40% 이상	0	12
	37	42
평균 하락률	약 9%	약 30%

1946년에 발행된 전환우선주와 일반(비전환)우선주의 가격 흐름을 비교해서 보여준다. (1946년은 강세장 말기였으며, 1949년부터 다시 대형 강세장이 시작되었다.)

1967-1970년에는 전환증권 신규 발행이 거의 없었으므로, 위와 같이 비교분석하기가 어렵다. 그러나 1967.12~1970.12 동안 전환우선주의 평균 하락률이 보통주 전체의 하락률(약 5% 하락)보다 컸다는 사실은 쉽게 확인할 수 있다. 〈표 16-2〉는 종류별 무작위 표본 20종목으로 우선주, 보통주, 워런트의 1968.12~1970.12 가격 흐름을 비교한 자료이다. 여기서도 전환증권의 실적이 일반증권보다 훨씬 나쁜 것으로 나온다. 이는 전반적으로 전환증권의 신용도가 일반증권보다 낮았던 데다가, 관련 보통주들의 가격 흐름도 투기적 급등기간을 제외하면 시장 지수보다 나빴기 때문이다. 물론 이런 분석이 모든 전환증권에 적용되는 것은 아니다. 1968년과 특히 1969년에는 일류 채권조차 금리가 지나치게 높았으므로, 재무구조가 건전한데도 전환증권을 발행하는 기업이 많았다. 하지만 이 전환우선주 표본 20종목 중

〈표 16-2〉 **우선주, 보통주, 워런트의 가격 흐름**(1968.12~1970.12)

(종류별 무작위 표본 20종목 기준)

	일반우선주(등급)		전환 우선주	상장 보통주	상장 워런트
	A 이상	A 미만			
상승	2	0	1	2	1
하락					
0~10%	3	3	3	4	0
10~20%	14	10	2	1	0
20~40%	1	5	5	6	1
40% 이상	0	0	9	7	18
평균 하락률	10%	17%	29%	33%	65%

(S&P500 지수는 11.3% 하락)

에서는 단 한 종목만 상승하고 14종목이 대폭 하락했다.

이 자료로부터 전환증권이 일반증권만 못하다는 결론이 도출되는 것은 아니다. 다른 조건이 같다면 전환증권이 일반증권보다 낫다. 그러나 실제로는 다른 조건이 같지 않아서, 전환권이 첨부되는 증권은 대개 투자 매력도가 확실히 부족하다.

물론 같은 회사의 보통주보다는 전환우선주가 더 안전하다. 즉, 원금손실 위험이 더 작다. 따라서 보통주보다는 관련 전환증권을 사는 편이 합리적이다. 그러나 발행된 전환증권들을 보면, 관련 보통주를 현재 가격에 매수해도 매력적인 경우가 드물다. 따라서 보통주 대신 전환증권을 매수한다고 해서 상황이 전반적으로 개선되는 것은 아니다. 게다가 전환증권을 매수한 사람들 중에는 관련 보통주에 특별한 관심도 확신도 없었던 사람들이 많다. 즉, 이들은 관련 보통주 매수를 생각해본 적도 없었지만, 선순위 채권인데다가 유망한 전환권까지 첨부된 이상적인 조합으로 보여서 마음이 끌렸던 것이다. 이런 조합에서 좋은 실적이 나온 사례도 많지만, 통계적으로는 함정이 될 확률이 더 높다.

전환증권에 대해서 대부분 투자자가 미처 깨닫지 못하는 특별한 문제가 있다. 전환증권은 평가이익이 발생해도 딜레마를 불러온다. 소폭 상승하면 팔아야 할까? 아니면 훨씬 더 상승할 때까지 계속 보유해야 할까? 보통주 주가가 대폭 상승해서 발행사가 수의상환권을 행사하면, 전환증권을 매도해야 할까, 아니면 보통주로 전환해서 계속 보유해야 할까?

구체적인 사례를 보면서 논의하자. 전환가격이 25이고 표면금리가 6%인 전환사채를 100에 매수했다고 가정하자. 즉, 1,000달러짜리 채권이라면 보통주 40주로 전환할 수 있다. 주가가 30으로 상승하자, 전환사채 가격도 상승하여 125에 거래된다. 이제 매도할 수도 있고, 계속 보유할 수도 있다. 추가 상승을 기대하면서 계속 보유하면, 이제부터는 보통주에 투자한 셈이 된다. 주가가 하락하면 전환사채 가격도 하락하기 때문이다. 보수적인 사람이라면 125가 넘으면 투기가 된다고 생각하고, 매도하여 25% 이익에 만족할 것이다.

지금까지는 좋다. 조금 더 지켜보자. 흔히 소폭 이익을 남기고 매도하면, 이후에도 계속 상승하여 너무 일찍 팔았다고 후회하게 되는 경우가 많다. 그래서 다음에는 150이나 200이 될 때까지 보유하겠다고 다짐한다. 이 전환증권은 140까지 상승했지만, 그는 팔지 않는다. 이후 시장이 무너져서 전환증권이 80으로 하락한다. 이번에도 그의 선택은 빗나갔다.

전환증권은 이렇게 선택이 빗나갔을 때 오는 정신적 고통도 피하기 어렵지만, 운용 기준을 숫자로 정하기도 쉽지 않다. 이익이 25~30% 발생하면 가차 없이 매도하기로 원칙을 세웠다고 가정하자. 그러면 25~30%는 전환증권에서 좋은 실적이 나올 때에만 얻는 이익의 상한선이 된다. 그러나 전환증권은 대개 신용도가 낮으며, 강세장 말기에 발행되는 경향이 있으므로, 125까지 상승하지 못하는 경우가 많으며, 시장이 하락세로 돌아서면 어김없이 폭락한다. 따라서 전환증권이 주는 화려한 기회가 실제로는 착각에 불과해서, 투자했다가 심각한 손실을 경험하는 사람들이 많다.

1950-1968년 강세장은 이례적으로 길었으므로, 전환증권도 전반적으로 좋은 실적을 기록했다. 하지만 이는 보통주 대다수가 대폭 상승한 덕분에, 대부분 전환증권도 그 과실을 공유했을 뿐이다. 전환증권 투자의 타당성은 시장 하락기에 나오는 실적으로 평가할 수밖에 없다. 이때 전반적인 실적은 항상 실망스러웠다.

이 책의 초판(1949)에서 나는 전환증권이 상승할 때 "어떻게 해야 하는가?"에 대해서 실례를 제시했다. 그 실례는 지금 다시 소개해도 여전히 가치가 있다고 생각한다. 이 실례 역시 나의 투자운용 과정에서 나온 것이다. 나는 주로 펀드들이 참여하는 '종목 선정단'의 일원으로 활동했었다. 이 종목 선정단은 표면금리 4.5% 에버샤프Eversharp Co. 사모 전환사채에 액면가로 참여했는데, 보통주 전환가격이 40달러였다. 주가는 65.5달러로 급등했고, 이어 (3대 2 주식분할 후) 88달러 상당이 되자, 전환사채의 가치는 무려 220달러에 이르렀다. 이 무렵 발행사가 약간의 프리미엄을 얹어 수의상환권을 행사하였고, 처음에 전환사채를 매수한 여러 펀드는 전환사채를 거의 모두 보통주로 전환해서 보유했다. 그런데 주가가 곧 폭락하기 시작해서 1948년 3월에는 7.375까지 내려갔다. 이제 전환사채의 가치는 27에 불과해서, 100%가 넘었던 이익이 75% 손실로 바뀌었다.

처음에 전환사채를 매수한 일부 펀드는 전환사채를 전환해서 계속 보유했는데, 이는 월스트리트의 오랜 격언 "전환사채는 절대 전환하지 말라."에

어긋나는 행동이었다. 왜 이런 격언이 나왔을까? 전환사채를 전환하는 순간, '이자에 대한 우선 청구권' + '매력적인 수익 기회'라는 전략적 조합이 사라지기 때문이다. 결국 (주가가 이미 대폭 상승한 다음이므로) 십중팔구 매우 불길한 시점에, 그는 투자자에서 투기꾼으로 변신한 셈이 된다. "전환사채는 절대 전환하지 말라."는 훌륭한 격언이 있는데도, 왜 노련한 펀드매니저들이 에버샤프 전환사채를 주식으로 전환해서 엄청난 손실을 보았을까? 주가 흐름도 좋았던 데다가 회사의 전망도 밝아서, 이들은 흥분하여 자제력을 잃은 것이다. 월스트리트에도 현명한 원칙들이 있지만, 문제는 가장 필요한 시점에 항상 망각한다는 것이다. 그래서 고참들이 즐겨 말하는 유명한 격언이 "내 말은 따르되, 내 행동은 따르지 말라."이다.

나는 신규발행 전환증권을 전반적으로 불신한다. 투자자는 전환증권을 사기 전에 세 번 이상 검토해보아야 한다. 이렇게 정밀하게 조사하다 보면, 거절하기 어려울 정도로 좋은 조건을 발견할지도 모른다. 물론 이상적인 조합은 채권으로서 안전성이 높고, 전환 대상 보통주가 그 자체로 매력적이며, 전환가격이 시장가격을 살짝 웃도는 전환사채이다. 실제로 이런 조건을 갖춘 신규발행 증권도 가끔 등장한다. 그러나 증권시장의 특성상 이런 조건을 갖춘 증권은 신규발행 증권보다는, (상황이 바뀌어 조건이 유리해진) 기존발행 증권 중에서 찾기가 더 쉽다. (신규발행 증권의 신용도가 매우 높다면, 굳이 전환권까지 제공할 이유가 없기 때문이다.)

적절하게 균형 잡힌 조건으로 전환증권을 다수 발행한 대표적인 기업이 AT&T이다. 1913~1957년 동안 AT&T는 9회 이상 전환사채를 발행했는데, 주로 주주들에게 청약권을 제공하여 주주들이 인수하게 했다. 회사의 투자자 저변 확대에도 주식보다 전환사채 발행이 훨씬 유리했다. 자금은 많지만 주식투자가 허용되지 않는 금융기관들도 다수 참여할 수 있었기 때문이다. 전환사채 수익률은 대개 배당수익률의 절반에도 못 미쳤다. 전환사채에는 이자에 대한 우선 청구권이 있기 때문이다. 회사는 40년(1919~1959) 동안 배당 9달러를 유지했으므로, 거의 모든 전환사채가 결국 보통주로 전환되었다. 그러므로 전환사채 투자자들은 좋은 실적을 얻었지만, 처음부터 주식에 투자했다면 더 좋은 실적을 얻었을 것이다. 이 사례는 전환사채가 아니라 AT&T가 매력적임을 보여줄 뿐이다. 실제로 전환사채가 매력적임을 입증하려면, 보통주가 고전할 때에도 전환사채에서 좋은 실적이 나오는 사례가 많아야 한다. 하지만 그런 사례는 찾기가 어렵다.

전환증권이 보통주에 미치는 영향

전환증권은 기업 인수나 합병과 관련해서 발행된 사례가 많다. 가장 눈에 띄는 사례는 NVF(NVF Corp.)가 샤론 스틸Sharon Steel Co.의 보통주 대부분과 교환하려고 발행한 1억 달러에 육박하는 5% 전환사채 및 워런트이다. 이 놀라운 거래에 대해서는 pp. 307-311을 참조하라. 이렇게 인수합병 과정에서 전환증권이 발행되면, 보통주 EPS는 형식상 증가하게 된다. 이렇게 EPS가 대폭 증가하고, 이른바 경영진의 열정, 진취성, 능력까지 입증되면, 주가도 상승한다. 그러나 실제로는 전환권 행사를 통해서 보통주가 증가하므로, 현재 및 미래 이익이 희석되어 EPS가 감소한다. 하지만 사람들은 이 사실을 실질적으로 무시하거나, 낙관적인 시장 분위기에 휩쓸려 전적으로 망각해버린다. 이런 희석 효과는 모든 전환증권이 전환되었다고 가정하고 EPS를 산출하면 확인할 수 있다. 실제로 전환증권 발행 때문에 EPS가 대폭 감소하는 기업은 많지 않다. 하지만 EPS가 대폭 감소하는 기업이 불쾌할 정도로 빠르게 증가할 위험도 있다. 대개 고속 성장 중인 '복합기업'들이 교묘한 솜씨로 전환증

〈표 16-3〉 **전환증권 및 워런트 대량발행 기업들** (1969년 말, 단위: 1,000주)

	보통주 유통수량	전환 가능 채권	보통주 우선주	워런트 수량	전환 가능 보통주 합계
애브코	11,470	1,750	10,436	3,085	15,271
걸프 앤드 웨스턴	14,964	9,671	5,632	6,951	22,260
국제전신전화	67,393	190	48,115		48,305
링-템코-보트	4,410[a]	1,180	685	7,564	9,429
내셔널 제너럴	4,910	4,530		12,170	16,700
노스웨스트 인더스트리즈[b]	7,433		11,467	1,513	12,980
래피드 아메리칸	3,591	426	1,503	8,000	9,929

a '특별 주식special stock' 포함

b 1970년 말 기준

권을 이용하고 있다. 〈표 16-3〉은 전환증권이나 워런트를 대량으로 발행한 7개 기업이다.

보통주를 전환우선주로 교체

1956년 이전에는 수십 년 동안 우선주 배당수익률이 같은 회사의 보통주 배당수익률보다 낮았다. 특히 전환가격이 시장가격에 가까운 전환우선주라면 배당수익률이 확실히 더 낮았다. 그러나 지금은 우선주 배당수익률이 더 높아졌다. 그 결과 이제는 보통주보다 확실히 더 유리한 전환우선주가 많아졌다. 따라서 지금 보유 중인 보통주를 전환우선주로 바꾸면, 아무 손해 없이 큰 이점을 얻을 수 있다.

사례: 대표적인 사례가 1970년 말 스투드베이커-워딩턴Studebaker-Worthington Corp.이다. 당시 5달러 전환우선주(보통주 1.5주로 전환) 종가는 87.5였고, 보통주

종가는 57이었다. 보통주 1.5주는 85.5달러이므로, 보통주를 전환우선주로 교체하려면 약간 손해를 보아야 한다. 그러나 보통주 배당은 연 1.2달러(1.5주에 대해서는 1.8달러)인 반면, 전환우선주 배당은 연 5달러였다. 따라서 교체 과정에서 입는 손해는 1년도 지나기 전에 배당으로 모두 보상받게 된다. 게다가 전환우선주는 보통주보다 선순위 증권이라는 장점까지 있다. 1968년과 1970년 저가를 기록하던 시점에, 전환우선주 가격은 보통주 1.5주보다 15포인트나 높았다. 게다가 전환권 덕분에 전환우선주 가격은 보통주보다 절대 낮아질 수 없다.*

스톡옵션 워런트

•

처음부터 노골적으로 말하겠다. 나는 최근 발행되는 스톡옵션 워런트들이 거의 사기이고, 현존하는 위험이며, 잠재적 재앙이라고 간주한다. 스톡옵션 워런트에 의해서 막대한 금전적 가치가 난데없이 창출되었기 때문이다. 이들은 단지 투기꾼과 투자자들을 호도하려고 존재할 뿐이다. 스톡옵션 워런트는 법으로 발행을 금지하던가, 아니면 발행 규모를 회사 자본총액의 극히 일부로 엄격하게 제한해야 한다.

스톡옵션 워런트 발행과 비슷한 사례를 문학과 역사에서도 찾아볼 수 있다. 먼저 괴테가 지폐의 발명에 대해 묘사하는 파우스트 2부를 들 수 있다. 그리고 월스트리트의 역사에서 나타난 불길한 선례로는 '아메리칸 앤드 포

* 1971년 말 스투드베이커-워딩턴 5달러 전환우선주가 약 77일 때, 보통주는 38까지 내려갔다. 1년 동안 가격 차이가 2에서 20으로 벌어졌으므로, 보통주를 전환우선주로 교체하는 편이 유리했다. 주식시장은 이런 계산을 무시하는 경향이 있다. (1970년 말에 교체했다면, 그 교체 비용은 높은 배당으로 이미 모두 보상받았다.)

린 파워American & Foreign Power Co.,' 워런트가 있다. 이 워런트는 회사의 대차대조표에 주석으로만 표시되었는데도, 1929년 시장 평가액이 10억 달러가 넘어갔다. 1932년이 되자 10억 달러였던 시장 평가액은 800만 달러로 줄어들었고, 1952년 회사의 자본 재구성 과정에서는 완전히 사라져버렸다. 회사가 파산 상태가 아니었는데도 말이다.

원래 스톡옵션 워런트는 채권을 발행할 때 가끔 첨부하는 부분적 전환권의 성격이었다. 그동안은 발행 규모가 하찮은 수준이어서, 별다른 해가 없었다. 그러다가 1920년대 말 발행량이 증가하여 악용되었으나, 이후 오랜 기간 종적을 감추었다. 하지만 이후 이 불청객은 다시 나타날 수밖에 없었고, 1967년부터 친숙한 '금융상품'이 되었다. 사실은 대형 은행들의 계열사인 신생 부동산 벤처들이 자본금을 조달하는 전형적인 수단으로 사용하고 있는데, 이들은 '보통주와 (보통주를 같은 가격에 추가로 매수하는) 워런트'를 하나로 묶어서 판매하고 있다. 예컨대 1971년 클리브트러스트 리얼티 인베스터CleveTrust Realty Investors는 이런 보통주와 워런트 조합(수익권)을 단위당 20달러에 250만 단위를 판매했다.

이런 금융상품에 실제로 어떤 문제가 있는지 살펴보자. 회사가 주식을 추가로 발행해서 자본을 조달하기로 하면, 일반적으로 주주들에게 먼저 주식을 매수할 권리가 주어진다. 이것이 이른바 '신주인수권preemptive right'으로서, 보통주를 보유할 때 얻는 가치 요소 중 하나이다. 다른 가치 요소로는 배당 수령권, 이익 참가권, 이사 선임권 등이 있다. 회사가 이런(보통주를 추가로 매수하는) 워런트를 별도의 증서로 발행하면, 이는 보통주에 내재하는 가치를 떼어내서 별도의 증서로 이전하는 행위가 된다. 비유하자면 배당 수령권, 기업 청산대금 수령권, 의결권 등을 회사가 별도의 증서로 발행하는 것과 같다. 그러면 이런 워런트가 발행되는데도 왜 주주들이 가만있었을까? 금융 이해력이 부족했기 때문이다. 이들은 워런트가 발행되면 보통주의 가치가 감소한다는 사실을 몰랐다. 그래서 주식만 팔 때보다 대개 주식과 워런트를 묶어서 팔 때 더 높은 가격을 받게 된다. 통상 기업이 발표하는 EPS에는 유통 중인 워런트가 미치는 영향이 제대로 반영되어 있지 않다. 그 결과 EPS 등이 과대평가되는 경향이 있다.

아마도 워런트의 영향을 가장 쉽게 반영하는 방법은, 워런트의 시장 평가액을 보통주 시가총액에 가산하여 '진정한' 주가를 산출하는 것이다. 회사가 선순위 증권에 첨부하여 워런트를 대량으로 발행했다면, 발행 대금이 관련 채권이나 우선주 상환에 사용된다고 가정하여 조정하는 것이 현재 관행이다. 그러나 이 기법으로는 행사 가격보다 높게 형성되는 워런트의 '프리미엄 가치'를 적절하게 반영하지 못한다. 〈표 16-4〉는 두 가지 기법이 미치는 영향을 비교한 자료이다.

회사는 이미 발행된 워런트로부터 필요할 때 추가 자본을 조달할 수 있을까? 조달할 수 없다. 회사는 워런트 소지자에게 워런트 행사를 강제할 방법이 없으므로, 워런트로부터 추가 자본을 조달할 수 없다. 그러므로 보통주자본을 늘리려면 회사는 통상적인 방식으로 즉, 시가보다 약간 낮은 가격으로 주식을 발행하여 주주들에게 제공할 수밖에 없다. 이런 과정을 거칠 때마다 회사는 워런트의 행사 가격을 하향 조정해야 하므로, 워런트는 도움은 되지 않으면서 일만 복잡하게 만들 뿐이다. 다시 한 번 말하지만, 스톡옵션 워런트 대량 발행은 가공의 시장가치만 날조해낼 뿐, 아무 소용이 없다.

괴테가 파우스트를 집필하던 당시 사용되던 지폐는 악명 높은 아시냐(assignats: 프랑스 혁명정부가 발행한 지폐)였다. 한때 놀라운 발명품으로 환대받았지만, 아메리칸 앤드 포린 파워 워런트와 마찬가지로 결국 가치를 모두 상실하

〈표 16-4〉 보통주의 '진정한 시장가격' 및 조정 PER 계산(워런트 유통 규모가 막대한 경우)
사례: 내셔널 제너럴National General Corp., 1971년 6월

1. '진정한 시장가격' 계산	
워런트 3종목의 시장 평가액 (1971년 6월 30일)	$94,000,000
보통주 1주당 워런트 평가액	18.80
보통주 가격	24.50
워런트 평가액을 반영한 보통주 가격	43.30

2. 워런트의 희석 효과를 반영한 PER 계산

(1970년 EPS)	워런트 발행 전	워런트 발행 후	
		회사 계산	내 계산
A. 특별 항목 반영 전			
주당순이익	$2.33	$1.60	$2.33
보통주 주가	24.50	24.50	43.30(조정)
PER	10.5배	15.3배	18.5배
B. 특별 항목 반영 후			
주당순이익	$0.90	$1.33	$0.90
보통주 주가	24.50	24.50	43.30(조정)
PER	27.2배	18.4배	48.1배

비고: 회사 계산에 의하면, 특별 항목 반영 후 EPS는 증가하고 PER은 감소한다. 이는 전혀 터무니없는 결과다. 내 계산에 의하면, 희석 효과 탓에 PER이 대폭 상승한다.

고 말았다. 괴테의 다음 표현은 워런트에도 잘 들어맞는다.

> 파우스트: 상상의 나래를 아무리 펼치며 노력해도 제대로 이해할 수 없습니다.
> 메피스토펠레스: 주화가 필요하면 언제든 환전소를 이용하면 되지요.
> 어릿광대: 마법의 종이로군요!

후기

•

워런트는 탄생했다는 사실 자체가 죄악이다. 워런트도 발행된 뒤에는 다른 증권처럼 손실 위험은 물론 이익 기회도 제공한다. 새로 발행된 워런트는 거의 모두 만기(대개 5-10년)가 있다. 그러나 과거에는 종종 영구 워런트도 발행되었는데, 이들 중에는 가격 흐름이 굉장히 재미있는 것도 많다.

1929년 발행된 트리-컨티넨털 Tri-Continental Corp.

워런트는 불황기가 극에 달했을 때 0.03까지 내려갔다. 그러나 1969년에는 무려 75.75까지 상승하면서, 24만 2,000%라는 천문학적인 상승률을 기록했다. (당시에는 워런트 가격이 주가보다도 훨씬 높았다. 이는 주식분할 같은 월스트리트의 기술 개발이 불러온 현상이다.) 최근 사례로는 링-템코-보트 Ling-Temco-Vought 워런트가 있는데, 1971년 상반기에 2.5에서 12.5로 상승했다가 다시 4로 하락했다.

물론 가끔은 워런트에 영리하게 투자할 수도 있지만, 지나치게 기술적인 문제라서 여기서는 논의하지 않겠다. 워런트는 전환사채나 전환우선주의 전환권보다 높은 가격에 거래되는 경향이 있다. 그러므로 전환사채 대신 신주인수권부사채를 발행해야 한다는 주장에도 일리는 있다. 따라서 워런트 발행량이 비교적 적다면 이론적인 측면을 크게 문제 삼을 필요가 없겠지만, 워런트 발행량이 유통 주식에 비해 많다면 회사의 자본구조가 불안정해진다. 그렇다면 워런트 대신 보통주를 추가로 발행해야 한다. 적정 규모로 발행하는 채권에 워런트를 첨가하는 방식이라면 나는 반대하지 않지만, 워런트로 거대한 '지폐' 괴물을 제멋대로 만들어내려 한다면 반대한다.

17장

극단적인 사례들

17장

극단적인 사례들

위 제목에 사용한 '극단적인'이라는 표현은 말장난에 불과하다. 역사는 온갖 극단적인 사건들로 가득하며, 최근 몇 년 동안에도 월스트리트에서는 극단적인 사건들이 발생했기 때문이다. 이런 사건들은 증권계와 깊이 관련된 모든 사람(일반투자자와 투기꾼은 물론, 교수, 애널리스트, 펀드매니저, 신탁계정 관리자, 심지어 은행의 기업 대출 담당 직원)에게 엄중한 경고와 교훈을 준다. 지금부터 검토할 4개 기업의 극단적 사례는 다음과 같다.

펜센트럴(철도): 이 회사는 재무상태가 매우 부실해서 기초적인 분석만으로도 뚜렷한 위험 신호를 확인할 수 있었으나, 주식 및 채권 관리/감독 관계자들 모두가 방치한 탓에 발생한 극단적인 사례. 회사가 비틀거리는데도 주가는 미친 듯이 치솟았다.

링-템코-보트: 졸속으로 기업 제국을 건설하려다가 무너진 극단적인 사례. 은행들도 무분별하게 자금을 지원했다.

NVF: 놀라운 회계 기법으로 막대한 부채를 일으키면서 규모가 7배나 되는 기업을 인수한 극단적 사례.

AAA 엔터프라이즈: 주요 증권사의 후원 아래 체인점이라는 마법의 주문만으로 가치를 부풀려 주식을 공모한 소기업의 극단적 사례. 부주의한 주식시장에서 이후 주가는 두 배로 뛰었지만, 회사는 2년도 지나기 전에 파산했다.

펜센트럴

•

자산 및 매출 기준으로 미국 최대 철도회사인 펜센트럴은 1970년 파산하면서 금융계를 충격에 빠뜨렸다. 회사는 발행 채권 대부분에 대해 채무를 이행하지 않았으며, 사업을 완전히 포기하게 될 위험에 처했다. 회사가 발행한 증권 가격은 일제히 폭락했다. 1968년에 86.5였던 주가는 1970년 5.5까지 하락했다. (조직 개편 과정에서 주식은 모두 휴지가 될 전망이었다.)

지극히 단순한 건전성 평가 기준을 지극히 단순한 방식으로 적용해 보았더라도, 회사가 파산하기 훨씬 전에 근본적인 취약성이 드러났을 것이다. 주가가 1929년 이후 사상 최고가를 기록한 1968년에는 회사가 발행한 대부분 채권을, (가격과 표면금리가 비슷하며) 담보가 확실한 공익기업 채권으로 교체할 수 있었다. 이 사례의 특징을 정리하면 다음과 같다.

1. S&P 《본드 가이드Bond Guide》에 의하면, 이 회사의 이자보상비율(영업이익을 이자비용으로 나눈 값)이 1967년에는 1.91, 1968년에는 1.98이었다. 내 저서 《증권분석》에서 규정한 철도채권의 최소 이자보상비율은 세전 5.0, 세후 2.9이다. 내가 알기로 지금까지 이 기준의 타당성에 의문을 표시한 투자 권위자는 아무도 없었다. 펜센트럴의 이자보

상비율은 세후 기준으로도 요건을 충족하지 못한다. 그러나 펜센트럴은 지난 11년 동안 법인세를 납부하지 않았으므로, 세전 기준인 5.0을 적용해야 타당하다. 그러므로 세전 2.0에도 못 미치는 펜센트럴의 이자보상비율은 요건에 터무니없이 부족한 수준이었다.

2. 회사는 장기간 법인세를 납부하지 않았으므로, 회사가 발표한 이익이 타당한지도 매우 의심스럽다.

3. 1968년과 1969년에는 펜센트럴 채권을 (가격이나 표면금리에서 손해를 보지 않으면서) 훨씬 더 안전한 다른 채권으로 교체할 수 있었다. 예를 들어 1969년에 1994년 만기 4.5% 펜실베이니아 철도Pennsylvania RR(펜센트럴 소속) 채권 가격 범위는 61~74.5였고, 1994년 만기 4.375% 펜실베이니아 일렉트릭Pennsylvania Electric Co. 채권 가격 범위는 64.25~72.25였다. 이 공익기업은 1968년 이자보상비율이 세전 4.20이었지만, 펜센트럴은 1.98에 불과했으며 1969년에는 실적이 상대적으로 더 나빠졌다. 만일 펜센트럴 채권 보유자가 교체 매매를 실행했다면, 큰 손실을 피할 수 있었다. (1970년 말 4.5% 철도채권은 부도 상태가 되어 18.50에 거래되었지만, 4.375% 공익기업 채권은 종가가 66.5였다.)

4. 1968년 펜센트럴이 발표한 EPS는 3.8달러였다. 같은 해 펜센트럴의 고가는 86.5로서, PER 24였다. 그러나 유능한 애널리스트라면 법인세를 한 푼도 납부하지 않는 회사에서 발표한 높은 EPS에 대해 의문을 제기했을 것이다.

5. 1966년에 합병하면서 이 회사가 발표한 EPS는 6.80달러였는데, 이 실적이 반영되어 나중에 주가가 86.5까지 상승했다. 이 가격이면 시가총액이 20억 달러를 넘는 수준이었다. 당시 이 실적에 매료되어 고가에 주식을 매수한 사람들은 꿈에도 예상하지 못했겠지만, 1971년 회사는 '합병 비용 및 손실'로 EPS 12달러에 해당하는 2억 7,500만 달러의 특별비용을 처리했다. 월스트리트는 정말로 신기한 세계다. 기업이 여기서는 EPS가 6.80달러 이익이라고 발표하고, 저기서는 12달러 손실이라고 발표해도, 주주와 투기꾼들은 영문도 모른 채 좋아하니 말이다!

6. 철도업종 애널리스트는 펜센트럴의 영업실적이 상대적으로 매우 부실하다는 사실을 이미 오래전부터 알고 있었을 것이다. 예를 들어 1968년 운송비 비율(= 운송비용을 영업수익으로 나눈 값으로서, 효율성 지표)이 이웃 철도회사인 노퍽 앤드 웨스턴Norfolk & Western은 35.2%였는데, 펜센트럴은 47.5%였다.

7. 이 과정에서 이상한 거래가 발생하여 기이한 회계실적이 나왔다.* 세부 사항을 설명하면 지나치게 복잡하므로 여기서는 생략한다.

결론: 경영을 더 잘했다면 펜센트럴이 파산을 모면했으리라는 주장도 나옴직하다. 그러나 유능한 애널리스트, 펀드매니저, 신탁계정 관리자, 투자자문사라면 아무리 늦어도 1968년 이후에는 펜센트럴 채권이나 주식을 절대

* 다음 논문을 참조하라. Dr. A. J. Briloff, "Six Flags at Half Mast," Barron's, January 11, 1971.

보유하지 말았어야 했다.

교훈: 애널리스트들은 반드시 기본적인 분석업무부터 해야 한다. 주식시장 흐름 연구, 수정구슬 들여다보기, 정교한 수학 계산, 무료 현장 견학 등은 그 다음에 할 일이다.

링-템코-보트

•

미친 듯이 부채를 일으켜 미친 듯이 기업 제국을 확장하다가, 결국 끔찍한 손실을 입고 심각한 재정난에 직면한 사례다. 이런 사례에서 흔히 그렇듯이, 한 유망한 '젊은 천재'가 기업 제국의 건설과 그 수치스러운 몰락을 주도했지만, 다른 사람들의 잘못도 적지 않다.

〈표 17-1〉은 1958~1970년 중 5년의 손익계산서와 대차대조표를 요약한 자료로서, 링-템코-보트의 성장과 몰락 과정을 압축해서 보여준다. 첫 번째 열을 보면, 사업을 시작한 1958년에는 매출이 700만 달러에 불과했다. 이어서 1960년 실적을 보면, 겨우 2년 만에 매출이 20배나 성장했지만, 규모는 여전히 작은 편이었다. 1967년과 1968년은 전성기로서, 매출이 또다시 20배 증가했지만, 4,400만 달러였던 부채도 무려 16억 5,300만 달러로 급증했다. 1969년에는 기업을 추가로 인수하는 과정에서 부채가 18억 6,500만 달러로 증가하면서 심각한 문제가 시작되었다. 특별 항목 반영 후 대규모 손실이 발생하자, 1967년 169.5까지 상승했던 주가는 24까지 폭락했고, 젊은 천재는 대표 자리에서 밀려났다. 1970년 실적은 더 끔찍해서, 회사가 발표한 최종 실적은 7,000만 달러에 육박하는 적자였다. 주가는 7.125까지 폭락했고, 주력 채권의 가격은 한때 15까지 내려갔다. 회사는 확장 정책을 축소 정책으로 뒤집어 여러 자회사의 주요 지분을 매각하면서, 산더미

〈표 17-1〉 **링-템코-보트** (1958~1970년, 단위: 100만 달러)

	1958년	1960년	1967년	1969년	1970년
A. 영업실적					
매출	$6.9	$143.0	$1,833.0	$3,750.0	$374.0
영업이익	0.552	7.287	95.6	124.4	88.0
이자	0.1(추정치)	1.5(추정치)	17.7	122.6	128.3
이자보상비율(배)	5.5	4.8	54	1.02	0.68
법인세	0.225	2.686	35.6	cr. 15.2	4.9
특별 항목				dr. 40.6	dr. 18.8
특별 항목 차감 후 이익	0.227	3.051	34.0	dr. 38.3	dr. 69.6
보통주 이익	0.202	3.051	30.7	dr. 40.8	dr. 71.3
EPS(달러)	0.17	0.83	5.56	def. 10.59	def. 17.18
B. 재무상태					
총자산	6.4	94.5	845.0	2,944.0	2,582.0
유동부채	1.5	29.3	165.0	389.3	301.3
장기부채	0.5	14.6	202.6	1,500.8	1,394.6
주주 지분	2.7	28.5	245.0[a]	def. 12.0[b]	def. 69.0[b]
비율 분석					
유동비율	127%	145%	180%	152%	145%
보통주자본/장기부채	540%	200%	120%	17%	13%
주가 범위		28~20	169.5~109	93.75~24.125	29.5~7.125

a 자산에서 사채발행 차금(채권 발행액이 액면가액을 하회하는 금액)을 차감하고, 우선주도 상환액만큼 차감

b cr: 대변, dr: 차변, def: 적자

같은 부채를 줄여나갔다.

이 표에 그 과정이 충분히 드러나지만, 이 사례의 특징을 정리하면 다음과 같다.

1. 영업이익 소폭 적자가 예상되던 1961년, 이 회사는 가능한 모든 비용과 준비금 부담을 1961년 실적에 몰아넣기로 했다. (이후 1970년에

는 이와 같은 이른바 빅배스big bath 회계 처리 사례가 급증하게 된다.) 이렇게 발생한 비용이 약 1,300만 달러로서, 이전 3년 동안 벌어들인 순이익 합계보다도 많았다. 덕분에 1962년에는 '기록적 이익'을 손쉽게 달성할 수 있었다.

2. 1966년 말에는 주당 순유형자산이 7.66달러였다(3대 2 주식분할 반영). 이에 따라 1967년 이 주식의 PBR은 무려 22까지 상승했다. 1968년 말 대차대조표에 의하면, 보통주 및 클래스 AA주 380만 주의 이익은 2억 8,600만 달러로서, EPS가 약 77달러였다. 그러나 '자산'에서 영업권과 사채발행 차금을 차감하고, 우선주도 시장평가액으로 차감하면, 보통주 이익은 1,300만 달러여서 EPS가 3달러에 불과하다. 이 유형자기자본은 이듬해 발생한 손실로 모두 사라졌다.

3. 1967년 말경, 미국 일류 투자은행 두 곳이 나서서 링-템코-보트 주식 60만 주를 111달러에 공모했다. 이후 주가가 169.5까지 상승했으나, 3년도 안 지나 7.125로 폭락했다.

4. 1967년 말에는 은행 대출금이 1억 6,100만 달러에 도달했고, 1년 뒤에는 무려 4억 1,400만 달러에 이르렀다. 게다가 장기부채는 12억 3,700만 달러에 달했다. 1969년에는 연결부채 합계가 18억 6,900만 달러에 이르렀다. 난공불락의 기업 스탠더드 오일 오브 뉴저지Standard Oil of N.J.를 제외하면, 이것이 제조회사가 기록한 사상 최대 규모의 부채였을 것이다.

5. 1969년과 1970년 손실 합계액이, 회사 설립 이후 이익 합계액보다 훨씬 많았다.

교훈: 은행들이 링-템코-보트에 왜 그런 거액의 확장 자금을 제공했는지 이해하기 어렵다. 1966년 이전에도 이 회사는 이자보상비율이 보수적 기준에 못 미쳤으며, 유동비율 및 시가총액/총부채 비율 역시 기준에 못 미쳤다. 그런데도 이후 2년 동안 은행들은 4억 달러에 육박하는 추가 '다각화' 자금을 제공했다. 이 때문에 은행도 손해를 보았지만, 주주들은 더 큰 손해를 보았다. 은행들이 이 사례에서 교훈을 얻어 향후 이런 불건전한 확장을 방조하지 않게 된다면, 그나마 다행이라 하겠다.

NVF의 샤론 스틸Sharon Steel 인수

•

1968년 말 NVF는 장기부채 460만 달러, 보통주자본 1,740만 달러, 매출 3,100만 달러, 순이익 50만 2,000달러(법인세 특별환급 37만 4,000달러 반영 전)였다. 이 회사는 '경화 섬유 및 플라스틱' 사업을 하고 있었다. 경영진은 샤론 스틸을 인수하기로 결정했는데, 장기부채 4,300만 달러, 보통주자본 1억 100만 달러, 매출 2억 1,900만 달러, 순이익 292만 9,000달러인 회사였다. NVF는 규모가 자신보다 7배나 큰 회사를 인수하기로 결정한 것이다. 1969년 초 NVF는 샤론 스틸 주식을 모두 인수하겠다고 제안했다. 조건은 샤론 스틸 1주에 대해 '1994년 만기 5% NVF 후순위 채권 액면가 70달러' + 'NVF 주식을 22달러에 1.5주 인수하는 워런트'였다. 샤론 스틸 경영진은 이 인수 시도에 완강하게 반대했지만 소용이 없었다. NVF는 5% 후순위 채권 1억 200만 달러 및 219만 7,000주에 해당하는 워런트를 발행하여, 샤론 스틸 주식 88%를 인수했다. 만일 NVF가 샤론 스틸 주식 100%를 인수했다면, 1968년 합병회사는 부채가 1억 6,300만 달러이고 매출이 2억 5,000만 달러이지만 유형 보통주자본은 겨우 220만 달러가 되었을 것이다. EPS는 계산이 다소 복잡해서, 이후 회사의 발표에 의하면 법인세 특별환급 반영 전에는 50센트 적자였고, 반영 후에는 3센트 흑자였다.

논평 1: 1969년에 이루어진 기업 인수 중에서, 이 거래는 재무 측면에서 가장 기형적인 거래였다. 보통주자본보다 부채가 많은 거대 기업을 인수한 탓에, NVF는 1968년 EPS가 흑자에서 적자로 바뀌면서 염가 종목으로 전락했다. 5% NVF 후순위 채권 가격이 발행 연도 내내 42를 넘지 못했다는 사실만 보아도, 인수 후 NVF의 재무상태가 얼마나 악화했는지 알 수 있다. 이는 사람들이 후순위 채권의 안전성과 회사의 장래를 심각하게 의심했다는 뜻이다. 그러나 경영진은 이 채권 가격 폭락을 이용해서 법인세 약 100만 달러를 절감했다(나중에 설명).

샤론 스틸 인수 후 발표된 1968년 보고서에는 연말까지 소급해서 수정한 요약 실적이 들어 있었다. 여기서 가장 특이한 항목은 다음 두 가지였다.

1. '이연 대손상각비' 5,860만 달러가 자산으로 표시되어 있었다. 주주지분 4,020만 달러보다도 큰 금액이었다.

2. 그러나 '샤론 스틸 투자 원가를 초과하는 자기자본'(영업권)으로 표시된 2,070만 달러는 주주 지분에 포함되지 않았다.

논평 2: 만일 자산에서 대손상각비를 없애고, 대신 다른 항목을 주주 지분에 포함하면, 더 현실적인 유형자기자본 220만 달러가 나온다. 따라서 합병을 통해서 NVF의 '실제 자기자본'은 1,740만 달러에서 220만 달러로 감소했으며, 유통 주식 수가 73만 1,000주이므로 주당 23.71달러에서 주당 3달러로 감소한 셈이다. 게다가 NVF 주주들은 1968년 종가보다 6포인트 낮은 행사가격에 기존 주식의 3.5배에 이르는 신주인수권을 남들에게 넘겨주었다. 이 워런트의 초기 시장 평가액은 개당 약 12달러였으므로, 워런트 평가액 합계는 약 3,000만 달러였다. 즉, 워런트의 시가총액이 NVF 주식의 시가총액보다 훨씬 많았다는 점을 보더라도, 이 거래는 본말이 전도되었음을 확인할 수 있다.

회계 속임수

이제 대차대조표를 벗어나 이듬해 재무보고서로 넘어가면, 이상한 항목들이 눈에 들어온다. 기본 이자비용이 무려 750만 달러에 이르며, 차감되는 '이연 대손상각'도 179만 5,000달러나 된다. 그러나 이 '이연 대손상각'은 다음 줄에 나오는 매우 색다른 소득 항목에 의해서 거의 모두 상쇄되는데, 바로 '자회사 투자 원가를 초과하는 자기자본(영업권) 상각 165만 달러'이다. 나는 지금까지 어떤 재무보고서에서도 본 적이 없는 항목을 각주에서 발견했다. '기업 인수와 관련해서 발행한 워런트의 공정시장가격 2,212만 9,000달러'가 주식자본의 일부로 표시된 것이다.

이런 온갖 항목들은 도대체 왜 등장했을까? 1969년 보고서에는 이들 항목에 대한 설명이 전혀 없다. 이 수수께끼는 노련한 애널리스트가 탐정처럼 풀어낼 수밖에 없다. 답은 5% 후순위 채권 가격이 발행 직후부터 낮았으므로, 이를 이용해서 세금 혜택을 받으려는 의도였다. 이 기발한 방식에 관심 있는 독자들은 〈부록 5〉을 참조하기 바란다.

기타 특이한 항목들

1. 1969년 회계연도가 끝나자마자, 회사는 개당 9.38달러에 워런트를 무려 65만 개나 매입했다. 이 거래가 이상한 이유는 두 가지이다. (a) 연말 NVF가 보유한 현금은 70만 달러에 불과했고, 1970년에 상환해야 하는 부채가 440만 달러였다. (워런트 매입 대금 600만 달러는 틀림없이 차입금이었을 것이다.) (b) 회사가 이 워런트 '지폐'를 매입한 시점에는 5% 후순위 채권 가격이 40 미만이었는데, 이는 재정난이 임박했다는 위험 신호였다.

2. 회사는 상황을 일부나마 개선하려고, 보통주를 발행하여 5% 후순위 채권 510만 달러 및 워런트 25만 3,000개를 회수했다. 이 작업은 증권시장의 변덕 덕분에 가능했다. 5% 후순위 채권 가격은 40 미만이었지만, 배당도 지급하지 않는 보통주 가격은 평균 13.5달러나 되었기 때문이다.

3. 회사는 종업원들에게 주식뿐 아니라 워런트까지 대량으로 판매할 계획이었다. 주식과 마찬가지로 워런트를 매입할 때에도, 종업원들은 계약금 5%만 납부하고 나머지는 장기간에 걸쳐 상환하게 되어 있었다. 이런 종업원 워런트 매입 제도는 한 번도 본 적이 없다. 조만간 워런트를 살 권리마저 할부로 매입하는 제도가 등장할지도 모르겠다.

4. 1969년 자회사로 편입된 샤론 스틸은 연금비용 계산 방식을 변경했고, 감가상각률도 낮추었다. 덕분에 NVF의 희석 전 EPS가 약 1달러 증가했다.

5. 1970년 말 S&P의 《스탁 가이드》는 NVF의 PER이 2에 불과하다고 발표했다. 이 책에 실린 4,500여 종목 중 가장 낮은 수치였다. 월스트리트 방식으로 표현하자면, "사실이라면 중요한 사안"이었다. PER 계산 근거는 연말 종가 8.75달러와, 1970년 9월까지 12개월 EPS 5.38달러였다. (두 숫자로 계산하면, PER은 1.6에 불과했다.) 그런데 이 PER에는 대규모 희석효과도 반영되지 않았으며, 1970년 4분기에 더 악화된 실적도 반영되지 않았다. 이후 나온 만 1년 실적으로 계산하면, 희석효과 반영 전 EPS는 2.03달러였고, 희석효과 반영 후 EPS는 1.80달러였다. 게다가 연말 사채발행 차입금은 1억 3,500만 달러였지만, 주식 및 워런트 시가총액은 약 1,400만 달러여서, 자기자본도 매우 빈약했다.

AAA 엔터프라이즈

기업 개요

약 15년 전 대학생 윌리엄스는 트레일러(trailer: 이동식 주택)를 판매하기 시작했다. 1965년 기업을 설립한 그는 매출 580만 달러를 올려 세전 이익 6만 1,000달러를 벌어들였다. 1968년 그는 당시 각광받던 프랜차이즈 유행에 편승하여, 자신의 브랜드를 이용한 트레일러 판매 권리를 팔기 시작했다. 그는 트레일러를 사무실로 삼아 소득세 신고를 대행하는 사업까지 창안해냈다. 이번에는 '미스터 택스 오브 아메리카Mr. Tax of America'라는 자회사를 설립하여, 이 브랜드와 아이디어 사용권을 판매했다. 그는 회사 주식을 271만 주로 늘려 기업 공개를 준비했다. 미국 대형 증권사들이 기꺼이 기업 공개를 주선해주겠다고 나섰다. 1969년 3월, 이들은 13달러에 AAA 엔터프라이즈 주식 50만 주를 공모했다. 그중 30만 주는 윌리엄스의 개인 계좌로 매도했고, 20만 주는 회사 계좌로 매도하여 240만 달러를 조달했다. 주가는 곧 두 배로 뛰어 28달러가 되었고, 순자산가치가 420만 달러에 불과한 이 회사의 시가총액은 8,400만 달러가 되었다. 최근 회사가 발표한 이익이 최대 실적인 69만 달러였으므로, PER이 무려 115였다. 윌리엄스가 의도적으로 선택한 회사명이 AAA 엔터프라이즈였으므로, 이 회사는 전화번호부와 옐로 페이지(업종별 전화번호부)에 가장 먼저 나왔다. 덕분에 S&P의 《스탁 가이드》에도 가장 먼저 등장했다. 아부 벵 아뎀Abou-Ben-Adhem 사원이 항상 앞에 나오는 것처럼 말이다. 이 특별한 이유로 AAA 엔터프라이즈는 1969년에 공개된 '인기 종목' 중 참혹한 사례가 되었다.

논평: 윌리엄스에게는 나쁘지 않은 거래였다. 그는 1968년 12월 장부가액이 18만 달러에 불과한 주식 30만 주를 그 20배에 해당하는 360만 달러에 매도했다. 기업 공개를 주선한 인수단은 50만 달러를 나누어 가졌다.

1. 그러나 증권사 고객들에게는 그다지 좋은 거래가 아니었다. 이들은 BPS의 약 10배에 주식을 사야 했으며, 이렇게 높은 가격을 지불한 덕분에 주당 자기자본은 0.59달러에서 1.35달러로 증가했다. 그러나 1968년 최대 실적을 기록하기 전까지 회사가 달성한 최대 EPS는 겨우 7센트였다. 물론 야심찬 성장 계획이 있긴 했지만, 대중은 이 계획이 실현되길 희망하면서 미리 비싼 대가를 지불해야 했다.

2. 공모 직후 주가는 두 배로 뛰었지만, 증권사 고객 중 두둑한 이익을 남기고 빠져나온 사람은 아무도 없었다. 그러면 단지 수익 기회가 있었다는 이유로, 이후 대중이 겪은 참혹한 피해에 대해 관련 증권

사들의 책임이 사라지는 것일까? 이 질문에 답하기는 쉽지 않지만, 월스트리트와 규제 당국이 세심하게 고려할 필요가 있다.

이후 진행 과정

자본금이 확충된 AAA 엔터프라이즈는 두 가지 사업을 추가했다. 1969년에 카펫 소매 체인점을 개설했고, 트레일러 제조 공장도 인수했다. 첫 9개월 실적이 화려하진 않았지만 1년 전보다는 다소 나아서, EPS가 14센트에서 22센트로 증가했다. 그러나 이후 실적은 믿기 어려울 정도로 참담했다. 손실이 436만 5,000달러여서, EPS가 1.49달러 적자였다. 기업 공개를 통해서 조달한 240만 달러는 물론, 그 이전에 보유했던 자본금도 모두 날아갔으며, 1969년 첫 9개월 동안 벌어들인 이익의 3분의 2도 사라졌다. 이제 남은 돈은 24만 2,000달러뿐이어서, 불과 7개월 전 투자자들이 공모가로 지불한 13달러 중에서 0.08달러가 남은 셈이었다. 그런데도 1969년 종가는 8.125달러로서, 시가총액이 2,500만 달러를 웃돌았다.

추가 논평 1: 회사는 1969년 첫 9개월 동안 68만 6,000달러를 벌었다가 이후 3개월 동안 436만 5,000달러를 잃었다고 보고했지만, 이 말은 믿기가 매우 어렵다. 9월 30일 보고는 애석하고도 유감스러우며 크게 잘못되었다고 생각한다.

추가 논평 2: 13달러에 공모한 이 주식이 곧 28달러까지 상승한 것도 놀랍지만, 그해 종가 8.125달러를 기록한 것은 지극히 무분별한 주가 흐름을 보여주는 더 놀라운 실례이다. 공모가 13달러와 고가 28달러에는 열광과 희망이라도 담겨 있었으므로, 현실과 상식에서는 완전히 벗어난 가격이지만,

이해할 수는 있었다. 그러나 종가 8.125달러는 자본금을 거의 모두 날려서 부도가 임박했으며, '열광'이나 '희망'이라는 표현마저 쓰라린 비웃음에 불과했던 기업의 시가총액이 무려 2,500만 달러였다는 뜻이다. (연말 실적이 12월 31일에 발표되지는 않지만, 월스트리트 증권사들은 관련 기업들의 월별 영업 상태를 조사하고 있으므로, 기업의 상황을 매우 정확하게 파악할 수 있다.)

결말: 1970년 상반기에 회사는 손실 100만 달러가 추가되었다고 발표했다. 이제는 대규모 자본잠식 상태가 되었다. 윌리엄스가 제공한 대출금 250만 달러로 회사는 간신히 파산을 면하고 있었다. 한동안 아무 발표도 없었으나, 1971년 1월 AAA 엔터프라이즈는 마침내 파산보호신청을 했다. 1월말 주가는 50센트로서, 시가총액 150만 달러였다. 벽지 값에 불과했다. 이야기는 이렇게 끝났다.

교훈 및 질문: 투기적인 대중은 구제 불능이다. 재무 용어로 표현하면, 이들은 숫자가 3을 넘어가면 세지 못한다. 뭔가 흐름을 타는 조짐만 보이면, 이들은 무엇이든 가격 불문하고 매수한다. 프랜차이즈, 컴퓨터, 전자, 과학, 기술 등이 유행을 탈 때마다, 이들은 그 흐름에 쉽게 넘어간다. 물론 우리 독자들은 합리적인 투자자이므로 그렇게 어리석은 행동은 하지 않을 것이다. 그래도 의문은 남는다. 책임감 있는 투자은행이라면 부실한 회사들의 기업공개 주선은 명예를 걸고 삼가야 하지 않을까? (내가 월스트리트에서 직장생활을 시작하던 1914년에는 투자은행들이 실제로 그렇게 했다. 이후 온갖 개선과 통제가 진행되었는데도, 지난 57년 동안 월스트리트의 윤리 기준은 오히려 더 낮아진 듯하다.) 현재 SEC는 투자설명서에 주요 사실을 모두 명시하라는 요구만 하고 있는데, 대중을 보호하도록 SEC에 추가 권한을 부여해야 하지 않을까? 다양한 기업공개 관련 자료를 명확하

게 요약 정리해서 공개해야 하지 않을까? 공모가가 이미 상장된 유사 종목의 시가와 크게 다르지 않다는 보증 문구가, 모든 투자설명서와 매도확인서에 들어가야 하지 않을까? 이 개정판을 쓰는 시점 현재 월스트리트에서는 악습을 바로잡으려는 활동이 진행되고 있다. 그러나 신주 공모 분야에서는 큰 변화를 기대하기 어렵다. 악습 대부분이 대중의 부주의와 탐욕에서 비롯되었기 때문이다. 그렇더라도 이 문제는 장기간 주의 깊게 숙고해야 마땅하다.

18장

기업 비교분석

18장

기업 비교분석

18장에서는 새로운 방식으로 설명해보겠다. 증권거래소 상장회사 목록에 인접해서 등장하는 두 기업을 비교분석하는 사례 8건을 설명하는 방식이다. 그러면 기업의 재무구조, 전략, 실적, 사업의 부침, 시장의 투자/투기 태도 등 다양한 특성을 생생하고 명확하게 실감할 수 있을 것이다. 각 비교분석 사례에서 나는 그 의미가 특별하고 중요한 측면에 대해서만 주로 언급하고자 한다.

사례 1: REI와 REC

•

REI의 정식 명칭은 'Real Estate Investment Trust'(부동산 투자신탁)로서, 상가, 사무실, 공장 등에 투자하는 펀드이고, REC는 'Realty Equities Corp. of New York'으로서, 일반 건물에 투자하는 기업이다. REI는 수탁자금을 운용하는 전통 기법 중 합리적이고 안정적이며 일반적으로 양호한 기법만으로 운용되는 펀드로 보인다. 반면 REC는 무모한 사업 확장, 분식회계, 아찔한 실적 변동 등 최근 세태를 대변하는 기업으로 보인다. 두 기업은 종목 코드가 비슷해서 혼동하기 쉬우며, 아메리카 증권거래소 상장회사 목록에 오랫동안 나란히 등장했다. 그러나 REI는 거의 1세기 동안 뉴잉글랜드 수탁자 3인이 건실하게 운용해온 펀드로서, 1889년 이후 배당을 계속 지급하고 있다. 부채 규모는 물론 자산 확대 속도도 관리 가능한 적정 수준으로 제한하면서, 신중한 투자 방식을 시종일관 유지하고 있다.

반면 REC는 뉴욕에서 급성장한 전형적인 벤처 기업으로서, 8년 만에 자산 규모가 620만 달러에서 1억 5,400만 달러로 급증했고, 부채 역시 같은 비율로 급증했다. 이 회사는 일반적인 부동산 사업에 머물지 않고 다양한 벤처 사업으로 영역을 확장하여 경마장 2개, 극장 74개, 저작권 대리업체 3개, 광고회사, 호텔, 슈퍼마켓에 투자했으며, 대형 화장품회사(1970년 파산) 지분 26%도 인수했다. 그 과정에서 이 복합기업은 다음과 같이 다양한 금융 기법을 사용했다.

1. 배당을 연 7달러 지급하는 우선주 발행. 그러나 이 우선주는 액면가가 1달러여서, 상환 채무도 1달러에 불과.
2. 이 회사가 발행한 보통주(주당 1달러)의 표시가 합계는 250만 달러인데, 자사주 20만 9,000주를 매입하면서 그 비용으로 차감한 금액은 550만 달러였다.
3. 3회에 걸쳐 모두 157만 8,000주를 인수할 수 있는 스톡옵션 워런트를 발행했다.
4. 1969년 3월까지 6가지 이상의 방식으로 모두 1억 달러가 넘는 부채를 일으켰다. 그 방식에는 부동산 담보대출, 무담보 사채, 상장채

〈표18-1A〉 REI와 REC (1960)

	REI	REC
총매출	$3,585,000	$1,484,000
순이익	485,000	150,000
EPS	0.66	0.47
주당 배당	–	0.10
BPS	$20	$4
주가 범위	12~20	4.75~5.375
총자산	$22,700,000	$6,200,000
총부채	7,400,000	5,000,000
보통주 순자산가치	15,300,000	1,200,000
보통주 시가총액 평균	12,200,000	1,360,000

권, 은행차입금, '지급어음, 차입금, 계약채무', 중소기업청 차입금이 포함되었다. 게다가 미지급법인세와 매입채무도 있었다.

〈표 18-1A〉는 1960년 현재 두 기업의 주요 지표들이다. 시가총액은 REI가 REC의 9배에 이른다. REI는 부채비율은 더 낮고 매출액순이익률은 더 높으며, PER도 더 높다.

〈표 18-1B〉는 8년 뒤 상황을 나타낸다. 그동안 REI는 기존 방식대로 조용히 자산을 운용하면서 매출과 EPS를 약 75% 증가시켰다. 그러나 REC는 덩치만 크고 허약한 괴물로 탈바꿈했다.

월스트리트는 두 회사에 대해 어떤 반응을 보였을까? REI에 대해서는 관심이 거의 없었고, REC에 대해서 관심이 많았다. 1968년 REC 주가는 10에서 37.75로 급등했고, 상장 워런트는 242만 주 상당이 거래되면서 6에서

〈표 18-1B〉 REI와 REC (1968)

	REI	REC
주가 (1968. 12. 31)	26.5	32.5
보통주 유통 수량	1,423,000	2,311,000(1969. 3)
보통주 시가총액	$37,800,000	$75,000,000
워런트 시가총액 추정치	–	30,000,000[a]
보통주와 워런트 시가총액 추정치 합계	–	105,000,000
부채	9,600,000	100,800,000
우선주	–	2,900,000
총자본	$47,400,000	$208,700,000
워런트를 반영한 보통주 시장 가치	–	45(추정치)
BPS	20.85(1968.11)	3.41
	1968. 11	**1969. 3**
매출	$6,281,000	$39,706,000
영업이익	2,696,000	11,182,000
이자비용	590,000	6,684,000
법인세	58,000[b]	2,401,000
우선주 배당		174,000
보통주 이익	2,048,000	1,943,000
특별항목	245,000(수익)	1,896,000(비용)
보통주 순이익	2,293,000	47,000
특별항목 반영 전 EPS	$1.28	$1.00
특별항목 반영 후 EPS	1.45	0.20
보통주 배당	1.20	0.30
이자보상배율	4.6배	1.8배

a 160만 주 이상을 인수할 수 있는 워런트 매물이 다양한 가격에 나와 있었다. 상장 워런트 가격은 30.5였다.
b 1968년에는 부동산 투자신탁에 연방소득세가 부과되지 않았다.

36.5로 급등했다. 반면 REI 주가는 소량으로 거래되면서 20에서 30.25로 조용히 상승했다. 1969년 3월 REC의 BPS는 3.41달러에 불과해서, 그해 고가의 10분의 1에도 못 미쳤다. 그러나 REI의 BPS는 20.85달러였다.

이듬해 REC에서 심각한 문제가 드러나자, 주가가 9.5로 폭락했다. 1970년 3월 연차보고서에서 실적이 적자 1,320만 달러(EPS 5.17달러)로 나와 얼마

안 남은 자기자본마저 모두 사라지자, 투자자들은 엄청난 충격에 휩싸였다. (이 처참한 실적에는 향후 발생할 투자손실 준비금 880만 달러가 포함되어 있었다.) 그런데도 결산 직후 이사회는 추가 배당 5센트를 지급하겠다고 용감하게(?) 발표했다. 문제는 여기서 그치지 않았다. 감사가 1969-1970년 재무제표에 대한 승인을 거부하자, 아메리카 증권거래소에서 주식 거래가 중지되었다. 이후 장외시장에서 REC 주가는 2달러 밑으로 폭락했다.

반면 REI의 주가 흐름은 1969년 이후에도 평소와 다름이 없었다. 1970년 저가 16.5를 기록하고 나서, 1971년 초에는 26.625로 회복되었다. 최근 발표한 EPS는 1.50달러였고, 최근 주가는 1970년 BPS 21.60달러를 약간 웃돌았다. 1968년 고가에 비해 다소 고평가되었을지 모르지만, 회사는 양호한 실적을 내면서 정직하게 보고했다.

사례 2: 에어프로덕츠와 에어리덕션

에어프로덕츠의 정식 명칭은 'Air Products and Chemicals'로서, 산업용 및 의료용 가스를 공급하는 회사이고, 에어리덕션은 'Air Reduction Co.'로서, 산업용 가스 및 장비와 화학제품을 공급하는 회사이다. 사례 1의 두 회사도 명칭과 사업 분야가 유사했지만, 이번에 다루는 두 회사는 더 유사하다. 그러므로 특성이 다른 두 기업을 비교분석하는 나머지 사례와는 달리, 사례 2에서는 전통적인 증권분석에 가까운 비교분석을 하게 된다.

후발기업인 에어프로덕츠는 1969년 매출이 에어리덕션의 절반에도 못 미쳤다. 그런데도 시가총액이 에어리덕션보다 25%나 많았다. 그 이유는 〈표 18-2〉에 나타나듯이, 에어프로덕츠의 수익성과 성장성이 더 높았기 때문이다. 이른바 '질적' 우위가 주가로 나타난 전형적인 사례이다. 에어프로덕츠는

〈표 18-2〉 에어프로덕츠와 에어리덕션 (1969)

	에어프로덕츠	에어리덕션
주가 (1969. 12. 31)	39.5	16.375
보통주 유통 수량	5,832,000[a]	11,279,000
보통주 시가총액	$231,000,000	$185,000,000
부채	113,000,000	179,000,000
총자본 시가총액	344,000,000	364,000,000
BPS	22.89	21.91
매출	221,500,000	487,600,000
순이익	13,639,000	20,326,000
EPS, 1969	2.40	1.80
EPS, 1964	1.51	1.51
EPS, 1959	0.52	1.95
최근 배당	0.20	0.80
배당 계속 지급	1954년~	1917년~
비율 분석		
PER	16.5배	9.1배
PBR	1.65	0.75
배당수익률	0.5%	4.9%
매출액이익률	6.2%	4.25%
ROE	11.0%	8.2%
유동비율	153%	377%
운전자본/부채	32%	85%
EPS 성장률		
1964년 대비 1969년	59%	19%
1959년 대비 1969년	362%	마이너스

a 전환우선주가 전환되었다고 가정

PER이 16.5이고, 에어리덕션은 9.1에 불과하다. PBR 역시 에어프로덕츠는 1.65이지만, 에어리덕션은 겨우 0.75다. 에어프로덕츠는 배당을 더 적게 지급했는데, 이는 이익 유보 필요성이 더 컸기 때문으로 보인다. 운전자본도 에어리덕션이 더 풍족하다. (수익성 높은 기업은 언제든 영구자본을 조달하여 유동비율을 안정적인 수준으로 높일 수 있다. 내 기준으로 보면, 에어프로덕츠의 유동비율은 다소 낮은 편이다.)

애널리스트가 두 기업 중 하나를 선택해야 한다면, 그는 에어프로덕츠가 에어리덕션보다 더 유망하다고 손쉽게 판단할 것이다. 에어프로덕츠의 주가가 훨씬 더 높다는 점을 고려해도 에어프로덕츠가 여전히 더 매력적일까? 이 질문에 단정적으로 대답하기는 어렵다. 일반적으로 월스트리트에서는 '양'보다 '질'이 더 중요하다고 생각하므로, 십중팔구 애널리스트 대부분이 가격은 싸지만 '질이 낮은' 에어리덕션 대신, 가격은 비싸지만 '질이 높은' 에어프로덕츠를 선택할 것이다. 이 선택이 옳은지 그른지는 명백한 투자원칙이 아니라, 예측 불가능한 미래 요소에 좌우될 것이다. 이 사례에서 에어리덕션은 저PER 주요 종목에 속하는 것으로 보인다. 앞에서 언급한 조사에 의하면, 일반적으로 저PER주가 고PER주보다 실적이 더 좋으므로, 에어리덕션을 선택해야 타당하다. 다만 분산 포트폴리오의 일부로 편입할 때에 그렇다는 말이다. (개별 기업을 철저하게 분석했다면 애널리스트는 반대로 판단할 수도 있다. 그러나 그 근거가 과거 실적뿐이어서는 곤란하다.)

이후 진행 과정: 1970년 폭락기에는 에어프로덕츠가 에어리덕션보다 잘 버텨냈다. 에어프로덕츠는 하락률이 16%였고, 에어리덕션은 24%였다. 그러나 1971년 회복기에는 에어리덕션의 실적이 더 좋아서, 1969년 종가보다 50% 상승했다. 에어프로덕츠는 1969년 종가보다 30% 상승했다. 이 사례에서는 일시적으로나마 저PER주의 실적이 더 잘 나왔다.

사례 3: 홈과 호스피탈

•

홈의 정식 명칭은 'American Home Products Co.'로서, 의약품, 화장품, 가정용품, 캔디를 공급하는 회사이고, 호스피탈은 'American Hospital Supply Co.'로서, 병원용품 및 장비를 제조하고 유통하는 회사이다. 1969

〈표 18-3〉 홈과 호스피탈 (1969)

	홈	호스피탈
주가 (1969. 12. 31)	72	45.125
보통주 유통 수량	52,300,000	33,600,000
보통주 시가총액	$3,800,000,000	1,516,000,000
부채	11,000,000	18,000,000
총자본 시가총액	3,811,000,000	1,534,000,000
BPS	5.73	7.84
매출	1,193,000,000	446,000,000
순이익	123,300,000	25,000,000
EPS, 1969	2.32	0.77
EPS, 1964	1.37	0.31
EPS, 1959	0.92	0.15
최근 배당	1.40	0.24
배당 계속 지급	1919년~	1947년~
비율 분석		
PER	31.0배	58.5배
PBR	12.5	5.75
배당수익률	1.9%	0.55%
매출액이익률	10.7%	5.6%
ROE	41.0%	9.5%
유동비율	260%	450%
EPS 성장률		
1964년 대비 1969년	75%	142%
1959년 대비 1969년	161%	405%

년 말 현재 두 기업 모두 영업권 거대기업이며, 성장성과 수익성이 매우 높은 '건강 산업' 중 서로 다른 부분을 대표하고 있다. 〈표 18-3〉은 1969년 두 기업의 주요 데이터다. 두 회사가 공통적으로 보유한 장점은 두 가지로서, 재무상태가 건전하고, 성장성이 탁월해서 1958년 이후 성장세가 끊긴 적이 없다는 점이다(즉, 이익의 안정성 100%). 1969년 말까지 성장률은 호스피탈이 홈보다 훨씬 높았다. 반면 매출액이익률과 자본이익률은 홈이 훨씬 더 높았다. (1969년 호스피탈의 자본이익률은 9.7%에 불과해서, 그동안 매출 성장률과 이익 성장률은 뛰어났지만 과

연 수익성도 높은 사업인지에 대해서는 의문을 품게 된다.)

주가를 고려해도, EPS와 배당 측면에서 홈이 훨씬 더 매력적이다. 그러나 홈은 PBR이 매우 높다는 사실이 단점이 될 수도 있다. 한편으로는 자본이익률이 높다는 뜻이므로, 번영을 나타내는 강점으로 해석할 수 있다. 그러나 다른 한편으로는 현재 주가가 매우 높아서, 회사의 수익성이 악화하면 큰 손실이 발행할 수 있다는 의미도 된다. 호스피탈도 PBR이 5.75에 이르므로, 마찬가지 손실 가능성에 유의할 필요가 있다.

결론: 두 회사에 대한 나의 관점을 명확하게 밝히자면, 둘 다 현재 주가가 지나치게 높아서 방어적 투자자에게는 적합하지 않다는 것이다. 그렇다고 두 회사의 전망이 밝지 않다는 뜻은 아니다. 문제는 두 회사 주가에 실제 성과보다 '낙관적 전망'이 지나치게 많이 반영되어 있다는 점이다. 두 회사의 1969년 주가에 반영된 영업권 가치를 더하면 50억 달러에 육박한다. 이 영업권이 배당이나 유형자산의 형태로 전환되려면, 탁월한 실적이 향후 얼마나 오랜 기간 유지되어야 할까?

이후 진행 과정: 1969년 말에는 호스피탈의 PER이 홈의 2배에 가까웠으므로, 시장에서는 호스피탈의 전망이 더 밝다고 평가했다. 그러나 1970년 호스피탈의 이익은 약간 감소한 반면, 홈의 이익은 8%나 증가했다. 호스피탈의 실망스러운 1년 실적에 대해 시장은 민감하게 반응했다. 1971년 2월 주가가 1969년 종가보다 약 30%나 하락하여 32가 되었다. 반면 홈의 주가는 1969년 종가보다 약간 상승했다.

사례 4: 블록과 블루 벨

블록의 정식 명칭은 'H&R Block'으로서, 소득세 신고를 대행하는 회사이고, 블루 벨은 'Blue Bell Inc.'로서, 작업복, 유니폼 등을 제조하는 회사이다. 두 회사는 비교적 최근 뉴욕증권거래소에 비슷한 시점에 상장되었지만, 성장 과정은 전혀 다르다. 블루 벨은 경쟁이 치열한 산업에서 꾸준히 노력하여 마침내 최대 기업으로 성장하였다. 실적은 산업의 상황에 따라 등락을 거듭했지만, 1965년 이후 성장세는 인상적이었다. 1916년부터 사업을 시작한 블루 벨은 1923년 이후 계속해서 배당을 지급했다. 1969년 말 이 주식은 시장에서 소외당했다. S&P500의 PER이 약 17인데도, 블루 벨의 PER은 11에 불과했다.

반면 블록의 성장 과정은 유성처럼 화려했다. 1961년 처음 실적을 발표했을 때, 매출은 61만 달러, 이익은 8만 3,000달러였다. 그러나 8년 뒤인 1969년, 매출은 5,360만 달러로, 이익은 630만 달러로 치솟았다. 시장은 블록의 실적에 황홀해했다. 1969년 종가는 55로서 PER 100이 넘었는데, 지금까지 블록이 기록한 최고 PER이었다. 보통주 시가총액은 3억 달러로서, PBR이 30에 육박했다. 증권업계 주요 학회지에서도 거의 본적이 없는 수준이었다. (당시 IBM의 PBR은 약 9였고, 제록스는 11이었다.)

〈표 18-4〉를 보면, 두 기업에 대한 시장의 평가가 엄청나게 다르게 나타난다. 블록은 블루 벨보다 ROE가 두 배 이상 높고, 5년 EPS 성장률도 훨씬 높다. 반면 블루 벨은 블록보다 매출이 4배나 많고, EPS가 2.5배이며, 유형자산은 5.5배이고, 배당수익률은 9배이다. 그런데도 블루 벨 주식의 시가총액은 블록의 3분의 1에도 못 미친다.

〈표 18-4〉 블록과 블루 벨 (1969)

	블록	블루 벨
주가 (1969. 12. 31)	55	49.75
보통주 유통 수량	5,426,000	1,802,000[a]
보통주 시가총액	$298,000,000	$89,500,000
부채	–	17,500,000
총자본 시가총액	298,000,000	107,000,000
BPS	1.89	34.54
매출	53,600,000	202,700,000
순이익	6,380,000	7,920,000
EPS, 1969	0.51(10월)	4.47
EPS, 1964	0.07	2.64
EPS, 1959	–	1.80
최근 배당	0.24	1.80
배당 계속 지급	1962년~	1923년~
비율 분석		
PER	108.0배	11.2배
PBR	29.2	1.42
배당수익률	0.4%	3.6%
매출액이익률	11.9%	3.9%
ROE	27%	12.8%
유동비율	320%	240%
운전자본/부채	부채 없음	375%
EPS 성장률		
1964년 대비 1969년	630%	68%
1959년 대비 1969년	–	148%

a 전환우선주가 전환되었다고 가정

결론: 노련한 애널리스트라면 블록의 성장 전망을 탁월하게 평가하면서, 모멘텀이 엄청나다고 인정했을 것이다. 다만 블록의 높은 ROE에 매력을 느껴 소득세 신고 대행 사업에 진입하는 기업들이 증가하면서, 경쟁이 치열해

질지 모른다고 걱정했을 것이다.* 그러나 에이본 프로덕츠Avon Products처럼 탁월한 기업은 경쟁이 치열한 사업에서도 계속 성공하고 있다는 사실을 기억하고, 그는 블록의 성장세가 쉽게 둔화하지 않을 것으로 믿었을 것이다. 그의 주된 관심사는 3억 달러에 이르는 시가총액에 블록의 탁월한 사업 전망이 이미 전부, 어쩌면 과도하게 반영되어 있지 않을까? 이다. 반면 블루 벨에 대해서는 매우 보수적으로 평가해도 주가가 비싸지 않은 훌륭한 기업이라고 서슴없이 추천했을 것이다.

이후 진행 과정: 1970년 폭락기에 블루 벨 주가는 약 25% 하락했고, 블록 주가는 약 33% 하락했다. 그러나 이후 강한 반등장에서 두 종목도 함께 상승했다. 1971년 2월 블록은 75까지 상승했지만, 블루 벨은 훨씬 더 상승해서 (3대 2 주식분할 후) 109 상당이 되었다. 1969년 말에는 블루 벨을 매수하는 편이 확실히 유리했던 셈이다. 그러나 블록 주가가 분명히 고평가된 상태에서도 약 35%나 더 상승했다는 사실을 고려하면, 아무리 비싸보여도 우량주를 함부로 공매도해서는 안 된다.

사례 5: 플레이버스와 하비스터

•

플레이버스의 정식 명칭은 'International Flavors & Fragrances'로서, 다른 기업에 향료(香料) 등을 공급하는 회사이고, 하비스터는 'International Harvester Co.'로서, 트럭, 농기계, 건설기계를 제조하는 회사이다. 두 회사를 비교해보면 여러 모로 놀라게 된다. 다우지수 30대 기업 중 하나인 인터내셔널 하비스터를 모르는 사람은 거의 없을 것이다. 하지

---

* AAA 엔터프라이즈도 이 사업에 진입하려고 시도했으나, 곧 실패했다. (p.311 참조)

만 뉴욕증권거래소 상장회사 목록에 나란히 등장하는 플레이버스에 대해 아는 사람은 많지 않을 것이다. 그러나 믿기 어렵겠지만, 1969년 말 플레이버스의 시가총액은 7억 4,700만 달러로서, 7억 1,000만 달러인 하비스터보다도 많다. 게다가 하비스터의 보통주자본이 플레이버스의 17배이고, 매출은 27배라는 사실을 고려하면 더 놀라운 일이다. 사실은 3년 전 하비스터의 순이익이 1969년 플레이버스의 매출보다도 많았다! 이렇게 시장의 평가가 달라진 이유는 무엇일까? 답은 마법의 주문 두 마디인 수익성과 성장성에 들어 있다. 플레이버스는 수익성과 성장성 둘 다 뛰어났지만, 하비스터는 둘 다 미흡했다.

〈표 18-5〉는 1969년 두 기업의 주요 데이터다. 플레이버스의 매출액이익률은 14.3%(세전 기준 23%)로서 놀라운 수준이지만, 하비스터는 겨우 2.6%이다. ROE도 플레이버스는 19.7%이지만, 하비스터는 5.5%에 불과하다. 5년 EPS 성장률도 플레이버스는 매우 높지만, 하비스터는 거의 제자리걸음이다. 이런 실적 차이 탓에 시장의 평가가 크게 달라졌다. 1969년 플레이버스는 PER이 55였지만, 하비스터는 겨우 10.7였다. PBR도 플레이버스는 10.5였지만, 하비스터는 0.59에 불과했다.

논평 및 결론: 플레이버스는 핵심 사업에서 성공을 거둠으로써 시장에서 높은 평가를 받아냈다. 술책을 부리지도 않았고, 기업을 인수하지도 않았으며, 부채를 과도하게 일으키지도 않았고, 최근 월스트리트에서 유행하는 악습을 이용하지도 않았다. 오로지 지극히 수익성 높은 사업을 고수해서 일궈낸 성과였다. 반면 하비스터의 실적에 관해서는 전혀 다른 의문점들이 떠오른다. 그러나 복잡한 첨단 금융기법과는 무관하다. 장기간 호황이 이어지는 동안에도 수익성이 상대적으로 저조한 대기업들이 그토록 많은 이유는 무엇일까? 적정 ROE를 내지 못한다면, 매출이 25억 달러가 넘어도 무슨 소용이

〈표 18-5〉 플레이버스와 하비스터 (1969)

	플레이버스	하비스터
주가 (1969. 12. 31)	65.5	24.75
보통주 유통 수량	11,400,000	27,329,000
보통주 시가총액	$747,000,000	$710,000,000
부채	4,000,000	313,000,000
총자본 시가총액	751,000,000	1,023,000,000
BPS	6.29	41.70
매출	94,200,000	2,652,000,000
순이익	13,540,000	63,800,000
EPS, 1969	1.19	2.30
EPS, 1964	0.62	3.39
EPS, 1959	0.28	2.83
최근 배당	0.50	1.80
배당 계속 지급	1956년~	1910년~
비율 분석		
PER	55.0배	10.7배
PBR	10.5	0.59
배당수익률	0.9%	7.3%
매출액이익률	14.3%	2.6%
ROE	19.7%	5.5%
유동비율	370%	200%
운전자본/부채	충분함	170%
이자 보상 비율	–	(세전)3.9배
EPS 성장률		
1964년 대비 1969년	93%	9%
1959년 대비 1969년	326%	39%

있겠는가? 이 문제에 대한 해법을 내가 제시할 수는 없다. 다만 이런 문제들이 실제로 존재하며, 이런 문제에 대처하려면 최고의 인재들이 최선의 노력을 기울여야 한다는 점을 경영진은 물론 일반 주주들도 인식하고 있어야 한다. 종목 선정 관점에서 보면, 두 종목 모두 우리 기준을 충족하지 못한다. 플레이버스는 실적이 탁월하지만, 주가가 지나치게 고평가되었다. 하비스터는

실적이 신통치 않아서, 주가가 낮은 편인데도 매력이 부족하다. (시장에는 주가가 낮은 편이면서 더 매력적인 종목도 있다.)

이후 진행 과정: 1970년 폭락기에도 하비스터의 주가 하락률은 10%에 그쳤다. 1969년 주가가 낮았기 때문이다. 플레이버스는 더 취약해서, 약 30% 하락한 45가 되었다. 이후 반등장에서 두 종목 모두 1969년 고점을 넘어섰지만, 하비스터는 곧 25 수준으로 다시 내려갔다.

사례: 6 맥그로 에디슨과 맥그로-힐

맥그로 에디슨의 정식 명칭은 'McGraw Edison'으로서, 공공시설 및 장비와 가정용품을 공급하는 회사이고, 맥그로-힐은 'McGraw-Hill, Inc.'로서 도서, 영화, 교육 시스템, 잡지, 신문, 정보 서비스를 제공하는 회사이다. 두 회사는 정식 명칭은 매우 비슷하지만, 전혀 다른 분야에서 성공한 대기업들이다. 〈표 18-6〉은 1968년 두 기업의 주요 데이터다. 두 회사의 주가는 비슷한 수준이었지만, 맥그로-힐 주식의 유통 수량이 훨씬 많아서 시가총액도 두 배에 육박했다. 그러나 이렇게 큰 차이가 나는 것은 다소 이상해 보인다. 매출도 에디슨이 약 50%나 많고, 순이익도 약 25%나 많기 때문이다. 그 결과 PER은 맥그로-힐이 맥그로 에디슨보다 2배 이상 높았다. 이런 현상이 나타난 주된 이유는, 1960년대 말에 상장된 여러 출판사 주식에 대해 사람들이 지속적으로 열광했기 때문으로 보인다.

하지만 1968년 말에는 이런 열광이 확실히 과도한 수준이었다. 1967년 맥그로-힐의 주가는 56으로서, PER 40이 넘었다. 그러나 1967년과 1968년에는 EPS가 연이어 소폭 하락했다. 그런데도 1968년 PER은 35로서, 여

〈표 18-6〉 맥그로 에디슨과 맥그로-힐 (1968)

	맥그로 에디슨	맥그로-힐
주가 (1968. 12. 31)	37.625	39.75
보통주 유통 수량	13,717,000	24,200,000[a]
보통주 시가총액	$527,000,000	$962,000,000
부채	6,000,000	53,000,000
총자본 시가총액	533,000,000	1,015,000,000
BPS	20.53	5.00
매출	568,600,000	398,300,000
순이익	33,400,000	26,200,000
EPS, 1969	2.44	1.13
EPS, 1964	1.20	0.66
EPS, 1959	1.02	0.46
최근 배당	1.40	0.70
배당 계속 지급	1934년~	1937년~
비율 분석		
PER	15.5배	35.0배
PBR	1.83	7.95
배당수익률	3.7%	1.8%
매출액이익률	5.8%	6.6%
ROE	11.8%	22.6%
유동비율	395%	175%
운전자본/부채	충분함	175%
EPS 성장률		
1964년 대비 1969년	104%	71%
1959년 대비 1969년	139%	146%

a 전환우선주가 전환되었다고 가정

전히 높은 수준을 유지했다. 게다가 PBR은 약 8이어서, 영업권 요소가 10억 달러에 육박했다! 존슨 박사의 명언을 빌리면, 이 가격은 '경험에 대한 희망의 승리'라 하겠다.

반면 전반적인 실적과 재무구조를 고려하면, 맥그로 에디슨의 주가는 높은 시장지수에 비해 합리적인 수준으로 보였다.

이후 진행 과정: 맥그로-힐의 EPS는 1969년 1.02달러를 거쳐 1970년 0.82달러로 계속 감소했다. 1970년 5월 폭락기에는 주가가 10달러 밑으로 급락하여, 2년 전보다 80% 이상 하락했다. 이후 대폭 반등하여 1971년 5월 주가가 24까지 상승했지만, 1968년 종가의 60% 수준에 불과했다. 맥그로 에디슨의 주가 흐름은 이보다 나아서, 1970년 22까지 하락했다가 1971년 5월 41.5로 완전히 회복되었다.

맥그로-힐은 지금도 번영 중인 건전한 기업이다. 그러나 과거 주가 흐름은 낙관과 비관의 물결에 문란하게 휩쓸리는 월스트리트의 무모한 투기를 보여주는 대표적인 사례이다.

사례 7: 제너럴과 프레스토

•

제너럴의 정식 명칭은 'National General Corp.'로서, 수많은 자회사를 거느린 복합기업이고, 프레스토는 'National Presto Industries'로서, 다양한 전기제품과 군수품을 공급하는 회사이다. 두 회사는 여러모로 매우 다르다. 비교 기준 시점을 1968년 말로 잡은 것은, 1969년에는 제너럴에서 대규모 상각을 실행한 탓에 실적이 매우 모호해졌기 때문이다. 제너럴의 광범위한 기업인수 활동을 1968년에는 투자자들이 감지하기 어려웠을 수도 있지만, 누가 보더라도 이미 복합기업의 면모를 충분히 갖추고 있었다. 《스탁 가이드》에 실린 사업 요약 설명을 보면 '전국적인 극장 체인, 영화 및 TV 제작, 저축대부조합, 출판'으로 나오며, 이후에는 '보험, 투자은행업, 음반 제작업, 컴퓨터 서비스, 부동산, 그리고 퍼포먼스 시스템Performance Systems(변경 전 회사명은 미니 펄스 치킨 시스템Minnie Pearl's Chicken System Inc.) 지분 35% 보유'라는 설명이 추가된다. 프레스토 역시 사업다각화 전략을 추구했지만, 제너럴과 비교하면 매우 소박한 수준이었다. 처음부터 선도적인 압력솥 제조업체였던 프레스토는 이후 다양한 가정용품 및 전기기구 분야로 사업을 확장했다. 그리고 미국 정부와 군수품 공급계약도 여러 건 체결했다.

표 18-7은 1968년 말 기준 두 기업의 주요 데이터다. 프레스토의 자본구조는 지극히 단순해서, 보통주 147만 8,000주가 전부이며, 시가총액은 5,800만 달러이다. 반면 제너럴의 자본구조는 매우 복잡하다. 보통주 유통 수량이 프레스토의 두 배가 넘고, 전환우선주도 발행했으며, 대규모 보통주로 전환되는 워런트도 3종 발행했고, (보험사를 인수하는 과정에서) 대규모 전환사채도 발행했으며, 일반 사채도 상당량 발행했다. 이들을 모두 더한 총자본 시가총액은 5억 3,400만 달러이지만, 조만간 발행할 전환사채까지 포함하면 7억 5,000만 달러에 이른다. 이렇게 총자본 규모가 훨씬 큰데도, 제너럴의 매출은 프레스토보다 훨씬 적었으며, 순이익은 프레스토의 75% 수준에 불과했다.

제너럴 보통주의 진정한 가치를 평가하는 작업이 재무분석가에게는 흥미로운 과제이고, 진지한 투자자들에게는 중요한 의미를 던져준다. 4.5% 전환우선주는 발행 규모가 비교적 작으므로, 주가가 적정 수준에 이르는 시점에 모두 전환된다고 가정하면 된다. 〈표 18-7〉에서 나는 그렇게 계산했다. 그러나 워런트에 대해서는 그렇게 가정하면 안 된다. 제너럴 경영진은 '완전희석' 기준을 적용하여 워런트가 모두 행사된다고 가정하면서, 워런트 행사대금은 먼저 부채 상환에 사용하고, 이후 남은 대금은 자사주 매입에 사용하는 것으로 계산하였다. 이런 가정을 적용했을 때에는 이미 발표된 1968년 EPS 1.51달러가 희석 기준으로도 거의 바뀌지 않았다. 나는 이 계산 방식이 비논리적이고 비현실적이라고 생각한다. 나는 워런트가 '보통주 전체'를 구성하는 일부에 해당하므로, 워런트의 시장가격도 보통주자본의 '실질적인

〈표 18-7〉 **제너럴과 프레스토** (1968)

	제너럴	프레스토
주가 (1968. 12. 31)	44.25	38.625
보통주 유통 수량	4,330,000[a]	1,478,000
보통주 시가총액	$192,000,000	$58,000,000
워런트 3종의 시가총액	221,000,000	–
보통주 및 워런트 시가총액	413,000,000	–
부채	121,000,000	–
총자본 시가총액	534,000,000	58,000,000
워런트를 반영한 주가	98	–
BPS	31.50	26.30
매출	117,600,000	152,200,000
순이익	6,121,000	8,206,000
EPS, 1968	1.42(12월)	5.61
EPS, 1963	0.96(9월)	1.03
EPS, 1958	0.48(9월)	0.77
최근 배당	0.20	0.80
배당 계속 지급	1964년~	1945년~
비율 분석		
PER	69.0배[b]	6.9배
PBR	3.1	1.42
배당수익률	0.5%	2.4%
매출액이익률	5.5%	5.4%
ROE	4.5%	21.4%
유동비율	163%	340%
운전자본/부채	21%	부채 없음
EPS 성장률		
1963년 대비 1968년	104%	71%
1960년 대비 1968년	195%	630%

a 전환우선주가 전환되었다고 가정

b 워런트의 시장가격 반영

시장가치'에 포함해야 한다고 생각한다. (p.295 내용 참조.) 이 방식에 따라 워런트의 시가총액을 보통주 시가총액에 더하면, 〈표 18-7〉에서 보듯이 제너럴의 1968년 실적이 크게 달라진다. 보통주의 '진정한 시장가격'은 호가의 두 배가 넘는 것으로 나온다. 따라서 1968년의 진정한 PER도 69로 두 배 넘게 증가하면서 터무니없는 수준이 된다. 이에 따라 '보통주 및 워런트 시가총액'은 4억 1,300만 달러가 되며, PBR도 3을 넘어간다.

제너럴과 비교하면 프레스토의 주가는 매우 합리적이다. 제너럴의 PER은 69인데, 프레스토의 PER은 그 10분의 1인 6.9에 불과하다. 프레스토의 재무비율은 모두 매우 만족스러우며, 특히 성장률은 믿기 어려울 정도로 높다. 그동안 프레스토는 전쟁 특수로부터 큰 혜택을 받았으므로, 전쟁 특수가 사라지면 실적이 어느 정도 둔화할 것으로 예상해야 한다는 뜻이다. 전반적으로 보면, 프레스토는 건전하고 합리적인 투자의 요건들을 모두 충족한다. 반면 제너럴은 1960년대 말 '복합기업'의 해묵은 특징들을 모두 갖추고 있다. 다양한 수단을 동원해서 거창하게 사업을 벌이지만, 내재가치는 주가에 훨씬 못 미친다는 뜻이다.

이후 진행 과정: 제너럴은 1969년에도 다각화 전략을 계속 추구했고, 이에 따라 부채도 다소 증가했다. 그러나 미니 펄스 치킨 시스템 투자에 대해 거액을 상각했다. 최종 손실은 세전 7,200만 달러, 세후로는 4,640만 달러였다. 1969년 주가는 16.5로 폭락했고, 1970년에는 9까지 내려갔다(1968년 고가 60에서 85% 하락). 1970년 희석 기준 EPS가 2.33달러라고 발표되자, 1971년에는 주가가 28.5까지 회복되었다. 프레스토는 1969년과 1970년에도 EPS가 다소 증가하여, 10년 연속 EPS 성장을 기록했다. 그런데도 1970년 폭락기에는 주가가 21.5로 하락했다. 이 주가는 흥미롭다. PER이 4 미만이며, 순유동자산가치에도 못 미치는 수준이기 때문이다. 1971년 말에는 60% 상승하여 34가 되었지만, 여전히 놀라운 주가다. 순유동자산가치가 증가했는데도 여전히 주가와 비슷한 수준이며, PER은 5.5에 불과하다. 이런 종목을 10개 찾아내서 분산 포트폴리오를 구성한다면, 틀림없이 만족스러운 실적을 거둘 수 있을 것이다.

사례 8: 와이팅과 윌콕스

•

와이팅의 정식 명칭은 'Whiting Corp.'로서, 자재 운반 관리 장비를 공급하는 회사이고, 윌콕스는 'Willcox & Gibbs'로서, 소규모 복합기업이다. 〈표 18-8A〉에서 두 회사를 비교해보면, 월스트리트가 과연 합리적인지 의심하게 된다. 윌콕스는 와이팅보다 매출과 이익이 더 적고, PBR은 두 배가 넘는데도, 시가총액은 4배나 된다. 이후 윌콕스는 특별비용 때문에 거액의 손실이 발생했다고 발표했고, 지난 13년 동안 배당도 지급하지 않았다. 반면 와이팅은 오랜 기간 만족스러운 실적을 기록했고, 1936년 이후 배당을 계속 지급했으며, 현재 배당수익률은 전체 상장기업 중 최고 수준이다. 〈표 18-8B〉에 정리한 1961-1970년 EPS 및 주가 범위를 보면, 두 회사의 실적 차이가 더 생생하게 드러난다.

18장에서는 주로 대기업들을 비교분석했는데, 위 사례는 두 중견 기업의 발전 과정을 보여준다는 점에서 흥미롭다. 와이팅은 75년 전인 1896년에 설립되어, 자재 운반 관리 장비 사업에 전념하면서 장기간 좋은 실적을 유지했다. 윌콕스는 105년 전인 1866년에 설립되어, 산업용 재봉틀 제조회사로서 장기간 탁월한 명성을 유지했다. 그러나 지난 10년 동안에는 다소 기이한 다각화 전략을 추구했다. 윌콕스는 자회사를 무려 24개 이상 확보하여 매우 다양한 제품을 생산했지만, 월스트리트 기준으로 보면 이 복합기업은 규모가 보잘 것 없이 작았다.

와이팅의 EPS 추이는 일반 기업들의 특징에 해당한다. EPS는 꾸준히 성장하여 1960년 .41달러에서 1968년 3.63달러까지 증가했다. 그러나 이런 성장세가 무한히 이어진다는 보장이 어디 있겠는가? 1971년 1월까지 12개

〈표 18-8A〉 와이팅과 윌콕스 (1969)

	와이팅	윌콕스
주가 (1969. 12. 31)	17.75	15.5
보통주 유통 수량	570,000	2,381,000
보통주 시가총액	$10,200,000	$36,900,000
부채	1,000,000	5,900,000
우선주	–	1,800,000
총자본 시가총액	11,200,000	44,600,000
BPS	25.39	3.29
매출	42,200,000(10월)	29,000,000(12월)
특별항목 반영 전 이익	1,091,000	347,000
특별항목 반영 후 이익	1,091,000	(1,639,000)
EPS, 1969	$1.91(10월)	$.08[a]
EPS, 1964	1.90(4월)	0.13
EPS, 1959	0.42(4월)	0.13
최근 배당	1.50	–
배당 계속 지급	1954년~	(1957년 이후 지급 중단)
비율 분석		
PER	9.3배	매우 높음
PBR	0.7	4.7
배당수익률	8.4%	–
매출액이익률	3.2%	0.1%[a]
ROE	7.5%	2.4%[a]
유동비율	300%	155%
운전자본/부채	900%	360%
EPS 성장률		
1964년 대비 1969년	0%	감소
1959년 대비 1969년	354%	감소

a 특별항목 반영 전

월 EPS는 1.77달러로 감소했는데, 아마도 전반적인 경기둔화 탓이었다. 그런데도 주가는 민감하게 반응하여, 1969년 종가가 1968년 고가43.5보다 60%나 하락했다. 따라서 공격적 투자자가 건전하고 매력적인 비우량종목에

〈표 18-8B〉 와이팅과 윌콕스의 EPS 및 주가 범위 (1961–1970)

연도	와이팅		윌콕스	
	EPS[a]	주가 범위	EPS	주가 범위
1970	$1.81	16.25~22.5	$0.34	4.5~18.5
1969	2.63	17.75~37	0.05	8.75~20.625
1968	3.63	28.25~43.125	0.35	8.333~20.125
1967	3.01	25~36.5	0.47	4.75~11
1966	2.49	19.25~30.25	0.41	4.75~8
1965	1.90	18~20	0.32	6.125~10.375
1964	1.53	8~14	0.20	4.5~9.5
1963	0.88	9~15	0.13	4.75~14
1962	0.46	6.5~10	0.04	8.25~19.75
1961	0.42	7.75~12.5	0.03	10.5~19.5

a 이듬해 4월 말 결산

투자하고자 한다면, 이런 종목들로 포트폴리오를 구성해야 할 것이다.

이후 진행 과정: 윌콕스는 1970년 소폭의 영업 손실을 기록했다. 그러자 주가는 4.5달러까지 폭락했다가, 1971년 2월 9.5달러로 반등했다. 이 가격이 타당한지 통계적으로 분석하기는 쉽지 않다. 와이팅은 하락률이 상대적으로 작아서, 1970년 16.75가 되었다. (이 가격은 순유동자산가치와 비슷한 수준이었다.) 1971년 7월까지 와이팅의 EPS는 1.85달러 수준으로 유지되었다. 1971년 초 주가는 24.5로 상승했다. 충분히 합리적인 수준으로 보이지만, 내 기준으로 이제는 '염가 종목'이 아니다.

종합적 견해

지금까지 비교분석에 사용된 종목들은 내가 사전 계획에 따라 선정한 것이지, 상장회사 목록에서 무작위로 추출한 것이 아니다. 또한 이들은 모두 제조회사들이며, 공익기업, 운수회사, 금융회사들은 포함되지 않았다. 하지만 이들 기업의 규모, 사업 부문, 질적/양적 특성은 매우 다양하므로, 종목 선정과 관련된 고려사항들을 파악하기에는 충분하다.

가격과 가치의 관계 역시 사례별로 매우 다르다. 성장성과 수익성이 더 높았던 기업들은 대부분 PER도 높았다. 이는 대체로 타당한 현상이다. 그러나 이러한 PER 차이가 타당한지 묻는다면, 사실을 바탕으로 확실하게 대답하기는 어렵다. 하지만 유용한 판단을 내릴 수 있는 사례도 매우 많다. 예컨대 재무구조가 건전하지 않은데도 과도하게 사업을 확장한 기업들의 사례가

〈표 18-9〉 16개 종목의 주가 등락 (주식분할 반영)

회사명	주가 범위 (1936~70년)	하락 (1961~62년)	하락 (1968~70년)
에어 프로덕츠	1.375~49	21.625~43.25	31.375~49
에어 리덕션	9.375~45.75	12~22.5	16~37
홈	0.875~72	22~44.75	51.125~72
호스피탈	0.75~47.5	5.75~11.625	26.75~47.5[a]
블록	0.25~68.5	–	37.125~68.5
블루 벨	8.75~55	16~25	26.5~44.75
플레이버스	4.75~67.5	4.5~8	44.875~66.375
하비스터	6.25~53	19.25~28.75	22~38.75
맥그로 에디슨	1.25~46.25	14~24.375[b]	21.625~44.75
맥그로-힐	0.125~56.5	9.125~21.5	10.25~54.625
제너럴	3.625~60.5	4.75~14.875[b]	9~60.5
프레스토	0.5~45	8.25~20.625	21.5~45
REI	10.5~30.25	15.25~25.125	16.375~30.25
REC	3.75~47.75	4.5~6.875	2~37.75
와이팅	2.875~43.375	6.5~12.5	16.75~43.375
윌콕스	4~20.625	8.25~19.5	4.5~20.375

a 둘 다 1970년 고가 및 저가

b 1959~1960년

거의 모두 여기에 해당한다. 이런 종목들은 본질적으로 위험한 투기주였을 뿐 아니라, 오랜 기간 명백한 고평가 상태였다. 반면 다른 종목들은 주가가 내재가치보다 낮았는데, 이른바 '투기 부족'이나 과도한 비관론 때문이었다.

〈표 18-9〉는 18장에서 다룬 종목들의 주가 등락을 정리한 자료이다. 이들 대부분은 1961-1962년과 1969-1970년에 대폭 하락했다. 주가는 장래에도 이렇게 폭락할 수 있으므로, 충분히 대비하고 있어야 한다.

〈표 18-10〉은 1958-1971년 맥그로-힐 주식의 연도별 등락을 보여준다. 지난 13년을 돌아보면, 연도별 주가 등락률은 50% 이상이었다. (제너럴은 2년마다 50% 이상 상승하거나 하락했다.)

18장 자료를 준비하려고 상장회사 목록을 조사하면서, 통상적으로 증권 분석에서 추구하는 목표가, 내가 유용하다고 여기는 목표와 매우 다르다는 생각을 또다시 하게 되었다. 대부분 애널리스트들은 실적이 개선되어 장래 주가 흐름이 가장 유망할 것으로 예상되는 종목을 선정하려고 노력한다. 그러나 솔직히 말하면, 이렇게 선정한 종목에서 만족스러운 실적이 나올지 의심스럽다. 내가 선호하는 분석 방식은, 주가가 내재가치보다 훨씬 낮다고 자신 있게 판단할 수 있는 예외적인 사례를 찾아내는 것이다. 이 분석 방식을 매우 노련하게 사용할 수 있어야 장기적으로 만족스러운 실적을 달성하게 될 것이다.

〈표 18-10〉 맥그로-힐 주식의 연도별 등락, 1958~1971년[a]

기간	상승	하락
1958~1959	39~72	
1959~1960	54~109.75	
1960~1961	21.75~43.125	
1961~1962	18.25~32.25	18.25~43.125
1963~1964	23.375~38.875	
1964~1965	28.375~61	
1965~1966	37.5~79.5	
1966~1967	54.5~112	
1967~1968		37.5~56.25
1968~1969		24~54.625
1969~1970		10~39.5
1970~1971	10~24.125	

a 주가에 주식분할은 반영되지 않음

19장

배당 정책

19장

배당 정책

1934년 이후 줄곧 나는 여러 글을 통해서 주주들이 경영진에 대해 더 현명하고 강력한 태도를 견지해야 한다고 주장했다. 훌륭한 실적을 내는 경영진에 대해서는 주주들이 후하게 대우해야 한다고 주장했다. 그러나 실적이 적정 수준에 미달하여 비효율적인 경영을 개선하거나 교체해야 한다면, 경영진에게 명확하고 충분한 설명을 요구해야 한다고 주장했다. (1) 회사의 실적이 미흡하거나, (2) 경쟁사들보다 부진하거나, (3) 실적 탓에 주가 흐름이 장기간 부진하다면, 주주들은 당연히 경영진의 능력에 의문을 제기해야 한다.

그러나 지난 36년 동안 주주들이 현명한 행동을 통해서 실제로 이룬 성과는 거의 없다. 따라서 현명한 주주 운동가라면 그동안 자신이 시간만 낭비했으며, 투쟁을 포기하는 편이 낫다고 판단할 것이다. 그런데 공교롭게도, 나의 주장은 헛되지 않았다. 이른바 기업 인수나 주식 공개 매입 등 외부 요인에 의해서 내 주장이 힘을 얻었다. 8장에서 말했듯이, 경영이 부실하면 주가도 부실해진다. 그리고 주가가 하락한 기업은 사업다각화 기업들의 관심을 끌게 된다. 지금은 사업다각화를 추구하는 기업들이 매우 많다. 그동안 사업다각화 기업들은 기존 경영진과 합의하거나, 지배주주의 지분을 인수하거나, 시장에서 주식을 매집하는 방식으로 수많은 기업을 인수했다. 이들이 인수한 가격은 경영진이 유능한 기업의 가격과 크게 다르지 않았다. 따라서 '외부인들'이 타성적인 주주들을 구제해준 사례가 많다. (이런 외부인들은 대개 독자적으로 활동하는 진취적인 개인이나 집단이다.)

거의 예외 없는 법칙이 된 사실이 있다. 부실한 경영진은 주주 대중의 행동이 아니라, 개인이나 소집단의 경영권 행사를 통해서만 교체된다는 사실이다. 요즘은 이런 교체 현상이 매우 자주 나타나고 있으므로, 영업실적이 저조해서 주가 흐름이 부진해지는 기업은 인수 표적이 될 수 있다는 사실을, 상장회사 이사회와 경영진도 잘 알고 있다. 그 결과 이사회는 유능한 경영진을 세우려고 전보다 더 열심히 노력하고 있다. 이에 따라 최근에는 경영진 교체가 전보다 훨씬 많아졌다.

그러나 경영이 부실한 기업들이 모두 곧바로 인수된 것은 아니다. 흔히 기업들은 오랜 기간 실적이 부진해도 수수방관했고, 실망한 주주들이 헐값에 주식을 던지고 떠난 뒤에야 비로소 진취적인 외부인들이 경영권을 확보한 사례가 많다. 주주 대중이 직접 나서서 경영개선 활동을 촉진할 수 있다는 생각은 매우 비현실적이므로, 여기서 더는 언급하지 않겠다. 주주총회에 몸소 참석해본 진취적인 주주들은 이미 무력감을 충분히 맛보았을 터이므로, 나의 조언이 필요하지 않을 것이다. 그리고 다른 주주들에게는 나의 조언이 십중팔구 시간낭비에 불과할 것이다. 그렇더라도 부탁하고 싶은 말이 있다. 경영개선을 원하는 동료 주주들로부터 위임장권유신고서proxy statement를 받으면, 열린 마음으로 깊은 관심을 기울여주기 바란다.

주주와 배당정책

과거에는 배당정책이 대중 주주와 경영진 사이에서 자주 논쟁거리가 되었다. 일반적으로 주주들은 배당 인상을 원한 반면, 경영진은 '자금력 확충'을 위해서 이익 유보를 선호했다. 경영진은 회사와 주주 자신의 장기 이익을 위해서 현재 이익을 희생하라고 주주들에게 요청했다. 그러나 최근 배당에 대한 투자자들의 태도가 점진적이지만 의미심장하게 바뀌고 있다. 이제 기업들은 배당을 적게 지급하는 이유가 그 돈이 필요하기 때문이라고 말하지 않는다. 대신 그 돈을 사업 확장에 사용하면, 곧바로 주주들에게 직접적인 혜택이 돌아가기 때문이라고 주장한다. 과거에 우량기업들은 이익의 60-75%를 배당으로 지급했지만, 부실한 기업들은 이익 대부분을 유보할 수밖에 없었다. 그 결과 부실기업들의 주가 흐름은 거의 예외 없이 부진했다. 그러나 요즘은 재무상태가 건전한 성장 기업들이 의도적으로 배당을 적게 지급하고 있다.

재투자 수익률이 높을 때에는 이익을 재투자해야 한다고 강하게 주장하는 사람들이 있다. 그러나 이에 대해 강하게 반박하는 사람들도 있다. 예를 들면 다음과 같다. 이익은 주주들의 몫이므로 경영에 무리가 없는 한 주주들에게 지급해야 한다. 배당소득으로 생계를 유지하는 주주가 많다. 배당으로 지급되는 이익은 주주들에게 '진짜 돈'이지만, 회사에 유보되는 이익은 나중에 어떻게 될지 모른다. 이런 반박이 매우 강해서, 주식시장은 배당이 적은 기업보다 배당이 많은 기업을 일관되게 선호했다.*

---

* 여러 분석에 의하면, 배당으로 지급된 1달러가 주가에 미치는 긍정적 영향은, 유보이익 1달러보다 4배나 크다. 1950년 이전에 오랜 기간 공익기업에서 이런 현상이 나타났다. 당시 저배당 공익기업 주는 PER이 낮았으나, 나중에 배당이 인상되자 PER도 상승했다. 1950년 이후에는 공익기업들의 배당성향이 훨씬 비슷해졌다.

최근 20년 동안에는 '재투자 이론'이 득세하고 있다. 과거 성장 실적이 좋을수록, 투자자들이 저배당 정책을 더 잘 수용하게 되었다. 그 결과 인기 성장주의 주가는 배당의 영향을 거의 받지 않는 경우가 많은 듯하다.

그 대표적인 사례가 텍사스 인스트루먼트다. 1953년 .43달러였던 EPS가 1960년 3.91달러로 증가하는 동안 회사는 배당을 전혀 지급하지 않았는데도, 보통주 가격은 5에서 256으로 폭등했다. (회사는 1962년 현금배당을 지급하기 시작했지만, 그해 EPS는 2.14달러로 떨어졌고, 주가는 49까지 폭락했다.)

또 다른 극단적 사례로 수피리어 오일Superior Oil이 있다. 1948년 이 회사가 EPS 35.26달러를 벌어 3달러를 배당으로 지급하자, 주가가 235까지 상승했다. 1953년에는 배당을 1달러로 낮췄으나, 고가 660을 기록했다. 1957년에는 배당을 전혀 지급하지 않았는데도, 주가가 2,000에 도달했다! 그러나 1962년 EPS 49.50달러를 벌어 7.50달러를 배당으로 지급하자, 795로 하락했다.

성장기업의 배당정책을 대하는 투자자들의 심리에는 도무지 일관성이 없다. 그 모순적인 태도를 보여주는 대표적인 사례가 두 거대기업 AT&T와 IBM이다. 1961년 AT&T는 PER이 25였으므로, 유망한 성장주로 간주되었다. 그런데도 사람들은 AT&T의 현금배당정책을 가장 중시했으므로, 심지어 배당 인상이 임박했다는 소문만으로도 주가가 들썩였다. 반면 IBM의 현금배당에 대해서는 사람들이 관심이 거의 없어서, 1960년 고가를 기록한 시점에는 배당수익률이 0.5%에 불과했고, 1970년 종가에는 배당수익률이 1.5%였다. (그러나 주식분할은 두 사례 모두 주가에 큰 영향을 미쳤다.)

현금배당에 대해 시장은 다음과 같이 평가하는 듯하다. 성장에 주력하지 않는 주식은 '배당주'로 분류되어, 장기적으로는 주가가 주로 배당에 좌우된다. 반면 명확하게 '성장주'로 인정받는 주식은 주로 (예컨대 향후 10년) 기대성장률로 평가받으며, 현금배당은 평가 대상에서 제외된다.

그러나 모든 주식에 이런 평가 기준이 적용되는 것은 절대 아니다. 이는 첫째, 성장주와 배당주 사이에 놓이는 주식이 많기 때문이다. 이런 주식은 성장 요소의 비중을 얼마로 보아야 할지 판단하기 어려우며, 그 판단이 해마다 근본적으로 달라질 수도 있다. 둘째, 저성장 기업에 대해 현금배당 인상을 요구하는 것은 다소 불합리해 보인다. 이들은 대부분 실적이 부진한 기업들이기 때문이다. 과거에는 기업의 실적이 더 좋아질수록, 고배당 및 배당 인상에 대한 기대도 증가했다.

주주들은 경영진에게 (예컨대 이익의 3분의 2 수준의) 정상 배당을 지급하든가, 아니면 재투자를 통해서 EPS가 충분히 증가했음을 명확하게 입증하라고 요구해야 한다. 성장주로 인정받는 기업이라면 입증하기가 어렵지 않을 것이다. 그러나 성장주가 아닌데도 배당이 적으면 주가가 저평가되기 십상이므로, 주주들은 당연히 질문하고 불평하게 된다.

재무상태가 취약해서 부채 상환과 운전자본 확충에 이익 대부분을 투입해야 하는 기업은 대개 배당에 인색하다. 이런 기업에 대해서는 주주들이 배당 인상을 요구하기 어렵다. 아마 재무 상태를 악화시킨데 대해 경영진을 비난하는 정도일 것이다. 한편, 실적이 부진한데도 사업을 확장하겠다고 발표하면서 배당을 억제하는 기업들도 있다. 이런 정책은 앞뒤가 전혀 맞지 않으므로, 확실한 근거를 제시하면서 충분히 설명해달라고 주주들이 요구해야 한다. 그동안 실적이 부진했던 기존 경영진이 주주의 돈으로 사업을 확장할 때, 그 혜택이 주주들에게 돌아갈 것이라고 기대할 이유가 없기 때문이다.

주식배당과 주식분할

주식배당과 주식분할의 본질적인 차이는 반드시 이해하고 있어야 한다. 주식분할은 주식의 표시 방식을 바꾸는 행위로서, 대개 1주를 2주나 3주로 늘려준다. 이 과정에서 증가하는 주식은 유보이익 재투자로부터 발생하는 이익과 무관하다. 주식분할을 하는 목적은 주식의 가격을 낮추려는 것이다. 투자자들은 가격이 싼 주식을 선호한다고 보기 때문이다. 주식분할 효과는 '액면가 변경'이나 '주식배당'을 통해서도 얻을 수 있다. 단, 주식배당 시에는 해당 이익잉여금이 자본금으로 전입된다.

내가 적절하다고 생각하는 주식배당이란, 비교적 단기간(예컨대 최근 2년 이내) 동안 유보이익 재투자를 통해서 얻은 이익을 주주들에게 돌려주는 주식배당이다. 관행적으로 주식배당의 가치는 발표 시점에 근사치로 평가하며, 이에 해당하는 이익잉여금을 자본금으로 전입하게 된다. 따라서 주식배당 규모는 비교적 작으며, 대부분 5%를 초과하지 않는다. 이런 주식배당 효과는 '현금배당' + '유상 증자'를 통해서도 얻을 수 있다. 공익기업들 사이에서는 이런 '현금배당' + '유상 증자'가 거의 표준 관행으로 자리 잡았지만, 세금을 고려하면 주식배당이 확실히 유리하다.

뉴욕증권거래소는 주식분할과 주식배당을 구분하는 기준을 25%로 설정했다. 즉, 규모가 25% 이상이면 주식분할로 간주되므로, 이에 상응하는 이익잉여금을 자본금으로 전입할 필요가 없다. 은행 등 일부 기업들은 여전히 제멋대로 주식배당을 결정하는 (예컨대 최근 실적과 무관하게 주식배당 10%를 결정하는) 낡은 관행을 따르고 있는데, 이는 금융계를 혼동에 빠뜨리므로 바람직하지 않다.

내가 오래 전부터 강하게 주장했듯이, 기업은 현금배당 및 주식배당 정책을 체계적으로 명확하게 밝혀야 한다. 그러면 기업은 유보이익 재투자에서 나오는 이익(일부나 전부)을 정기적으로 자본화하면서 주식배당을 지급하게 된다. 퓨렉스Purex, 가이코(Government Employees Insurance Company: GEICO) 등 몇몇 기업은 이런 정책(재투자 이익 100%를 주식배당으로 지급하는 정책)을 따르고 있다.

대부분 학계 논문들은 주식배당을 전혀 인정하지 않는 듯하다. 논문들은 주식배당이 종이쪽지에 불과해서, 주주들에게 아무런 가치가 없으며, 불필요한 비용과 불편만 유발한다고 주장한다. 그러나 나는 이런 주장이 투자의 현실과 심리를 고려하지 못한 지극히 독단적인 관점이라고 생각한다. 물론 주기적인 주식배당은 주주 지분의 '형태'만 바꿀 뿐이다. 즉, 주식배당 덕분에 보유 주식이 100주에서 105주로 증가해도, 주주 지분은 100주를 보유할 때와 전혀 달라지지 않는다. 그렇더라도 이러한 '형태' 변화가 주주에게는 실제로 매우 중요하며 유용하다. 재투자이익을 현금화하고자 하면, 그는 기존에 보유하던 주식은 내버려둔 채, 새로 받은 주식을 매도하면 된다. 새로 받은 5주를 계속 보유한다면, 이 5주에 대해서도 기존에 보유하던 주식과 똑같은 현금배당을 받게 된다고 그는 확신할 수 있다. 주식배당 덕분에 이제 현금배당 5% 증가를 기대할 수 있다는 말이다.

정기적 주식배당 정책이 주는 장점은 공익기업들의 관행과 비교하면 뚜렷이 드러난다. 관행적으로 공익기업들은 후하게 배당을 지급하고 나서, 유상증자를 통해서 이 돈 대부분을 회수해간다. 앞에서도 언급했지만, '현금배당' + '유상 증자' 대신 주식배당을 받아도, 주주들은 똑같은 효과는 얻게 된다. 단지 현금배당에 부과되는 소득세가 절감된다는 점만 다를 뿐이다. 기존 주식은 그대로 유지하면서 현금 소득을 얻고자 한다면, 공익기업 주식 신주인수권을 매도하듯이, 주식배당으로 받은 주식을 매도하면 된다.

그런데 공익기업들이 '현금배당' + '유상 증자'를 '주식배당'으로 전환하면, 막대한 소득세가 절감된다. 정부의 조세 수입이 감소하더라도, 나는 이렇게 전환해야 한다고 주장한다. 실제로 돈을 받지도 않은 주주들에게 소득세를 부과하는 것은 절대적으로 불공평하다고 믿기 때문이다.

효율적인 기업들은 보유 설비, 제품, 회계, 경영훈련 프로그램, 노사관계 등을 지속적으로 현대화한다. 이제는 주요 재무 관행 현대화를 검토할 때이며, 배당 정책도 간과할 수 없는 요소이다.

20장

투자의 핵심 개념 '안전마진'

20장

투자의 핵심 개념 '안전마진'

오랜 전설에 의하면, 현자들은 인간의 역사를 마침내 다음 한 마디로 요약했다. "이것 또한 지나가리라." 마찬가지로 내가 건전한 투자의 비밀을 한 마디로 요약한다면, 그것은 '안전마진Margin of Safety'이라는 좌우명이다. 안전마진은 지금까지 논의한 모든 투자전략을 직간접적으로 이어주는 핵심 개념이다. 지금까지 논의한 내용에서 안전마진 개념을 찾아내보자.

노련한 투자자들은 모두 알고 있듯이, 안전한 채권이나 우선주를 선정하려면 안전마진 개념이 필수적이다. 예컨대 철도채권이 투자등급 요건을 충족하려면, 이자보상비율이 장기간 5(세전 기준) 이상이어야 한다. 이렇게 회사가 과거에 이자보다 훨씬 많은 이익을 냈다면 안전마진을 갖춘 셈이며, 이 안전마진은 향후 회사의 실적이 악화하더라도 투자자의 손실이나 불안감을 덜어줄 수 있다. (안전마진은 다른 방식으로 표현할 수도 있다. 예컨대 회사의 매출이나 이익이 일정 비율 감소해도 채권 이자 지급에 지장이 없다면, 그 비율이 안전마진이다. 표현은 달라도 기본 발상은 똑같다.)

채권 투자자는 향후 회사의 실적이 과거와 똑같을 것이라고 기대하지 않는다. 만일 향후 실적이 과거와 똑같을 것이라고 확신한다면, 안전마진을 많이 요구하지도 않을 것이다. 그는 회사의 향후 실적이 과거와 크게 달라질 것인지 정밀하게 예측하려 하지도 않는다. 만일 정밀하게 예측하려면 그는 안전마진을 과거 실적으로 단순하게 산정하는 대신, 손익계산서를 면밀하게 분석해서 측정해야 할 것이다. 요컨대 안전마진이 충분하다면, 투자자는 미래 실적을 정밀하게 예측할 필요가 없다. 안전마진이 충분하다면, 향후 시장이 급변해서 회사의 실적이 과거보다 훨씬 악화되더라도 손실이 크지 않을 것이기 때문이다.

채권의 안전마진은 다른 방식으로 계산할 수도 있는데, 기업의 가치와 부채를 비교하는 방식이다. (우선주도 마찬가지다.) 기업의 가치가 3,000만 달러이고 부채가 1,000만 달러라면, 이론상으로는 기업의 가치 3분의 2가 감소하더라도 채권 투자자들은 손실을 보지 않는다. 이렇게 '쿠션'에 해당하는 여분의 가치를 추산하려면, 일정 기간의 평균 주가를 이용하면 된다. 일반적으로 평균 주가는 기업의 평균 수익력에 따라 오르내리므로, '기업 가치/부채'와 '영업이익/이자비용'(즉, 이자보상비율)은 대체로 비슷할 것이다.

'채권'에 적용되는 안전마진 개념에 대해서는 이 정도로 논의를 마무리하자. 그러면 안전마진 개념은 주식에도 적용될까? 적용된다. 그러나 다소 수정이 필요하다.

경우에 따라서는 주식도 우량 채권처럼 안전마진이 커서 안전하다고 간주할 수 있다. 예컨대 불황기에 보유 자산과 수익력을 근거로 시가총액을 초과하는 규모로 채권을 무난히 발행할 수 있는 회사라면, 이런 경우에 해당한다. 1932-1933년 불황기에 재무상태가 건전했던 기업들 다수가 그러했다. 이런 주식에 투자하면 채권과 같은 안전마진을 확보할 수 있으며, 더불어 높은 배당 소득과 자본 이득까지도 얻을 수 있다. (다만 투자자가 배당 지급을 요구할 법적 권리는 없다. 그러나 여러 장점에 비하면 이는 사소한 단점일 뿐이다.) 이런 상황에서는 주식이야말로 안전성과 수익성이 결합된 이상적인 투자 기회가 된다. 여기에 해당하는 최근 사례로는 내셔널 프레스토 인더스트리 주식을 꼽을 수 있다. 1972년 이 회사의 시가총액은 4,300만 달러였다. 그러나 세전 이익이 1,600만 달러여서, 시가총액 규모에 이르는 채권을 무난히 발행할 수 있었다.

일반적으로 주식은 예상 수익력이 당시 채권 수익률보다 훨씬 높을 때 안전마진을 확보하게 된다. 직전 개정판에서는 이 개념을 다음과 같이 설명했다.

주식의 이익수익률(주당순이익/주가)은 9%이고, 채권 수익률은 4%라고 가정하자. 이런 상황에서 주식에 투자하면 평균적으로 연 5% 초과수익이 누적된다. 이 초과수익 5% 중 일부는 배당으로 지급받게 되며, 이 돈을 소비하더라도 자신의 투자실적 계산에는 포함해야 한다. 나머지 미분배이익은 회사에 재투자된다. 그러나 이 재투자 이익에 비례해서 주가가 상승하는 사례는 많지 않다. (그래서 시장은 '재투자되는 이익'보다 '배당으로 지급되는 이익'을 고집스러울 정도로 더 높이 평가한다.) 하지만 전반적으로 보면, '재투자 이익에 의한 초과수익 증가'와 '기업가치 상승' 사이에는 밀접한 상관관계가 있다.

10년이 지나면 채권 수익률 대비 주식의 초과수익 누적액은 주식 매수가격의 50% 수준에 이를 수 있다. 이는 실제로 안전마진이 되기에 충분한 금액이어서, 상황이 나쁘지 않으면 손실이 방지되거나 최소화 될 것이다. 이런 안전마진을 갖춘 종목 20여 개로 포트폴리오를 구성한다면, 정상 상황에서는 양호한 실적을 얻을 확률이 매우 높다. 그래서 우량주 투자전략을 선택하면, 높은 통찰력이나 선견지명이 없어도 양호한 실적을 얻을 수 있다. 장기간에 걸쳐 시장 평균 가격으로 우량주를 매수하면, 장담하건대 충분한 안전마진을 확보하게 된다. 그러나 주가가 고점 수준에 도달했을 때 집중적으로 매수하거나, 수익력이 감소하기 쉬운 비우량주를 매수하면 위험하다.

1972년에는 대부분 주식의 이익수익률이 9%보다 훨씬 낮다는 사실이 모든 문제의 근원이다. 저PER 대형주에 집중 투자한다고 가정하면, 현재 PER이 12 수준이므로 이익수익률은 8.33%가 된다. 배당수익률은 약 4%이고, 재투자 이익은 4.33%가 될 수 있다. 그러면 10년 동안 누적되는 채권 수익률(1972년 약 7.2%) 대비 주식의 초과수익이 너무 적어서, 안전마진이 부족해진다. 바로 이런 까닭에 이제는 우량주에 분산투자해도 실제로 위험하다고 생각한다. 이 위험은 주가 상승 가능성에 의해 충분히 상쇄될지도 모른다. 그리고 투자자는 이 위험을 감수할 수밖에 없을 것이다. 화폐의 가치가 계속 하락하는 상황에서 채권만 보유하면, 그 위험이 더 클 수도 있기 때문이다. 그렇더라도 과거의 '저위험 고수익 기회'가 이제는 사라졌다는 사실을 투자자는 최대한 냉철하게 인식하고 수용해야 할 것이다.

그러나 투자자들에게 손실을 안겨주는 주된 위험은, 우량주를 지나치게 높은 가격에 매수할 때 발생하는 것이 아니다. 과거 오랜 경험을 돌아보면, 주된 위험은 호황기에 '비우량주'를 매수할 때 발생한다. 투자자들은 최근 실적이 좋은 회사는 '수익력'도 좋다고 보며, 번영하는 회사는 당연히 안전할 것이라고 생각한다. 하지만 호황기에는 수익률을 조금 높이거나 현혹적인 전환권을 제공하면, 비우량 채권과 우선주도 액면가 수준으로 공모할 수 있다. 이 무렵에는 무명 기업 주식들도 최근 2-3년의 탁월한 실적을 내세우면서, 유형자산가치보다 훨씬 높은 가격에 공모할 수 있다.

이런 증권들은 안전마진이 충분하다고 절대 인정할 수 없다. 채권과 우선주의 이자보상비율을 계산할 때에는, 가급적 1970-1971년 같은 불황기까지 포함해서 장기 실적을 보아야 한다. 주식의 수익력을 평가할 때에도 마찬가지다. 따라서 호황기에 높은 가격을 주고 산 종목들 대부분은 불황이 다가오는 조짐만 보여도 가격이 폭락할 수밖에 없다. 게다가 이렇게 폭락한 종목들 대부분은 언젠가 매수 가격을 회복할 것이라고 확신할 수도 없다. 처음부터 진정한 안전마진이 없는 종목들이었기 때문이다.

성장주 투자철학에는 안전마진 원칙과 비슷한 면도 있고 다른 면도 있다. 투자자들은 성장주의 미래 EPS 성장률이 과거 평균보다 계속 높을 것으로 예상한다. 따라서 이들은 안전마진을 계산할 때, 과거 실적 대신 미래 실적을 사용한다고 볼 수 있다. 이론상, 신중하게 추정한 미래 실적이 과거 실적보다 불확실하다고 볼 이유는 없다. 실제로 시장에서는 유능한 분석가들이 추정한 미래 실적을 갈수록 더 선호하는 추세이다. 그러므로 성장주 투자기법으로도 안전마진을 확실히 얻을 수 있을 것이다. 단, 보수적으로 추정한 미래 실적을 바탕으로 합리적인 가격에 매수한다면 말이다.

바로 여기에 성장주 투자의 위험이 놓여 있다. 인기 성장주의 시장가격은 ('보수적으로' 추정한 미래 실적을 바탕으로 산출한) 합리적인 가격보다 훨씬 높은 경향이 있기 때문이다. (실적을 추정할 때에는 약간이나마 낮추어 잡는 것이 신중한 투자의 기본 원칙이다.) 안전마진의 크기는 언제나 매수 가격에 좌우된다. 어떤 가격 매수하면 안전마진이 충분하지만, 그보다 높은 가격에 사면 안전마진이 작으며, 훨씬 더 높은 가격에 사면 안전마진이 전혀 없다. 이렇게 대부분 성장주의 가격 수준이 지나치게 높아서 안전마진이 충분치 않다면, 성장주에 분산투자해도 만족스러운 실적을 얻기 어려울 것이다. 이렇게 상습적으로 고평가되는 성장주의 위험을 현명한 종목 선택으로 극복하고자 한다면, 특별한 통찰력과 판단력이 필요할 것이다.

저평가 종목이나 염가 종목에 적용해보면 안전마진 개념이 훨씬 더 선명하게 드러난다. 이들의 가격은 당연히 내재가치보다 낮다. 그 차이가 바로 안전마진이다. 이 안전마진이 계산 착오나 불운 탓에 발생하는 손실을 줄여줄 수 있다. 염가 종목 투자자는 그 회사가 역경을 극복할 능력이 있는지에 관심을 집중할 뿐, 회사의 전망에 대해서는 그다지 관심이 없다. 물론 회사의 전망이 확실히 나쁘다면, 그는 가격이 아무리 싸도 사지 않을 것이다. 그러나 회사가 저평가되는 이유는 매우 다양하며, 전망이 확실히 좋거나 확실히 나쁜 회사는 많지 않다. 이런 종목들을 염가에 사면, 이들의 수익력이 다소 하락하더라도 만족스러운 실적을 얻을 수 있다. 그러면 안전마진은 제 역할을 다한 셈이다.

분산투자 이론

안전마진 개념과 분산투자 원칙은 논리적으로 밀접하게 연결되어 있다. 둘 사이에 상관관계가 있다는 말이다. 안전마진이 있는 종목에 투자해도, 개별 종목에서는 손실이 발생할 수 있다. 안전마진은 이익 가능성을 손실 가능성보다 높여줄 뿐이지, 손실을 방지해주지는 못하기 때문이다. 그러나 안전마진을 갖춘 종목의 수가 증가할수록, 이익 합계가 손실 합계를 초과할 가능성이 더 확실해진다. 이것이 바로 보험영업의 기본 원리다.

분산투자는 방어적 투자를 뒷받침하는 확고한 원칙이다. 분산투자 원칙을 전반적으로 수용하는 투자자들은, 그 동반자인 안전마진 개념도 함께 수용하는 셈이다. 룰렛의 셈법을 살펴보면 그 이유를 명확하게 이해할 수 있다. 룰렛에서는 한 숫자에 1달러를 걸었는데 그 숫자가 나오면, 35달러를 받게 된다. 그러나 그 숫자가 나올 확률은 1/37에 불과하다. 그의 안전마진은 '마이너스'라는 뜻이다. 이런 상황에서 분산투자를 하면 어리석은 짓이다. 돈을 거는 횟수가 증가할수록, 결국 그가 돈을 벌 가능성은 낮아진다. 0과 00까지 포함해서 37개 숫자에 모두 1달러씩 돈을 건다면, 그는 휠이 돌아갈 때마다 2달러씩 손실을 보게 된다. 그러나 이번에는 선택한 숫자가 나왔을 때 35달러가 아니라 39달러를 받는다고 가정해보자. 그러면 그는 작으나마 안전마진을 얻게 된다. 이제는 돈을 거는 횟수가 증가할수록, 그가 돈을 벌 가능성이 커진다. 그리고 모든 숫자에 1달러씩 건다면, 휠이 돌아갈 때마다 2달러씩 확실히 벌게 된다. (실제로 카지노에서 룰렛을 하는 손님은 카지노가 보유한 0과 00 때문에 그만큼 불리한 처지가 된다.)

투자와 투기를 구분하는 기준

•

널리 인정받는 투자의 정의가 아직 없는 탓에, 전문가들은 투자를 제멋대로 정의하는 경향이 있다. 이들은 투자와 투기를 구분하는 유용하거나 믿을 만한 기준도 없다고 주장한다. 그러나 이런 회의론은 백해무익하다. 시장에서 짜릿함을 즐기려는 대중의 타고난 투기 성향을 조장하기 때문이다. 나는 안전마진 개념이야말로 투자와 투기를 구분하는 유용한 기준이 될 수 있다고 생각한다.

아마 대부분 투기꾼들은 자신이 선택한 종목에 승산이 있다고 믿으므로, 안전마진을 확보했다고 주장할지도 모른다. 이들은 자신에게 행운이 따르거나, 자신의 기량이 대중을 능가하거나, 자신의 조언자나 시스템이 믿을 만하다고 생각한다. 그러나 이런 주장은 납득하기 어렵다. 이들의 생각은 주관적 판단일 뿐, 아무런 논리적 근거도 없다. 단순히 주가의 상승이나 하락에 돈을 걸면서도 안전마진을 확보했다는 이들의 주장은 매우 의심스럽다.

반면 앞에서 설명한 투자자의 안전마진 개념에는 통계에 기반한 단순하고도 명확한 논리적 근거가 있다. 게다가 실전 투자경험을 통해서도 충분히 입증된다. 물론 알 수 없는 미래 상황에서도 이 정량 기법에서 지속적으로 좋은 실적이 나온다는 보장은 없다. 하지만 그렇다고 비관해야 할 타당한 이유도 없다.

요컨대 진정한 투자를 하고자 한다면, 진정한 안전마진을 확보해야 한다. 진정한 안전마진이라면 숫자, 논리, 풍부한 실전 경험으로 입증할 수 있어야 한다.

투자 개념의 확장

•

안전마진에 대한 논의를 마무리하는 의미에서, 이제부터 방어적 투자와 공격적 투자를 구분해서 안전마진을 생각해보자. 방어적 투자는 일반 포트폴리오에 적합하다. 방어적 투자에 적합한 종목에는 미국 국채, 우량주가 포함되며, 높은 소득세율이 적용되는 투자자들에게 유리한 비과세 지방채도 포함된다. 그리고 현재 미국저축채권보다 수익률이 훨씬 높은 일류 회사채도 포함된다.

공격적 투자자에게 적합한 종목은 그 종류가 다양하다. 가장 다양한 유형은 저평가 비우량주로서, 가격이 내재가치의 3분의 2 이하일 때 매수하면 유리하다. 이 밖에 중간 등급 회사채와 우선주도 다양한 종목이 거래되는데, 심하게 소외되어 가격이 내재가치보다 훨씬 낮을 때 매수하기 바란다. 흔히 일반투자자들은 이런 증권을 투기 종목이라고 생각한다. 일류 등급이 아니면 투자할 가치가 없다고 보기 때문이다.

그러나 평범한 증권이더라도 충분히 낮은 가격에 매수하면 안전한 투자가 될 수 있다고 나는 주장한다. 단, 투자자가 박식하고 노련해야 하며, 적절하게 분산투자도 해야 한다. 가격이 충분히 낮아서 안전마진이 커지면, 그 증권은 투자의 요건을 충족하기 때문이다. 내가 즐겨 인용하는 사례가 부동산 담보채권이다. 1920년대에는 부동산 담보채권이 안전하다고 추천하는 전문가들이 많았으며, 수십억 달러에 이르는 부동산 담보채권이 액면가에 판매되었다. 그러나 대부분은 높은 부채비율 탓에 안전마진이 부족해서, 사실은 매우 투기적인 종목이었다. 1930년대에 불황이 닥쳐 대부분 이자를 연체하게 되자, 가격이 폭락하여 일부 종목은 10 밑으로 내려갔다. 부동산 담보채권이 액면가에 발행되던 시점에는 안전하다고 추천하던 전문가들이, 이제는 매우 투기적인 종목으로 평가하여 추천하지 않았다. 하지만 이미 가격이 약 90%나 하락했으므로, 이들 종목은 상당히 안전해져서 지극히 매력적이었다. 실제 내재가치는 시장가격의 4~5배 수준이었다.

이들 종목을 산 사람들은 실제로 이른바 '막대한 투기 이익'을 거두었다. 그러나 매우 낮은 가격에 매수했으므로, 이들 종목은 진정한 투자의 요건을 충족했다. 따라서 '투기 이익'은 매우 예리한 투자에 대한 보상이었다. 이들은 신중한 분석을 통해 (가격이 내재가치보다 훨씬 낮아) 안전마진이 크다는 사실을 발견했으므로, '투자'를 했다고 보아야 마땅하다. 결국 호황기에 이 종목을 높은 가격에 산 순진한 사람들은 심각한 손실을 보았지만, 나중에 매우 낮은 가격에 이 종목을 산 노련한 투자자들은 막대한 이익을 얻었다.

'특수 상황'은 모든 분야가 투자의 요건을 충족한다. 참여자들 모두 철저한 분석을 통해서 가격과 내재가치를 비교하기 때문이다. 물론 여기서도 개별 사례에서는 손실이 발생할 위험이 있지만, 분산투자를 통해서 그 위험을 관리할 수 있다.

극단적으로 말하면, 역사적 저가에 거래되는 '스톡옵션 워런트'로 포트폴리오를 구성해도 투자로 인정할 수 있다. (의도적으로 다소 자극적인 사례를 생각해보았다.) 이 워런트 포트폴리오의 가치는 향후 관련 주가의 등락에 좌우된다. 지금은 주가가 워런트 행사 가격보다 훨씬 낮아서 가치가 거의 없다. 그러나 모든 투자에는 합리적인 예측이 중요하므로, 향후 강세장이 시작되어 주가가 대폭 상승할 가능성을 염두에 두어야 한다. 그렇게 분석하면 이 워런트 투자는 잠재 손실보다 잠재 이익이 훨씬 크며, 최종적으로 손실 가능성보다 이익 가능성이 훨씬 높다는 결론에 도달할 수도 있다. 만일 그렇다면 심지어 이런 워런트 포트폴리오에도 안전마진이 있다는 뜻이다. 노련한 공격적 투자자라면 워런트도 자신의 공격적 투자 종목에 포함시킬 수 있다.*

요약

가장 사업처럼 하는 투자가 가장 현명한 투자다. 건전한 원칙을 지켜 성공한 유능한 사업가들이, 월스트리트에서 투자할 때에는 건전한 원칙을 완전히 무시하는 사례가 놀라울 정도로 많다. 회사가 발행한 증권은 그 회사 일부에 대한 소유권으로 보아야 한다. 증권을 매매해서 이익을 얻으려는 행위도 일종의 사업이므로, 사업을 운영하듯이 원칙을 지키면서 실행해야 한다.

그 첫 번째 원칙은 "자신이 하는 사업을 제대로 파악하는 것"이다. 사업가는 자신이 다루는 상품의 가치를 제대로 알아야 '사업 이익'을 얻을 수 있다. 마찬가지로 투자자도 증권의 가치를 제대로 알아야 이자와 배당을 초과하는 '사업 이익'을 기대할 수 있다.

두 번째 원칙은 다음 두 조건이 충족되지 않으면 사업 운영을 함부로 다

* 이 주장을 지지하는 자료로 다음을 참조하라. Paul Hallingby, Jr., "Speculative Opportunities in Stock-Purchase Warrants," Analysts' Journal, third quarter 1947.

른 사람에게 맡기지 않는 것이다. "(1) 대리인의 실적을 충분히 이해하고 감독할 수 있으며, (2) 대리인이 유능하고 정직하다고 믿을 근거가 확실해야 한다." 투자 자금을 다른 사람에게 맡길 때에도 이 두 조건이 충족되어야 한다.

세 번째 원칙은 "합당한 이익을 기대할 수 있다는 확실한 계산이 나오지 않는다면 사업을 시작해서는 안 된다는 점이다. 특히 적게 얻고 많이 잃을 위험한 사업은 멀리하라." 투자의 바탕은 막연한 낙관론이 아니라 확고한 숫자가 되어야 한다. 우량등급 채권이나 우선주에 투자하듯이 목표 수익률을 낮추고, 위험에 노출되는 원금 비중이 커지지 않도록 유의해야 한다.

네 번째 원칙은 "용기 있게 자신의 지식과 경험을 활용하라는 것이다. 내가 사실에 근거해서 결론을 내렸고, 이 판단이 건전하다고 믿는다면, 다른 사람들의 생각과 다르더라도 실행하라." (다른 사람들의 생각과 일치해야 내 판단이 옳은 것은 아니다. 내 데이터와 추론이 옳다면 내 판단이 옳은 것이다.) 투자에서는 지식과 판단력이 충분할 때에만 용기가 최고의 장점이 된다.

다행히 일반투자자도 야심을 억제하고 안전하게 방어적 투자에 머물기만 하면, 이런 자질이 부족하더라도 투자에 성공할 수 있다. 만족스러운 투자실적을 얻기는 생각만큼 어렵지 않으나, 우수한 실적을 얻기는 생각보다 어렵다.

후기

후기

나는 월스트리트에서 절친한 동업자와 함께 우리 자금과 남들의 자금을 운용하면서 인생 대부분을 보냈다. 우리가 고된 경험을 통해서 얻은 교훈은, 세상의 돈을 모두 긁어모으려고 시도하는 것보다 안전하고 신중하게 투자하는 편이 낫다는 사실이다. 우리는 다소 독특한 투자 기법을 개발했는데, 안전하면서 수익 가능성도 큰 종목을 선정하는 방식이었다. 우리는 고평가 종목을 매우 싫어했으므로, 주가가 상승해서 매력이 사라졌다고 판단되는 종목들은 신속하게 처분했다. 우리 포트폴리오는 항상 잘 분산되어 있었으므로, 보유 종목이 100개가 넘었다. 이런 방식으로 투자한 덕분에 시장이 상승하든 하락하든 우리는 오랜 기간 매우 좋은 실적을 유지했다. 수백만 달러인 우리 운용자산의 연 수익률은 평균 20% 수준이었으므로, 고객들이 매우 만족했다.

이 책의 초판이 발간되던 해에 우리는 한 성장기업의 지분 50%를 인수하라는 제안을 받았다. 어떤 이유에서인지 당시 월스트리트의 주요 기관들은 이 회사에 매력을 느끼지 못하여 인수 제안을 모두 거절했다. 그러나 우리는 이 회사의 가능성에 깊은 인상을 받았다. 결정적인 장점은 당기 이익과 자산 가치에 비해 가격이 비싸지 않다는 점이었다. 우리는 펀드 자금의 약 20%를 투입해서 이 회사 지분을 인수했다. 우리는 신생 기업의 지분을 인수한 셈이었는데, 이 회사는 번영했다.

사실은 회사의 실적이 매우 좋아서, 주가가 우리 인수 가격보다 200배 이상 상승했다. 실제 이익 성장률보다도 주가가 훨씬 가파르게 상승했으므로, 처음부터 주가가 지나치게 높아서 우리가 설정한 투자 기준을 벗어날 정도였다. 그러나 우리는 이 회사를 일종의 '가업(家業)'으로 생각했으므로, 주가가 극적으로 상승해도 계속 대부분을 보유했다. 우리 펀드 고객들도 대부분 그렇게 했으므로, 이 한 회사와 이후 설립된 자회사들 덕분에 백만장자가 되었다.

아이러니하게도 이 투자 한 건에서 얻은 이익이, 지난 20년 동안 우리가 전문 분야에서 많은 조사와 끝없는 숙고와 수많은 결정을 통해서 벌어들인 이익보다 훨씬 많았다.

이 사례가 현명한 투자자에게 주는 교훈은 무엇일까? 확실한 교훈은, 월스트리트에서 돈을 벌고 지키는 방법은 다양하다는 것이다. 또 다른 교훈은 (그다지 확실치는 않지만), 행운이나 지극히 예리한 판단 (둘을 구분할 수 있을까?) 하나가 평생의 노력보다 더 중요할 수도 있다는 점이다.* 하지만 운이나 예리한 판단 이전에, 절제력을 갖춘 유능한 사람이 되어 있어야 한다. 널리 인정받는 유명인이 되어있어야 이런 기회가 찾아오기 때문이다. 이런 기회를 잡으려

---

* 솔직하게 말하면, 이 거래는 하마터면 무산될 뻔했다. 우리는 인수 가격을 자산 가치 이내로 한정하려 했기 때문이다. 5만 달러짜리 회계 항목 하나 때문에 향후 3억 달러가 넘는 이익이 사라질 뻔했다. 우리 주장이 관철된 것은 뜻밖의 행운이었다.

면 돈, 판단력, 용기가 있어야 한다.

물론 평생 신중하고도 빈틈없이 살아가는 현명한 투자자들에게 이런 극적인 기회가 찾아온다고 장담할 수는 없다. 이 책 도입부에서 내가 조롱했던 존 라스콥의 슬로건 "모두 부자가 되어야 한다."로 이 책을 마무리할 생각은 없다. 그러나 금융계에는 흥미로운 기회가 풍부하므로, 현명하고 적극적인 투자자는 3종 서커스(동시에 세 가지 쇼를 하는 짜릿한 서커스) 같은 금융계에서 즐거움과 이익을 모두 누릴 수 있을 것이다. 장담하건대 흥미진진할 것이다.

부록

부록

1. 그레이엄-도드 마을의 탁월한 투자자들*

워런 버핏Warren E. Buffett

'가격이 가치보다 훨씬 낮아서 안전마진이 큰 종목을 찾는' 그레이엄과 도드의 증권분석 기법은 이제 낡은 기법에 불과할까요? 요즘 교과서를 집필하는 교수들은 낡은 기법이라고 말합니다. 이들은 주식시장이 효율적이라고 주장합니다. 즉, 회사의 전망과 상태에 관한 공개 정보는 주가에 이미 모두 반영되었다는 뜻입니다. 이들은 저평가 종목은 존재하지 않는다고 주장합니다. 유능한 애널리스트들이 가용 정보를 모두 이용해서 분석하므로, 주가는

* 편집자 주: 1984년 워런 버핏은 컬럼비아대학교에서 벤저민 그레이엄과 데이비드 도드David L. Dodd의 저서 《증권분석》 발간 50주년 기념 강연을 했다. 이 글은 그 강연 필기록을 편집한 자료로서, 《현명한 투자자》에 처음 소개되고 나서 널리 알려지게 되었다. 이 글에서 버핏은 그레이엄의 제자들이 그의 가치투자 기법을 이용해서 경이적으로 성공한 과정을 매우 흥미롭게 설명한다.

항상 적정 수준으로 유지된다는 의미입니다. 해마다 초과수익을 내는 투자자들은 단지 운이 좋을 뿐입니다. "주가에 가용 정보가 모두 반영되어 있다면, 초과수익 능력은 존재할 수가 없다"고 어떤 교과서 저자는 말합니다.

어쩌면 그럴지도 모르지요. 그렇더라도 해마다 S&P500 지수대비 초과수익을 낸 투자자 집단을 여러분께 소개하고자 합니다. 연속적인 초과수익이 순전히 운이라는 주장이 맞는지 분석해보는 것도 나쁘지 않겠지요. 이 분석에서 중대한 사실은, 내가 이 승자들을 모두 잘 알며, 적어도 15년 전부터 이들이 승자가 될 줄 알고 있었다는 점입니다. 만일 그렇지 않다면, 즉 오늘 강연에서 말하려고 내가 최근 수많은 기록을 뒤져서 승자 몇 사람을 선정했다면, 이 강연은 들을 가치도 없습니다. 게다가 이들의 실적은 모두 회계 감사를 통해서 확인되었습니다. 또 덧붙이자면, 이들의 펀드에 투자한 내 지인들이 그동안 받은 돈도 발표된 실적과 일치합니다.

분석을 시작하기 전에, 전국 동전 던지기 대회가 열린다고 상상해 봅시다. 미국인 2억 2,500만 명이 내일 아침 1달러를 걸고 동전 던지기를 한다고 가정해 봅시다. 이들은 모두 아침에 집 밖으로 나와서 동전의 앞면이 나올지 뒷면이 나올지 예측합니다. 이들은 예측이 적중하면 예측이 빗나간 사람들로부터 1달러를 받게 됩니다. 매일 패자들은 탈락하고, 이후에도 매일 똑같은 방식으로 대회가 진행되면서 승자들의 몫은 증가합니다. 10일이 지나면 10회 연속 예측이 적중한 미국인 약 22만 명이 나오고, 이들이 각자 번 돈은 1,000달러를 약간 웃돌 것입니다.

이제 이들은 아마 조금 우쭐대겠지요. 인간의 본성이 원래 그렇습니다. 겸손하려고 나름 노력하겠지만, 칵테일파티에서 매력적인 이성이라도 만나면 자신이 동전 던지기 대회에서 발휘한 솜씨와 놀라운 통찰력을 은근히 자랑할 것입니다.

이런 방식으로 10일이 또 지나면, 20회 연속 예측이 적중한 미국인 215명이 나오고, 이들이 각자 번 돈은 100만 달러를 약간 웃돌 것입니다. 패자들의 손실 2억 2,500만 달러가 승자들의 이익 2억 2,500만 달러가 되었습니다.

이제 이들은 정말로 실성하게 됩니다. 십중팔구 "나는 20일 동안 하루 30초 일해서 1달러를 100만 달러로 불렸다" 같은 책을 쓸 것입니다. 설상가상으로, 이들은 비행기를 타고 전국을 돌아다니면서 '효율적 동전 던지기' 세미나에 참석하여, 의심 많은 교수들에게 "동전 던지기가 정말로 효율적인 게임이라면, 어떻게 우리 같은 사람이 215명이나 나올 수 있단 말입니까?"라고 따질 것입니다.

그러나 일부 경영대학원 교수들은 십중팔구 거칠게 반박할 것입니다. 오랑우탄 2억 2,500만 마리가 동전 던지기를 해도, 마찬가지로 20회 연속 적중하고서 잘난 척하는 오랑우탄 215마리가 나온다고 말이지요.

하지만 내가 지금부터 제시하는 사례에는 중요한 차이가 있습니다. (a) 만일 오랑우탄 2억 2,500만 마리도 현재 미국인들처럼 미국 전역에 흩어져 살고, (b) 예측이 20회 연속 적중한 오랑우탄도 215마리가 나온다면, (c) 그중 40마리가 오마하 동물원에서 나온다는 사실입니다. 여러분은 틀림없이 그 원인을 조사하게 될 것입니다. 십중팔구 오마하 동물원 사육사에게 찾아가 어떤 먹이를 주는지, 특별 훈련을 시키는지, 어떤 책을 읽는지 등을 물어볼 것입니다. 즉 성공 사례가 한 지역에서 이례적으로 많이 발생하면, 그 원인이 되는 특성도 그 지역에 이례적으로 많은지 확인하고자 할 것입니다.

과학 탐구도 이런 방식으로 진행됩니다. 여러분이 예컨대 미국에서 매년 1,500건 발생하는 희귀 암의 원인을 분석 중이라고 가정합시다. 그런데 그중 400건이 몬태나 주의 작은 광산촌에서 발생했다면, 그 지역의 물, 암 환자들의 직업 등 여러 변수에 큰 관심을 갖게 됩니다. 인과관계는 알지 못하더라도, 어느 지역부터 조사해야 할지는 알 수 있습니다.

원인이 되는 변수는 지역 말고도 많습니다. 이른바 '사고 체계'도 원인이 될 수 있습니다. 투자 분야에서는 이른바 그레이엄-도드 마을이라는 자그마한 사고 체계에서 승자가 파격적으로 많이 나왔습니다. 이를 우연으로는 도저히 설명할 수 없지만, 특정 사고 체계로는 설명할 수 있습니다.

물론 경우에 따라서는 이런 승자 집중 현상이 무의미할 수도 있습니다. 예컨대 대회 참가자 중 100명이 한 리더의 예측을 모방했다고 가정합시다. 그 리더가 앞면을 예측하면, 100명도 똑같이 앞면을 예측했습니다. 그 리더가 마침내 215명에 포함되었다면, 함께 포함된 100명의 사고 체계가 똑같더라도 아무 의미가 없습니다. 그 사례 100건은 1건에 불과합니다. 비슷한 예로 미국이 매우 가부장적인 사회이고, 모든 가구가 10명으로 구성되어 있다고 가정해 봅시다. 그리고 가부장제 문화가 매우 강력해서, 대회에 참가한 가족 구성원 모두 아버지의 예측을 그대로 모방한다고 가정합시다. 이제 20일이 지나 승자 215명이 나왔다면, 실제로 이들은 21.5가구에 불과합니다. 순진한 사람들은 유전 요인이 성공에 엄청난 영향을 미쳤다고 말할지도 모르겠습니다. 그렇더라도 이 분석은 아무 의미가 없습니다. 승자가 무작위로 선발된 개인 215명 대신 21.5가구로 바뀌었을 뿐입니다.

이렇게 성공한 투자가들이 함께 따른 가부장이 바로 벤저민 그레이엄이었습니다. 그러나 이 가부장의 집에서 나온 자녀들이 투자하는 방식은 매우 달랐습니다. 이들은 다른 곳에 가서 다른 주식과 기업을 사고 팔았는데도 모두 놀라운 실적을 기록했으므로, 이를 우연이라고 말할 수는 없습니다. 이들 모두 리더의 행동을 똑같이 모방했다고 주장할 수 없다는 뜻입니다. 가부장은 단지 의사결정을 하는 사고 체계를 제시했을 뿐이고, 자녀들은 사고 체계

적용 방식을 각자 선택했습니다.

그레이엄-도드 마을 투자가들의 공통 가치 체계는, 기업의 '가치'와 시장에서 거래되는 그 기업 일부의 '가격'이 크게 다른 경우를 찾아내는 것입니다. 이들은 그 차이를 이용할 뿐, 효율적 시장 이론가들의 관심사(주식 매수에 유리한 시점이 월요일인지 금요일인지, 또는 1월인지 9월인지 등 캘린더 이상 현상)는 고려하지 않습니다. 사업가들이 기업을 인수할 때에도 거래 시점을 특정 요일이나 월로 정할까요? (그레이엄-도드 마을 투자가들도 주식이라는 유가증권을 이용해서 기업을 인수하는 셈입니다.) 기업을 인수하는 시점이 월요일이든 금요일이든 아무런 차이가 없다면, 학계에서는 왜 막대한 시간과 노력을 들여서 똑같은 기업의 일부(주식)를 매수하는 시점을 분석하는지 나는 도무지 이해할 수가 없습니다. 당연한 말이지만, 우리 그레이엄-도드 마을 투자가들은 베타[beta], 자본자산 가격 결정 모형(Capital Asset Pricing Model, CAPM), 증권 수익률의 공분산[covariance] 등에 대해 논의하지 않습니다. 이런 주제에는 관심이 없으니까요. 사실 이들 대부분은 이런 용어의 뜻조차 잘 모를 것입니다. 이들은 단지 두 가지 변수에 관심을 집중합니다. 가격과 가치입니다.

차트 분석가들의 관심사인 가격과 거래량 흐름에 대해서 수많은 연구가 이루어지는 모습을 보면 나는 항상 놀라게 됩니다. 1주 전과 2주 전에 기업의 가격이 대폭 상승했다는 이유만으로 기업을 통째로 인수하는 모습을 여러분은 상상할 수 있나요? 물론 이렇게 가격과 거래량에 대한 연구가 수없이 이루어지는 것은, 지금은 컴퓨터 시대여서 무한히 많은 데이터를 사용할 수 있기 때문입니다. 이런 연구가 꼭 유용해서가 아니라, 단지 데이터가 존재하며, 학자들은 어렵사리 데이터 분석 기술을 습득했기 때문입니다. 일단 이런 기술을 습득하고 나면, 이런 기술을 사용하지 않으면 죄를 짓는 기분일 것입니다. 쓸모가 없거나 심지어 해롭더라도 말이지요. 내 친구가 한 말인데, 망치 든 사람에게는 모든 문제가 못으로 보인답니다.

공통 가치 체계로 찾아낸 투자가들에 대해서는 연구해볼 필요가 있다고 생각합니다. 그동안 학계에서 가격, 거래량, 계절성, 자본 규모 등이 주식의 실적에 미치는 영향은 수없이 연구했지만, 성공 사례가 이례적으로 집중된 가치투자가들의 투자 기법에 대해서는 관심이 없었던 듯합니다.

먼저 1954-1956년 그레이엄-뉴먼Graham-Newman Corporation에서 함께 일했던 4명의 실적부터 분석하겠습니다. 이 4명은 수천 명 중에서 선정한 사람이 아니라, 내가 함께 일한 동료 전부입니다. 나는 그레이엄의 수업을 듣고 나서 그레이엄-뉴먼에서 무급으로 근무하겠다고 제안했지만, 그는 고평가되었다는 이유로 내 제안을 거절했습니다. 그는 가치를 엄청나게 중시했습니다! 하지만 수없이 부탁하자 마침내 나를 받아주었습니다. 이 회사의 파트너(동업자)는 3명이었으며, 나까지 포함해서 4명이 말단 직원이었습니다. 회사가 문을 닫던 1955-1957년 사이에 4명 모두 퇴직했지만, 3명의 실적은 추적할 수 있었습니다.

첫 번째 사례(〈표 1〉)는 월터 슐로스Walter Schloss의 실적입니다. 월터는 대학에 다녀본 적은 없지만, 뉴욕금융연수원New York Institute of Finance에서 그레이엄의 야간 강좌를 수강했습니다. 이 표에는 월터가 1955년 퇴직한 이후 28년 동안 달성한 실적이 나와 있습니다.

다음은 내 이야기를 듣고 나서 '아담 스미스Adam Smith'(본명은 조지 굿맨으로서, 미국의 작가 겸 경제방송 해설자)가 월터에 관해서 《슈퍼 머니Supermoney》(1972)에 쓴 글입니다.

월터는 유용한 정보를 입수할 만한 연줄이 없다. 월스트리트에는 그가 아는 사람이 거의 없어서 정보를 얻을 수가 없다. 그는 상장회사 편람에서 실적을 살펴보고 회사에 연차보고서를 보내달라고 요청한다. 그게 전부다.

워런 버핏은 슐로스에 대해 내게 이렇게 설명했다. "그는 운용자산이 남의 돈이라는 사실을 항상 명심하므로, 어떤 경우에도 손실을 피하려고 노력합니다." 그는 지극히 정직하며, 자신을 현실적으로 정확하게 파악하고 있다. 그에게는 돈도 현실이고, 주식도 현실이다. 그래서 그는 '안전 마진' 개념에 매력을 느낄 수밖에 없다.

월터는 폭넓게 분산투자하므로, 보유 종목이 100개가 훨씬 넘어갑니다. 그는 비상장회사 가치보다 훨씬 낮은 가격에 거래되는 종목을 능숙하게 찾아냅니다. 그것이 전부입니다. 그는 1월에 사야 할지, 월요일에 사야 할지 걱정하지 않으며, 선거가 있는 해인지도 따지지 않습니다. 그는 1달러짜리 기업을 40센트에 사두면 뭔가 좋은 일이 있을 거라고 소박하게 말합니다. 그는 이런 투자를 수없이 되풀이합니다. 그래서 보유 종목이 나보다 훨씬 많으며, 그 기업의 특성에 대한 관심은 훨씬 적습니다. 월터는 나로부터 영향을 많이 받지 않습니다. 이것이 그의 장점입니다. 그는 누구에게서도 큰 영향을 받지 않습니다.

두 번째 사례도 그레이엄-뉴먼에서 나와 함께 근무했던 톰 냅[Tom Knapp]입니다. 톰은 제2차 세계대전 전에 프린스턴대학교에서 화학을 전공했습니다. 전쟁에서 돌아온 그는 해변 건달이 되었습니다. 이후 그는 데이비드 도드가 컬럼비아대학교에서 투자 야간 강좌를 개설한다는 기사를 읽었습니다. 그는 비학점 과정으로 수강하고 나서 큰 흥미를 느껴, 컬럼비아 경영대학원에 입학하여 MBA 학위를 받았습니다. 그는 도드의 강좌를 다시 수강했고, 그레이엄의 강좌도 수강했습니다. 35년이 지나 관련 사실들을 확인하려고 내가 방문했을 때에도 그는 해변에 있었습니다. 유일한 차이점은 이제 그가 해변을 소유하고 있다는 사실 뿐입니다!

1968년 톰은 역시 그레이엄의 제자인 에드 앤더슨Ed Anderson을 비롯해서 뜻이 맞는 동료 한두 명과 함께 트위디, 브라운 파트너즈Tweedy, Browne Partners를 설립했습니다. 〈표 2〉에 이들의 실적이 나오는데, 매우 광범위한 분산투자로 얻은 실적입니다. 이들은 가끔 경영권을 인수하기도 했지만, 패시브 투자로도 이와 비슷한 실적을 기록했습니다.

〈표 3〉은 1957년 버핏 투자조합을 설립한 세 번째 제자의 실적입니다. 그가 내린 가장 훌륭한 결정은 1969년 투자조합 해산이었습니다. 이후에는 어떤 면에서 버크셔 해서웨이가 투자조합의 역할을 이어왔다고 볼 수 있습니다. 한 가지 지표만으로 버크셔 투자조합의 실적을 공정하게 평가하기는 어려울 것입니다. 그렇더라도 여러분이 보시기에 만족스러운 수준이라고 생각합니다.

〈표 4〉는 세쿼이아 펀드Sequoia Fund의 실적입니다. 1951년 그레이엄의 수업에서 내가 만난 빌 루안Bill Ruane이 운용하는 펀드입니다. 하버드 경영대학원을 졸업하고 나서 그는 월스트리트로 진출했습니다. 이후 그는 현실적인 교육이 필요하다고 절감하고서 그레이엄의 컬럼비아대학교 강좌에 등록해서, 1951년 초 우리가 만나게 되었습니다. 운용자산 규모는 비교적 작았지만, 1951-1970년 그의 실적은 지수를 훨씬 초과했습니다. 버핏 투자조합을 해산할 때 내가 빌에게 펀드를 설립해서 조합 동업자들을 받아달라고 부탁하자, 그는 세쿼이아 펀드를 설립했습니다. 그는 매우 불리한 시점에 펀드를 설립했습니다. 내가 투자조합을 막 해산하던 시점이었으니까요. 당시는 성장주만 상승하는 양극장세여서 가치투자자들은 실적을 내기 어려운 상황이었습니다. 다행히 조합 동업자들은 놀라울 정도로 펀드 투자를 유지했을 뿐 아니라 투자를 더 늘렸고, 결국 만족스러운 실적을 거두었습니다.

뒤늦게 결과를 보고 하는 말이 아닙니다. 빌은 당시 내가 조합 동업자들에게 추천한 유일한 인물이었으며, S&P 지수 대비 연 4% 초과수익을 달성하면 훌륭한 실적이라고 말했습니다. 그러나 운용자산 규모가 계속 증가했는데도, 빌이 달성한 초과수익은 연 4%가 훨씬 넘었습니다. 운용자산 규모가 증가하면 실적을 내기가 훨씬 어렵습니다. 규모는 실적을 붙들어 매는 닻입니다. 의심할 여지가 없습니다. 운용자산 규모가 커진다고 초과수익이 불가능한 것은 아니지만, 초과수익의 폭은 감소합니다. 만일 운용자산 규모가 미국 주식 전부에 해당하는 2조 달러라면, 초과 수익은 기대하면 안 됩니다!

게다가 지금까지 논의한 투자가들의 포트폴리오를 살펴보면, 전체 기간 동안 중복되는 종목이 거의 없었습니다. 이들 모두 가격과 가치의 차이를 보고 종목을 선정했지만, 이들이 선정한 종목은 전혀 달랐습니다. 월터가 가장 많이 보유한 종목은 허드슨 펄프 앤드 페이퍼Hudson Pulp & Paper, 제도 하이랜드 코울Jeddo Highland Coal, 뉴욕 트랩 락New York Trap Rock Company 등 신문의 경제면을 대충 훑어보기만 하는 사람도 곧바로 알 만한 대형우량주였습니다. 트위디 브라운이 선정한 종목은 인지도가 훨씬 낮은 기업들이었습니다. 반면 빌은 주로 대기업을 선정했습니다. 이들의 포트폴리오에서 중복되는 종목은 매우 적었습니다. 이들의 실적을 동전 던지기에 비유하면, 한 사람이 예측을 하고 100명이 모방을 해서 나온 실적이 아닙니다.

〈표 5〉는 하버드 법학대학원을 나와 주요 법률회사를 설립한 내 친구의 실적입니다. 나는 1960년 우연히 그를 만났을 때, 변호사는 취미삼아 하면서 더 나은 일을 해보라고 권유했습니다. 그도 투자조합을 설립했는데, 운용스타일이 월터와 정반대였습니다. 그의 포트폴리오는 소수 종목에 집중되어 있어서 실적 변동성이 훨씬 컸지만, 역시 내재가치보다 주가가 낮은 종목으로 구성되어 있었습니다. 실적에도 드러나듯이, 그는 커다란 실적 변동성을

기꺼이 수용하므로, 집중투자에 적합한 기질이었습니다. 이것이 오래전부터 버크셔를 함께 운영한 내 동업자 찰리 멍거Charlie Munger의 실적입니다. 그러나 그가 운용하던 투자조합 포트폴리오의 보유 종목은, 나는 물론 앞에서 언급한 투자자들의 종목과도 완전히 달랐습니다.

〈표 6〉은 USC에서 수학을 전공한 찰리 멍거 친구의 실적인데, 그도 경영대학원 출신이 아닙니다. 그는 졸업 후 IBM에 입사해서 한동안 IBM 세일즈맨으로 활동했습니다. 나는 찰리에게 영향을 주었고, 찰리는 그에게 영향을 주었습니다. 이것이 릭 게린Rick Guerin의 실적입니다. 1965-1983년 동안 S&P500의 총수익률은 316%였지만, 그가 기록한 총수익률은 2만 2,200%였습니다. 그는 경영대학원 출신이 아니라 수학 전공자이므로, 아마 두 실적의 차이가 통계적으로 유의하다고 표현하겠지요.

이 무렵 우연히 알게 된 사실이 있습니다. 놀랍게도 사람들은 1달러짜리 지폐를 40센트에 사는 개념을 즉시 이해하거나 전혀 이해하지 못하거나, 둘 중 하나였습니다. 일종의 면역인 셈입니다. 이 개념을 즉시 이해하지 못하는 사람은 오랜 기간 설명해주고 실적을 보여주어도 전혀 달라지지 않습니다. 이 단순한 개념을 도저히 받아들이지 못하는 듯합니다. 릭 게린 같은 친구는 경영학을 정식으로 배우지 않았는데도, 가치투자 기법을 곧바로 이해하고서 5분 만에 적용했습니다. 10년에 걸쳐 가치투자 기법으로 서서히 전향한 사람을 나는 한 번도 본 적이 없습니다. 이는 IQ나 학교 교육의 문제가 아닌 듯합니다. 곧바로 인식하지 못하는 사람은 영영 인식하지 못합니다.

〈표 7〉은 스탠 펄미터Stan Perlmeter의 실적입니다. 펄미터는 미시간대학에서 인문학을 전공했으며, 광고 대행사 보젤 앤드 제이콥스Bozell & Jacobs의 파트너였습니다. 우리는 우연히도 오마하의 같은 건물에서 근무했습니다. 1965년 그는 자신이 하는 사업보다 내가 하는 사업이 낫다는 사실을 파악하고서 광

고업계를 떠났습니다. 펄미터 역시 5분 만에 가치투자 기법을 이해했습니다.

펄미터가 보유한 종목은 월터 슐로스의 종목과 겹치지 않습니다. 빌 루안의 종목과도 겹치지 않습니다. 이들의 실적은 각자 독립적으로 달성한 실적입니다. 그러나 펄미터 역시 종목을 선정할 때에는 항상 내재가치보다 주가가 낮은 종목을 고릅니다. 이것이 그가 고려하는 유일한 기준입니다. 그는 분기 실적 예측도 살펴보지 않고, 이듬해 실적 예측도 살펴보지 않습니다. 그는 그날이 무슨 요일인지도 생각하지 않고, 어느 리서치센터에서 무슨 말을 하든지 관심이 없으며, 가격 모멘텀, 거래량 등에도 흥미가 없습니다. 그가 던지는 질문은 오로지 "이 회사의 가치는 얼마인가?"입니다.

〈표 8〉과 〈표 9〉는 내가 관여하고 있는 두 연금 기금의 실적입니다. 내가 관여하는 연금 기금은 이 둘 뿐이므로, 수십 개 연금 기금 중에서 선정한 것이 아닙니다. 둘 다 가치투자 운용사에 자산을 맡기도록 내가 유도했습니다. 가치투자 관점으로 자산을 운용하는 연금 기금은 극소수에 불과합니다. 〈표 8〉은 워싱턴 포스트Washington Post Company의 연금 기금입니다. 전에는 대형 은행에 운용자산을 맡겼지만, 가치투자 운용사에 맡기는 편이 낫다고 내가 제안했습니다.

보시다시피, 운용사를 교체한 이후 종합 실적이 줄곧 상위 1%를 유지하고 있습니다. 워싱턴 포스트는 운용자산의 25% 이상을 채권으로 보유하라고 세 운용사에 지시했는데, 운용사가 좋아하는 배분 방식은 아니었습니다. 이들은 채권운용 전문 기관이 아니므로, 이들의 채권운용 실적도 전체 실적 평가에 포함했습니다. 운용자산의 25% 이상을 비전문 분야에 배분하는 불이익을 당했는데도, 이들의 운용 실적은 상위 1%를 유지했습니다. 워싱턴 포스트가 가치투자 운용사들을 이용한 기간이 매우 길지는 않지만, 세 운용사의 실적이 주는 의미는 많습니다.

〈표 9〉는 FMC(FMC Corporation) 펀드의 실적입니다. 나는 이 연금 기금의 자금을 단 한푼도 운용하지 않았습니다. 다만 1974년, 가치투자 운용사를 선정하라고 조언했을 뿐입니다. 그 이전에는 이 기금도 대부분 대기업들과 거의 같은 방식으로 운용사를 선정했습니다. 베커Becker의 조사에 의하면, 이 기금은 가치투자 운용사로 교체한 이후 규모가 비슷한 기금 중에서 1위를 기록하고 있습니다. 작년에는 이 기금이 자산을 맡긴 운용사 중 운용 기간이 1년을 초과하는 운용사가 8개였는데, 이들 중 7개의 누적 실적이 S&P보다 좋았습니다. 작년 1년 실적은 8개 모두 S&P보다 좋았습니다. 이 기간 중간 실적 대비 FMC가 실제로 달성한 초과실적은 2억 4,300만 달러였습니다. FMC는 이 실적이 운용사를 선정한 사고방식 덕분이라고 봅니다. 내가 선정한다면 운용사가 달라질 수도 있겠지만, 그래도 이들의 공통점은 가치를 기준으로 종목을 선정하는 운용사가 될 것입니다.

지금까지 그레이엄-도드 마을 출신들의 '동전 던지기' 실적 9건을 살펴보았습니다. 이들은 뒤늦게 실적을 확인하고서 수천 명 중에서 내가 선정한 사람들이 아닙니다. 내가 일면식도 없는 복권 당첨자 명단을 발표하는 방식이 아니라는 뜻입니다. 이들은 오래전 내가 의사결정 체계를 근거로 선정한 사람들입니다. 나는 이들이 어떤 교육을 받았는지 뿐만 아니라 이들의 지능, 성격, 기질까지도 알고 있었습니다. 이들이 떠안은 위험이 평균보다 훨씬 작았다는 점도 매우 중요합니다. 시장이 전반적으로 약했던 기간에 이들의 실적을 보면 알 수 있습니다. 이들의 스타일은 서로 매우 다르지만, 모두 마음속으로는 '주식이 아니라 기업을 산다'고 항상 생각합니다. 이들 중에는 가끔 기업을 통째로 사는 사람도 있습니다. 그러나 기업의 일부를 살 때가 훨씬 많습니다. 하지만 기업을 통째로 사든 일부만 사든, 이들의 사고방식은 똑같습니다. 어떤 사람은 보유 종목이 수십 개이고, 또 어떤 사람은 소수 종목에 집중 투자합니다. 하지만 모두 기업의 내재가치와 시장가격의 차이를 이용합니다.

나는 시장이 매우 비효율적이라고 확신합니다. 이 그레이엄-도드 마을 투자가들은 내재가치와 시장가격의 차이를 훌륭하게 이용했습니다. 매우 감정적이거나, 탐욕스럽거나, 우울한 월스트리트 군중의 영향을 받아 주가에 안전마진이 발생한다면, 시장가격이 항상 합리적이라고 주장하기는 어렵습니다. 실제로 시장가격은 터무니없을 때가 많습니다.

위험과 보상에 관해서 중요한 사실이 하나 있습니다. 간혹 위험과 보상 사이에는 양의 상관관계가 존재합니다. 누군가 내게 다음과 같이 말한다고 가정합시다. "이 6연발 권총에는 총알이 한 발 들어 있다네. 실린더를 회전시킨 다음, 총구를 머리에 대고 방아쇠를 한 번 당겨보게. 생존한다면 자네에게 100만 달러를 주겠네." 나는 거절할 것입니다. 아마 100만 달러로는 부족하다고 말하겠지요. 그러면 방아쇠를 두 번 당기면 500만 달러를 주겠다고 제안할지도 모르지요. 이제 위험과 보상 사이에 양의 상관관계가 성립하게 되었습니다.

그러나 가치투자에서는 정반대 현상이 나타납니다. 1달러짜리 지폐를 60센트에 사는 경우와 40센트에 사는 경우를 비교하면, 40센트에 살 때 위험이 더 작은데도 기대 보상은 더 커집니다. 가치투자 포트폴리오에서는 기대 보상이 더 커질수록 위험은 더 작아집니다.

간단한 사례를 하나 소개하겠습니다. 1973년에는 워싱턴 포스트의 시가총액이 8,000만 달러였습니다. 당시 워싱턴 포스트는 보유 자산을 누구에게 매각해도 4억 달러 이상은 너끈히 받을 수 있었습니다. 보유 자산으로는《워싱턴 포스트The Washington Post》,《뉴스위크Newsweek》, 그리고 주요 시장에 자리 잡은 방송국 여러 개가 있었습니다. 지금은 이 자산의 가치가 20억 달러이므로, 당시 누군가 4억 달러에 샀더라도 무모한 짓은 아니었습니다.

만일 주가가 더 하락해서 시가총액이 8,000만 달러가 아니라 4,000만 달러가 되었다면, 베타는 더 커졌을 것입니다. 따라서 베타로 위험을 평가하는 사람들은, 가격이 더 싸졌으므로 더 위험해졌다고 생각했을 것입니다. 정말이지 '이상한 나라의 앨리스'가 따로 없습니다. 4억 달러짜리 자산을 8,000만 달러에 살 때보다 4,000만 달러에 살 때 더 위험한 이유를 나는 도무지 이해할 수가 없습니다. 기업의 가치를 잘 아는 사람이 이런 종목으로 포트폴리오를 구성한다면, 즉 4,000만 달러짜리 종목 10개를 각각 800만 달러에 산다면, 4억 달러짜리 자산을 8,000만 달러에 사는 것은 본질적으로 위험하지 않습니다. 여러분은 자산의 가치가 4억 달러인지 확인해보지 않았으므로, 거래 상대가 유능하고 정직한 사람인지 알고 싶을 것입니다. 그것은 어렵지 않습니다.

기업의 가치를 개략적으로나마 추정하려면 지식을 갖추어야 합니다. 그러나 졸속이어서는 곤란합니다. 그래서 벤저민 그레이엄은 안전마진을 확보하라고 말했습니다. 8,300만 달러짜리 기업을 8,000만 달러에 사는 식이면 안 됩니다. 안전마진을 충분히 확보해야 합니다. 하중 3만 파운드(15톤)를 견디는 교량이라면, 통과하는 트럭의 중량은 1만 파운드(5톤) 미만이어야 합니다. 투자에도 똑같은 원칙이 적용됩니다.

끝으로, 여러분 중 계산이 빠른 분들은 내가 왜 이런 이야기를 하는지 궁금할 것입니다. 가치투자로 전향하는 사람들이 많아지면 필연적으로 가치와 가격의 차이가 줄어들 텐데 말이지요. 그러나 이 비밀은 벤저민 그레이엄과 데이비드 도드가《증권분석》을 출간하면서 세상에 공개되었고, 이미 50년이나 흘렀습니다. 내가 가치투자를 실천한 35년 동안, 나는 가치투자가 유행하는 모습을 한 번도 본 적이 없습니다. 사람들에게는 쉬운 일을 어렵게 만들고 싶어 하는 다소 삐딱한 심리가 있는 듯합니다. 실제로 지난 30년 동안 학계에서는 가치투자 교육이 퇴보했습니다. 배들이 세계 일주를 하는 시대에도 '평평한 지구 위원회'는 번창하고 있습니다. 앞으로도 시장에서 가치와 가격의 차이는 계속 벌어질 것이며, 그레이엄과 도드의 책을 읽는 사람들은 계속 성공할 것입니다.

〈표 1〉 월터 슐로스Walter Schloss

연도	S&P (배당 포함)	투자자 (보수 차감 후)	투자조합 (보수 차감 전)
1956	7.5%	5.1%	6.8%
1957	−10.5	−4.7	−4.7
1958	42.1	42.1	54.6
1959	12.7	17.5	23.3
1960	−1.6	7.0	9.3
1961	26.4	21.6	28.8
1962	−10.2	8.3	11.1
1963	23.3	15.1	20.1
1964	16.5	17.1	22.8
1965	13.1	26.8	35.7
1966	−10.4	0.5	0.7
1967	26.8	25.8	34.4
1968	10.6	26.6	35.5
1969	−7.5	−9.0	−9.0
1970	2.4	−8.2	−8.2
1971	14.9	25.5	28.3
1972	19.8	11.6	15.5
1973	−14.8	−8.0	−8.0
1974	−26.6	−6.2	−6.2
1975	36.9	42.7	52.2
1976	22.4	29.4	39.2
1977	−8.6	25.8	34.4
1978	7.0	36.6	48.8
1979	17.6	29.8	39.7
1980	32.1	23.3	31.1
1981	6.7	18.4	24.5
1982	20.2	24.1	32.1
1983	22.8	38.4	51.2
1984 1분기	2.3	0.8	1.1

S&P의 28.25년 누적 수익률	887.2%
월터 슐로스 투자조합 투자자들의 28.25년 누적 수익률(운용보수 차감 후)	6,678.8%
월터 슐로스 투자조합의 28.25년 누적 수익률(운용보수 차감 전)	23,104.7%
S&P의 28.25년 연 수익률	8.4%
월터 슐로스 투자조합 투자자들의 28.25년 연 수익률(운용보수 차감 후)	16.1%
월터 슐로스 투자조합의 28.25년 연 수익률(운용보수 차감 전)	21.3%

투자조합이 운용 기간 중 보유했던 종목은 800개가 넘으며, 대부분 기간에 보유한 종목은 100개 이상이었다. 현재 운용자산 규모는 약 4,500만 달러다. 투자자 수익률과 투자조합 수익률의 차이는 운용 보수 때문에 발생한다.

〈표 2〉 트위디, 브라운Tweedy, Browne Inc: TBK

연도(9월 결산)	다우지수 (배당 포함)	S&P500 (배당 포함)	투자자 (보수 차감 후)	투자조합 (보수 차감 전)
1968(9개월)	6.0%	8.8%	22.0%	27.6%
1969	−9.5	−6.2	10.0	12.7
1970	−2.5	−6.1	−1.9	−1.3
1971	20.7	20.4	16.1	20.9
1972	11.0	15.5	11.8	14.6
1973	2.9	1.0	7.5	8.3
1974	−31.8	−38.1	1.5	1.5
1975	36.9	37.8	22.0	28.8
1976	29.6	30.1	32.8	40.2
1977	−9.9	−4.0	18.7	23.4
1978	8.3	11.9	32.1	41.0
1979	7.9	12.7	20.5	25.5
1980	13.0	21.1	17.3	21.4
1981	−3.3	2.7	11.6	14.4
1982	12.5	10.1	8.2	10.2
1983	44.5	44.3	28.2	35.0
총수익률				
15.75년	191.8%	238.5%	936.4%	1,661.2%
S&P의 15.75년 연 수익률				7.0%
TBK 투자조합 투자자들의 15.75년 연 수익률(운용보수 차감 후)				16.0%
TBK 투자조합의 15.75년 연 수익률(운용보수 차감 전)				20.0%

〈표 3〉 버핏 투자조합Buffett Partnership, Ltd.

연도	다우지수 (배당 포함)	투자자 (보수 차감 후)	투자조합 (보수 차감 전)
1957	−8.4%	9.3%	10.4%
1958	38.5	32.2	40.9
1959	20.0	20.9	25.9
1960	−6.2	18.6	22.8
1961	22.4	35.9	45.9
1962	−7.6	11.9	13.9
1963	20.6	30.5	38.7
1964	18.7	22.3	27.8
1965	14.2	36.9	47.2
1966	−15.6	16.8	20.4
1967	19.0	28.4	35.9
1968	7.7	45.6	58.8
1969	−11.6	6.6	6.8
누적 수익률			
1957	−8.4%	9.3%	10.4%
1957~1958	26.9	44.5	55.6
1957~1959	52.3	74.7	95.9
1957~1960	42.9	107.2	140.6
1957~1961	74.9	181.6	251.0
1957~1962	61.6	215.1	299.8
1957~1963	94.9	311.2	454.5
1957~1964	131.3	402.9	608.7
1957~1965	164.1	588.5	943.2
1957~1966	122.9	704.2	1156.0
1957~1967	165.3	932.6	1606.9
1957~1968	185.7	1403.5	2610.6
1957~1969	152.6	1502.7	2794.9
연 수익률	7.4%	23.8%	29.5%

〈표 4〉 세쿼이아 펀드Sequoia Fund, Inc.

연도	연수익률(%)[a]	
	S&P500[b](배당 재투자)	투자조합(배당 재투자)
1970(7/15부터)	20.6%	12.1%
1971	14.3	13.5
1972	18.9	3.7
1973	−14.8	−24.0
1974	−26.4	−15.7
1975	37.2	60.5
1976	23.6	72.3
1977	−7.4	19.9
1978	6.4	23.9
1979	18.2	12.1
1980	32.3	12.6
1981	−5.0	21.5
1982	21.4	31.2
1983	22.4	27.3
1984(1분기)	−2.4	−1.6
누적 수익률	270.0%	775.3%
연 수익률(보수 차감 후)	10.0%	17.2%
운용보수 추가		1.0%
연 수익률(보수 차감 전)	10.0%	18.2%

a 표 1의 숫자와 약간 다른 것은 배당 재투자 계산 차이 때문이다.

b 세쿼이아 펀드도 배당 재투자 가정

〈표 5〉 찰리 멍거Charlie Munger

연도	Mass. Inv. Trust	Investors Stock	Lehman	Tri-Cont	다우 지수	투자자	투자 조합
연간 수익률							
1962	−9.8%	−13.4%	−14.4%	−12.2%	−7.6%	20.1%	30.1%
1963	20.0	16.5	23.8	20.3	20.6	47.8	71.7
1964	15.9	14.3	13.6	13.3	18.7	33.1	49.7
1965	10.2	9.8	19.0	10.7	14.2	6.0	8.4
1966	−7.7	−9.9	−2.6	−6.9	−15.7	8.3	12.4
1967	20.0	22.8	28.0	25.4	19.0	37.5	56.2
1968	10.3	8.1	6.7	6.8	7.7	27.0	40.4
1969	−4.8	−7.9	−1.9	0.1	−11.6	21.3	28.3
1970	0.6	−4.1	−7.2	−1.0	8.7	−0.1	−0.1
1971	9.0	16.8	26.6	22.4	9.8	20.6	25.4
1972	11.0	15.2	23.7	21.4	18.2	7.3	8.3
1973	−12.5	−17.6	−14.3	−21.3	−23.1	−31.9	−31.9
1974	−25.5	−25.6	−30.3	−27.6	−13.1	−31.5	−31.5
1975	32.9	33.3	30.8	35.4	44.4	73.2	73.2
누적수익률							
1962	−9.8	−13.4	−14.4	−12.2	−7.6	20.1	30.1
1962~63	8.2	0.9	6.0	5.6	11.5	77.5	123.4
1962~64	25.4	15.3	20.4	19.6	32.4	136.3	234.4
1962~65	38.2	26.6	43.3	32.4	51.2	150.5	262.5
1962~66	27.5	14.1	39.5	23.2	27.5	171.3	307.5
1962~67	53.0	40.1	78.5	54.5	51.8	273.0	536.5
1962~68	68.8	51.4	90.5	65.0	63.5	373.7	793.6
1962~69	60.7	39.4	86.9	65.2	44.5	474.6	1046.5
1962~70	61.7	33.7	73.4	63.5	57.1	474.0	1045.4
1962~71	76.3	56.2	119.5	100.1	72.5	592.2	1336.3
1962~72	95.7	79.9	171.5	142.9	103.9	642.7	1455.5
1962~73	71.2	48.2	132.7	91.2	77.2	405.8	959.3
1962~74	27.5	40.3	62.2	38.4	36.3	246.5	625.6
1962~75	69.4	47.0	112.2	87.4	96.8	500.1	1156.7
연 수익률	3.8%	2.8%	5.5%	4.6%	5.0%	13.7%	19.8%

〈표 6〉 릭 게린Rick Guerin

연도	S&P500(배당 포함)	투자자(보수 차감 후)	투자조합(보수 차감 전)
1965	12.4%	21.2%	32.0%
1966	−10.1	24.5	36.7
1967	23.9	120.1	180.1
1968	11.0	114.6	171.9
1969	−8.4	64.7	97.1
1970	3.9	−7.2	−7.2
1971	14.6	10.9	16.4
1972	18.9	12.8	17.1
1973	−14.8	−42.1	−42.1
1974	−26.4	−34.4	−34.4
1975	37.2	23.4	31.2
1976	23.6	127.8	127.8
1977	−7.4	20.3	27.1
1978	6.4	28.4	37.9
1979	18.2	36.1	48.2
1980	32.3	18.1	24.1
1981	−5.0	6.0	8.0
1982	21.4	24.0	32.0
1983	22.4	18.6	24.8
S&P의 19년 누적 수익률			316.4%
투자자들의 19년 누적 수익률(운용보수 차감 후)			5,530.2%
투자조합의 19년 누적 수익률(운용보수 차감 전)			22,200.0%
S&P의 19년 연 수익률			7.8%
투자자들의 19년 연 수익률(운용보수 차감 후)			23.6%
투자조합의 19년 연 수익률(운용보수 차감 전)			32.9%

〈표 7〉 펄미터 인베스트먼츠Perlmeter Investments

연도	투자자(보수 차감 후)	투자조합(보수 차감 전)
1965. 8~12월	32.5%	40.6%
1966	5.1	6.4
1967	58.8	73.5
1968	52.0	65.0
1969	−13.8	−13.8
1970	−6.0	−6.0
1971	49.3	55.7
1972	18.9	23.6
1973	−28.1	−28.1
1974	−12.0	−12.0
1975	38.5	38.5
1976. 1~10월	34.5	38.2
76.11~77.10	25.5	30.3
77.11~78.10	26.6	31.8
78.11~79.10	28.9	34.7
79.11~80.10	34.7	41.8
80.11~81.10	3.3	4.0
81.11~82.10	25.4	29.8
82.11~83.10	18.4	22.2
투자자들의 1965.8-1983.10 누적 수익률(운용보수 차감 후)		2,309.5%
투자조합의 1965.8-1983.10 누적 수익률(운용보수 차감 전)		4,277.2%
투자자들의 연 수익률(운용보수 차감 후)		19.0%
투자조합의 연 수익률(운용보수 차감 전)		23.0%
1965. 7.31. 다우지수		882
1983.10.31. 다우지수		1,225
다우지수의 연 수익률(배당 포함)		7%

〈표 8〉 워싱턴 포스트The Washington Post Company, 위탁운용(1983.12.31.)

	최근 분기		1년		2년		3년		5년	
	연 수익률	순위%*	연 수익률	순위%	연 수익률	순위%	연 수익률	순위%	연 수익률	순위%
전체 자산										
운용사 A	4.1%	2%	22.5%	10%	20.6%	40%	18.0%	10%	20.2%	3%
운용사 B	3.2	4	34.1	1	33.0	1	28.2	1	22.6	1
운용사 C	5.4	1	22.2	11	28.4	3	24.5	1	–	–
위탁운용 종합	3.9	1	28.1	1	28.2	1	24.3	1	21.8	1
주식										
운용사 A	5.2	1	32.1	9	26.1	27	21.2	11	26.5	7
운용사 B	3.6	5	52.9	1	46.2	1	37.8	1	29.3	3
운용사 C	6.2	1	29.3	14	30.8	10	29.3	3	–	–
위탁운용 종합	4.7	1	41.2	1	37.0	1	30.4	1	27.6	1
채권										
운용사 A	2.7	8	17.0	1	26.6	1	19.0	1	12.2	2
운용사 B	1.6	46	7.6	48	18.3	53	12.7	84	7.4	86
운용사 C	3.2	4	10.4	9	24.0	3	18.9	1	–	–
위탁운용 종합	2.2	11	9.7	14	21.1	14	15.2	24	9.3	30
채권 및 현금성 자산										
운용사 A	2.5	15	12.0	5	16.1	64	15.5	21	12.9	9
운용사 B	2.1	28	9.2	29	17.1	47	14.7	41	10.8	44
운용사 C	3.1	6	10.2	17	22.0	2	21.6	1	–	–
위탁운용 종합	2.4	14	10.2	17	17.8	20	16.2	2	12.5	9

* 순위는 백분위수를 의미한다. 1=최고의 성과, 100=최악의 성과

〈표 9〉 FMC 연금 기금, 연 수익률(%)

	1년	2년	3년	4년	5년	6년	7년	8년	9년
FMC(주식 + 채권)									
1983	23.0								17.1[a]
1982	22.8	13.6	16.0	16.6	15.5	12.3	13.9	16.3	
1981	5.4	13.0	15.3	13.8	10.5	12.6	15.4		
1980	21.0	19.7	16.8	11.7	14.0	17.3			
1979	18.4	14.7	8.7	12.3	16.5				
1978	11.2	4.2	10.4	16.1					
1977	−2.3	9.8	17.8						
1976	23.8	29.3							
1975	35.0								
베커 대형기금									
1983	15.6								12.6
1982	21.4	11.2	13.9	13.9	12.5	9.7	10.9	12.3	
1981	1.2	10.8	11.9	10.3	7.7	8.9	10.9		
1980	20.9	–	–	–	10.8	–			
1979	13.7	–	–	–	11.1				
1978	6.5	–	–	–					
1977	−3.3	–	–						
1976	17.0	–							
1975	24.1								
S&P500									
1983	22.8								15.6
1982	21.5	7.3	15.1	16.0	14.0	10.2	12.0	14.9	
1981	−5.0	12.0	14.2	12.2	8.1	10.5	14.0		
1980	32.5	25.3	18.7	11.7	14.0	17.5			
1979	18.6	12.4	5.5	9.8	14.8				
1978	6.6	−0.8	6.8	13.7					
1977	7.7	6.9	16.1						
1976	23.7	30.3							
1975	37.2								

a 보통주만 하면 18.5다.

2. 증권투자소득 관련 주요 과세 규정(1972)*

•

규정 1 - 이자 및 배당

이자 및 배당은 다음을 제외하고 경상소득으로 과세된다. (1) 주(州), 지방자치단체, 기타 유사 기관의 채권에 투자해서 받은 이자는 연방소득세는 면제되지만 주(州)세는 부과될 수 있다. (2) 자본의 반환에 해당하는 배당, (3) 투자회사가 지급한 특정 배당(아래 참조), (4) 미국 기업이 지급한 보통배당ordinary dividend 중 100달러 이내의 금액.

규정 2 - 자본손익

단기자본손실과 단기자본이익을 합산하여 단기순자본손익을 산출한다. 장기자본손실과 장기자본이익을 합산하여 장기순자본손익을 산출한다. 단기자본순이익이 장기자본순손실을 초과하면, 그 초과액의 100%가 소득에 산입된다. 이 소득에 대한 최고세율이 5만 달러까지는 25%이고, 5만 달러 초과분은 35%이다.

순자본손실(자본이익을 초과하는 금액)은 금년과 이후 5년 동안 매년 최대 1,000달러까지 경상소득에서 공제 가능하다. 그 대신 이연손실unused loss을 언제든 자본이득과 상계할 수도 있다. (1970년 이전에 발생한 이연손실은 더 재량껏 처리할 수 있다.)

주: '적격투자회사'

대부분 펀드('투자회사')는 동업자들에게 세금 혜택을 제공하는 과세특례를

* 과세 규정은 2003년에 일부 개정되었다.(편집자주)

이용한다. 따라서 펀드는 장기자본이익이 발생하면 이를 '자본이득배당'으로 분배할 수 있고, 주주들 역시 이를 장기자본이익으로 납세 신고할 수 있다. 장기자본이익에는 보통배당보다 낮은 세율이 적용된다. 아니면 펀드는 자본이득배당으로 분배하는 대신, 주주 계좌로 세금 25%를 납부하고 나머지 금액을 유보할 수도 있다.

3. 주식 투기의 새로운 양상*

•

나는 월스트리트에서 오랜 세월을 보내면서 다양한 경험을 했습니다. 그 경험 중에는 그 가치가 의심스러운 새로운 상황이나 분위기도 다수 있었습니다. 경제학, 재무학, 증권분석이 기타 실용학문들과 다른 점 하나는, 과거에 나타난 현상이 현재와 미래를 안내하는 지침으로서 타당한지가 불확실하다는 점입니다. 그렇더라도 과거 현상이 주는 교훈을 우리가 함부로 거부해서는 안 됩니다. 적어도 분석하고 이해하기 전에는 말이지요. 오늘 내 연설은 과거 특정 분야에서 나타난 현상을 이해해보고자 하는 시도입니다. 특히 주식 투자와 투기를 대하는 과거의 태도와 현재의 태도를 비교분석해보려고 합니다.

먼저 내 주장을 요약하겠습니다. 과거에는 주식의 투기 요소가 거의 모두 회사에 내재되어 있었습니다. 사업의 불확실성, 온갖 변동 요소들, 산업의 취약성, 각 기업의 설립과정 등에 있었습니다. 물론 이런 투기 요소들은 지금도 여전히 존재하지만, 이제부터 언급할 장기 흐름에 의해 현저하게 감소했습

* 1958년 5월 미국재무분석사협회National Federation of Financial Analysts Societies 연례 회의에서 벤저민 그레이엄이 한 연설.

니다. 대신 주요 투기 요소가 회사 외부에서 주식으로 주입되었습니다. 그 투기 요소는 주식을 사는 대중과 애널리스트 등 조언자들의 태도와 관점입니다. 이들의 태도를 한 마디로 요약하면, '예상 실적이 가장 중요하다'입니다.

주로 기업의 예상 실적을 바탕으로 주식의 가치를 평가해야 한다는 생각은, 이들에게 더없이 타당하고 당연해 보일 것입니다. 그러나 이 단순한 개념에는 역설과 함정이 많습니다. 첫째, 이 개념 탓에 그동안 확실히 자리 잡았던 투자와 투기의 구분이 모호해질 수 있습니다. 사전에 의하면, '투기하다 speculate'의 라틴어 어원은 '망보기 specula'입니다. 따라서 투기꾼은 다가오는 미래 흐름을 남들보다 먼저 보려고 망보는 사람이었습니다. 그러나 지금은 투자자도 통찰력이나 조언자가 있으면 직접 미래를 전망하거나, 아니면 투기꾼들과 함께 남들의 전망에 편승할 수 있습니다.

둘째, 대부분 투기꾼들은 신용등급이 가장 높은 기업의 주식에 가장 매력을 느낍니다. 이런 기업에는 밝은 미래가 보장되어 있다고 누구나 생각하니까요. 셋째, 미래 전망이 밝은 주식, 특히 지속적인 성장이 기대되는 인기 주식의 현재가치를 평가할 때에는 흔히 고등수학 공식이 사용됩니다. 그러나 정확한 공식과 매우 부정확한 가정을 결합하면, 인기 주식의 가치를 원하는 대로 얼마든지 만들어 내거나 정당화할 수 있습니다. 자세히 조사해보면, 특정 가격이나 가격 범위로 평가된 인기 주식의 가치는 함부로 믿을 것이 못 됩니다. 그래서 인기 성장주가 가끔 시장에서 충격적으로 낮게 평가받기도 합니다.

이제 주식 투기를 대하는 과거의 태도와 현재의 태도가 어떻게 다른지 살펴보겠습니다. 다소 이상하지만 편리한 두 단어로 그 특징을 표현하면, 내인성(內因性)과 외인성(外因性)입니다. 과거 대표적인 투기 종목과 투자 종목을 예로 들면, 1911-1913년 아메리칸 캔과 펜실베이니아 철도입니다. (Benjamin

Graham, David L. Dodd,《증권분석Security Analysis》(McGraw-Hill, 1940, pp. 2-3).

위 3년 동안 펜실베이니아 철도의 주가는 53-65 안에서 움직였으며, 3년 평균 이익 기준 PER은 12.2-15였습니다. 실적도 꾸준해서 배당으로 3달러를 안정적으로 지급했으며, 주당 유형자산도 액면가인 50달러보다 훨씬 많았습니다. 반면 아메리칸 캔의 주가 범위는 9-47이었으며, EPS는 0.07-8.86이었고; 3년 평균 이익 기준 PER은 1.9-10이었으며; 배당을 전혀 지급하지 않았고; 이미 발행한 우선주만으로도 유형자산을 초과하므로, 보통주의 액면가 100달러가 모두 '물water'이라는 사실을 노련한 투자자들은 잘 알고 있었습니다. 아메리칸 캔은 산업도 변덕스럽고 불확실한데다가 자본구조도 투기성이 강했으므로, 대표적인 투기 종목이었습니다. 실제로 아메리칸 캔의 장기 전망은 펜실베이니아 철도보다 훨씬 밝았지만, 당시 투자자와 투기꾼들은 이 사실을 알아채지도 못했을 뿐더러, 설사 알아챘더라도 1911-1913년 투자 전략과 무관하다고 생각하여 십중팔구 무시했을 것입니다.

이제 투자에서 장기 전망의 중요성이 대두된 과정을 살펴보겠습니다. 그 사례로 작년 매출 10억 달러 클럽에 진입한 눈부신 거대 제조업체 IBM을 제시하겠습니다. 여기서 숫자만 다루면 재미없으므로, 이와 관련된 내 개인사를 함께 소개하여 흥미를 돋우고자 합니다. 1912년 나는 한 학기 동안 대학교를 떠나 US익스프레스U. S. Express Company에서 연구 프로젝트 책임을 맡게 되었습니다. 우리는 급행요금을 계산하는 혁신적인 시스템이 매출에 미치는 영향을 분석하기 시작했습니다. 이 용도로 우리는 이른바 홀러리스Hollerith 기계를 사용했는데, 당시 전산제표기록회사(Computing-Tabulating-Recording Company: CTR)에서 임차한 장비였습니다. 이 기계는 카드 천공기, 카드 분류기, 도표 작성기로 구성되어 있었으며, 주로 인구조사국Census Bureau에서 사용되었으므로 업계에는 아는 사람이 거의 없는 장비였습니다. 나는 1914년 월스트리트에 진출했는데, 바로 이듬해 CTR의 채권과 주식이 뉴욕증권거래소에 상장되었습니다. 나는 이 회사에 일종의 감성적 흥미를 느끼게 되었습니다. 게다가 금융계에서 이 기계를 사용해본 사람은 거의 없었으므로, 나는 이 제품에 대해 전문가라고 스스로 생각했습니다. 1916년 초 나는 우리 회사 대표 미스터 A.N.을 찾아가서 CTR 주식에 대해 말했습니다. CTR 주가는 40달러 대 중반이고(10만 5,000주); 1915년 EPS가 6.50달러이며; 무형자산가치가 일부 포함되었겠지만 주당순자산가치는 130달러이고; 배당 3달러를 지급하기 시작했으며; 이 회사의 제품과 전망을 높이 평가한다고 말했습니다. 미스터 A.N.은 딱하다는 표정으로 나를 보면서 말했습니다. "벤, 내 앞에서 다시는 그 회사 이야기 꺼내지 말게. 나는 3미터짜리 막대기로도 건드릴 생각이 없으니까(그가 즐겨 쓰는 표현). 이 회사가 발행한 표면금리 6% 채권은 시세가 80대 초반이니, 우량 채권이 아니야. 그러니 주식인들 좋겠나? 모두가 알고 있듯이, 그 주식에는 물만 잔뜩 들어있다네." (물만 들어있다는 표현은 당시 최악의 비난으로서, 대차대조표 자산 계정이 허위라는 뜻이었다. 당시 US스틸을 비롯한 여러 제조회사 주식의 액면가는 100달러였지만, 공장설비계정이 부풀려졌으므로 실제로는 물만 잔뜩 들어있었다. 이런 주식이 기댈 것은 수익력과 미래 전망뿐이었으므로, 자존심 있는 투자자들은 거들떠보지도 않았다.)

나는 잘못을 깨닫고 내 자리로 돌아왔습니다. 미스터 A.N.은 대단히 노련하고 빈틈없는 사람이었습니다. CTR에 대한 그의 맹렬한 비난이 매우 인상적이었으므로, 1926년 회사명이 IBM으로 변경된 뒤에도 나는 평생 이 주식을 단 1주도 산 적이 없습니다.

이제 주식시장이 활황이었던 1926년 IBM으로 변경된 이 회사를 살펴봅시다. 당시 대차대조표에 처음으로 드러난 이 회사의 영업권은 1,360만 달러로서 다소 큰 금액이었습니다. 미스터 A.N.의 말이 옳았습니다. 실제로 1915년 이른바 이 주식의 지분은 한 푼도 빠짐없이 모두 물이었습니다. 그러나 이후 이 회사는 토머스 왓슨 시니어Thomas John Watson Sr.의 지휘 아래 인상적인 실적을 달성했습니다. 순이익은 69만 1,000달러에서 370만 달러로 5배나 증가해서, 이후 11년 동안 최고 증가율 기록으로 유지되었습니다. 순유형자산도 착실하게 증가했습니다. 이후 3.6대 1 주식 분할을 했고, EPS 6.39달러를 벌어 3달러를 배당으로 지급했습니다. 이렇게 훌륭한 성장 실적을 기록하고 배당까지 지급했으므로, 1926년 시장에서 이 주식은 인기가 매우 높았을 법합니다. 과연 그럴까요? 그해 주가 등락 범위는 31-59였습니다. 평균 주가 45로 계산하면 PER은 7, 배당수익률은 6.7%로서, 1915년과 같은 수준이었습니다. 저가 31달러에서는 순유형자산가치를 조금 웃도는 수준이었으므로, 시장에서 받은 평가는 11년 전보다도 훨씬 더 보수적이었습니다.

데이터가 말해주듯이, 이런 과거의 투자 관점은 1920년대 강세장이 절정에 이를 때가지 그대로 유지되었습니다. 이후 진행된 IBM의 역사는 10년 간격으로 요약할 수 있습니다. 1936년에는 EPS가 1926년의 두 배로 증가했고, 평균 PER은 7에서 17.5로 상승했습니다. 1936-1946년에는 EPS가 2.5배 증가했지만, 1946년 평균 PER은 17.5로 유지되었습니다. 이후 주가 상승세가 가속화되었습니다. 1956년 EPS는 1946년의 거의 4배였는데, 평균 PER은 32.5로 상승했습니다. 작년 EPS가 더 증가하자, 평균 PER은 42로 다시 상승했습니다. 해외 자회사 지분을 계산에 포함하지 않으면 그렇다는 말입니다.

최근 주가 흐름을 자세히 분석해보면, 40년 전과 비슷한 점도 있고 다른 점도 있습니다. 한때 제조업체 대차대조표에 만연했던 물이 거의 모두 사라졌습니다. 처음에는 공시에 의해서, 다음에는 상각에 의해서 사라졌습니다. 그러나 다른 유형의 물이 주식 평가 과정에서 다시 주입되었습니다. 바로 투자자와 투기꾼들이 주입한 물입니다. 이제 IBM은 PER이 7이 아니라

PBR이 7이므로, 실제로는 순자산가치가 전혀 없는 것이나 다름없습니다. 얼마 안 되는 순자산가치를 기존 우선주의 몫으로 간주하면, 보통주의 순자산가치는 과거 수익력과 미래 전망만 바라보고 투기꾼들이 사들였던 울워스Woolworth나 US스틸과 똑같습니다.

IBM이 PER 7짜리 기업에서 PER 40짜리 기업으로 성장한 지난 30년 동안, 대형 제조회사에서 이른바 내인성 투기 요소는 상당 부분 사라졌습니다. 이들은 재무상태가 건전해지고 자본구조도 안정되었으며; 경영도 훨씬 더 전문화되었습니다. 더 솔직하게 말하면, 전보다는 확실히 나아졌습니다. 게다가 완전공시가 의무화되자, 오래전부터 주요 투기 요소였던 무지와 신비감도 사라졌습니다.

여담이지만, 월스트리트에 진출한 초기에 내가 가장 좋아한 주식은 '컨솔리데이티드 가스 오브 뉴욕Consolidated Gas of New York'(이제는 사명이 컨솔리데이티드 에디슨Consolidated Edison으로 변경됨)이었습니다. 이 회사는 수익성 좋은 자회사 '뉴욕에디슨New York Edison Company'을 보유하고 있었지만, 자회사가 벌어들인 이익 중 배당으로 지급받은 금액만 자사의 실적으로 보고했습니다. 그래서 보고에서 누락된 뉴욕 에디슨의 이익이 신비감을 조성하는 숨은 가치hidden value가 되었습니다. 그런데 알고 보니, 이렇게 비밀로 숨기는 숫자가 사실은 매년 공공서비스위원회Public Service Commission에 보고되고 있었습니다. 이 숫자는 쉽게 찾아볼 수 있었으므로, 컨솔리데이티드 가스의 실제 이익도 얼마든지 기사화될 수 있었습니다. (실제로 증가하는 이익은 그다지 많지 않았습니다.) 이에 대해 나이든 친구가 내게 말했습니다. "벤, 자네는 숨겨진 숫자를 찾아냈다고 우쭐댈지 모르지만, 월스트리트는 자네가 잠자코 있어주길 바랄 걸세. 컨솔리데이티드 가스는 신비감이 남아 있어야 더 흥미롭고 가치도 더 높거든. 자네처럼 마구 파헤치고 다니는 젊은이들 때문에 월스트리트가 엉망이 될 걸세."

당시 불붙은 투기에 기름을 부었던 이른바 3M(신비감Mystery, 주가 조작Manipulation, 과도한 신용거래thin Margin)이 지금은 거의 모두 사라졌습니다. 그러나 이제는 애널리스트들이 만들어낸 매우 투기적인 평가 기법들이 과거 투기 요소들을 대신하고 있습니다. 이제 3M은 사라졌지만, 제조회사 3M(Minnesota Mining and Manufacturing Company) 주식은 과거와 대조되는 새로운 투기의 모습을 완벽하게 보여주고 있습니다. 몇 가지 숫자를 살펴봅시다. 1956년 3M 주가는 101이었고 PER은 44였는데, 1957년에는 EPS가 거의 증가하지 않았습니다. 이 회사의 시가총액 17억 달러 중 순자산은 2억 달러였으므로, 시장에서는 이 회사의 '영업권'을 무려 15억 달러로 평가한 셈입니다. 이 영업권이 어떤 방식으로 계산되었는지는 모르지만, 수개월 뒤 시장은 이 영업권의 가치를 약 30%에 해당하는 4억 5,000만 달러나 낮추었습니다. 물론 이렇게 훌륭한 기업의 무형자산 가치를 정확하게 계산하기는 불가능합니다. 따라서 영업권이나 미래 수익력이 더 중요해질수록, 그 기업의 실제 가치는 더 불확실해지며, 그 주식은 투기성이 더 강해질 수밖에 없습니다.

무형자산을 평가하는 과거 방식과 현재 방식의 차이는 매우 중요하므로, 명확하게 인식해야 합니다. 30여 년 전에는 공식평가나 법정평가를 할 때, 무형자산은 유형자산보다 더 보수적으로 평가하는 것이 표준 관행이었습니다. 사람들이 양호한 제조회사에 기대하는 유형자산 이익률은 6~8%로서, 채권 및 우선주 수익률과 같은 수준이었습니다. 그러나 그 초과이익은 무형자산에서 나오는 이익으로 간주하여 15% 기준으로 평가했습니다. (1911년에 공개된 울워스 우선주와 보통주 등 수많은 주식에 대략 이런 비율이 적용되었습니다.) 1920년대 이후에는 어떻게 되었을까요? 정반대 현상이 나타났습니다. 일반적인 시장에서 순자산가치 이상으로 평가받으려면, 이제는 ROE가 10% 수준이 되어야 합니다. 그러나 그 초과 이익에 대한 평가는 더 후해졌습니다. 따라서

ROE가 15%인 주식은 PER이 13.5로서, 순자산가치의 2배로 평가받습니다. 즉, ROE 10%까지는 PER 10으로 평가받지만, 그 초과분 5%에 대해서는 PER 20으로 평가받습니다.

이렇게 평가 방식이 바뀐 것은, 기업의 성장성을 더 중시하게 되었기 때문입니다. 즉 ROE가 높은 기업은 수익성과 안정성이 좋다는 장점도 있지만, 특히 성장 실적과 전망이 좋기 때문에 더 후하게 평가한 것입니다. 따라서 요즘 수익성 높은 주식을 살 때 치르는 대가는 과거처럼 영업권, 명성, 사업성에 대한 것이 아니라, 미래 수익 증대 기대감에 대한 것입니다.

이제 새로운 평가 방식을 수학적 관점에서 간략하게 살펴보겠습니다. 수익성이 향상되면 (즉, ROE가 상승하면) PER도 상승하는 경향이 있는데, 그러면 주가 상승은 이익의 제곱에 비례하지만, 순자산가치에 반비례하게 됩니다. 따라서 실제로 유형자산은 주가를 끌어내리는 짐이 되었습니다. 흔히 나타나는 사례를 하나 보겠습니다. 회사 A는 EPS가 4달러, 순자산가치가 20달러이고, 회사 B는 EPS가 4달러, 순자산가치가 100달러라고 가정합시다. 그러면 틀림없이 회사 A의 PER이 회사 B보다 높아져서 더 좋은 평가를 받게 됩니다. 예컨대 A 주식은 60달러, B 주식은 35달러가 됩니다. 따라서 EPS는 똑같은데도 회사 B는 주당순자산이 80달러 더 많은 탓에 주가가 25달러 낮아졌다고 볼 수 있습니다.

그러나 더 중요한 것은 이런 수학적 계산과 새로운 평가 방식 사이의 관계입니다. 새로운 평가 방식을 구성하는 3대 요소는 (a) 이익 성장률을 낙관적으로 가정, (b) 높은 성장률이 장래에도 매우 장기간 지속될 것으로 추정, (c) 복리가 빚어내는 기적입니다. 보십시오! 이제 새로운 현자의 돌(모든 금속을 금으로 바꿀 수 있다고 알려진 전설 속의 물질)을 얻은 애널리스트는 정말로 좋은 주식에 대해서는 얼마든지 원하는 대로 평가할 수 있게 되었습니다. 나는 최근《애널리스트 저널Analysts Journal》에 기고한 글에서 강세장에 유행하는 고등 수학에 대해 언급하면서, 데이비드 듀란드David Durand의 설명을 인용했습니다. 듀란드는 성장주 평가 방식이, 200년 넘게 수학자들을 혼동에 빠뜨렸던 그 유명한 상트페테르부르크의 역설St. Petersburg Paradox(장기 성장률이 할인율보다 높으면, 수학적으로 그 가치는 무한대가 된다는 역설)과 놀라울 정도로 비슷하다고 말했습니다. 요컨대 이 수학적 계산과 성장주 평가 방식 사이의 모순은 다음과 같습니다. 수학은 일반적으로 정확하고 믿을 만한 결과를 산출하지만; 주식시장에서는 수학이 더 정교하고 난해해질수록, 결과가 더 불확실하고 투기적이 됩니다. 월스트리트에서 44년 동안 경험하고 공부하는 동안, 간단한 산수나 기초 대수학을 넘어서는 기법으로 도출한 주식 평가나 투자 전략 중에서, 믿을 만한 계산을 나는 한 번도 본 적이 없습니다. 언제든 계산에 미적분이나 고등수학이 사용되었다면, 이는 이론으로 경험을 대신하려는 시도이며, 대개 투기를 투자로 포장하려 한다는 위험 신호로 간주해야 합니다.

과거의 투자 관점이 현재의 세련된 애널리스트에게는 매우 순진해 보일지 모릅니다. 주로 불황기에도 배당이 계속 지급될지 확인하는 등, 이른바 방어적 측면을 항상 중시했으니까요. 따라서 50년 전에는 건전한 철도회사 주식이 요즘의 공익회사 주식처럼 안전한 종목으로 평가받았습니다. 당시에는 과거 실적이 안정적이었으면 주요 요건이 충족되었다고 보았으며; 향후 실적 악화 가능성을 예측하려고 많은 노력을 기울이지도 않았습니다. 반면 기업의 전망이 밝다면 좋은 일이긴 하지만, 이에 대해 더 높은 가격을 지불하려고 하지도 않았습니다.

이는 당시 밝은 전망에 대해서 비싼 대가를 지불할 필요가 없었다는 뜻입니다. 투자자는 추가 비용을 거의 들이지 않고 전망 밝은 주식을 살 수 있었으며, 이는 탁월한 종목을 선별해낸 그의 지능과 판단력에 대한 보상이었습니다. 재무 건전성, 과거 실적, 배당지급의 안정성이 비슷한 주식들은 모두 배당수익률도 비슷했습니다.

정말 근시안적인 관점이지만, 과거에는 주식투자가 엄청나게 유리했습니다. 방법이 단순하고 기본적으로 건전했으며, 수익성도 매우 높았기 때문입니다. 내 개인사를 한 번만 더 소개하겠습니다. 1920년경 우리 회사는 〈Lessons for Investors(투자자들을 위한 교훈)〉라는 소책자를 배포했습니다. 독선적이고 건방진 제목에서 드러나듯이, 당시 나는 자신감 넘치는 20대 중반의 애널리스트였습니다. 그 소책자에 실린 글에서 나는 무심코 말했습니다. "투자 대상으로 훌륭한 주식은, 투기 대상으로도 훌륭하다." 어떤 주식이 매우 건전해서 손실 위험이 매우 적다면, 그런 주식은 틀림없이 수익 가능성도 매우 높기 때문입니다. 내 말은 지극히 옳으며 값진 발견이었지만, 사실은 주식에 대한 대중의 관심이 부족해서 나타난 현상이었습니다. 몇 년 뒤 주식이 장기 투자에 유리했다는 역사적 사실에 대중이 눈을 뜨자, 주식의 장점은 곧 사라졌습니다. 대중이 앞 다투어 주식을 매수하는 과정에서 주가가 상승하여 안전마진이 사라진 탓에, 이제 투자 요건에 미달하게 되었기 때문입니다. 이후 머지않아 정반대 주장까지 나왔습니다. 1931년, 한 존경 받는 권위자가 주식은 절대 투자 대상이 될 수 없다고 선언한 것입니다.

이렇게 다양한 경험을 돌아보면, 자본이득과 배당소득을 대하는 투자자의 태도가 그동안 바뀌었음을 알게 됩니다. 뻔한 말이지만, 과거에 주식 투자자는 자본이득에 큰 관심이 없었습니다. 그는 오로지 안전한 배당소득을 얻으려고 주식을 샀으며, 자본이득은 투기꾼의 몫이라고 생각했습니다. 지금은 투자자가 더 노련하고 예리할수록, 배당소득보다 장기 자본이득에 더 관심을 두는 경향이 있습니다. 물론 과거에는 투자자가 장기 자본이득에 관심을 집중하지 않았던 덕분에, 적어도 제조업 주식에서는 장기 자본이득을 거의 보장받았다고 반박할 수도 있습니다. 반면 현재 투자자는 예상 실적에 대한 관심이 지나친 탓에, 높은 가격을 먼저 지급하고 있습니다. 따라서 그는 공들여 분석한 예측이 적중해도 수익을 얻지 못할 수 있습니다. 만일 예측이 빗나가면, 그는 심각한 영구 손실에 직면할 수도 있습니다.

이렇게 과거와 현재의 관점을 비교했을 때, 1958년 현재 애널리스트는 어떤 교훈을 얻을 수 있을까요? 값진 교훈은 아니겠지요. 현재에 대해서만 값을 치르면 미래는 공짜로 얻을 수 있는 (말하자면 '속세와 천국all this and Heaven too' 이 원 플러스 원) 그리운 옛날을 향수 어린 마음으로 돌아볼 수 있습니다. 우리는 고개를 가로 저으며 슬픈 목소리로 "그런 시절은 영원히 지나갔다."고 중얼거립니다. 투자자와 애널리스트들이 전망이라는 선악과를 따먹은 탓이 아닌가요? 그래서 유망주를 합리적인 가격에 따먹을 수 있는 에덴동산에서 영원히 쫓겨난 것 아닌가요? 그래서 전망 밝은 우량주를 터무니없이 높은 가격에 사든가, 아니면 전망 어두운 부실주를 합리적인 가격에 사든가, 양자택일만 남은 것인가요?

확실히 그렇게 보입니다. 하지만 그렇게 비관적인 딜레마도 확신할 수는 없습니다. 최근 나는 GE라는 탁월한 기업의 장기 역사를 살펴보았습니다. 최근 발간된 1957년 보고서에 실린 59년분 이익 및 배당 차트에 흥미를 느꼈기 때문입니다. 이 숫자를 보면 박식한 애널리스트도 놀라지 않을 수 없습니다. 첫째, 1947년 이전에는 GE의 성장세가 강하지도 않은데다가 매우 불규칙했습니다. EPS는 1902년 40센트에서 1946년 52센트로 겨우 30% 증가했으며, 이 기간에 EPS가 1902년의 두 배를 기록한 해도 없었습니다. 그런데도 PER은 1910년 9에서 1916년 29로 상승했고, 1946년에도 다시 상승했습니다. 물론 1946년 PER이 예리한 투자자들의 통찰력을 보여주었다고 말할 수도 있습니다. 당시 우리 애널리스트들은 향후 10년 동안 정말로 탁월한 성장기가 올 것이라고 예상할 수 있었습니다. 아마 그랬을 것입니다. 하지만 이듬해인 1947년, GE의 EPS는 인상적인 신기록을 세웠는데도 PER은 터무니없이 폭락했습니다. 저가 32달러(3대 1 주식분할 전) 기준으로는 GE의 PER이 9였고, 평균 주가 기준으로는 약 10이었습니다. 적어도 12개월 동안은 우리 예상이 빗나갔습니다.

이렇게 충격적인 반전이 일어난 시점이 불과 11년 전입니다. 전망 밝은 유명 기업들의 PER은 항상 높게 유지될 것이라는 애널리스트들의 믿음이 이제는 다소 의심스럽습니다. 이는 피할 수 없는 현실이므로, 투자자들이 감수하는 편이 나을 것입니다. 나는 이에 대해 독단적으로 주장할 생각이 전혀 없습니다. 아직 내 생각조차 정리되지 않았으므로, 여러분도 각자 생각을 정리해야 합니다.

하지만 이제 연설을 마무리하면서 주식 투자와 투기의 특성을 명확하게 구분하고자 합니다. 과거에는 주식 투자의 특성이 신용등급 등 그 기업의 특성과 대체로 비슷했습니다. 그 기업이 발행한 채권이나 우선주의 수익률이 낮을수록 (신용등급이 높을수록), 그 주식은 투자 기준을 모두 충족하기 쉬웠고, 투기 요소도 비교적 적었습니다. 과거에는 '주식의 투기성'과 '기업의 신용도'의 관계를 그래프로 나타내면, 우하향 직선이 되었을 것입니다.

그러나 요즘 그래프로 나타내면 U자 모양이 될 것입니다. 왼쪽 끝에는 사업에 투기성이 강해서 신용등급이 낮은 기업이 놓이게 되는데, 그 주식도 과거와 마찬가지로 투기성 높은 주식이 됩니다. 반면 오른쪽 끝에는 과거 실적도 좋고 전망도 매우 밝아서 신용등급이 높은 기업이 놓이는데, 그 주식은 매수세가 지속적으로 유입되어 가격이 과도하게 상승한 탓에 역시 투기성 높은 주식이 됩니다.

이 대목에 딱 어울리는 인용문이 있습니다. 다소 과장되었지만 놀라울 정도로 어울리는 표현인데, 최근 읽은 셰익스피어의 소네트(14행시)에서 찾았습니다.

화려한 외형과 인기에 과도한 대가를 치른 탓에

알거지가 된 사람들을 내가 보지 않았던가?

가상의 그래프로 다시 돌아갑시다. 이제 투기성이 가장 낮은 주식은 가운데에 놓이게 됩니다. 가운데에서는 확고하게 자리 잡은 건실한 기업들을 많이 찾을 수 있습니다. 이들의 과거 성장 실적은 미국 경제의 성장 실적과 일치했으며, 미래 전망 역시 미국 경제의 전망과 일치합니다. 이런 주식은 강세장 절정기만 아니면, 대개 내재가치 대비 합리적인 가격에 살 수 있습니다. 사실 요즘은 투자자와 투기꾼들 모두 더 화려한 주식에 관심을 집중하는 분위기이므로, 감히 말하건대 가운데에 있는 주식들은 전반적으로 저평가된 상태입니다. 시장의 선호와 편견 탓에 유망 종목들은 안전마진을 잃어버렸지만, 가운데 주식들은 오히려 안전마진을 얻게 되었습니다. 게다가 가운데에는 기업들이 매우 많아서, 과거 실적을 심층적 분석하여 유망 분야에서 종목을 선별할 여지가 많으며, 분산투자를 통해서 안전성을 더 높일 수도 있습니다.

파에톤(그리스 신화에 등장하는 태양신 아폴론의 아들)이 태양의 마차를 몰겠다고 고집하자, 경험이 풍부한 그의 아버지가 조언을 해주었습니다. 그러나 그 조언을 따르지 않은 탓에, 파에톤은 목숨을 잃었습니다. 오비디우스(Ovidius: 로마의 시인)는 아폴론의 조언을 다음과 같이 요약했습니다.

가운데 길로 가야 가장 안전할 것이다.

이 원칙은 투자자와 애널리스트들에게도 유용하다고 생각합니다.

4. 사례: 애트나 메인터넌스Aetna Maintenance Co.

•

이 사례의 첫 부분은 1965년 개정판에 '끔찍한 사례'라는 제목으로 실렸던 내용이다. '1965-1970년 진행 과정'에서는 이후 이 기업의 변신 과정을 요약해서 설명했다.

'끔찍한 사례'에 실렸던 이 사례를 더 자세히 살펴보면, 기업공개를 바라보는 독자들의 관점이 개선될 것이라고 생각된다. S&P《스탁 가이드》첫 페이지에 실렸던 이 사례는 시장에서 주가가 과도하게 고평가되었다가 이후 폭락하는 등, 1960-1962년 기업공개 과정에서 드러난 심각한 문제점들을 적나라하게 보여준다.

1961년 11월 9달러에 공개된 애트나 메인터넌스Aetna Maintenance Co. 주식 15만 4,000주는 시장에서 곧 15달러로 상승했다. 기업공개 전에는 주당순자산이 약 1.20달러였지만, 신주발행 대금을 받은 뒤에는 3달러를 살짝 웃돌았다.

기업공개 전 매출과 이익은 다음과 같다.

회계연도 말	매출	순이익	EPS
1961. 6	$3,615,000	$187,000	$0.69
(1960. 6)[a]	(1,527,000)	(25,000)	(0.09)
1959. 12	2,215,000	48,000	0.17
1958. 12	1,389,000	16,000	0.06
1957. 12	1,083,000	21,000	0.07
1956. 12	1,003,000	2,000	0.01

a 6개월

기업공개 후 매출과 이익은 다음과 같다.

회계연도 말	매출	순이익	EPS
1963. 6	$4,681,000	$42,000(적자)	$0.11(적자)
1962. 6	4,234,000	149,000	0.36

1962년에는 주가가 2.66달러로 하락했고, 1964년에는 0.875까지 하락했다. 이 기간에 배당은 전혀 지급되지 않았다.

논평: 이 기업은 규모가 지나치게 작아서 대중이 투자하기에 적합하지 않았다. 실적이 계속 부진했던 이 기업은 한 해 실적이 반짝 좋아지자 기업공개를 단행했다. 치열한 경쟁에 시달렸으므로, 이 기업은 처음부터 안정성을 확보하기 어려웠다. 그런데도 기업공개 직후 주가가 상승하자, 경솔한 대중은 건전한 대기업 주식보다도 높은 가격에 이 주식을 사들였다. 이것이 극단적 사례이긴 하지만, 유일무이한 사례는 절대 아니다. 이보다 심각성은 덜해도, 변명이 어려울 정도로 고평가된 사례는 수백 건에 이른다.

1965-1970년 진행 과정

1965년 이 회사는 다시 관심을 끌어 모았다. 회사는 수익성 낮은 건물관리 사업을 매각하고, 전혀 다른 모험사업을 시작했다. 전자장비 제조업이었다. 회사명도 헤이든 스위치 앤드 인스트루먼트Haydon Switch and Instrument Co.로 변경했다. 실적은 신통치 않았다. 1965-1969년의 5년 동안 '구주(舊株)'의 평균 EPS는 8센트에 불과했고, 실적이 가장 좋았던 1967년에도 34센트 수준이었다. 그런데도 현대 스타일에 맞춰 1968년 2대 1 주식분할을 단행했다. 그러나 월스트리트의 관례에 따라 주가도 상승했다. 1964년 0.875에서

1968년 (주식분할 전) 16.5 상당으로 상승했다. 주가는 이제 1961년 절정기에 세웠던 기록을 넘어섰다. 이번에는 전보다도 훨씬 더 고평가되었다. PER이 최고 이익 기준으로는 52였고, 평균 이익 기준으로는 약 200에 달했다. 그러나 주가가 신고가를 기록한 바로 그해에, 회사는 또 적자를 기록했다. 이듬해인 1969년, 주가는 1달러로 폭락했다.

질문: 1968년 8달러 넘게 주고 이 주식을 산 멍청이들은 이 회사의 과거 실적을 조금이라도 알고 있었을까? 과거 5년 이익과 순자산가치가 미미하다는 사실을 알았을까? 보잘 것 없는 주식을 얼마나 비싼 가격에 사는지 알았을까? 관심이 조금이라도 있었을까? 이렇게 지극히 어리석은 투기가 주기적으로 반복되면서 엄청난 손실이 발생하는데도, 월스트리트는 전혀 책임이 없다는 생각일까?

5. 샤론 스틸을 인수한 NVF의 세무회계

•

1. 1969년 NVF는 샤론 스틸 주식 88%를 인수하면서, 그 대가로 샤론 스틸 1주에 대해 '1994년 만기 5% NVF 후순위 채권 액면가 70달러' + 'NVF 주식을 22달러에 1.5주 인수하는 워런트'를 지급했다. 처음에 이 채권의 시장가격은 액면가의 43%에 불과했지만, 1주를 인수하는 워런트의 시장가격은 10달러였다. 즉 샤론 주주들은 샤론 주식 1주에 대해 30달러 상당의 채권과 15달러 상당의 워런트로 합계 45달러를 지급받았다. (1968년 샤론의 평균 주가와 종가도 약 45달러였다.) 그러나 샤론의 순자산가치는 주당 60달러였다. 유통주식이 141만 5,000주였으므로, 순자산가치와 시가총액의 차이가 약 2,100만 달러에 이르렀다.

2. 회사가 회계 처리를 통해서 의도한 사항은 다음 세 가지였다. (a) 회사가 발행한 채권을 43에 '매각'한 것으로 처리하여, 5,400만 달러에 이르는 막대한 사채할인발행차금을 상각하는 방식으로 매년 소득에서 차감하고 (높은 할인율 탓에, 채권발행 '수입proceeds' 기준으로 보면 회사가 지급하는 이자는 연 15% 수준에 달한다.), (b) 이 사채할인발행차금을 비슷한 금액의 '이익' 즉, '자회사 투자 원가를 초과하는 자기자본 상각'(순자산가치가 60인 샤론 주식을 45에 인수해서 얻은 이익)과 상계하며 (순자산가치보다 높은 가격에 인수하면 그 차액을 매년 비용으로 차감해야 하지만, 여기서는 그 반대로 적용), (c) 위 두 가지 회계 처리로 매년 주당 1달러에 해당하는 약 90만 달러의 법인세를 절감한다. 사채할인발행차금 상각은 과세소득에서 공제가 가능하지만, '자회사 투자 원가를 초과하는 자기자본(영업권) 상각'은 과세소득에 포함할 필요가 없기 때문이었다.

3. 이 회계 처리는 1969년 NVF의 연결손익계산서와 연결대차대조표에 반영되어 있으며, 1968년 자료에도 형식적으로 반영되었다. 샤론 인수 대금 중 상당액을 워런트로 지급한 것으로 처리해야 했으므로, 워런트의 초기 시장가격을 보통주자본에 포함해야 했다. 이렇게 워런트의 가치를 대차대조표에 2,200만 달러 이상으로 (주석으로만) 표시한 사례는 본 적이 없다.

6. 기술주 투자

•

1971년 중반 스탠더드 앤드 푸어스Standard & Poors 서비스에 등록된 기업들 중 회사명이 컴퓨Compu–, 데이터Data–, 일렉트로Electro–, 사이언Scien–, 테크노

Techno-로 시작되는 기업이 약 200개였다. 이들 중 약 절반이 컴퓨터 산업에 속했다. 이들 모두 상장되어 있거나, 기업공개를 신청한 상태였다.

이들 중 1971년 9월호 S&P 《스탁 가이드》에 실린 기업은 46개였다. 그중 26개가 적자였고, EPS 1달러 초과 기업은 6개에 불과했으며, 배당을 지급하는 기업은 5개뿐이었다.

1968년 12월호 S&P 《스탁 가이드》에 실린 이런 기업은 45개였다. 이들의 이후 실적을 1971년 9월호 S&P 《스탁 가이드》에서 확인해보니 다음과 같았다.

기업의 수	주가 상승	주가 하락률 50% 미만	주가 하락률 50% 이상	《가이드》에서 탈락
45	2	8	23	12

논평: 1968년《스탁 가이드》에 실리지 않은 기술주들의 이후 실적은 틀림없이 더 나빴을 것이며;《스탁 가이드》에서 탈락한 12개 기업의 실적 역시 더 나빴을 것이다. 위 표본이 보여주는 끔찍한 실적은 전체 '기술주'의 속성과 주가 흐름을 합리적으로 나타낸다고 볼 수 있다. IBM 등 몇몇 기업이 경이로운 성공을 거두자, 분위기에 편승하는 기업공개가 줄을 이었으므로, 여기에 참여하는 투자자들은 막대한 손실을 피하기 어려웠다.

7. 용어 사전

•

공격적 투자자aggressive/active/enterprising investor**:** 기꺼이 시간과 노력을 투입하여 평균보다 더 건전하고 매력적인 종목을 선정하려는 투자자

공익기업public utility company**:** 수도 · 가스 · 전기 등을 공급하는 공익 기업체.

내재가치intrinsic value**:** = 본질가치. '예컨대 자산, 이익, 배당금, 확실한 전망처럼 사실로 뒷받침되는 가치.' 아마도 가치를 결정하는 가장 중요한 단일 요소라면, 평균적인 미래 수익력이라 할 것이다. 따라서 내재가치는 먼저 수익력을 예측한 다음, 여기에 적정 '자본화계수(資本化係數)'를 곱해서 계산 (《증권분석》 3판 2장.)

방어적 투자자defensive investor**:** 심각한 실수나 손실을 피하며 수고, 골칫거리, 빈번한 의사결정의 부담에서 벗어나려는 투자자

배당수익률dividend yield, % **=** 주당배당금/주가 * 100

성장주growth stock**:** 주당순이익EPS 성장률이 과거에도 평균보다 훨씬 높았고 장래에도 계속 높을 것으로 예상되는 주식.

순유동자산가치(Net Current Asset Value: NCAV)**:** 유동자산에서 부채를 모두 차감하며, 공장과 기타 자산도 포함하지 않음.

순자산가치(Net Asset Value: NAV)**:** 기업의 자산에서 부채를 차감한 금액.

스톡옵션 워런트stock-option warrant**:** 약정된 가격에 장기간 보통주를 매수할 수 있는 권리

염가 종목bargain issue**:** 추정 내재가치가 시장가격보다 50% 이상 높은 종목. 또는 시장가격이 추정 내재가치의 3분의 2 이하인 종목.

영업권 요소good-will component**:** '영업권 요소' = '주가' - BPS. 또는 '영업권 요소' = '시가총액' - '장부가치'

우선주(優先株, preferred stock)**:** 미국의 우선주는 주식과 채권의 속성을 겸비한 증권으로서, 청구권이 보통주보다는 선순위이지만 채권보다는 후순위에 해당한다.

이익수익률earnings yield**:** 주당순이익/주가. PER의 역수.

이자보상비율interest coverage ratio**:** = 영업이익/이자비용. 채권의 안전성 분석에 사용되는 주요 기준으로서, 흔히 '~배'로 표현.

자기자본이익률(Return On Equity: **ROE**)**:** = 순이익/자기자본. (자기자본 = 순자산)

정액매수적립식투자dollar-cost averaging**:** 시장이 좋든 나쁘든 매월 똑같은 금액을 우량주에 투자하는 방식. 주가가 낮을 때에는 매수 수량이 증가하고 주가가 높을 때에는 매수 수량이 감소하므로, 장기적으로 보유 주식의 매수 단가가 낮아지게 된다.

주가수익배수(또는 주가수익비율, Price Earnings Ratio: **PER**) = 주가/주당순이익. (낮을수록 저평가)

주가순자산배수(Price-to-Book Ratio: **PBR**) = 주가/주당순자산가치. (낮을수록 저평가)

주당순이익(Earning Per Share: **EPS**)**:** = 당기순이익/발행주식수

주당순자산가치(Book-value Per Share: **BPS**)**:** = 순자산가치/발행주식수.

지방채(地方債, municipal bond)**:** 주(州)나 시 등 지방자치단체가 발행한 채권.

투자investment**:** 투자는 철저한 분석을 통해서 원금의 안전과 충분한 수익을 약속받는 행위이다. 이 요건을 충족하지 못하면 투기이다.

투하자본이익률(Return on Invested Capital: ROIC) = 세후영업이익/평균투하자본.

역자 후기

"고전이란 모두가 칭찬하지만 아무도 읽지 않는 책"이라는 말이 있다. 어쩌면 이 책《현명한 투자자》가 그런 고전인지 모르겠다. 역자도 이 책을 읽어보려고 여러 차례 시도했다. 그러나 단 몇 페이지도 읽지 못하고 번번이 책을 덮었다. 나중에는 워런 버핏이 추천한 8장과 20장만이라도 읽어보려고 다시 여러 차례 시도했다. 그러나 역시 몇 페이지도 넘기지 못하고 책을 덮고 말았다. 역자의 인내심이 부족한 탓이라고 생각한다.

역자는 이 책을 가급적 '쉽고 간결하게' 옮기려고 노력했다. 원문의 '의미'에서는 크게 벗어나지 않으려고 노력했으나, 원문의 '형태'를 유지하려는 시도는 하지 않았다. 이 과정에서 많은 오역과 악역이 발생했을 것으로 추정된다.

원문에 충실한 번역을 원하시는 분은 이 책의 다른 번역본(1995년 김철·정찬윤 공역, 2000년 박정구·유지은 공역, 2002년 강남규 역, 2007년 박진곤 역, 2016년 김수진 역)을 참고하시기 바란다. 그리고 장중하고 고풍스러운 그레이엄 특유의 문체를 맛보려는 분은 원서《The Intelligent Investor》의 4판(1973년)이나 5판(2006년)을 참고하시기 바란다. 4판은 그레이엄이 직접 쓴 마지막 개정판으로서 1973년에 처음 출간되었고, 5판은 4판에 제이슨 츠바이크의 해설이 추가된 개정판으로서 2006년에 출간되었다.

일부 용어는 약어로 옮겼으며, 부록에 용어 사전을 추가했다. **PER**(주가수익배수) **EPS**(주당순이익) **BPS**(주당순자산가치) **PBR**(주가순자산배수) **ROE**(자기자본이익률)는 이 책에서도 자주 사용되지만 현재 업계에서도 널리 사용되는 약어이므로, 기억해두면 유용할 것이라고 생각한다.

정교한 감수로 번역서의 완성도를 높여주신 밸류리더스 신진오 회장님께 깊이 감사드린다.

이 책에서 오역이나 오타 등 개선 사항을 발견하시면 네이버 블로그 '투자서 번역가 이건' 이나 페이스북의 '이건'이나 e-mail: keonlee@empas.com으로 연락 주시기 바랍니다.

– 번역가 이건

색인

ㅈ

ㅊ

현명한 투자자 개정4판

초판 1쇄 발행 · 2020년 5월 26일
초판 28쇄 발행 · 2024년 1월 12일

지은이 · 벤저민 그레이엄
옮긴이 · 이건
감수자 · 신진오
펴낸이 · 이종문(李從聞)
펴낸곳 · (주)국일증권경제연구소

등 록 · 제406-2005-000029호
주 소 · 경기도 파주시 광인사길 121 파주출판문화정보산업단지(문발동)
사무소 · 서울시 중구 장충단로8가길 2(장충동1가, 2층)

영업부 · Tel 02)2237-4523 | Fax 02)2237-4524
편집부 · Tel 02)2253-5291 | Fax 02)2253-5297
평생전화번호 · 0502-237-9101~3

홈페이지 · www.ekugil.com
블 로 그 · blog.naver.com/kugilmedia
페이스북 · www.facebook.com/kugilmedia
E-mail · kugil@ekugil.com

· 값은 표지 뒷면에 표기되어 있습니다.
· 잘못된 책은 구입하신 서점에서 바꿔드립니다.

ISBN 978-89-5782-130-5(03320)